材料科学人物历史的挖掘、探索与应用

杨 平 著

北 京

冶 金 工 业 出 版 社

2024

内 容 提 要

本书收录了作者近 13 年在《金属世界》期刊发表的 20 篇关于材料科学人物历史的文章。文章重点整理了材料科学基础课程中与部分知识点相关的人物历史，并与作者的科研相结合，分析总结了不同知识点的来源、关联性、应用和历史，综合考察了涉及材料科学人物历史的作用与意义。

本书可供材料专业的学生、教师及对材料科学史有兴趣的读者参考使用。

图书在版编目（CIP）数据

材料科学人物历史的挖掘、探索与应用／杨平著.
北京 ：冶金工业出版社，2024. 6. -- ISBN 978-7-5024-9913-6

Ⅰ. K816.1
中国国家版本馆 CIP 数据核字第 2024B04B79 号

材料科学人物历史的挖掘、探索与应用

出版发行	冶金工业出版社	电　话	（010）64027926
地　址	北京市东城区嵩祝院北巷 39 号	邮　编	100009
网　址	www.mip1953.com	电子信箱	service@mip1953.com

责任编辑　武灵瑶　美术编辑　彭子赫　版式设计　郑小利
责任校对　梁江凤　责任印制　禹　蕊
北京富资园科技发展有限公司印刷
2024 年 6 月第 1 版，2024 年 6 月第 1 次印刷
710mm×1000mm 1/16；17.25 印张；333 千字；267 页
定价 148.00 元

投稿电话　（010）64027932　投稿信箱　tougao@cnmip.com.cn
营销中心电话　（010）64044283
冶金工业出版社天猫旗舰店　yjgycbs.tmall.com
（本书如有印装质量问题，本社营销中心负责退换）

前　言

　　北京科技大学成立于 1952 年，最初的名字叫北京钢铁工业学院，1960 年更名为北京钢铁学院，1988 年更名为北京科技大学。学校极具钢铁重工业的行业特色，其采矿、冶金、材料学科的发展历史最能体现学校的特色并构成学校发展史的重要部分。具有与学校历史同样长的课程也有其发展史，一门课程的发展史展现了每位任课教师在其特定的历史时期内的课程建设、人才培养、教学改革、科研活动等方面的相互融合的过程。相比于校史、系史，课程史的整理、挖掘还远不完善，或许不被认为有什么历史价值。北京科技大学的"材料科学基础"课程以前称为"金属学原理"，更早时称为"金相学"。这门课程早在 1952 年建校时就设立了，有着"悠久"的课程历史。笔者在 20 世纪 80 年代初的大学时代也上过此课程，并有幸成为该课程的任课教师。到 21 世纪初作为课程负责人参与申报国家级精品课程时，比较系统、有目的地开展课程建设与教学改革，将课程建设成国家精品课程。在此背景下，笔者重点开展了课程知识点、材料科学历史人物、经典文献关系等教学资源的收集、挖掘与应用研究。

　　一门高校的专业基础课程包括了一系列相互关联、相互交织的基础概念、定律、公式、现象等，它们组成了一个有机的完整知识体系，为专业人才培养贡献着自己的"一砖一瓦"。一方面，这些概念、定律、公式、现象都是早期著名科学工作者探索出来的，它们的背后"隐藏"着这些历史人物生动有趣且鲜为人知的故事。另一方面，它们在实际工业生产中不断地出现并为专业技术人员有效地控制着，从而最大限度地发挥着它们服务于人类的价值。这两个方面通常在授课过程中学生的了解十分有限。而挖掘、探索和应用这些人物历史知识与知识的实际应用便成了专业授课教师需要面对的一个问题。用怎样的态度、投入多少时间、能产生怎样的效果，不同教师会有不同的观点及教学投入。

本书介绍了笔者30余年的授课期间，在我国高等教育与时俱进的教学改革政策指导下，结合笔者的研究特长及教育背景，按照个人理解探索的一系列教学改革活动及产生的效果，主要内容涉及与材料科学基础课程相关的人物历史的挖掘、探索与应用的活动及分析。

非常感谢为本书20篇文章提供珍贵照片、资料、相关文献的各位老师、同行、同学，其中有华明建教授、Diana Hu女士、张葵教授、黄伟明博士、萧思群博士、柳得橹教授、张文征教授、毛卫民教授、李长荣教授、刘国勋教授、余永宁教授、梁斌先生、顾新福副教授、郭正洪教授、谷宾博士。感谢研究生帮助查找文献、文字勘误。感谢同行教师多年来对各文章及教研活动的建议、交流和鼓励，还要感谢北京科技大学教务处教研科的老师长期给予本书涉及课程的指导、帮助和提供方便；感谢《金属世界》编辑部长期给予作者的指导、建议和帮助，正是这个期刊平台保证了这项对课程相关人物历史研究工作得以持续。

同时，还要对本书撰写期间及出版过程提供经费支持的课程教改及科研项目表示感谢，分别为《材料科学基础》（北京科技大学）国家精品资源共享课建设项目、北京科技大学《材料科学基础》研究型教学示范课建设项目（JY2011SFK05）、北京科技大学全英文教学示范课程建设项目（KC2014QYW01）、北京科技大学研究生重点教材建设项目暨全国工程专业学位研究生教育指导委员会教改项目（230201506400103，2016-ZX-037）和国家自然科学基金项目（No.51931002）。

作　者

2024 年 5 月

目　　录

引　言

一、本书的背景

北京科技大学"材料科学基础"课程之前称为"金属学原理"，更早时称为"金相学"。这门课程在 1952 年建校时就设立了，因此有着"悠久"的历史。作为北京科技大学材料专业（过去称为金相及热处理专业）最重要的必修课程之一，该课程的学时数最多，对学生和任课教师要求都较高，是学院乃至学校非常重视的一门课程。笔者有幸成为该课程的任课教师，从刚被分配讲授这门课开始，就感到责任重大，这是因为老一代任课教师为此课程奠定了深厚的基础，使此课程已成为国内很有影响力的课程。笔者在 20 世纪 80 年代初的大学学生时代上过此课程，体验了学生时代的教与学的过程；20 世纪 80 年代中期留校任教的主要任务就是参与此课程教学，经历了从助教到讲授此课程部分章节的过程，在接触此课程教学的前 5 年，尚未参与过国家级课程的申报过程。到 21 世纪初作为课程负责人参与申报国家级精品课程时，才比较系统、有目的地开展系列课程建设、教学改革活动，这些活动大致持续了 20 年。当时，首届国家级教学名师余永宁教授通过长期讲授此课程，已独自完成此课程教材的编写、课件的制作、习题集及解答的编写，并由其牵头申报且成功获得了国家精品课程称号（2006年）。在此背景下，笔者重点开展了两方面的课程建设活动，也是积极响应和参与学校倡导的"研究型教学示范课程建设"活动。一方面是进行课程教学资源的拓展，建设课程网站，收集与课程相关的小软件、动画、视频、组织照片、材料科学历史人物生平介绍、经典文献等各类教学资源。与本科生一起编制《学生自主学习平台》软件并使用，这项教学研究获得 2008 年北京市教学成果一等奖。其中收集的大量与课程相关的名人典故与经典文献资料是本书涉及的人物类教学研究的基础。另一方面是按照设想的"基于材料科学基础课程的学生综合能力培养模式"（见图 1，2012 年提出）全面开展各类教研活动，统称为第二课堂的教学活动。这些活动包括虚拟型的利用学生自学平台软件系统去训练，也包括实践性的用材料科学基础课程知识去分析各种材料中的材料学问题，通过训练达到巩固课堂知识、提高综合能力的目的。笔者所在的教学团队基于图 1 所示的学生培养模式所进行的教改教研活动获得 2012 年北京市教学成果二等奖。

从这个模式框架图中可以看到，材料科学人物历史的研究是课程建设中各项教研活动中的一项，图中处在前期编制的学生自学平台软件系统的 6 个模块中，

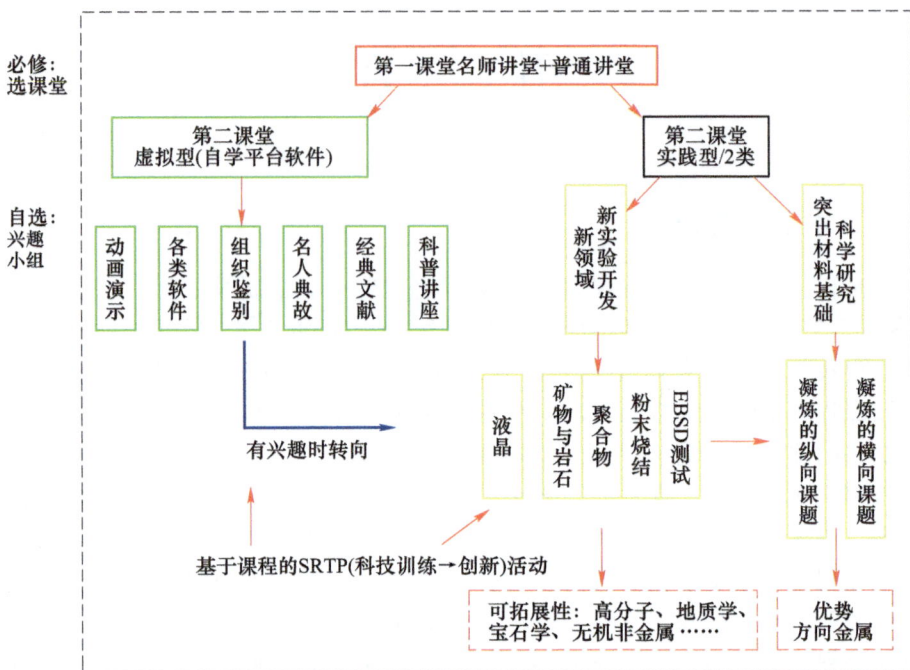

图 1　基于材料科学基础课程的学生综合能力培养模式[1]

名人典故和经典文献是本书内容最早的起点。在按照图 1 的模式进行数年的教改教研中，笔者进一步系统收集了与材料科学基础课程相关的材料名人典故与经典文献，按照北京科技大学 2006 年自编的《材料科学基础》教材各章节顺序编写出版了《材料科学名人典故与经典文献》（2012 年，高等教育出版社）一书，这项材料科学人物历史的研究已进入到一个较为系统的状态。

　　鉴于当时对人物历史的认识定位在于根据课程知识点找出对应的历史人物及经典文献，通过给出知识点的历史出处以提高课堂教学效果为目的，尚未与授课教师的科研经历、学校及学科的发展及我国材料科学家相关联，因此随后的 14 年（2011—2024 年）在人物历史方面的研究工作就着重向着上述这些方面拓展，特别是随着人物历史资料收集的不断丰富及教学同行间经验交流的进一步加深，笔者明显注意到很多国际材料名人都直接或间接与身边的学者，甚至教师自己有着某种联系，这便拉近了授课者在课堂展示与知识点相关的历史人物时与学生之间的距离，让学生感觉这些历史人物并不遥远。本书内容就是挖掘、探索、研究课程中的知识点、相关人物与笔者及笔者周围材料学者间关系的教研成果展现，也是前一本历史人物书的"续篇"。

　　本书收集了笔者在《金属世界》期刊大约 13 年内发表与即将发表的 20 篇

材料科学人物历史方面的文章，这些文章在《材料科学名人典故与经典文献》一书的基础上，进一步论述课程的一些知识点与相关人物的关系，并与笔者科研经历、教学体会、校史及课程历史建立联系。前10篇与国内材料科学家联系较少，突出研究型教学示范课建设相关的人物历史研究。后10篇为近3年发表的文章，撰写的背景是将国家级一流课程建设中需要关注的课程思政元素融入课堂，从单一的国外科学家，拓展到了国内材料科学家、北京科技大学的科学家、课程历史及老一代授课先生的事迹。此外，本书引言和后记部分是对整个工作作为一个有机的人物历史研究轨迹及成果的很好的概括，从而更好地体现了笔者出版本书的用意。因此，引言和后记部分起到两块"夹持板"的固定作用，使20篇人物历史文章内容纳入统一的理念之下，而不是"游离"的、"散漫"的故事组合。

二、本书出版的意义和目的

（1）本书涉及的内容是课程教学改革的成果，其出版的主要目的是提高课堂教学效果，促使学生更有效、更深刻理解课程知识点及知识点之间的联系，从而热爱材料专业，并了解各知识点的来龙去脉。

（2）本书内容由初期单一的为提升学生听课效果，到现在力图通过它们构建起这门课程历史的一部分，这些文章涉及了课程的一些任课教师、教师所在学校的发展史，也构成了课程教学资源的一部分，体现了课程文化。本书或许会对相关课程教师的教学也有一定的帮助或借鉴的作用。

（3）希望本书能起到提升、加深教师课程知识背景的作用，使教师更好理解并真正体验终身学习的重要性，这需要长时间的投入，是个"烧"时间的过程，如果时间就是生命，那就是要用"命"换来的。一名专业课教师不仅需要讲清楚所授课程中的各知识点，还要尽可能知道这些知识点的历史出处、相关人物与文献，以及它们的实际应用。也就是说，教师讲三分的内容，要有十分的知识储备。首先教师要了解一些知识点对应的人物历史，在课上使用这些信息；了解国外人物大师与国内材料大师的关系，更接地气地介绍给学生。其次，了解我国科学家与课程的联系，了解笔者挖掘和探索的过程。本书期望能达到抛砖引玉的目的，促使我国高校教师联合起来建设更丰富的课程资源，实现共享并提高教学水平和效果。

（4）本书的内容既是教学研究过程的记载，也是与同行交流的素材和话题，笔者参加过10余次全国材料类基础课程教学研讨会（每两年举办一次），得到过很多同行的帮助和建议，但也感到会议期间讨论的内容还不够深入充分，希望本书在课程相关人物历史资源挖掘与应用上也能起到抛砖引玉的作用。

三、本书的特点

（1）本书聚焦材料科学基础课程，比较系统、深入地挖掘、探索了课程中不同知识点与一位或几位科学家的联系，并将作者科研中与之相关的数据结果及体会应用到对人物历史的讨论中。意在突出相关的科学家就在"身边"的感觉，从而拉近了科学家与读者尤其是学生间的距离感。这个过程不是简单的素材收集过程，而是收集、挖掘、创新的过程。

（2）在长达 13 年的教改探索期间，这些文章内容由初期简单的课程知识点、相关人物与经典文献、作者科研应用的介绍，逐渐拓展为对课程历史、专业发展史、校史、我国材料科学家、学科交叉等更广泛的人物历史范围论述，也更全面、有效地体现了课程思政元素的作用。这是时代发展所致，也是教师自我学习、践行"终身学习"理念的过程。

（3）书中给出的 20 篇文章是在与听课学生的互动过程或"见证"下完成的，都经历了在课堂上展示若干照片，将整理好的人物历史与知识点关系的小故事讲给学生听，文章发表后再通过微信课程群推荐给学生阅读的几个过程。笔者希望这个与学生互动过程也能训练学生的综合能力，在学生身上慢慢留下北京科技大学材料科学基础课程的"烙印"。

四、如何读这本书？

本书的读者可能是材料专业的本科生、研究生或授课教师，也可能是对人物历史感兴趣的非材料专业读者，因此可能会有不同的兴趣和需求，不同作者可以选择自己的关注点。

（1）材料专业的学生可能主要关注 20 篇文章中涉及的各个知识点与对应历史人物的关系，以及这些知识点的应用，所以可以直接阅读这些文章。研究生除此之外还会经历或已经经历科研中的撰写文献综述环节，需要对自己选择研究题目中的特殊现象、特殊工艺的起源、发展脉络进行文献检索收集，这个环节与本书各文章的撰写过程及介绍方式较为相像，希望能从文章的阅读中获得启发。

（2）作为授课教师，除了了解知识点与相关人物的关系外，还应关注这些小故事在课堂授课中使用的时机，如在哪个章节使用？使用到什么程度？每个小故事都具有多用途性，可在不同章节灵活利用。此外，也可关注文章中给出的教学与科研的密切关系，类似地将教师自己的科研融入教学中。或收集自己所能得到的与国内外科学家"共事"的素材，应用于课堂教学。笔者认为，作为教师，更应该关注本书中的引言（书的第一部分）和后记（书的最后一部分）这两部分，因为从教学改革的角度，从全局的角度，这两部分阐述了总的教改目标与意义、教改的方法或途径，记录了人物类教改的轨迹，也显示了对教学成果凝练的尝试。

　　（3）作为对人物历史感兴趣的非材料专业读者，可能面临不能完全读懂一篇文章的全部内容的问题。尽管这些文章在原期刊(《金属世界》) 发表时希望被定性为科普文章，从而适合更多的读者，但实际内容则较大比例地倾向课程中人物历史教改的研究，因此文中出现了一些非材料专业读者或许看不懂的图。但笔者认为，避开这些具体图的内容，并不影响对文章主要思想和中心脉络的理解。

参 考 文 献

[1] 杨平，陈冷，孟利，等. 基于"材料科学基础"课程的学生综合能力培养模式 ［M］//张欣欣. 研究型教学理论与实践. 北京高等教育出版社，2015：106-109.

材料科学基础课程的基本概念与相关名人典故

——再结晶形核机制、立方织构及胡郇先生

内容导读：高校专业课讲授的概念与历史上建立或研究相关概念的著名人物典故之间的融合能否有效促进高素质人才的培养是国家教育质量工程的不断深入对教师提出的一个课题。本文以材料科学基础课程中涉及的再结晶形核和织构两个概念、相关的材料学大师胡郇先生及笔者的教学、科研经历为主要线索，讨论分析了相关的教学经验及对学生和教师的教育作用。认为两者的结合不但能使学生更清晰地了解专业概念及知识点的来源，也可以以生动的形式促使学生了解相关材料名人的为人、所处历史环境，同时对任课教师科学研究与教学的有机结合起到深刻的触动作用，提高教师将科研融入教学中的水平。笔者谨以此文表示对胡郇先生的敬意。

一、引言

随着国家教育质量工程的不断深入，高校教师都在教学的第一线努力地探索各种有效培养高素质大学生的途径。北京科技大学（以下简称北科大）从金属学课程演变过来的材料科学基础课程，经过几代教师的不断努力，在 2006 年成为国家级精品课程，相关教师也成为材料学国家级优秀教师团队的主要成员。为了使这门在国内有重要特色及影响的专业基础课程不断优化，任课教师肩负着探索新的教学方法、培养与北科大材料专业优势相适应的创新人才的重任。如何使北科大的材料科学基础课程更有特色，是任课教师长期思考并不断探索及尝试的内容。为此，团队于 2003 年开发了与授课讲台相平行的自学教学资源（也称第二课堂）——材料专业学生自学平台[1-2]，该资源于 2008 年获北京市教学成果一等奖。该自学平台系统中一个重要组成部分就是将与材料科学基础课程中讲授的重要实验、定律、现象相关的材料名人的照片、资料收集起来，在第一课堂，特别是第二课堂学习中用于从另一角度教育学生[3]。目前已收集了 100 余名相关人物的资料。任课教师也与其中少数材料名人在科学研究中有过一些交集，将这些交往的经历融入第二课堂教学资源的编写中，对学生也会有一定的帮助。

二、再结晶形核、立方织构及两者间的关系

再结晶是材料科学基础课程中重要的一章，是金属材料生产过程中一个重要工艺环节，在这个环节中难以再加工的形变金属得到软化，同时组织、结构（包

括织构）也得到有效的调整。再结晶由形核过程和长大过程组成，再结晶的形核过程涉及形核地点和形核机制，这是一些学生容易混淆的地方。两个主要的再结晶形核机制是：（1）应变诱发晶界迁移；（2）亚晶合并及亚晶长大。其中第二种机制涉及的亚晶旋转实现亚晶合并的模型是著名再结晶及织构专家美籍华人胡郇（William Hsun Hu，见图1（a））先生于20世纪50—60年代基于透射电镜下的原位观察而独树一帜提出的[4-5]，它明显区别于其他亚晶长大模型；而第一种机制应变诱发晶界迁移是胡郇的导师、美国圣母大学（University of Notre Dame）的 P. A. Beck 教授（见图1（b））首先提出的[6]。胡郇将透射电镜下精细的组织、取向分析与宏观织构分析有效结合作为研究特色开展再结晶研究。晶体学家 H. J. Bunge[7] 评价道，正是他这种将显微组织与织构密切结合的思想促进了取向成像显微术（orientation imaging microscopy）的到来，从20世纪90年代以后基于电子背散射衍射（electron back scatter diffraction，EBSD）取向成像技术成为了非常有效的可同时揭示微区组织、相结构及取向关系的技术手段。同时，胡郇本人也倡导并促进了国际期刊 *Microstructure and Texture* 的诞生。

图1　胡郇先生（a）和 P. A. Beck 教授[9]（b）的照片

　　现在由与取向相关联的再结晶形核过程进入到立方织构概念。胡郇先生的主要贡献是将再结晶形核与再结晶后的立方织构的关系（当然也包括长大）有机地联系起来。再结晶过程虽不像形变过程那样在外力的作用下发生，但也会像形变过程那样出现织构，即所谓的再结晶织构。在材料科学基础课程中，织构与倒易点阵是学生最难理解的两个概念，学生不理解和"惧怕"这两个概念的原因一方面主要是掌握该概念需要对三维空间内非常抽象的晶体取向有很好的理解；另一方面，表达织构的三维空间内晶面、晶向所谓"极射"二维赤面投影法也非常抽象，因而引起学生"恐惧"。在不同类型的再结晶织构中，最重要、最典型、最容易看懂理解的就是立方织构，它用一组面及一组方向表示 {100} <001>；在一定的工艺条件下，多晶体中大多数晶粒的晶体学坐标轴（[100]-[010]-[001]）与轧板宏观坐标轴（ND 法向-RD 轧向-TD 侧向）重合，如图2所示。教师在教学中能感觉到，学生接受再结晶的组织变化知识比较容易，而接受再结晶过程时取向变化乃至形成再结晶织构的知识却很难。但请同学们仔细思考一下"没有取向变化信息的组织变化规律"是否可能不那么可靠，至少是不全面的。学生学习时，大概很少将再结晶形核机制与再结晶完成后形成的立方织构联系起来。其实两者之间的关系就像"一个种子和一棵树"，立方织构产生的原因之一是再结晶形核时形成了立方取向的"种子"（其本质就是择优形核理论），以及这个立方取向的"种子"在与周围形变组织存在有利取向关系（即著名的40°<111>关系，最经典的实验是笔者的第二导师 K. Lücke 于 1956 年完成并发表[8]）下成长完成的，这就是择优长大理论。

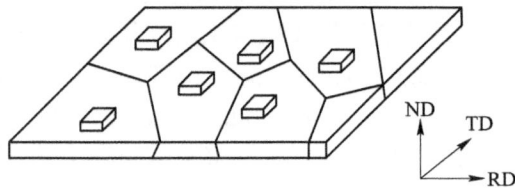

图 2　立方织构示意图

然而，关于金属中立方织构的形成机制却争论了几十年，即是"择优形核"作用下导致的立方织构还是"择优长大"作用下导致的立方织构。其中择优长大理论便是由胡郇的博士导师 P. A. Beck 提出的，而择优形核理论是柏格斯矢量提出者 J. M. Burgers 的兄弟，晶体学家 W. G. Burgers 提出的。自然，胡郇先生也是择优长大理论的拥护者。胡郇先生不但对 fcc 金属中的立方织构有深入的研究，对 bcc 金属（如钢）中的立方织构也有深入的研究，在美国钢铁公司的贝茵（E. C. Bain）实验室工作时的胡郇，为了搞清立方织构的成因，使用立方取向单晶，进行形变、再结晶退火，从而清晰地跟踪了立方取向晶粒的形变再结晶变化过程，并用相关结果分析多晶中立方织构的成因，这种研究方式也是学生应当引起注意的。胡郇先生因对立方织构广泛而深入的研究而被称为"立方织构先生"[7]。立方织构之所以这么重要，不但因其有重要的理论价值，它还有非常重要的应用价值。在 fcc 金属中，如铝，立方织构用于高压电解电容器铝箔的内在质量控制，因其特殊的立方腐蚀坑带来的高电容值而有重要用途；同样是 fcc 的镍基带中的立方织构用于促进超导体的外延生长。bcc 金属中的立方织构控制技术不如 fcc 金属成熟，在电工钢中如果得到强立方织构，则成为双取向硅钢，即轧板表面上存在两个相互垂直的高磁感、高磁导率、低铁损的<100>方向。胡郇先生在研究 bcc 金属（即钢）后，又研究六方金属钛。主要贡献是研究了层错能的变化使铜型轧制织构变为黄铜型轧制织构，其机制是由全位错到不全位错的滑移所致，有时称为胡氏模型[7]。胡郇对织构的基础研究很好地应用在电工钢及深冲钢板上。

三、笔者的教学、科研与胡郇先生

笔者在从事材料科学基础课程（以前称金属学）教学及科研的二十年中，亲身经历了对再结晶形核机制、立方织构两个基本概念或现象的认识、掌握、应用过程。回忆起来又与胡郇先生，一位对我国材料科学研究有重要贡献的美籍华人，有千丝万缕的联系，借此机会重温一下。由于与胡郇先生不是同一时代的，更谈不上有资格对其科学生涯进行评价，这里仅从接触过他及他身边的人，以授课教师的角度，帮助学生了解他，从而更扎实地掌握相关概念。这是笔者本人在国家精品课程建设中，收集一系列与课程相关的材料大师（名人典故）并介绍给学生的内容之一，也希望对材料专业学生有一定的促进作用。

应该说在笔者学生时代上金属学课程时已隐约地听说过胡郇及再结晶亚晶合并机制，到了硕士毕业后留校助教时，甚至作为讲师讲授"再结晶"一章时，也是机械地将这两个现象"转教"给同学。真正有亲身体验的则是 1993 年 10 月在德国克劳斯塔尔（Clausthal）参加第 10 届国际材料织构会议时见到了胡郇先生，对其有更好的印象则是听说他全力支持第 11 届国际织构会议 1996 年在中国召开，听说当时的国际学术委员会以 5∶4 的投票勉强通过（又听说作为学术委员会委员的笔者的两个导师竟都投了韩国的赞成票）。1995 年，笔者在德国哥廷根大学（University of Göttingen）参加德国材料学会年会时，遗憾得知胡郇先生于 1995 年 2 月 1 日不幸去世的消息，当时在会上全体与会者集体起立向胡郇先生默哀，向这位对金属中的织构及再结晶理论有重要贡献的知名学者致意。随后笔者依然通过当时还算是先进的电子背散射衍射（EBSD）技术研究铝合金中的立方织构形成规律，同时也像胡郇先生那样坐在透射电镜旁，测定及寻找铝合金中立方取向亚晶的形貌特征及取向。回国后便以形变、再结晶、相变及织构作为研究方向（这竟然也是晶体学家兼织构理论家 H. J. Bunge 总结出的胡郇先生的研究方向[7]！）。在再结晶问题研究的 20 多年中，更深刻体会了金属的形核机制、立方织构及其他织构的形成规律。表面上，从 1995 年到回国的头几年，虽然对再结晶机制及织构的研究不断深入，但对胡郇先生的怀念似乎在淡化。直到 2008 年到美国钢城匹兹堡（也是胡郇先生工作过的城市），意外见到大学的同学同时又是胡郇先生学生的华明建博士，才重新燃起进一步了解胡郇先生的愿望。那时正是材料科学基础国家精品课程建设时，收集、整理与材料科学基础课程相关的名人典故的高峰时期。那时意外得到了胡郇先生在 1941 年于国立交通大学唐山工程学院（现西南交通大学）的大学毕业证书，并有院长茅以升的签章（见图 3）。更巧的是，在匹兹堡城的卡内基梅隆（Carnegie Mellon）大学的校园里也恰好见到在该校获得博士学位的茅以升的雕像及温家宝总理的题词（见图 4）。后来经老同学华明建博士的介绍，与胡郇先生的夫人（Diana Hu）及其儿子胡京生

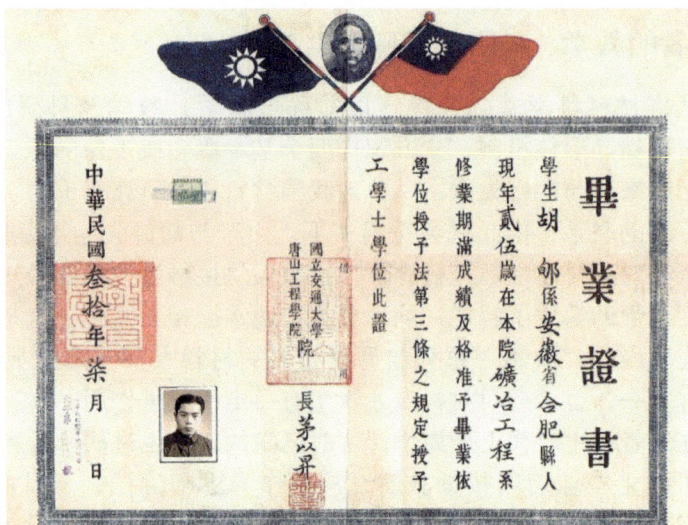

图 3　胡郁先生的毕业证书

(a)

(b)

图 4　卡内基梅隆（Carnegie Mellon）大学校园里茅以升的雕像（a）及温家宝总理的题词（b）

（Mason Hu）建立了联系并得到一些有关胡郁先生的珍贵照片及资料，例如，图 5（a）应是胡郁先生 1986 年来中国讲学时所照。胡郁先生去世时的纪念文章是著名的晶体学家及织构专家 H. J. Bunge 完成的，见文献［7］。H. J. Bunge 先生是另一位对中国十分友好的材料织构大师，决定 1996 年在中国还是韩国召开织构会议投票时，5 张支持中国的赞成票中也有他一票。

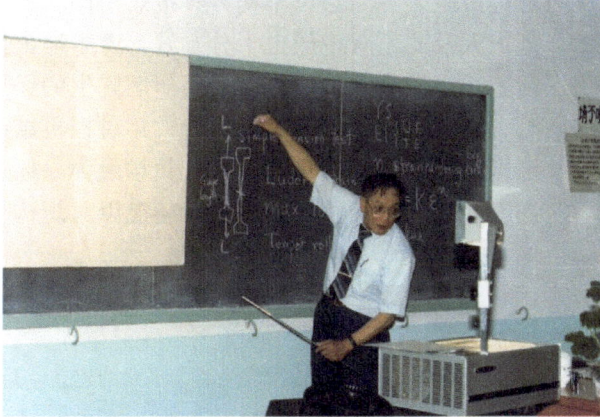

(a)

(b)

图 5　胡郁先生 1986 年在中国讲学（a）及胡郁先生一家照片（b）

四、结语

　　现在每当在材料科学基础课堂上讲授再结晶和立方织构这两个基本概念时，许多往事会涌现到眼前。胡郁先生的经历（乃至扩大到材料名人典故）对学生的教育意义在于：（1）能加深对两个概念的理解；（2）了解经典文献的出处；（3）了解材料大师的为人处世；（4）让读者认识到中国人不论在哪儿从事科学研究，都不会也不应忘记祖国，也总会以不同方式报效祖国。胡郁先生对中国材料领域做出过贡献，其夫人及儿子对中国也十分友好，慷慨地提供胡郁的照片及资料。笔者本人仍保留着与她们的电子信件。希望胡郁先生的经历在激励学生从事材料科学研究的同时，也能激励笔者作为一个既常年讲授再结晶的内容，又一直从事再结晶机制及织构分析的教师将科研成果与教学融为一体，深入浅出地给学生讲懂相关知识。谨以此文纪念胡郁先生，也希望能以对织构更精确的控制表达对胡郁先生的敬意。

参 考 文 献

［1］杨平，陈冷，强文江．《材料科学基础》课程学生自学平台的建立［J］．北京科技大学学报（社科版），2004，20：135-138，150（增刊）．

［2］杨平，李长荣，陈冷．材料科学与工程基础《学生自学平台》软件的应用分析［J］．现代教育研究，2007，74（2）：13-14，16.

［3］杨平．课程的基础知识传授、名人典故、人才培养与课堂文化［J］．北京科技大学学报（社科版），2008，增刊，24：156-159.

［4］HU H. Annealing of Silicon-Iron single crystals［M］//Recovery and recrystallization of metals, ed. L. Himmel. New York：InterScience Publishers，1962：311-362.

［5］HU H. Direct observations on the annealing of a Si-Fe crystal in the electron microscope［J］. Trans. Metall. Soc. A. I. M. E.，1962，224：75.

［6］BECK P A，SPERRY P R. Strain induced grain boundary migration in high purity aluminum［J］. J. Appl. Phys.，1950，21：150-152.

［7］BUNGE H J. In memoriam William Hsun Hu［J］. Textures and Microstructures，1996，26-27：1-2.

［8］LIEBMANN B，LÜCKE K，MASING G. Orientation dependency of the rate of growth during primary recrystallization of Al single crystals［J］. Z. Metallkd.，1956，47：57-63.

［9］Beck P A. Some recent results on magnetism in alloys［J］. Metall Trans.，1971，2：2015-2024.

本文原文发表于《金属世界》，2011 年，第 4 期，73-77 页。

再结晶及晶粒长大国际会议的 Smith 奖及其获得者

——材料科学基础课程中的基本概念与名人典故

内容导读：材料科学基础课程为材料的开发应用奠定了理论基础，其中的基本概念与相关的名人典故对应着生动的科研故事。由于材料科学仍是较新的、不断发展的学科，因而一些相关的名人仍生活在我们周围或离我们很近。了解与这些基本概念相关的背景与人物，不仅可以激发大学生学习材料科学专业课的热情，也可以为刚踏入材料研究领域的研究生开辟深入研究的另一途径或方向。文章把课程中介绍的与再结晶相关的基本概念与当前国际系列再结晶及晶粒长大会议上 Smith 奖及获得者结合起来，笔者以自己的亲身体会分析讨论了材料科学教学与科研的关系，希望能推动我国材料科学教学与研究与国际接轨。文章介绍的国际再结晶及晶粒长大系列会议已成功举办了 5 届，Cyril Stanley Smith 奖就是由大会设立的。非常巧合的是Smith 奖 7 位获奖的材料名人中有 2 位是笔者的博士导师，笔者对他们的贡献进行了客观分析，希望能帮助读者更好地掌握这些相关的知识。

一、再结晶及晶粒长大

从笔者上大学（北京钢铁学院（现北京科技大学）77 级金相专业，1978 年3 月入学）学习金属学课程开始，"再结晶"就是其中一章，到现在讲授的材料科学基础课程，"再结晶"仍是相当完整的一个组成部分（在大多数教材中，"再结晶"仍是独立的一个章节）。笔者在课堂上常叮嘱学生，如果用最简单的话总结"再结晶"这一章主要讲了什么概念或知识，就要用到该章目录中的那些小标题——回复、再结晶、晶粒长大，即再结晶退火由回复、再结晶和晶粒长大三个阶段组成；再结晶由形核和核的长大过程组成，而晶粒长大分正常长大和异常长大；形核分应变诱导晶界迁移和亚晶聚合长大机制，核的长大则由简单扩散引起的界面迁移或满足某种取向关系的高迁移率界面移动完成；再结晶或晶粒长大常伴随织构的出现和变化，织构的出现可以是择优形核的结果，也可是择优长大的结果。

再结晶及晶粒长大是金属材料加工制备过程最基本的环节，这个看似纯属基础理论的过程却是绝大多数工程材料获得最佳性能的关键控制环节。无论是最早的《物理冶金学》（或《金属学》）还是现在的《材料科学基础》，任何一种教科书中都有专门的一章介绍"再结晶及晶粒长大"——这个比起晶体学和位错理论要容易得多的知识，在许多人眼里可能没经历什么变化而早已成熟，但事实上它还在不断更新、完善及深化。

再结晶退火不仅是消除加工硬化、软化材料的过程，而且是控制组织结构（含织构）、优化性能的有效手段。

经典的控制再结晶、提高成形性及产生高附加值的再结晶退火的案例有：（1）高纯铝箔退火得到强立方织构从而获得高比电容，制作电解电容器；（2）汽车用低碳或超低碳钢板控制工艺参数，提高｛111｝再结晶织构，进而改善深冲性能；（3）取向硅钢中控制二次再结晶过程，获取极强的 Goss 织构，从而制作高磁性能的变压器铁芯。

事实上，再结晶及晶粒长大仍是当前国际会议的主题，甚至是唯一的主题。

本文介绍的"国际再结晶及晶粒长大系列会议"（International conference on recrystallization and grain growth）已成功举办了 5 届，大会设立了 Cyril Stanley Smith 奖（以下简称 Smith 奖）。Smith 奖 7 位获奖的材料名人中有 2 位是作者的博士导师，谨以此文对他们的贡献进行分析，希望能帮助读者更好地掌握这些相关的知识。

二、Smith 奖及获奖者

自 1990 年起曾陆续举办过几届"国际再结晶会议"——简称为 Recrystallization'90，Recrystallization'92，ReX96，ReX99；与此同时，也陆续举办过几届"晶粒长大的国际会议"——Grain Growth in Polycrystalline Materials（1991），Grain Growth in Polycrystalline Materials Ⅱ（1995），Grain Growth in Polycrystalline Materials Ⅲ（1998）。到 2001 年，两个会议合并成"再结晶及晶粒长大国际会议"，这就有了第一届国际再结晶及晶粒长大会议，英文名字为 The First Joint International Conferences on Recrystallization and Grain Growth，简写为 ReX & GG，这里省略了一个单词"Joint"（联合）。第一届会议在德国亚琛召开，组织者是亚琛工业大学金属所的 G. Gottstein 教授和 D. Molodov 教授。以后每 3 年召开一次，到今年（2013 年）已是第 5 届，2013 年 5 月在澳大利亚悉尼召开。鉴于 Cyril Stanley Smith 教授在组织的定量表征、特别是晶粒长大规律方面的重要贡献（其最经典的文章为 Introduction to grains，phases，and interfaces：an interpretation of microstructure）[1]，会议设立了 Smith 奖（实际是沿用了 1998 年晶粒长大国际会议的 Smith 奖），每次会议都由国际学术委员会评出获奖者，先后 6 次国际会议的 Smith 奖评选共有 7 名获奖者。

（一）Cyril Stanley Smith 简介

Cyril Stanley Smith（1903—1992 年，以下称 Smith），见图 1[2]，是著名的冶金学家和冶金史学家，早年在英国伯明翰大学学习，后移民美国，在 MIT（麻省理工学院）获博士学位，后在美国一家铜-黄铜公司工作 16 年，获大量专利。Smith 因其在研究工作中的独创性和洞察力而闻名。1943 年，Smith 加入 Robert Oppenheimer 在 Los Alamos 国家实验室组织的原子弹计划（称曼哈顿计划）。1945 年，Smith 在芝加哥大学创建金属研究所，该研究所成功吸引了一些非常知名的研究者，如 Charles Barrett（择优长大理论的提出者）、Clarence Zener（弹性常数各向异性参数 A、Zener 钉扎力、Zener-Hollomon 参数等的提出者）、晶体学家 William Zachariasen（无规网络结构模型的提出者）、Joseph Burke（Burke-Turnbull 界面迁移速度公式的提出者）、葛庭燧（内耗法测 Sneok 气团）等[3]。

在晶粒长大方面，著名的英国冶金学家 Cryil Desch（1874—1958 年）于 1919 年[4]首先将一个多晶中接近平衡的金属晶粒形貌与肥皂水中的肥皂泡群的形貌对比。Smith 进一步对晶粒形状进行拓扑技术分析。Smith 著名的组织演变文章发表在 1948 年[1]，而 1952 年又发表了重要的文章（见文献[5]）。他将金属多晶与一个减小空气压力条件下的肥皂泡相比较，演示了晶粒长大动力学与泡沫生长动力学有一定相似性；并继续深入分析了相互接触的多面体在角数、棱数、平面数之间的拓扑学关系，以及不同棱数多面体平面出现的频率分布。Smith 于 1952 年开创了定量金相学，后改为体视学（stereology），这是一门材料科学与解剖学交叉的学科[3]。1955 年以后他开始研究冶金史，1960 年出版 *A History of Metallography*（《金相学史》，封面见图 1）[6]。美国冶金与材料会刊 *Metall. Mater. Trans.* 于 2010 年重新刊登了 Smith 于 1948 年在 *Trans AIME* 上的文章[1]，文章的序是由现任卡内基梅隆大学材料系主任，挂有 W. W. Mullins 教授头衔的 Gregory S. Rohrer 教授撰写的[7]。

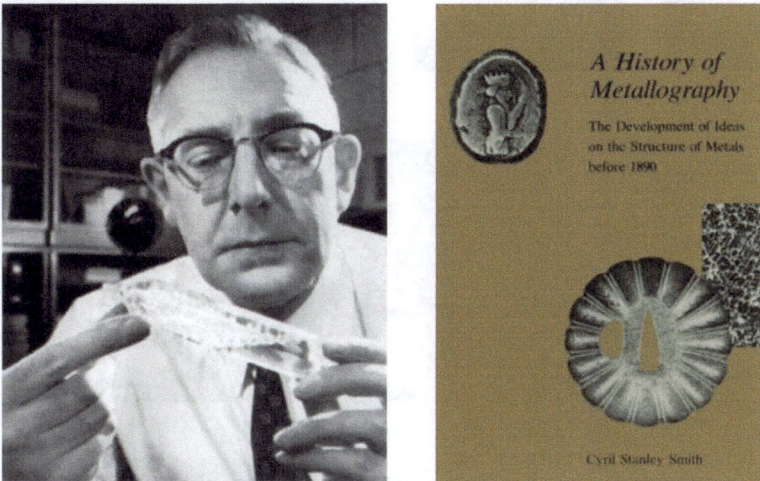

图 1　Smith 照片[2]与他出版书的封面[6]（左图照片中他手拿一个透明胶囊观察肥皂泡在表面张力作用下的变化，以此分析固态材料中晶粒的生长；右图为他晚期在 MIT 从事金相学历史研究所写书的封面，出版于 1960 年）

（二）Smith 奖获得者

1. William Mullins

Smith 奖的第一个获得者是美国卡内基梅隆大学的 William Mullins 教授（见图 2（a）），时间是在 1998 年的晶粒长大国际会议上，在再结晶与晶粒长大两个国际会议合并之前。文献[8]对 Mullins 的生平事迹进行了介绍。笔者在德国亚琛攻读博士学位期间（1993 年）见过他几次，那时他作为德国洪堡基金资助的科学家受邀到亚琛工业大学金属所做系列讲座，共 4 次，内容是"界面上的传质"（Mass transport at interfaces），笔者至今还保存着他的课件（见图 3，应是他的手迹）。材料科学基础课程中相关介绍主要是表面张力作用下表面出现的沟槽（"界面"一章）和凝固过程枝晶生长时表面曲率现象造成的界面前沿周期性凹凸形态。1998 年晶粒长大会议授予他 Smith 奖是因他提出晶粒长大模型，即著名的 Von Neumann-Mullins 二维晶粒长大方程[9-10]。大名鼎鼎的 Von Neumann 在文献[8]中已详细介绍过。Mullins 教授曾是卡内基梅隆大学材料系主任，与早期

图 2　历届国际再结晶及晶粒长大会议评出的 Smith 奖获得者

（a）William Mullins[11]；（b）Kurt Lücke；（c）Mats Hillert[12]；（d）John Humphreys[13]；

（e）Roger Doherty[14]；（f）L. Shwindlerman（左）和 Günter Gottstein（右）[15]

的系主任 F. R. Mehl（提出转变的动力学方程）和后期的系主任 A. Rollett（证明小角晶界在能量及迁移率上都是各向异性的；也是多次再结晶与晶粒长大会议的主席），对材料科学基础研究的贡献很大。现在的系主任 G. Rohrer 的头衔便是 Mullins 教授，相信若干年后我们的大学教授也会冠上类似的名字。R. F. Mehl 去世后的纪念文章是由 C. S. Smith 与卡内基梅隆大学的 Mullins 共同完成的[16]，可见他们有着密切的联系。

2. Kurt Lücke

2001 年，德国亚琛召开的第一届再结晶与晶粒长大会议将 Smith 奖授予 Kurt Lücke 教授（见图 2（b））。Kurt Lücke 教授的生平在文献[8]中也介绍过，他的主要贡献是提出（或更准确地说是支持）择优长大理论，并完成高迁移率的经典实验；他的研究成果出现在《材料科学基础》教材中"晶界"一章中的溶质含量对晶界迁移速度影响的规律及温度的作用、fcc 金属铝中 40°<111>取向差的高迁移率经典实验，还有"形变"一章中六方结构金属单晶滑移系开动与载荷施加取向的关系。此外，在教材中列举的高迁移率晶界表中的经典 bcc 钢中高迁移率的 26.7°<110>（即 Σ19 晶界）实验是由 Kurt Lücke 教授做出的，为此他使用了 270 个单晶样品[17]，体现了德国人严谨的科学态度。Kurt Lücke 教授名义上是作者的博士第二导师，当时他已退休，所以并未有过直接指导，不过在亚琛度过了近 5 年时光，他的言行还是给笔者留下了很深的印象。在笔者的博士论文评审阶段，要在 Kurt Lücke 教授的办公室向他报告作者的论文成果，而他完成论文评语的方式令笔者钦佩：论文成果讨论结束后，Kurt Lücke 教授不带重复地口述评语，笔者来做记录（这正是初学德语时中国老师教的"听写"Diktat 练习）。当时笔者已经过了学习语言的最佳年龄，尽管在同济大学经过训练后还是顺利完成了德语学习，但是德语学得其实并不怎么好，庆幸的是他没有感到笔者的听力和记录能力的不足，评语打印出后他签上字便送给秘书了。这个过程使笔者反复想起小时候观看的战争题材电影（也许是与德国有关的影片）中的场景——高级将领口述，秘书记录，然后发报的场面。在笔者第二次作为访问学者（2001年 9—11 月，即刚刚开完第一届国际再结晶与晶粒长大会议）到德国亚琛与 Günter Gottstein 教授进行镁合金织构的合作研究时，在亚琛工业大学金属所里见到他去世的讣告，参加了他的葬礼，并献上一束黄色的花。同时将当日亚琛市报纸上刊登的大学校长 B. Rauhut（也是笔者博士学位证书的签发者）对他的纪念讣告裁剪下来（见图 4）永久保留。现在讲课时，还不时拿出来给学生看，希望能让学生对相关概念留下更深的印象。笔者认为，在大量的知识面前，学生们太缺少能加深印象的背景资料了。

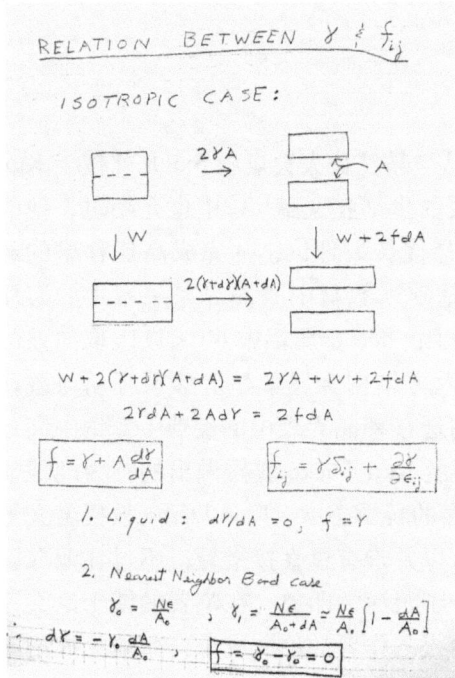

图 3　Mullins 教授 1993 年在德国亚琛工业
大学金属研究所系列讲座课件之一
（手写投影胶片），内容为表面张力
与表面能的关系

图 4　Kurt Lücke 教授去世时当地报纸
上刊登的大学校长及校委会的讣告
（也是他的简历）

3. Mats Hillert

2004 年，在法国 Annecy 召开的第二届再结晶及晶粒长大国际会议的 Smith
奖获得者 Mats Hillert 教授也是北京科技大学的名誉教授，他的情况在文献［8］中
也有介绍。他来北京科技大学访问的时间，大概是笔者读大学的后两年或读硕士
研究生的前两年。给笔者留下印象的是：研究生课程"金属中的扩散"用的是
他的讲稿，当时的授课教师是他的学生——北京科技大学著名的粉末冶金专家赖
和怡教授。笔者博士毕业后从事形变、再结晶及相变中的晶体学或织构现象的研
究，没有参加过国际相变会议或热力学方面的会议，因此缺少与他的直接接触。

不过，笔者大学的同班同学一直在他们大学（瑞典皇家工学院）的电镜室工作，她帮忙直接从 Mats Hillert 教授那里索要了他的个人简历，也算有个间接的了解。再结晶及晶粒长大国际会议把 Smith 奖授予 Mats Hillert 教授，是基于他最经典的晶粒长大方程[18]。在材料科学基础课程中，正常晶粒长大时少于 6 条边的晶粒将会消失的模型图及扩散长大方程是他提出的，调幅分解也与他有关。另外，课程上介绍的粒子对晶界的 Zener 钉扎概念，一般认为是 Zener 先提出的，而 2004年 Mats Hillert 教授获得 Smith 奖时提出：Zener 钉扎应更名为 Smith-Zener 钉扎，因为 Smith 最先有了此想法，Zener 觉得有意义，并与之讨论且发表了文章。后来，再结晶及晶粒长大会议上已频繁出现 Smith-Zener 钉扎一词。

4. John Humphreys

2007 年，在韩国济州岛召开的第三届再结晶及晶粒长大会议的 Smith 奖的获奖者是 John Humphreys（见图 2 (d)）。他的研究几乎涉及再结晶的所有方面，他建立的个人网站拥有大量的第一手再结晶实验资料。他的 *Recrystallization and Related Annealing Phenomena* 一书（《再结晶及相关的退火现象》，1995 年出版了第 1 版，2003 年出版了第 2 版）[19] 是《材料科学基础》教材中再结晶部分的重要参考书，书中涉及不同的形变不均匀区、形变带、剪切带、过渡带、显微带等诸多概念。他的粒子促进形核研究（简称 PSN）和将回复、再结晶、晶粒长大三个过程都用连续式和不连续式生长统一起来[20]给作者留下了深刻印象。《材料科学基础》教材中的不同尺寸及含量对再结晶的促进或阻碍的模型图是他提出的。笔者在亚琛攻读博士学位期间（1995 年）发表在丹麦 Riso 国家实验室组织的会议论文集上有关 Al-Mn 合金脱溶与再结晶交互作用的文章在他的书中得到引用[21]。在 2005 年比利时鲁汶大学召开的第 14 届国际织构会议上作者听过他的报告。

5. Roger Doherty

2010 年，在英国钢城谢菲尔德召开的第四届再结晶及晶粒长大会议的 Smith 奖获奖者 Roger Doherty（见图 2 (e)）是美国德雷塞尔大学的教授。在文献[8]中只是简单提到过他。在《材料科学基础》教材中使用的应变诱导晶界迁移形核的实例是他和 S. P. Bellier 于 1977 年完成的。早在 1978 年，Roger Doherty 教授就是 *Recrystallization of Metallic Materials*（《金属材料的再结晶》）一书中再结晶形核一章的特邀编写者[22]，1997 年他与多名再结晶领域的专家完成的再结晶现状的综述[23]，2007 年他又在 *Science* 上发表文章纪念 Robert Cahn 和 David Turnbull 对现代材料科学建立的重要贡献[24]。Roger Doherty 教授早年在英国与 W. R. Cahn 一同工作，1982 年到美国德雷塞尔大学材料系工作，1998—2000 年任系主任，2003 年被授予 Grosvenor 教授称号（Grosvenor 是德雷塞尔大学材料系的创建者），2007 年成为 TSM 会员，同年退休。多次担任再结晶及晶粒长大国际会议主席的 Rollett 是他的 1988 年的博士毕业生。Roger Doherty 教授主要与美国的铝合金制造公司 Alcoa 合作研究再结晶形核和组织变化，2008 年获得美国 ASM 的 Sauveur 奖。2007 年 Roger Doherty 教授与其他作者合写了 *Thermo-Mechanical Processing of Metallic Materials*（《金属材料的热机械处理》）教科书，由 Elsevier 公司出版。

6. Günter Gottstein 和 Shwindlerman

2013 年在澳大利亚悉尼召开的第五届国际再结晶与晶粒长大会议的 Smith 奖获得者是德国亚琛工业大学金属所的 Gottstein 教授和"与他形影不离"的俄罗斯教授 Shwindlerman（见图 2（f））。两人的研究重点是晶界迁移，相关结果较新且复杂，因此编入《材料科学基础》教材，但 Gottstein 和 Shwindlerman 于 1992 年发表的杂质含量对 CSL 及普通大角晶界迁移率不同影响的规律曾编入笔者授课使用的《金属学原理》一书。他们共同完成了专著 *Grain Boundary Migration in Metals*（《金属中晶界的迁移》，2010 年第 2 版）[25]。有趣的是，他们的书中每章开始都引用一段戏剧中的名言，例如图 5 所示名言引用自英国著名童话作家米尔恩（A. A. Milne，他的 *Winnie-the-Pooh*（《小熊维尼阿噗》）故事畅销几代，享誉全球，成为全世界成人和儿童的礼物）的作品，这展示了材料科学家广泛的文学兴趣爱好，也给读者在仔细分析他们的科学研究数据中添加了几分乐趣。Gottstein 教授是笔者的博士导师，自然对他了解得要多一些。图 6 是笔者博士答辩后与同是 Smith 奖获得者的两位导师（Lücke 教授和 Gottstein 教授）的合影。2009 年 6 月 Gottstein 教授参加完在韩国举办的材料学会议并完成对东北大学的访问后，应邀来到北京科技大学在"中国材料名人讲坛"上做了报告，详细情况可见北京科技大学材料学院网站的报道。北京科技大学的柯俊院士早年在德国哥廷根大学与 Lücke 教授有过密切交往，因而对 Lücke 教授职位的继承者 Gottstein 教授（也是 Lücke 教授的学生）自然感觉非常亲切，并赠送给 Gottstein 教授一本由柯俊先生编写的《中国冶金史》。还记得那天晚上，笔者拿着送给 Gottstein 教授的《中国冶金史》一书请柯俊院士签名时，柯先生滔滔不绝地介绍了许多他在德国哥廷根大学与 Lücke 的密切交往，例如作为博士生的 Lücke 如何骑着自行车带柯先生参观哥廷根大学当时就出现的 5 位诺贝尔奖获得者的画像。Gottstein 教授的研究方向除晶界迁移外，还有金属间化合物、金属间化合物为基的复合材料、织构、极度形变制备纳米晶、计算材料学（形变织构、再结晶织构、晶粒长大的模拟）等。现在 Gottstein 教授也退休了，但仍然在指导博士生。在他退休的庆祝活动中，德国亚琛工业大学金属研究所出版了由他的学生和同事写给他的各种祝福和回忆文章，笔者送去的是自己与他接触 5 年的感受和祝福。此外，金属研究所里还富有创新地编写并上演了记录他科学生涯的"话剧"。笔者一直珍藏着这两个纪念品的电子版文件。

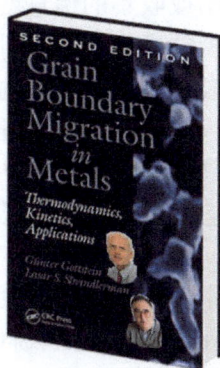

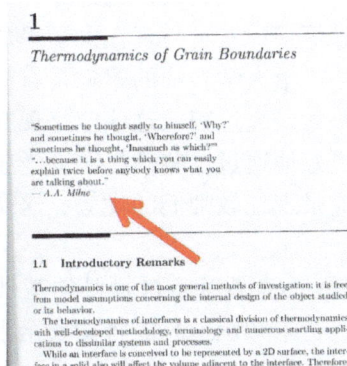

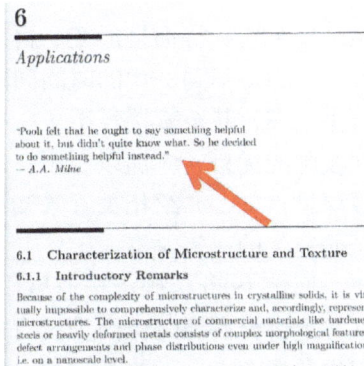

图 5   Gottstein 和 Shwindlerman 的晶界迁移一书的照片和两个章节前所含的 Milne 童话片段

图 6   笔者博士毕业时与两位导师（Lücke 教授（左一） 和 Gottstein
教授（右一），两位都是 Smith 奖获得者）的合影

三、笔者札记

对于数学、物理、化学等早已成熟的基础课程，笔者认为其涉及的名人典故与现在大学里的授课教师已经相差好几代人了。而材料科学是一门新兴的学科，

是从物理冶金演变而来的，材料科学基础课程中前 1/3 涉及矿物学、晶体学、晶体结构、相图知识的名人与现在大学里的授课教师仅相差一、二代。涉及位错、界面、形变、再结晶及相变等知识的材料科学名人大概只相差一代了，而笔者熟悉的导师与他们就比较接近甚至为同一时代的人，通过导师介绍或收集的信息就感觉很亲切。特别是形变、再结晶等知识基本与现在大学里的授课教师在同一时代，或相差不到一代的时间间隔，这给大学教师的感觉是直接参与了相关知识的收集整理，甚至直接经历了一些科学研究过程。这些应是现在大学里的专业基础课教师的优势，应加以利用，即更好地通过这些信息调动学生参与的积极性。在授课过程中，介绍相关背景知识应是现在教师们的优势，这是有效培养本科生乃至研究生的一笔财富。

回忆 1986 年硕士毕业后作为金属学课程（材料科学基础课程的前身）的助教并上讲台讲课时，因为没有这些背景知识，只能将功夫全下在如何讲清楚教科书中的概念上。而当笔者博士毕业回到北京科技大学再上讲台时，每当讲到形变、再结晶两章时，由于接触到相关的人物与经典文献，以及从事过相关的研究，也了解相关理论在当前基础研究和生产应用中解决问题的作用，便会感觉心里很踏实，自然而然地就会给学生简单介绍一下这些背景故事。现在随着年龄的增长，笔者已经属于"中老年"阶层了，嗓门不如以前大了，但多年从事形变、再结晶的研究，多次参加国际会议，多次在企业项目中研究与再结晶有关的实际问题，多年来从事教学研究工作广泛收集的人物故事、经典文献，使得笔者在讲授大多数材料学概念和现象时，脑子中会不断闪现这些科学家的故事片段和他们的音容笑貌。

参 考 文 献

[1] SMITH C S. Introduction to grains, phases, and interfaces: An interpretation of microstructure [J]. Trans AIME, 1948, 175: 15-71.

[2] http://jfi. uchicago. edu/~tten/rainbow/ri. history/Kleppa. history/smith. html.

[3] CAHN W R. 走进材料科学 [M]. 杨柯, 译. 北京: 化学工业出版社, 2010.

[4] DESCH C H. The solidification of metals from the liquid state [J]. J Inst Met, 1919, 22: 241.

[5] SMITH C S. Grain shapes and other metallurgical applications of topology [M]//Metal Interfaces. Cleveland, Ohio: American Society for Metals, 1952: 65-110.

[6] SMITH C S. A history of metallography [M]. Chicago: The University of Chicago Press, 1960.

[7] ROHRER G S. Introduction to grains, phases, and interfaces—an interpretation of microstructure. Trans AIME, 1948, 175: 15-51. (by Smith C S. Metall Mater Trans. 2010, 41A: 1063-1099.)

[8] 杨平. 材料科学名人典故与经典文献[M]. 北京: 高等教育出版社, 2012.

[9] MULLINS W W. Two dimensional motion of idealized grain boundaries [J]. J Appl Phys, 1956, 27: 900-904.

［10］ VON NEUMANN J. Seminar Report ［R］//Metal Interfaces. Cleveland, Ohio: American Society for Metals, 1952: 108.

［11］ AIP ［EB/OL］. http: //www. aip. org/history/acap/biographies/bio. jsp? mullinsw.

［12］ Recipient: 1999 William Hume-Rothery Award ［EB/OL］. http: //www. tms. org/society/ Honors/1999/HumeRothery99. html.

［13］ International Technical Advisory Committee ［EB/OL］. http: //www. arclightmetals. org. au/ archive/content/govern/itac/itac_humphreys. htm.

［14］ Department of materials science and engineering ［EB/OL］. http: //www. materials. drexel. edu/ news/2010/01.

［15］ RWTH Aachen University ［EB/OL］. http: //www. imm. rwth-aachen. de/home_page_2008/ html/welcome. htm.

［16］ SMITH C S, MULLINS W W. Biographicalniemoir of R. F. Mehl for the National Academy of Sciences ［M］. 出版地不详, 2001.

［17］ IBE G, LÜCKE K. Orientierungszusammenhänge bei der Rekristallisation von Einkristallen einer Eisen-Silizium-Legierung mit 3% Si ［J］. Archiv für das Eisenhüttenwesen, 1968, 39 (9): 693-703.

［18］ HILLERT M. On the theory of normal and abnormal grain growth ［J］. Acta Metall, 1965, 13: 227-238.

［19］ HUMPHREYS F J, HATHERY M. Recrystallization and related annealing phenomena ［M］. 2nd ed. Elsevier, 2003.

［20］ HUMPHREYS F J. A network model for recovery and recrystallisation ［J］. Scripta Metall, 1992, 27: 1557-1562.

［21］ ENGLER O, YANG P. Progress of continuous recrystallization within individual rolling texture orientations in supersaturated Al-1. 3%Mn ［C］// Hansen N. Proc. of 16th Riso Inter. Symp. on Mater. Science. Roskilde: Denmark, 1995: 335-342.

［22］ DOHERTY R D. Nucleation ［M］// Haessner F. Recrystallization of metallic materials. Stuttgart: Dr. Riederer-Verlag, 1978: 23-61.

［23］ DOHERTY R D, HUGHES D A, HUMPHREYS F J, et al. Current issues in recrystallization: A review ［J］. Mats Sci Eng, 1997, A238: 219.

［24］ DOHERTY R D. ROBERT W. Cahn (1924-2007) and David Turnbull (1915-2007) ［J］. Science, 2007, 317: 56-57.

［25］ GOTTSTEIN G, SHWINDLERMAN L S. Grain boundary migration in metals ［M］. 2nd ed. Boca Raton: CRC Press, 2010.

本文原文发表于《金属世界》, 2013 年, 第 5 期, 77-84 页。

特殊钢中的"工艺品"——取向硅钢

材料科学基础知识和经典人物

内容导读：取向硅钢因其高附加值和制备技术的复杂性及精准性而被披上神秘的面纱，但其制造技术却充满了材料科学基础知识的应用，特别是其中的二次再结晶过程，其变化的敏感性及控制的精准性堪称一绝。笔者根据多年的授课经验和10余年从事取向硅钢研究的经历，以具体案例的形式介绍了取向硅钢的发展历程、人物、历史、基本原理。希望读者对于材料科学基本理论的理解不再感到抽象和茫然，并在此基础上对相关背景有所重视，从而提高对材料科学的认知和研究的兴趣。

传统的特殊钢制造工艺通常是先铸锭后锻造，锻造后的形变改变了材料凝固后固有的组织、成分及物理不均匀性。而作为软磁材料的取向硅钢虽然也是功能材料特殊钢，但却是通过类似普通钢板（结构材料）的轧制工艺批量生产出来的，这使其可大规模高效生产并节省能源。取向硅钢是电工钢的一种，属于软磁材料，用于制作各类变压器的铁芯。变压器分电力变压器（见图1（a））和配电变压器（见图1（b）），前者的尺寸及功率远大于后者。一个大的特高压变压器需要近几吨的取向硅钢原材料。

取向硅钢的附加值高，据说2009年曾卖到每吨近4万元，随后因钢铁行业不景气，价格跌至1万元一吨。这么高附加值的取向硅钢制造涉及的材料科学基础知识也很复杂吗？这种材料的制备历史进程怎样？相关的经典人物有哪些？本文为读者展示一个工业产品制造中所运用的材料科学基础知识的重要而有趣的故事，例如，取向硅钢的英文翻译 Grain oriented silicon steels 恰巧可以缩写成发明取向硅钢工艺的美国材料科学家 Goss 的名字等。

一、取向硅钢堪称工艺品

为什么取向硅钢被称为"工艺品"？这是因为取向硅钢制备工艺要求非常精细准确，合金成分要严格控制，MnS/AlN抑制剂粒子的尺寸、分布、数量也要准确控制，特别是对织构或晶粒取向的控制达到了极致水平。在特定的工艺下，使230 mm厚的连铸坯中3个晶区（表层细晶区、柱状晶区、中心粗大等轴晶区）的不均匀组织（材料科学基础中称其为组织不均匀性，此外还有物理不均匀性（指缩孔）和成分不均匀性（指偏析）），最终变为0.3 mm厚的近100% Goss（称高斯或戈斯）取向{110}<001>等轴晶，如图2（b）（图（b）中的

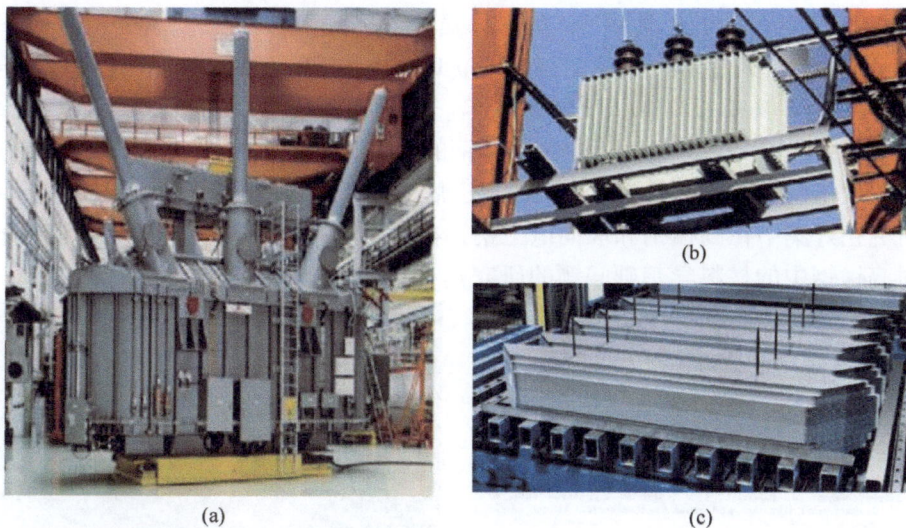

图1　用取向硅钢片制造变压器过程和不同变压器的工作应用（Thyssenkrupp 公司产品资料）
（a）电力变压器；（b）配电变压器；（c）用取向硅钢制作变压器铁芯过程

{200} 极图显示晶粒的取向分布，即所有晶粒 {200} 面法线的极射投影看上去像个冬天下雪后堆出的有面部表情的雪人）所示，这需要每道工序的严格控制。

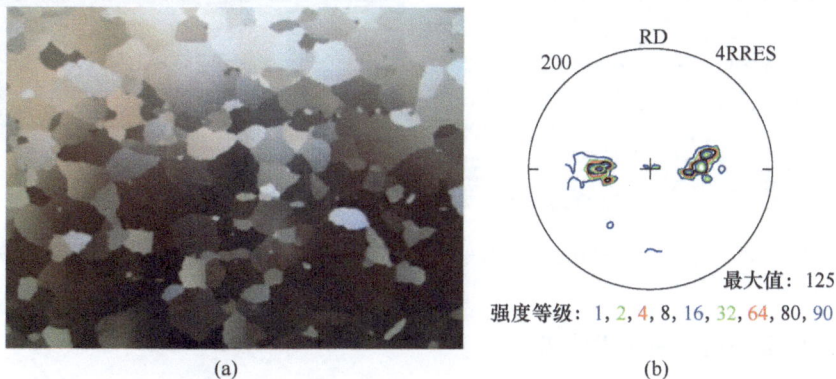

图2　取向硅钢成品的宏观组织（a）及晶粒取向的 {200} 极图（b）

二、取向硅钢的发展历程

（一）取向硅钢的起源

英国著名钢城谢菲尔德（Sheffield）的冶金学家 R. Hadfield （1858—1940年）最早在1896年研究出了硅钢，并在1902年注册了专利，如图3[1-2]所示。其核心是在材料中加入 Si，可提高材料的电阻率，降低铁损。图3中的照片取自英国皇家学会发表的纪念皇家学会会员 R. Hadfield 爵士的文章，照片下有 R. Hadfield 的个人签名。谢菲尔德大学（University of Sheffield）的材料科学与工程学院大楼以 R. Hadfield 名字命名。R. Hadfield 发表过 200 多篇文章。R. Hadfield 首先发明了锰钢，这是高锰钢的起源，然后发明了硅钢，但起初这些硅钢仅用于制造弹簧和铁锹（blade），以后才用于电工钢（说来也巧，笔者目前的研究正好集中在高锰钢和取向电工钢，在两个国家自然科学基金项目资助下开展对高锰钢中的材料学基础问题的研究）。

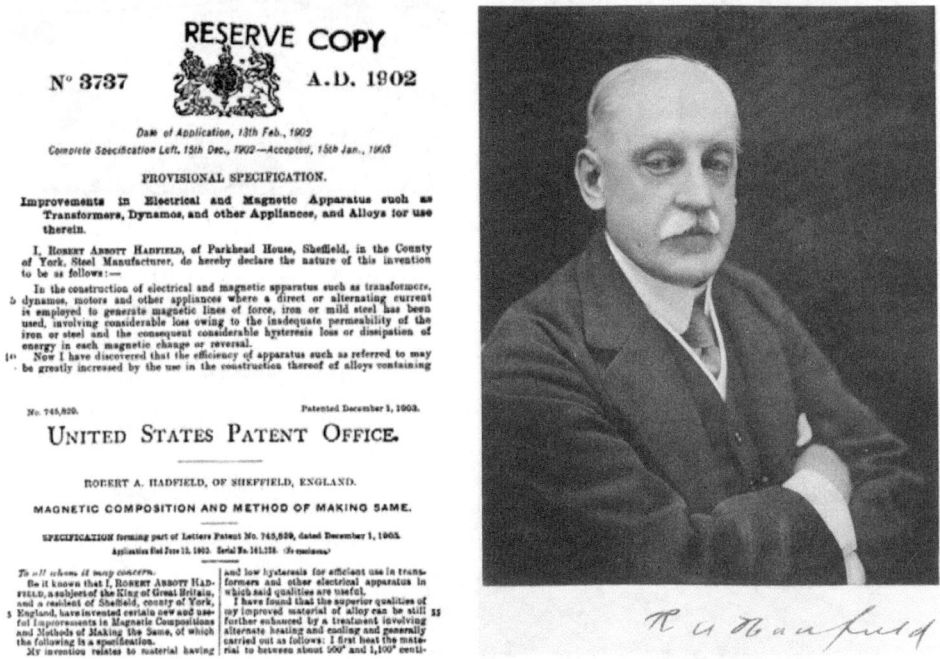

图 3　R. Hadfield 在美国注册的电工钢专利首页和他的照片（照片下方是他的个人签字）

（二）取向硅钢的磁学基础

取向硅钢磁学的物理基础是依据日本著名的材料学家 K. Honda 和 Kaya 在 1926 年的经典实验[3]，如图 4 所示，即 bcc（体心立方）金属铁最基本的晶体学各向异性与磁学性质的关系，<100>为易磁化方向，<111>为难磁化方向。多晶取向硅钢通过精心设计的工艺，最终成品板中具有近 100% 的 Goss 取向 {110} <001>等轴晶，此时板材的轧制方向正好是晶体学的<001>方向，因此具有优异的磁性能（高磁感、低铁损）。

（三）取向硅钢的织构趣话

1933 年，美国冶金工程师 Norman P. Goss（1906—1977 年）发明了两次冷轧

(a)

(b)

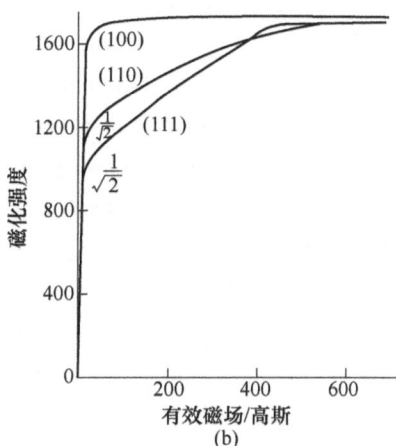

图 4　日本著名的材料学家 K. Honda（a）和 Kaya 在 1926 年的经典实验（b）[3-4]

法的取向硅钢制备工艺[5-6]，并注册了专利，如图 5 所示。在取向硅钢制备过程中，最终高温退火时发生二次再结晶（或称晶粒异常长大），形成很强的 Goss 织构{110}<001>。Norman P. Goss 是美国材料发明家，1925 年毕业于美国的凯斯理工学院（Case Institute of Technology），他的发明对金属研究有重要贡献。在材料科学基础课程介绍的各种织构组分中，只有 Goss 织构是以人名来命名的，其他如立方织构是以其晶胞在轧板中的方位或形状命名，而黄铜型织构是以出现这类织构的材料命名。

图 5　Norman P. Goss 于 1933 年申请的专利及其本人的照片[6-7]

取向硅钢中锋锐的 Goss 织构并不是 Norman P. Goss 本人发现的，而是美国著名磁学家 Richard M. Bozorth 用 XRD 检测出的[8]，其照片如图 6 所示。早先

Norman P. Goss 认为磁性能优异的取向硅钢中晶粒取向是随机分布的，当时他并不知道为何产品磁性能这么好。到 1950 年，Richard M. Bozorth 利用 XRD 技术证明了钢片中存在强的 {110}<001>织构。为纪念 Norman P. Goss 最先发明取向硅钢制备技术，后人将此织构称为 Goss 织构。正是有了织构测量作为指南，后来又发展出立方织构的硅钢片，才使铁损的进一步降低变为可能。Richard M. Bozorth 先后在 Bell 和 IBM 实验室工作多年，著有 *Ferromagnetism*（《铁磁学》）一书。1955 年起他建立了美国磁学与磁性材料年会[10]。

图 6　美国磁学家
Richard M. Bozorth[9]

（四）　揭开 Goss 织构的神秘面纱

为何只有通过二次再结晶才能形成近 100% 的 Goss 取向晶粒？揭开此神秘面纱的经典实验来自曾在美国通用电气（GE）工作的 D. Turnbull（GE 公司在取向硅钢开发中曾做出巨大贡献）。他与 May 发表了著名的 MnS 抑制剂的溶解与熟化导致 Goss 晶粒异常长大的规律，见图 7[11]。D. Turnbull 的贡献是最先测出了二次再结晶开始温度、特点及与 MnS 粒子钉扎的关系（见图 7）。这张经典的实验图出现在许多材料科学基础教材中，它展示了一个纯 Fe-3%Si 和一个含 MnS 粒子的

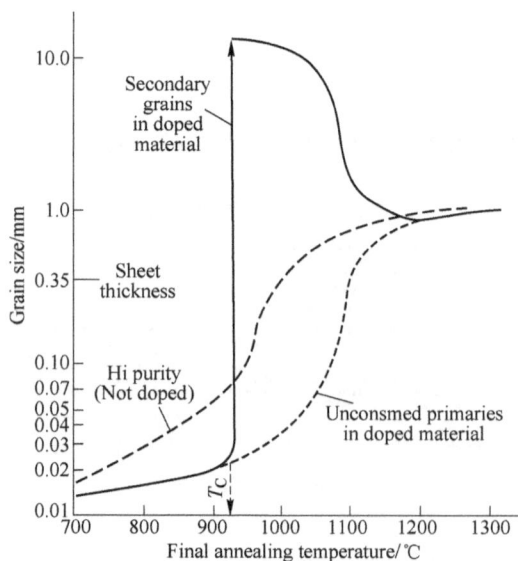

(a)　　　　　　　　　　　　　　(b)

图 7　D. Turnbull 的照片（a）及其经典文章数据原图（b）[11-12]

Fe-3Si 合金高温退火时的差异。前者只发生晶粒的正常长大,高温退火后不发生织构的显著变化;后者因 MnS 粒子的 Zener 钉扎效应,多数晶粒的长大被抑制,当加热到 MnS 粒子的显著粗化及溶解的临界温度附近时,Goss 取向晶粒以其特有的高迁移率优势或尺寸优势或几何优势择优异常长大,导致最终形成 100% 的 Goss 取向晶粒。在材料科学基础中,凝固形核理论、金属银的点阵扩散、晶界扩散与温度的关系都是出自 D. Turnbull 的研究成果,非晶理论也有他的贡献。作为高校教师,在整理材料科学名人典故与经典文献书籍[13]时,他给笔者留下深刻印象的是这样一段描述:D. Turnbull 是那种能够想象出并且完成简单但关键性实验的大师。他在自传中写道:"我的实验设计总是相当简单,要比利用 GE 所提供的大型精密仪器设备所完成的实验简单得多",以及"我对我的学生们强调,当我们几乎不能依靠我们的硬件来达到目标时,我们可以用我们的智慧来实现"。

其实关于取向硅钢制备中最关键的一步"二次再结晶"的机制到现在仍在争论,例如,在二次再结晶过程中为何只有 Goss 取向晶粒优先长大,这是一个长期以来悬而未决的理论问题。瑞典著名织构专家 B. Hutchinson 在 2011 年德国亚琛工业大学金属所 6 个系列织构讲座中的第 5 讲的题目是 "The Great Goss Texture Mystery",直到现在仍称 Goss 织构的形成理论是一个巨大的谜。虽然取向硅钢可以大规模地生产出来,但对异常长大时 Goss 织构形成机理却有 5 种以上不同的解释,例如 CSL(指重合位置点阵)高迁移率理论、高能晶界理论、Goss 种子尺寸大而优先生长理论、固相浸润理论等。不同理论解释中较多被人接受的 Goss 织构形成理论之一是 CSL 高迁移率理论,这个理论的实验依据是 K. Lücke 教授 1968 年著名的 Fe-3% Si 合金择优长大实验[14]。图 8(a)、(c)~(f)是该经典文献的首页和实验数据。对于 bcc 金属,特别是钢材,人们最常提及的是晶粒间 27°<110> 的取向差,即 Σ19 的重合位置点阵关系。现在也有许多人认为是 36°<110> 的 Σ9 关系。目前尚未查到 36°<110> 的 Σ9 关系高迁移率的实验数据。K. Lücke 等人以 Fe-3%Si 单晶为实验材料,将其轧制 20%,在温度梯度炉中使棒材的一端先再结晶形核,如图 8(c)、(d)所示。然后以类似定向凝固的方式(提拉单晶)使若干再结晶晶粒沿棒长方向进行生长竞争,并确定最终择优长大的晶粒的取向及其与形变基体的取向差。图 8(e)为 270 个择优长大晶粒的取向。首先可以看出它们不是随机分布的,而是有一定规律的。可见再结晶新晶粒与形变基体都有绕晶体学<110>轴转动的特点。图 8(f)给出其转动角度的分布(注:晶粒间的取向差要用转轴和转角同时表达才是完整的),在 153° 有最大峰,在 93° 有次高峰。这两个角度加上择优的 <110> 轴正好对应 26.7°<110> 的 Σ19 重合点阵关系和 84.1°<110> 的 Σ17 重合位置点阵关系(<110> 是 2 次旋转轴)。

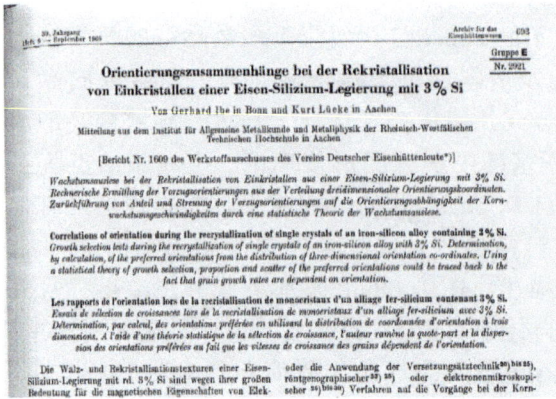

(a)

(b)

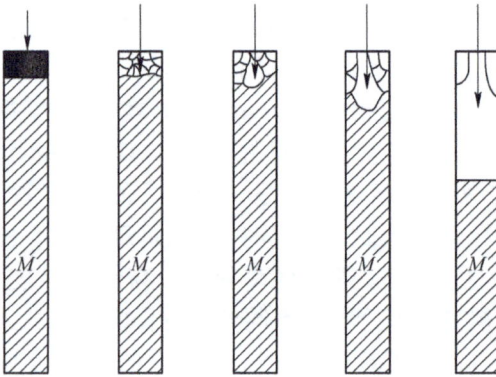

(c)

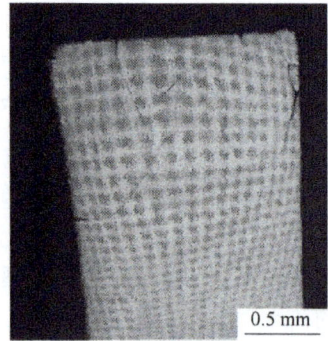

(d)

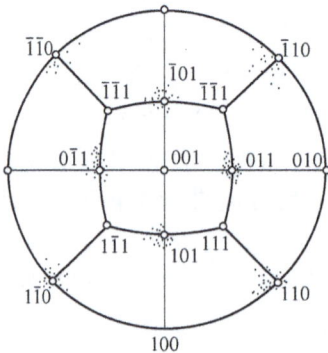

(e)

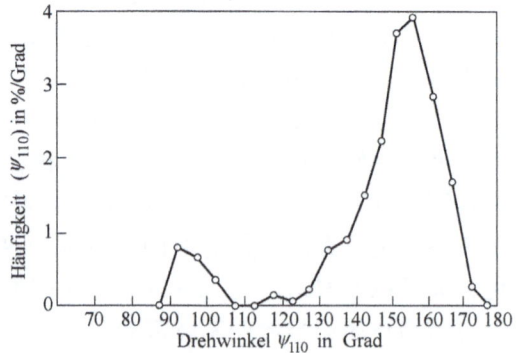

(f)

图 8　择优生长实验数据及 K. Lücke 教授照片[14]

（a）文章首页；（b）K. Lücke 教授照片；（c）定向生长实验示意图；（d）实际组织照片；

（e）270 个择优长大新晶粒与基体的取向差转轴分布；（f）转动角度分布原图

三、取向硅钢的技术秘密

取向硅钢的"技术秘密"[15-16]，即要使取向硅钢具有近 100% 的 Goss 取向晶粒，需要通过非常缓慢的二次再结晶过程（也称晶粒异常长大）。Goss 织构的获取是目前唯一的通过二次再结晶获得有利织构的例子，一般二次再结晶的发生都不是人们所希望的。异常长大的发生主要靠一次再结晶后有利的初次织构，即强的 {111}<112> 织构，极少量的 Goss 取向晶粒作为种子，和钉扎力合适的第二相粒子"密切配合"，以及合适均匀的晶粒尺寸。若 Goss 种子晶粒位向不准，或数目过多，或钉扎用的 MnS/AlN 粒子含量过多或过少，或尺寸不合适都得不到非常锋锐的 Goss 织构。理想的二次再结晶还要靠理想的一次再结晶，合适的一次再结晶晶粒尺寸又要靠合适的一次再结晶退火温度和时间。而合适的一次再结晶织构还要靠合适的冷轧压下量，即 87% 的压下量。进一步的细节是热轧时表层剪切织构的形成与控制、中心层平面应变压缩时轧制织构的形成、87% 冷轧时特定强度的 {111} 织构的形成、形变晶粒内部剪切带内 Goss 亚晶的保留、退火后强 {111} 织构的形成等，如图 9 所示。二次再结晶时 Goss 晶粒择优长大先吃掉尺寸较小的 {111} 晶粒，再陆续吃掉尺寸较大的 {114}<481> 及相关取向晶粒，如图 9 （b）~（e）所示（二次再结晶后的组织和织构见图 2），简言之就是 {100} 晶粒、{111} 晶粒和 {110} 晶粒间的"大战"或"三国演义"。合适的钉扎用的 MnS/AlN 粒子要靠制备初期的铸坯热轧工艺和热轧后的常化退火工艺。合适的制备工艺是指合适的热轧加热温度、合适的热轧终轧温度和特殊的冷却方式。再往前推，要靠精确的合金成分控制。另外，实际生产中还有很多细节要注意。对取向硅钢制备工艺的探索用了数十年时间。而单就材料科学基础理论而言，取向硅钢制备工艺涉及的无非是连铸时的凝固过程、热轧时的热变形、动态再结晶、动态粒子析出（扩散型相变）、冷轧过程的形变、一次再结晶过程、二次再结晶过程和相应的织构形成，但这些看似简单的知识和规律在实际生产中的识别和应用必须融会贯通加上反复实践才能体会到其中的奥妙。

200 nm

(a)

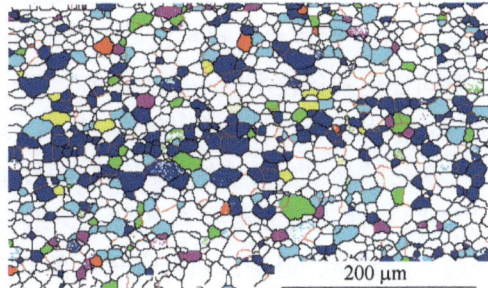

200 μm

(b)

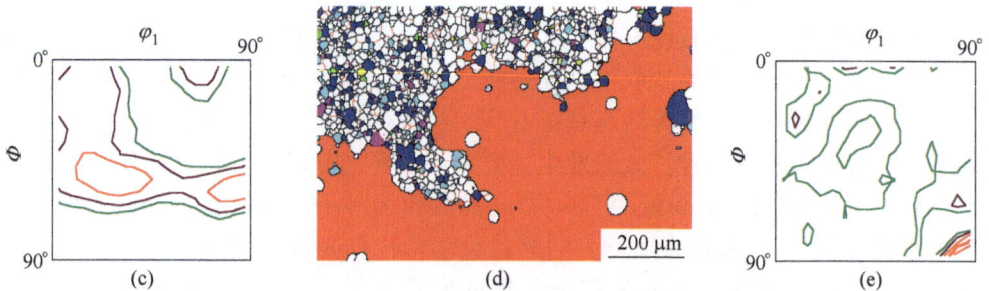

图 9　高磁感取向硅钢各工艺阶段的组织、抑制剂粒子、晶粒取向的特点[15]

（a）常化板中的 MnS/AlN 抑制剂分布（注意粒子的尺寸只有约 30 nm，高水平的浸蚀可显示出基体
特定的晶体学效应）；（b）一次再结晶后的组织和取向分布的取向成像图（它是通过逐点衍射信息的
测定自动确定的，测定速度非常之快，保守地说，每秒可测 100 个晶粒取向；这时晶粒的形貌和取向、
取向差信息可直接显示出；图中深蓝色是 {111}<112> 取向晶粒，青色是 {111}<110> 取向晶粒，
红色是 {110}<001>Goss 晶粒，紫色是 {100}<001> 立方取向晶粒，黄色是 {110}<112> 黄铜取向晶粒，
绿色是 {112}<111> 铜型取向晶粒）；（c）取向分布函数图（φ_2 = 45°截面）（显示出 {111}<112> 织构和
{100}<021> 织构）；（d）二次再结晶过程 970 ℃ 异常长大的 Goss 晶粒（红色）；
（e）图（d）对应的取向分布函数图（φ_2 = 45°截面）

四、取向硅钢的发展趋势和技术瓶颈

20 世纪 40—60 年代是普通取向硅钢（称 CGO 钢）的时代。20 世纪 60—90 年代是 CGO 和高磁感 HIB 钢（日本的田中悟等人发明[16]）共存的时代。目前在两者共存的基础上出现了省去常化的 CGO 法（称俄罗斯工艺）和低温加热渗氮钢（也出自日本新日铁）[17]，这些钢都达到产业化的程度。我国已是取向硅钢生产第一大国，年产量约 100 万吨，分别由武钢、宝钢、首钢、鞍钢等企业生产，特别值得一提的是一些民营企业也已经掌握了取向硅钢制备技术，特别是低成本的不常化 CGO 钢技术（也称俄罗斯法取向钢）。

取向硅钢制备技术的未来方向有：进一步减薄铸坯厚度，采用 CSP 薄板坯甚至是铸轧技术（板坯原始厚度只有 2 ~ 5 mm），即所谓的短流程技术；连续加热完成二次再结晶以显著缩短生产周期的技术（现在都是采用罩式炉退火的所谓周期式方式）；薄规格或薄带制备技术。取向硅钢厚度的减薄将有利于降低铁损，实现进一步节能，但是，如果将现在的 0.23 mm 最终板厚度减薄到 0.18 mm 厚度，其制备难度将急剧加大。另外，利用相变法制备立方或旋转立方双取向硅钢也面临一种实验室可以制备出，而大规模生产却难以实现的状况。

五、结束语

本文旨在帮助读者了解取向硅钢"神秘"而复杂的制备工艺背后的历史背景和材料学知识，熟悉前人的贡献和特殊的研究经历，认识新的产业化瓶颈及其他新问题。取向硅钢制备技术的发展总是向前的，没有终点的。获得诺贝尔奖的光学镜图像分辨极限的突破进展使得材料实验由只能观察微米尺寸的组织发展到了纳米尺寸的组织，因此同样可以坚信，今天实现不了的新型取向硅钢制备工艺技术对设备的要求，明天就可能得到解决。

参 考 文 献

［1］ DESCH C H. Robert Abbott Hadfield, 1858-1940 ［J］. Obituary Notices of Fellows of the Royal Society, 1941, 3 (10): 647-664.

［2］ HADFIELD R A. Magnetic composition and method of making same. United States Patent. No. 745829 ［P］. 1903.

［3］ HONDA K, KAYA S. Sci. Repts ［M］. Sendai: Tohoku Univ. , 1926.

［4］ CAHN R. The Coming of materials science ［M］. Amsterdam: Elsevier Science Ltd, 2001: 524.

［5］ GOSS N P. New development in electrical strip steels characterized by fine grain structure approaching the properties of a single crystal ［J］. Transactions of the ASM, 1935, 23: 511-531.

［6］ GOSS N P. Electrical sheet and method and apparatus for its manufacture and test. United States Patent. No. 1965559 ［P］. 1934.

［7］ NORMAN P. Goss ［EB/OL］. http: //en. wikipedia. org/wiki/Norman_P. _Goss.

［8］ BOZORTH R M. The orientation of crystals in silicon iron ［J］. Trans Am Soc Metals, 1935, 23: 1107.

［9］ AIP ［EB/OL］. http: //www. aip. org/history/ohilist/4529. html.

［10］ VAN VLECK J H. In Memoriam Richard M. Bozorth ［J］. J Audio Eng Soc, 1982, 30 (1/2): 96.

［11］ MAY J E, TURNBULL D. Secondary recrystallization in silicon iron ［J］. Trans Metall Soc AIME, 1958, 212 (12): 769.

［12］ David Turnbull: Autobiography ［EB/OL］. http: //en. wikipedia. org/wiki/David_Turnbull_ (materials_scientist) .

［13］ 杨平. 材料科学名人典故与经典文献[M]. 北京: 高等教育出版社, 2012.

［14］ IBE G, LÜCKE K. Orientierungszusammenhänge bei der rekristallisation von Einkristallen einer eisen-silizium-legierung mit 3% Si ［J］. Archiv für das Eisenhüttenwesen, 1968, 39 (9): 693-703.

［15］ 毛卫民，杨平. 电工钢的材料学原理［M］. 北京：高等教育出版社，2013.

［16］ 何忠治，赵宇，罗海文. 电工钢［M］. 2版. 北京：冶金工业出版社，2012.

［17］ TAGUCHI S，SAKAKURA A，TAKASHIMA H. Process for producing single-oriented silicon steel sheets having a high magnetic induction. United States Patent. No. 3287183［P］. 1966.

本文原文发表于《金属世界》，2015 年，第 1 期，6-12 页。

拉维斯相及拉维斯的科研生涯

内容导读：材料科学基础课程凝聚着几代矿物学家、晶体学家、物理学家、化学家、冶金学家、材料学科学家毕生的辛勤工作与丰富多彩的人生，也隐藏着无数耐人寻味的故事，激励着科研人员探索和发展材料科学事业。本文概括了德国矿物学家、晶体学家拉维斯（Laves）的科学贡献与人生故事。从 Laves 相是一种原子尺寸因素控制的金属间化合物，也称拓扑密堆相这一概念出发，总结了与 Laves 本人有关的材料学概念，展示了相关的照片、图表、手迹及对其有影响的人物。通过总结 Laves 科研生涯的重要事件，抽取分析了 Laves 的研究环境和同事评价等，最后就 Laves 研究中与笔者科研相近的内容进行了简单的分析讨论。本文通过文献查询、科研总结等多种方式，对读者进行科研方式启蒙，努力培养读者科研兴趣，是一种很好的研究型教学方式。

如果对刚学习完材料科学基础课程的学生提问，Laves 是谁？估计多数人都能轻松地答出：Laves 提出了 Laves 相，这是一种原子尺寸因素控制的金属间化合物，也称拓扑密堆相。但是，除此之外，就很难有人能再回答出其他与 Laves 有关的概念了。其实，即使是本研究领域的一些专家学者也未必知道。

为了帮助读者尽快将经典人物与材料科学基础相关的若干概念联系起来，增强记忆，加深对专业的理解，通过对材料科学基础知识点所涉及的材料名人科学人生的名人典故的总结，笔者指导两名学生先后发表了讲述经典人物科学人生故事的文章[1-2]。下面就 Laves 相、与 Laves 相关的材料科学基础概念及笔者与 Laves 从事的一些相近研究等三方面为例谈一谈 Laves 的科研生涯。

一、Laves 的材料科学贡献

根据 Laves 的同事及学生 E. Hellner[3] 在 1980 年（Laves 于 1978 年去世，因期刊滞后拖至 1980 年发表），E. Parthé[4] 和 W. Fischer[5] 于 2006 年（Laves 诞辰 100 周年）发表的纪念 Laves 的文章，以及 Laves 本人在 1962 年纪念 Laue 发现 X 射线衍射技术的国际晶体学大会上发表的文章[6]，可以简要勾勒出欧洲合金相结构研究的杰出代表 Laves 科学生涯的重要事件，详见表 1。

表1　Laves 科学生涯大事记

序号	年份	重要事件
1	1930	Laves 的博士论文全文发表在著名的晶体学杂志 *Z. Kristallographie*（德文的"晶体学期刊"）上
2	1930	Laves 研究 FeS 时首先提出点缺陷"空位"的概念
3	1932	Laves 对硅酸盐进行"岛、链、层、架"分类
4	1935	Laves 研究 AB_2 拓扑密堆相 $MgCu_2$、$MgZn_2$、$MgNi_2$
5	1936	Laves 论证金属间化合物也服从 Hume-Rothery 规则
6	1939	Laves 研究离子晶体中的有序、无序现象
7	1949	Laves 研究 Mg 合金的形变
8	1950—1952	Laves 研究长石中的机械孪晶及孪晶与有序-无序转变过程的关系
9	1959	Laves 发表"德国及世界晶体学发展 50 年"，确立其权威地位
10	1960	Laves 研究长石合成中的孪生及相间取向关系
11	1960	Laves 发表"劳厄，苏黎世自然科学研究学会 25 年的工作"
12	1962	Laves 发表"Ewald、矿物结构研究的不断壮大，X 射线衍射 50 年"[6]
13	1964	Laves 发表纪念其导师 Niggli 的文章
14	1966	Laves 在 *Acta Metallurgica* 上发表论孪晶的文章
15	1974	Laves 用声发射电子显微镜和 TEM 研究斜长石中的相变织构和形变织构
16	1978	Laves 发表最大空间填充率的多面体最多的面数是 24（1980 年证明可以是 28，1981 年证明可以是 38）
17	1978	Laves 去世

从表1中可以看到，材料科学基础的重要知识点：硅酸盐结构的"岛、链、层、架"分类法、拓扑密堆相之一的 Laves 相、硅酸盐中长石的结构特点、网络层状结构的描述方法、空位概念等都属于 Laves 的开创性工作。

（一）Laves 相、多面体堆垛与网络层状堆垛

Laves 相是 AB_2 型金属间化合物，是拓扑密堆相（也称尺寸因素控制的化合物）中的一种。Laves 相的典型代表是 $MgCu_2$（立方结构）、$MgZn_2$（六方结构）和 $MgNi_2$（六方结构）。理论上 Laves 相的 A、B 原子半径比值 r_A/r_B 为 1.255。中间相晶体学数据的 Pearson 手册中给出 1400 种二元或三元 Laves 相，例如，镁合金、镍基高温合金中都有 Laves 相，它们的存在对力学性能有重要的影响，它们能提高合金的高温性能，降低室温塑性。

MgCu$_2$结构符号是 C15，Pearson 符号是 cF24，即面心立方结构。如图 1 所示，一个晶胞中含 8 个 Mg 原子、16 个 Cu 原子。可把晶胞分为 8 个小立方体，Mg 原子处在大立方体 8 个角、6 个面心及晶胞内相间的 4 个小立方体中心，另外 4 个小立方体内各有 1 个以 Cu 原子组成的四面体，四面体中心和小立方体中心重合。每个 Mg 原子有 4 个 Mg 原子和 12 个 Cu 原子近邻，配位数是 16；每个 Cu 原子有 6 个 Mg 原子和 6 个 Cu 原子近邻，配位数是 12。因此该相可看成是一个配位为 12 的多面体和一个配位为 16 的多面体在空间的堆垛。这又与 Frank-Kasper 的配位多面体理论相关联。Frank 和 Kasper 于 1952 年和 1958 年在文章[7-8]中提出了配位多面体概念，而 Laves 则早在 1934 年就提出过配位多面体的概念[3]，不过他后来还是谦虚地将这些多面体称为 Kasper 多面体。

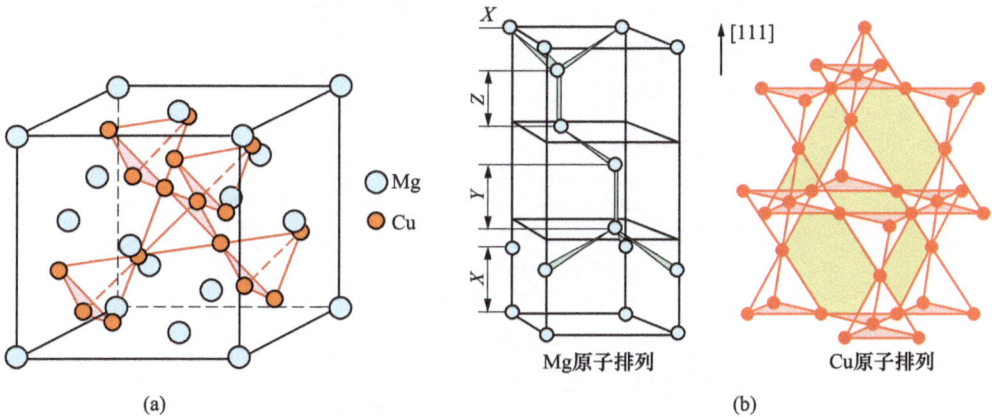

图 1 Laves 相 MgCu$_2$ 的结构

（a）晶胞中原子位置图；（b）从<111>方向观察 Mg、Cu 原子的层状堆垛

除了上面以原子位置和多面体方式描述晶体结构外，还可用网络堆垛方式描述，这种方法常用于描述拓扑密堆结构。沿［111］方向观察，MgCu$_2$ 中 Mg 原子构成六方网络双层原子（两层原子上、下对应），每 3 个双层作重复排列，即 XYZXYZ……排列。第 1 双层 X；第二双层 Y，它等同于 X 层，但沿侧向有偏移；第 3 双层 Z 也等同于 X 层，侧向也有所偏移；第四双层回到 X 层位置。Cu 组成四面体，四面体顶点与顶点相连，形成层状，每一密排层成 3·6·3·6 网络，即常见网络类型，如图 2（a）所示。而 Laves 提出的著名的 11 种 Laves 拼块（Laves tilings），如图 2（b）所示。这些拼块既可作为类似 Penrose 拼块填满二维空间的结构模型，也可作为层状网络描述原子的堆垛。由于 Laves 拼块早于 Frank-Kasper 多面体和 Penrose 拼块，一些学者认为它们及二十面体对应的 5 次对称准晶都应部分归功于 Laves。

三种典型的 Laves 相堆垛规律还可用另一种方式描述[4]，如图 3 所示。从侧面看，MgCu$_2$ 相可看成是"左、左、左"一层层的堆垛方式（见图 3（c）中黑

3^6　　　4^4

$3^3 \cdot 4^2$

$3^2 \cdot 4 \cdot 3 \cdot 4$　　　$6 \cdot 3 \cdot 6 \cdot 3$　　　6^3

$3^2 \cdot 4 \cdot 3 \cdot 4$　　　一个$3 \cdot 6 \cdot 3 \cdot 6$，两个$3^2 \cdot 6^2$

(a)

(b)

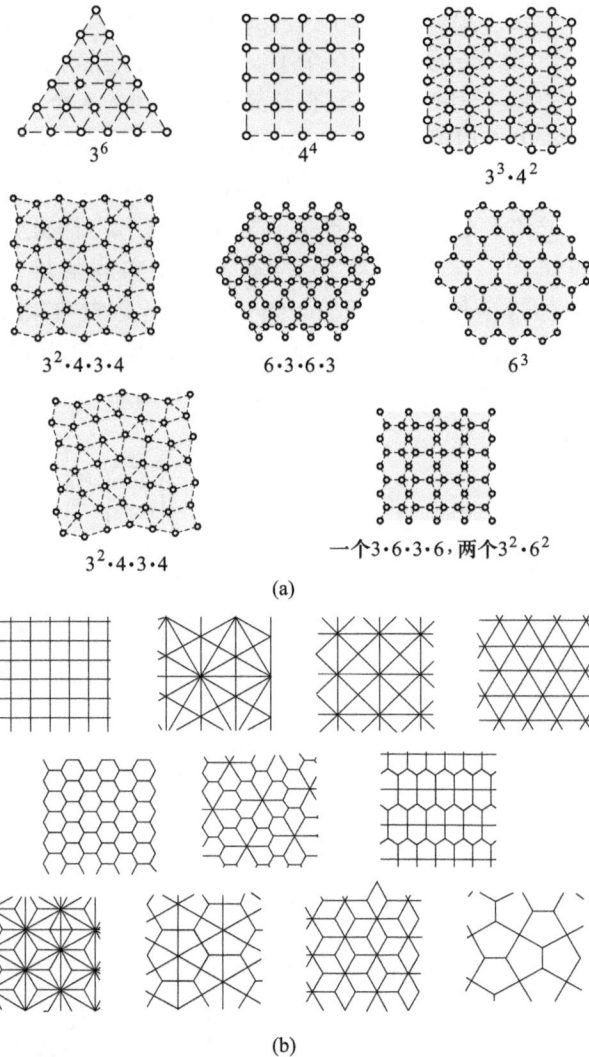

图 2　课程中介绍的用网格描述的晶体堆垛方法（a）与 11 种 Laves 拼块（b）

色 Mg 原子的排列顺序）。而 MgZn$_2$ 相是"左、右、左、右"的堆垛方式（见图 3（a）中黑色 Mg 原子的排列顺序），MgNi$_2$ 相是"左、左、右、右"的方式（见图 3（b）中黑色 Mg 原子的排列顺序）。充分显示了三者的结构差异。

　　4 种 Frank-Kasper 多面体结构如图 4 所示。其中配位数为 12 的五角二十面体最值得一提。它在特定方向展示了 5 次轴对称性，这是准晶中最常见的结构，也是以色列人 Shechtman 最早在 Al-Mn 合金中观察到的[9]。近些年来人们又在非晶中观察到大量五角二十面体原子团簇[10]，并指出这种多面体是非晶晶化过程中最容易形成的原子团簇。几十年前，因分析仪器落后，学校老师只讲到液态金属

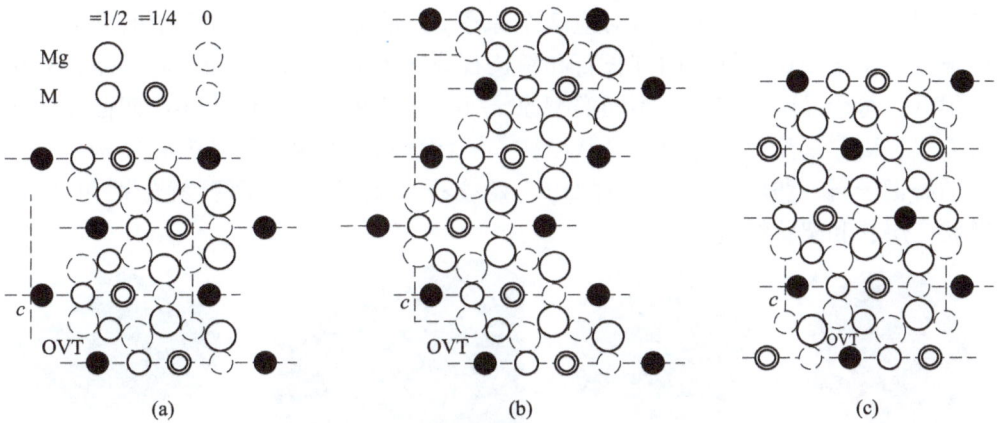

图3　3种Laves相不同原子排列差异的另一种描述方式

（a）MgZn₂（左-右）；（b）MgNi₂（左-左-右-右）；（c）MgCu₂（左-左）

在凝固点附近出现3种涨落（成分涨落、结构涨落、能量涨落），却无法确定其结构特点。非晶中原子排列也是如此，未能明确其结构特点。现在的检测手段及原子行为模拟技术有了巨大发展，从而可确定处在亚稳或过渡态的原子特殊结构。还应当说明的是，虽然五角二十面体展示了5次对称轴，是准晶的特点。但它仍可在晶体中出现，只要这些原子团以周期方式堆垛，就像硅酸盐中的Si-O四面体，非周期方式堆垛就是玻璃，周期堆垛就是晶体。

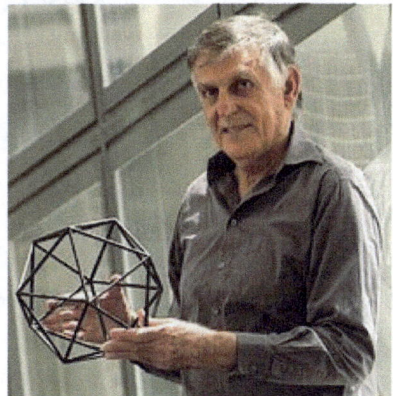

图4　几种Frank-Kasper多面体和手持五角二十面体模型的诺贝尔奖获得者Shechtman

（二）硅酸盐结构的分类

Laves的另一个贡献是对硅酸盐结构进行了有效的分类。对结构简单的金属材料，一般按14种布拉菲点阵分类，因单胞中阵点数与原子数直接对应，如Al、Fe、Mg为面心立方、体心立方、密排六方结构，阵点与原子数是对应的（六方结构只有简单单胞，一个阵点对应 2 个原子）。而无机非金属材料中的硅酸盐结构很复杂，比如长石族中的钾长石和斜长石分别属于单斜晶系和三斜晶系，对称性很低，每个晶胞中有大量不同类型原子（至少 3 种）。如果用 Si-O 四面体的链接方式，则非常简单。即只有岛状结构、链状结构、层状结构和架状结构。宝石中的石榴子石、翡翠（主要为辉石）、蛇纹石（岫玉）、天河石就分别为岛状、链状、层状和架状结构（见图 5）。

经抛光的帝王玉
天河石凸面体

(a)　　　　　　(b)　　　　　　　　(c)　　　　　　(d)

图 5　具有岛状、链状、层状、架状结构的硅酸盐类宝石
(a) 石榴子石；(b) 翡翠；(c) 蛇纹石；(d) 天河石

（三）Laves 对硅酸盐结构长石的研究

含长石矿物的岩石占地壳的 2/3，是最丰富的资源及原材料，Laves 从 12 岁就极感兴趣并开始收集这类矿物与岩石。从材料的内部结构来分，长石家族分为两大类，碱性长石（如 $KAlSi_3O_8$）和斜长石（如 $NaAlSi_3O_8$）。碱性长石又分为正长石、透长石（两者为单斜晶体结构）、微斜长石和歪长石（两者具有三斜晶体结构）。斜长石又分钠长石和钙长石 $CaAl_2Si_2O_8$（都具有三斜结构，且无限互溶），如图 6 所示。只有透明的或具有特殊光学效应的长石才可作为宝石，如日光石、月光石、天河石、（晕彩）拉长石。Laves 对长石研究的贡献在于，1950—1961 年期间系统地研究了钾长石（也称碱性长石）中出现的高温低温的有序-无序转变，对结构的影响和与机械孪晶的关系。他证实了 Barth 于 1934 年提出的钾长石中单斜结构透长石与三斜结构微斜长石关系的设想。即透长石（高温稳定存在）中 Si/Al-O 四面体内 Si、Al 是无序分布的，而微斜长石（低温稳定存在）中 Si、Al 分布是有序的。Laves 还证明，除了存在单斜结构的透长石和三斜结构的微斜长石，还有介于它们之间的正长石。当 Al、Si 分布呈有序时，孪生不能发生，而无序时则可发生。钾长石和钠长石高温和低温状态的核磁共振实验表明，微斜长石和钠长石中 Al、Si 的有序已完成，而高温时它们的有序化程度是 0。孪晶的存在及孪晶的类型是区分各类长石和区分长石与其他矿物的有效方法。具有三斜结构的月光石（宝石级别的微斜长石或钠长石）中处于 K、Na 位置和 Al、Si 位置的原子完全随机时，月光石是单相的均匀固溶体；而完全分解为由微斜长石和钠长石组成的两相混合物时，Al、Si 在两相中都有序，K 只在微斜长石中存

在，Na 也只在钠长石中出现。现实中，月光石又可处于以上两种极端情况之间。

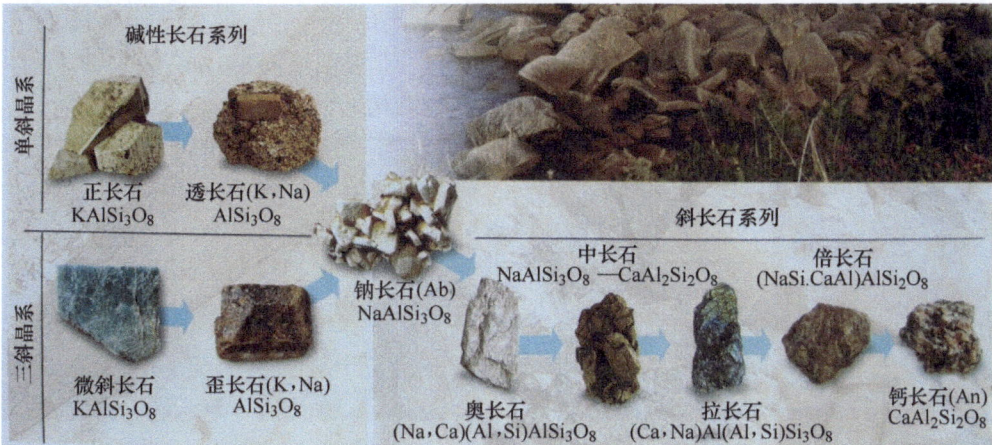

图 6　各种长石的形貌和它们间的关系

二、Laves 的科学生涯

Laves[11]（见图 7（a）），全名为 Fritz Henning Emil Paul Berndt Laves。他是欧洲合金相结构研究的杰出代表，Laves phase、Laves tilings、Laves graph 是三个以 Laves 名字命名的术语。与这几个术语并行的还有 Hume-Rothery（电子化合物的发现者）和 Hägg（间隙相与间隙化合物的发现者）。Laves 的青年时期大多数时间是在哥廷根度过的，他 12 岁就开始了科研探索，收集岩石和矿物并得到哥廷根大学矿物学学院的主任穆格（O. Mügge，见图 7（c））教授的许诺，可以随时参观博物馆。这个男孩被告知他的一个标本是由 KAlSi$_3$O$_8$ 构成的钾长石，而正是这个长石促使他不断探究，终于成为长石研究领域的权威。

瑞士苏黎世大学的晶体学家和矿物学家 P. Niggli（见图 7（b）），努力说服了 Laves 进入他的门下攻读博士学位。在那里 Laves 与晶体学学家 E. Brandenberger、H. Heesch、W. Nowacki、M. W. Parker 和数学家 van der Waerden 及 J. J. Burkhardt 共同创造了描述晶体化学的系统命名法。

在和 P. Niggli 共同发表的论文里，Laves 通过配位数、空间充填及点阵参数和轴比的影响表示了均相体系（共同网络和框架，symmorphic nets and frameworks）和正交体系。他们还详细描述了原子作用范围的平面分割法（即 Voronoi 多面体或魏格纳-赛兹（Wigner-Seitz）胞）和原子配位数目。

Laves 科学生涯的前 20 年（1928—1948 年）主要在苏黎世（博士和助理，直到 1930 年）与哥廷根（助理和博士，直到 1943 年），从事金属及金属间化合物和有序-无序转变的研究。他是系主任 Goldschmidt（见图 7（d），提出同素异构转变时随原子配位数的变化，原子半径也变化，即 Goldschmidt 半径）的助理，Laves 指出，Pauling 第一规则的内容（尺寸因素）最早由 Goldschmidt 于 1926 年提出。Laves 还受到塔曼学派（G. Tammann 和他的继任者 G. Masing）的启发，与 H. J. 瓦尔鲍姆（H. J. Wallbaum）、H. 维特（H. Witte）、K. 鲁伯格（K. Löhberg）、P. 拉尔夫斯（P. Rahlfs）合作评估了影响金属间化合物结构的因素。

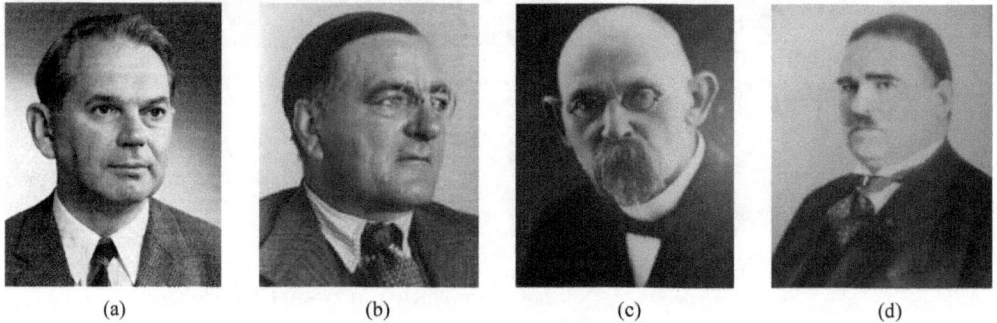

图 7　Laves 及对其有重要影响的人物（后两张照片由毛卫民教授摄于
德国哥廷根大学地质博物馆）

(a) Laves；(b) P. Niggli；(c) O. Mügge；(d) Goldschmidt

1954 年，Laves 作为 P. Niggli 的继承人成为苏黎世联邦理工学院矿物学的主席，1956—1958 年任德国矿物学会的执行委员会的主席，国际晶体学联合会执行委员的副主席，"Leopoldina" 自然科学研究院（位于德国 Halle）的会员，缅因州自然科学、文学科学院、慕尼黑巴伐利亚科学院的会员。同时还获得了波鸿大学荣誉博士学位，美国矿物学会的 Roebling 奖章和德国金属学会的 Abraham-Gottlieb-Werner 奖牌，1971 年，他还成为了德国金属学会和奥地利矿物学会的荣誉会员。

图 8 给出 Laves 推导空间群 $P4_1$ 中 4_1 螺旋轴对称区边界方程的手迹，使用的是熊夫利斯符号。

Fig. 1. Equations for the borders of the symmetry region of a 4_1 axis in $P4_1$.

图 8　Laves 推导空间群的手迹[3]

在 Laves 诞辰 100 周年之际，他的学生 E. Parthé 和 W. Fischer 分别撰写文章[4-5]回顾了 Laves 精彩的科学人生，文章标题首页如图 9 所示。

Z. Kristallogr. **221** (2006) 301–304 / DOI 10.1524/zkri.2006.221.5–7.301   **301**
© by Oldenbourg Wissenschaftsverlag, München

Fritz H. Laves – 100 years young

Erwin Parthé*

Institute for Mineralogy and Crystallography, Geozentrum, University of Vienna, Austria and Department of Inorganic Chemistry, Science II, University of Geneva, Switzerland

Received May 8, 2005; accepted November 7, 2005

This year Fritz Laves, professor for crystallography and petrography and head of the Mineralogical Department at the University and the Eidgenössische Technische Hochschule in Zurich from 1954 to 1976, an accomplished leading scientist and outstanding pioneer in crystal chemistry, would be 100 years old.

Fritz Laves was born 1906 in Hannover, studied mineralogy first in Innsbruck, then in Göttingen and obtained his Ph.D. in Zürich in 1929 under the guidance of Prof. Paul Niggli. His professional career led him again to Göttingen, then to Halle/Saale, Marburg/Lahn, Chicago and finally back to Zurich.

Z. Kristallogr. **221** (2006) 305–310 / DOI 10.1524/zkri.2006.221.5–7.305   **305**
© by Oldenbourg Wissenschaftsverlag, München

Fritz H. Laves – an ideal for generations

Werner Fischer*

Institut für Mineralogie, Petrologie und Kristallographie der Philipps-Universität Marburg, Hans-Meerwein-Straße, 35032 Marburg, Germany

Received September 7, 2005; accepted November 4, 2005

Fritz Laves' 100th birthday is an excellent reason to recollect his merits for the international crystallography. This, however, would be a task too difficult for me though I consider myself a scientific grandson of him. Laves' crystallographic oeuvre (*cf.* Hellner, 1980) is almost too comprehensive to be valued by a single person of my generation. Accordingly, I will confine myself mainly on our common field of interest, *i.e.* on Mathematical Crystallography.

图 9 两篇纪念 Laves 诞辰 100 周年文章的首页

三、Laves 的科学研究

Laves 的一生分三个阶段，即德国哥廷根阶段、美国芝加哥大学阶段、瑞士苏黎世阶段。他研究的材料集中在矿物中的长石（是典型的晶体化学，与其导师 Goldschmidt 的研究领域很相似）、金属间化合物、镁合金，内容集中在晶体结构的确定、金属间化合物的有序-无序转变（离子晶体与长石中的有序-无序转变对形变孪晶的影响）、孪生等，同时他也研究过相变织构和形变织构。因为孪晶是笔者和 Laves 都研究较多的领域，以下稍作讨论，更多的关于孪晶的内容另文叙述。

材料科学基础课程详细介绍了形变孪晶，具体分析了 fcc、bcc、hcp 金属中的孪生过程，还提及了退火孪晶。在笔者的研究过程中也非常频繁地遇到各种孪晶，如电镀沉积银时形成的生长孪晶、镁中的拉伸孪晶、高锰钢中的退火孪晶、高锰钢中的相变孪晶等（见图 10），这些都是金属中的孪晶。随着对矿物、岩石

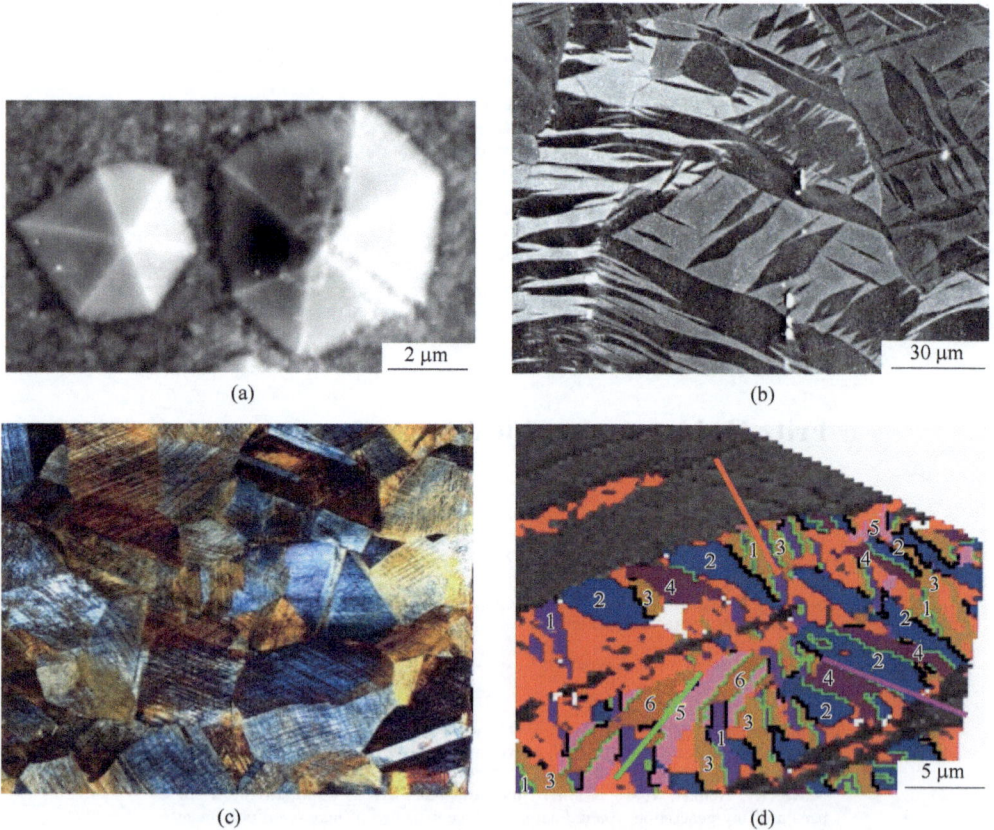

图 10　金属中的各类孪晶

（a）银沉积时形成的生长孪晶；（b）镁中的形变孪晶（拉伸孪晶）；（c）高锰钢中的退火孪晶；

（d）高锰钢中的相变孪晶（晶粒 1/2、3/4、5/6 是三对孪晶关系，

它们共同形成在一个奥氏体（111）面上）

及宝石研究的深入，笔者也观察到 Laves 研究的长石中的孪晶。矿物晶体中常见的是生长孪晶，也称双晶。长石中存在的是网格双晶、卡斯帕双晶、温尼双晶、聚片双晶等。长石家族的拉长石宝石（见图11）和其显微组织，不仅微观上可见到孪晶，实物表面也可观察到大尺寸的孪晶，是个非常好的教具。

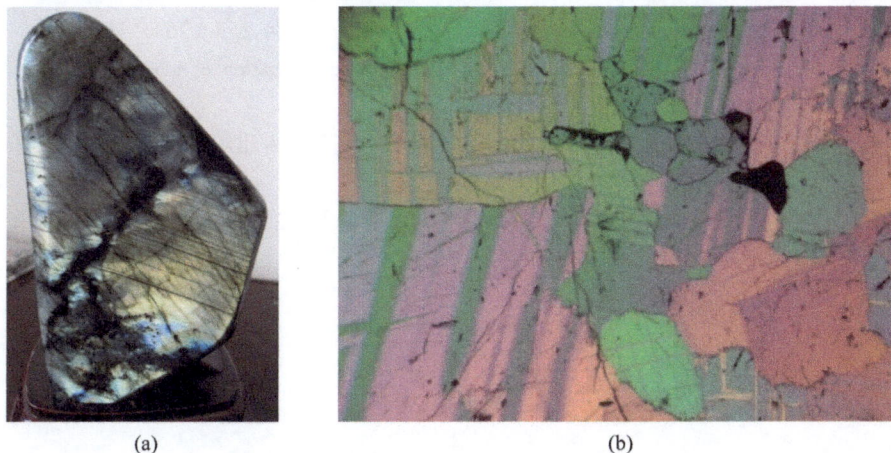

(a)　　　　　　　　　　　　　　　　(b)

图11　拉长石（可直接看到大尺寸孪晶）（a）及其微观组织（条带组织为机械孪晶）（b）

四、结束语

从材料科学基础中介绍的 Laves 相开始，总结了其中与 Laves 有关材料科学概念，展示了相关的照片、图表、手迹及对其有影响的人物；通过总结 Laves 科研生涯的重要事件，抽取分析了 Laves 的研究环境和同事评价等；最后就 Laves 研究中与笔者科研相近的内容进行了简单的分析讨论。在整个研讨过程中，通过文献查询、科研总结等多种方式，进行科研方式启蒙，也为笔者本人的科研与教学积累了经验。

参 考 文 献

［1］白欢欢，杨平. 晶体学家外斯与晶带定律［J］. 金属世界，2013（1）：75-79.

［2］栾家斌，杨平. 吉布斯理论在材料科学基础教学中的应用［J］. 中国冶金教育，2013（4）：6-9.

［3］HELLNER E. Fritz Laves 27. 2. 1906—12. 8. 1978［J］. Z Kristallogr，1980，151（1/2）：1-20.

［4］PARTHÉ E，FRITZ H. Laves—100 years young［J］. Z Kristallogr，2006，221：301-304.

［5］FISCHER W，FRITZ H. Laves—an ideal for generations［J］. Z Kristallogr，2006，221：305-310.

［6］LAVES F. The growing field of mineral structures［C］//Proceeding of IUCr XVIII

Congress（Fifty years of X-Ray diffraction）. Ewald P P. Glasgow, Scotland, 1962.

［7］ FRANK F C, KASPER J S. Complex alloy structures regarded as sphere packing 1: definitions and basic principles ［J］. Acta Crystallogr, 1958, 11 (3): 184-190.

［8］ FRANK F C. Supercooling of liquids ［J］. Proc R Soc London Ser, 1952, A 215: 43-46.

［9］ SHECHTMAN D, BLECH I, GRATIAS D, et al. Metallic phase with long-range orientational order and no translational symmetry ［J］. Phy Rev Letters, 1984, 53 (20): 1951-1954.

［10］ HIRATA A, KANG L J, FUJITA T, et al. Geometric frustration of icosahedron in metallic glasses ［J］. Science, 2013, 341: 376-379.

［11］ 杨平. 材料科学名人典故与经典文献［M］. 北京: 高等教育出版社, 2012.

本文原文发表于《金属世界》，2015 年，第 3 期，3-10 页。

物理冶金学中与 Zener 相关的几个概念

内容导读：美国理论物理学家 Zener 是物理冶金学中非常重要的代表性人物，研究领域涉及磁学、铁磁性、扩散、断裂、内耗、热电性、优化运算等。他的一生硕果累累，每个概念都有其产生的背景与历史根源，以他的名字命名的名词有：Zener 二极管、Zener 钉扎、Zener-Hollomon 参数等。回顾这些历史，结合我国材料科学研究前沿领域的应用对提升学生与教师国际化视野有着重要的意义。

一、Zener 的生平

Clarence Melvin Zener（以下称 Zener）生于 1905 年 12 月 1 日，逝世于 1993 年 7 月 15 日[1-2]。Zener 早年因父亲过早去世，为生活所迫而没有及时受到良好的教育，但却意外地磨炼了他的自学能力和独立工作的能力。他 16 岁就进入斯坦福大学读数学专业，25 岁就获得了哈佛大学物理学博士学位，论文题目为"双原子分子类型的量子力学确定"。1935—1937 年他在华盛顿大学工作，1937—1940 年在纽约城市大学工作，1940—1942 年在华盛顿州立大学工作。"二战"期间，他工作于美国麻省的沃特敦·阿森纳（Watertown Arsenal），从事钢铁材料的研究，为美国军队开发高强钢。与 Hollomon 一起研究了钢中的微裂纹的扩展，确定片状珠光体容易诱发微裂纹产生，而粒状珠光体则可有效推迟裂纹产生。1946—1951 年他在芝加哥大学冶金学家 C. S. Smith 领导的金属研究所任教授，用内耗法从事晶界及扩散行为研究。1951—1965 年在匹茨堡西屋（Westinghouse）实验室工作，从事热电材料、磁学及几何规划方面的研究。1966—1968 年他出任得克萨斯州的 A&M 大学科学系主任，1968—1973 年在卡内基梅隆大学物理系工作，从事几何规划和利用海洋温差发电的环保设想及研究，直到去世。他是首次用 Zener 二极管描述电性的美国科学家，之后贝尔实验室以他的名字命名了该二极管。1960 年，Zener 获得 Campbell 奖，其发言题目为"让电子去工作"（Putting electrons to work）。

Zener 曾在普林斯顿大学、英国布里斯托大学和德国莱比锡大学做博士后工作。尤其是在英国布里斯托大学曾与诺贝尔物理学奖获得者 Mott 共事。在芝加哥大学 Smith 领导的金属所工作时，曾与我国著名金属物理学家葛庭燧一同工作，共同研究内耗与滞弹性。根据文献[3]记载，1945 年 9 月，Zener 到麻省理工学院为新组建的芝加哥大学金属所招聘人员并做了"金属的内耗谱"学术报告。葛庭燧根据这个学术报告了解到内耗谱是冶金、物理和工程技术的前沿领域，随后便应聘到芝加哥大学金属所。葛庭燧院士一生致力于内耗与滞弹性的研究，做出了开创性和奠基性的贡献，并于 1989 年获得国际内耗和超声衰减领域的最高学术奖——Zener 奖，这是后话暂且按下不表。Zener 在 1948 年出版了专著 *Elasticity and Anelasticity of Metels*，并于 1965 年被译成中文（《金属的弹性与滞弹性》）。他在大学当教授时，常给物理学专业一半以上的学生打不及格分数，被问及原因时，他解释说根据一项研究报告，该专业的学生通常是排名前 10% 和后 10% 的在今后的工作中会有所成就，他是在帮助多数学生不要在这个专业继续读下去。Zener 为人和蔼，学风严谨。他的学术风格是不与别人讨论他正在研究的内容，因为他不想看到别人与他做相同的或类似的工作。纪念 Zener 的文章有很多，其中一个是他的一名学生 John B. Goodenough 写的，刊登在美国科学院网站上[1]，重点回忆其在物理学方面的成就，如图 1（a）所示；另一个是刊登在 *Physics Today*（《今日物理学》）刊物上的，由 Charles Wert 所写[2]，如图 1（b）所示。

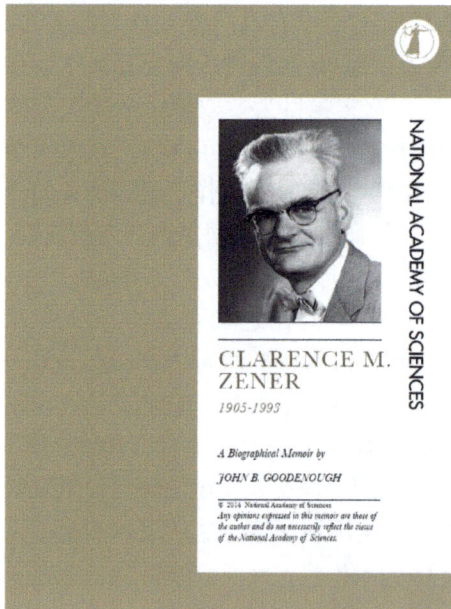

图 1　美国科学院（a）和《今日物理学》（b）刊登的纪念 Zener 的文章首页

二、Zener 的学术轨迹

从 Zener 发表的 130 篇文章中可以看出他科学研究领域的变化轨迹。1929—1936 年，Zener 发表了若干内耗方面的文章，主要涉及断裂、冲击、珠光体生长。1929—1936 年，他的文章主要涉及物理类的量子力学、光学、磁学、粒子散射碰撞。1937—1943 年，他的文章则主要涉及内耗法研究扩散、界面、形变。1938—1945 年，他在芝加哥大学跟随著名物理冶金学家 Smith[4]，与我国著名的金属物理学家葛庭燧院士一同在那里开展研究，使内耗研究技术走向顶峰[3]。1944—1948 年，他的文章主要涉及钢的断裂、高速冲击、钢的相变。这个阶段 Zener 因经济方面的原因，在贝茵实验室及钢铁公司从事实用性很强的钢铁材料研究。1949 年后，他研究了间隙原子与置换原子的扩散机制。1961 年开始工程优化设计。1973 年起他又开展太阳能与海洋发电的设想与研究。

三、与 Zener 有关的重要学术概念

与 Zener 有关的重要学术概念分别是：环形扩散机制、弹性各向异性因子 A、Zener-Hillert 生长公式、Zener 钉扎、Zener-Hollomon 参数、Zener 马氏体形核原子切动模型。

（一）Zener 的环形扩散机制

材料物理学中，描述扩散最常见的机制是代位原子的空位机制和间隙原子的间隙机制，此外还有双原子交换机制和挤列机制。Zener 于 1948 年提出环形扩散机制[5]，如图 2（b）和（c）所示。这种机制比 Huntington 和 Seitz 提出的双原子交换机制[6]（见图 2（a））的激活能明显减低，但概率也降低。Zener 计算了 fcc 结构和 bcc 结构原子迁移的能量变化。特别值得注意的是，他的计算引入了弹性各向异性参数 A。

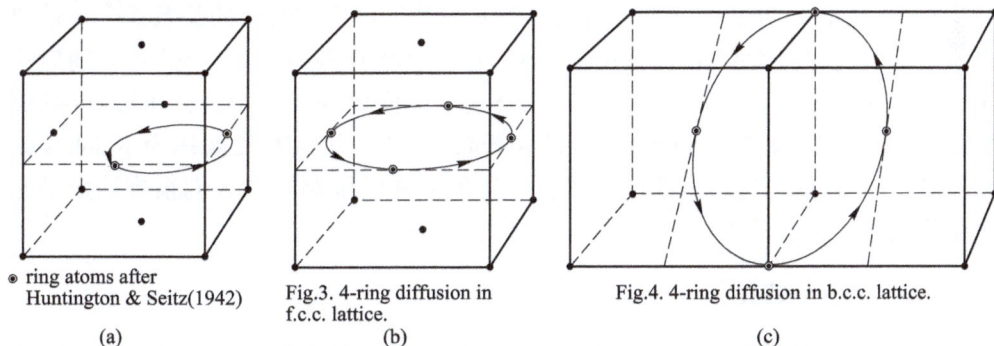

⊛ ring atoms after
Huntington & Seitz(1942)

(a)

Fig.3. 4-ring diffusion in f.c.c. lattice.

(b)

Fig.4. 4-ring diffusion in b.c.c. lattice.

(c)

图 2　Zener 提出的四环式原子扩散机制及与双原子交换模型的比较[5]

（二）Zener 与弹性各向异性因子 A

Zener 在其著作中[7]首先提出立方结构的弹性各向异性因子 $A = 2c_{44}/(c_{11} - c_{12})$，也称 Zener ratio。$c_{11}$、$c_{12}$、$c_{44}$ 分别是弹性常数。晶体是各向异性的，c_{44} 的

物理意义是（110）面沿 $[1\overline{1}0]$ 方向的切变模量，$(c_{11}-c_{12})/2$ 是（100）面沿 [010] 方向的切变模量。如果两者相当，则单晶的弹性模量是各向同性的，如钨，详见图 3（a）。该比值与 1 偏离越大，晶体弹性各向异性就越大。典型的是 Cu，$A=3.22$，如图 3（b）所示，<111>方向的弹性模量很高，而<100>方向的弹性模量则最小。对六方结构的 Zn，其弹性模量各向异性特点可用图 3（c）表示，像个轮胎，表明 c 轴方向是软的方向。在实际科学研究工作中 Zener ratio 应用很普遍或经常观察到 Zener ratio 在起作用。

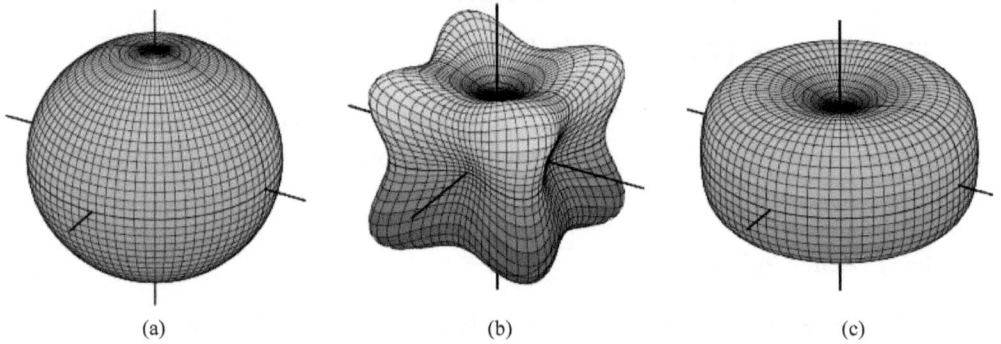

(a)　　　　　　　　　　(b)　　　　　　　　　　(c)

图 3　三种晶体弹性各向异性示意图（即不同方向的弹性模量差异）

(a) 钨，$A=1$；(b) 铜，$A=3.22$；(c) 锌，$E_{<0001>}/E_{<10\overline{1}0>}\approx0.3$

（三）扩散型相变新相生长速度的 Zener-Hillert 公式

Zener 在 1946 年提出了片状珠光体生长时片层厚度与时间的关系式[8]。瑞典皇家工学院的材料学家 Mats Hillert 于 1957 年完善了 Zener 生长公式[9]。随后该类长大公式就被人们称为 Zener-Hillert 公式。就像相变动力学公式 Johnson-Mehl 方程一样，随后被称为 Johnson-Mehl-Avrami 方程，再后来又被称为 K-Johnson-Mehl-Avrami 方程。这是早期由于语言、通信方式的限制导致人们很难确定谁是最早提出相关概念的人。

（四）Zener 钉扎

Zener 钉扎是指弥散第二相粒子在多晶材料中对晶界运动的阻碍作用。因为对于回复、再结晶和晶粒长大的重要影响，Zener 钉扎在材料加工中非常重要。Zener 钉扎概念的提出来自 Zener 与 Smith 的私人交往信件[10]。Zener 在给 Smith 的回信中，擅长数学的他推出了粒子钉扎的阻力公式 $P_Z=3\gamma Fv/(2r)$，即粒子钉扎力正比于材料所含粒子的体积分数，反比于粒子尺寸，说明粒子越小，钉扎力越强。图 4 是最早给出的推导粒子钉扎的示意图。

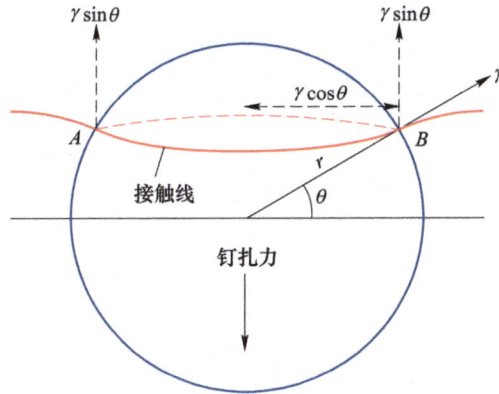

图 4　Zener 钉扎力推导模型

（五）　热加工中的 **Zener-Hollomon** 参数（**Z** 参数）

Z 参数表达为 $Z = \dot{\varepsilon}\exp[Q/(RT)]$，称为温度校正的应变速率，可用于研究或描述高温蠕变行为。与冷加工不同，热加工时原子有充分的扩散能力，因此热变形产生加工硬化的过程又伴随着回复、再结晶过程，也就是说，加工速率显著影响热变形行为。Z 参数的表达式表明，温度越低或应变速率越高，Z 参数就越大，加工硬化及组织细化的效果越显著；相反是组织粗化对应的加工参数。由于 Zener 处在 Hollomon 领导的研究所中，因此两人联合发表了涉及 Z 参数的文章[11]。1944 年，Hollomon 与 Zener 首先报道了在 0.25%C 的钢在高速冲击下观察到的绝热剪切[12]。绝热剪切带是材料失稳的表现及裂纹产生地点的特征组织，目前仍是研究的热点。

（六）　马氏体形核的 **Zener** 原子模型

无扩散型马氏体相变形核模型有多个，Zener 提出的面心立方结构通过半孪生式的切动形成体心立方结构的模型并不是广泛被接受的马氏体形核模型之一，因此仅记载于少数文献中[13]。

图 5 给出 Zener 提出的面心结构通过半孪生式切动形成体心结构的模型[7]，可称为位错形核机制的 Zener 模型。这个模型说明了孪生过程中不全位错 <112>$_\gamma$ 的运动如何在 fcc 点阵区域内产生一个薄的 bcc 区域。图中 fcc 结构的三层密排面由底层向上以 A、B、C 编号。在 fcc 点阵中通常的孪生矢量是 b，它可由一个 a<110>/2 位错分解成两个 a<112>/6 Shockley 位错而得到。为了产生 bcc 结构，要求所有的 C 位置的原子向前跳动 $b/2 = a[\bar{2}11]/12$。实际上这一切变之后所产生的点阵并不完全 bcc 点阵，还要求有一些膨胀，以得到正确的点阵间距。这样所

产生的 bcc 点阵只有两个原子层厚度。

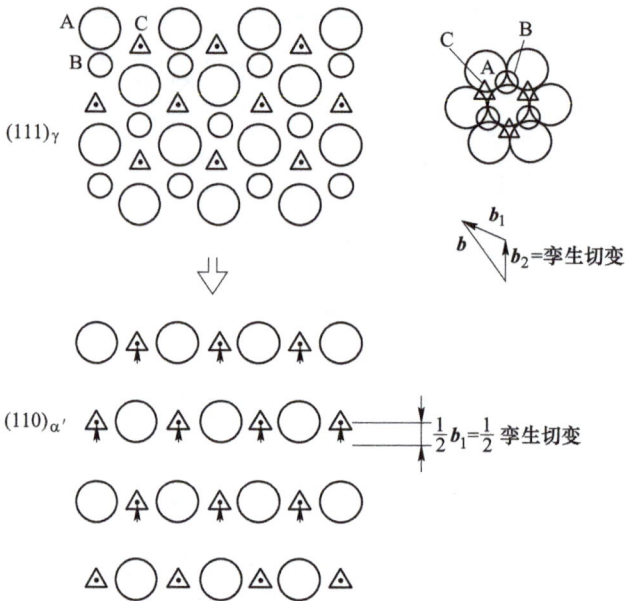

图 5　以半孪生切变方式产生两个原子层厚度体心结构的 Zener 相变形核模型

应当指出的是，以上位错切动完成相变的模型是 Zener 在 1948 年《金属的弹性与滞弹性》一书中提出的[7]，Zener 并未直接指出它是马氏体相变形核的机制，但 Zener 指明弹性模量各向异性和弹性模量随温度变化并在相变点附近弹性各向异性更显著的特点，对相变理论的发展贡献巨大。Zener 在 1948 年讨论 bcc 向 fcc 转变中指出[7]，体心立方(110)[$\bar{1}$10]方向的切变抗力在相变点变小，而弹性各向异性因子 A 变大，引起母相失稳，这是金属材料相变中软膜概念的最初涉及[14]。Zener 的经典之作《金属的弹性与滞弹性》就弹性模量各向异性的本质为马氏体相变形核的原子切动方式和软膜理论提出了原创性思路。

四、科学前沿应用

（一）Zener 钉扎的应用

在取向硅钢中，Zener 钉扎理论的利用可以说是到了极限[15]。如果钉扎力不够，即粒子数目少或粒子尺寸太大，则不能完全诱发高斯晶粒 {110} <001>的异常长大。如果钉扎力过了，即粒子太多，则高斯织构不够锋锐，高斯取向晶粒将被其他取向晶粒替代，造成磁性能下降。也可以利用粒子钉扎的反过程，即通过板材表面粒子比中心层粒子先熟化的特点，让对无取向硅钢有利的 {114} <841>取向晶粒从表面逐渐吃掉 {111} 取向晶粒，最终形成从板材侧面看是上下双层柱状晶的组织，具有强的 {114}<841>织构[16]，如图 6 所示。理想的话，这种两层柱状晶组织像人口中的两排牙齿。

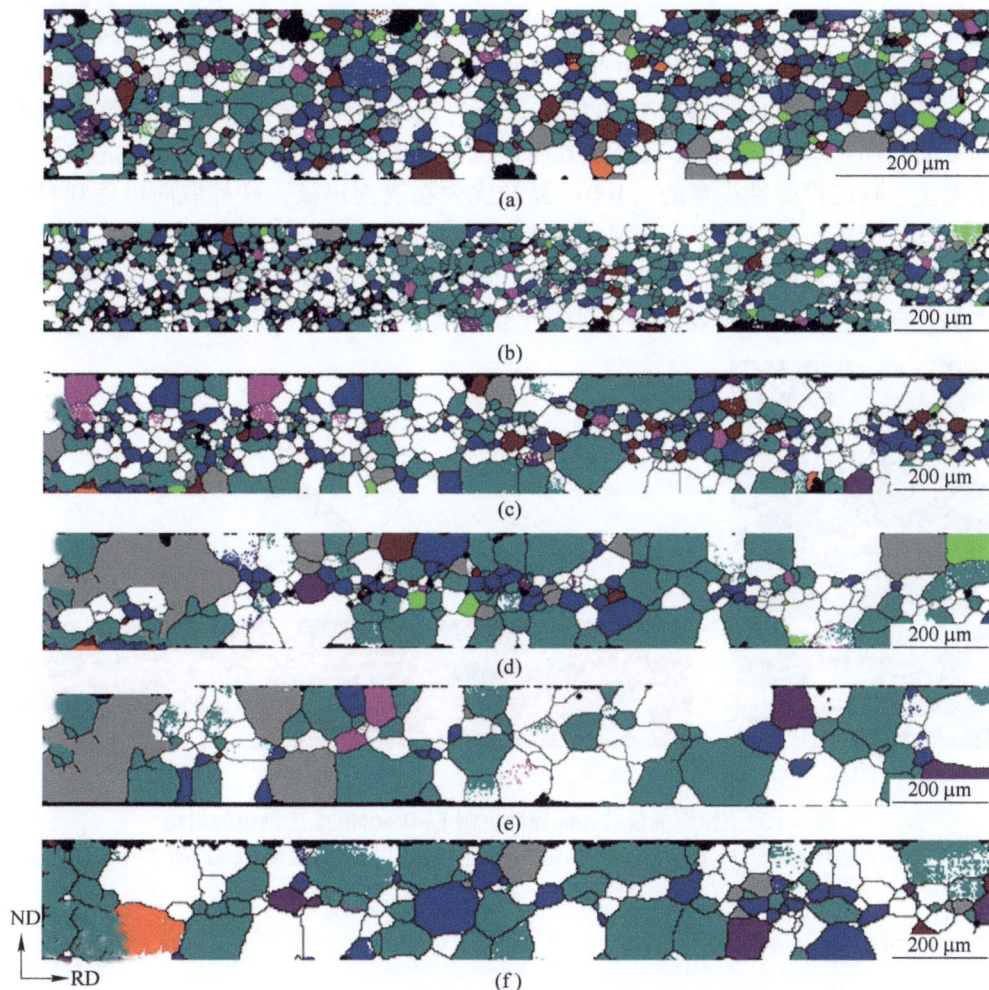

青色{411}<148>、红色{110}<001>、蓝色{111}<112>、紫色{110}<112>、
褐色{111}<110>、绿色{100}<001>、灰色{112}<110>
强度级别：1，2，3，4，5，6，7
图 6　0.23 mm 样品在不同温度下的组织
（a）950 ℃；（b）975 ℃；（c）1025 ℃；（d）1050 ℃；（e）1075 ℃；（f）1100 ℃[16]

（二）各向异性参数 A

已知无取向硅钢最理想的织构是 {100} 织构，但 bcc 结构的铁通过轧制与再结晶工艺的组合，最多只能得到不超过 25%的 {100} 取向晶粒。而通过形变加相变的方法，即冷轧后快速加热、短时保温、再控冷相变，使相变在板材表层区先发生，就会形成很强的 {100} 织构，详见图 7 中 Fe-0.46Mn 电工钢两种不

同工艺下的晶粒取向分布。对比可知，冷轧后再结晶退火则形成 {111}（蓝色）取向的晶粒，冷轧后快速加热到相变点之上 1000 ℃ 保温 5 min，再以 300 ℃/h 的冷速在纯氢下冷却，{100} 取向晶粒先在板材表层区形成，然后长入内部，至少 70% 的区域是 {100} 取向，由此显著提高了磁性能。这是利用了 Zener 提出的各向异性参数的原理。bcc 结构的铁<111>方向是高弹性模量，也是磁性能最差的方向，而<100>是最低弹性模量方向，也是最高磁性能方向。相变优先在板表层发生，这时低弹性模量的 {100} 晶粒优先在表面形核，这种取向可顺利释放相变的应变能，同时在平行于轧面上有另外两个<100>低弹性模量方向，可充分协调相变应变能的积累，最终得到强 {100} 织构，提高磁性能。所以，铁晶体大的各向异性参数为有效控制材料的性能提供了依据。

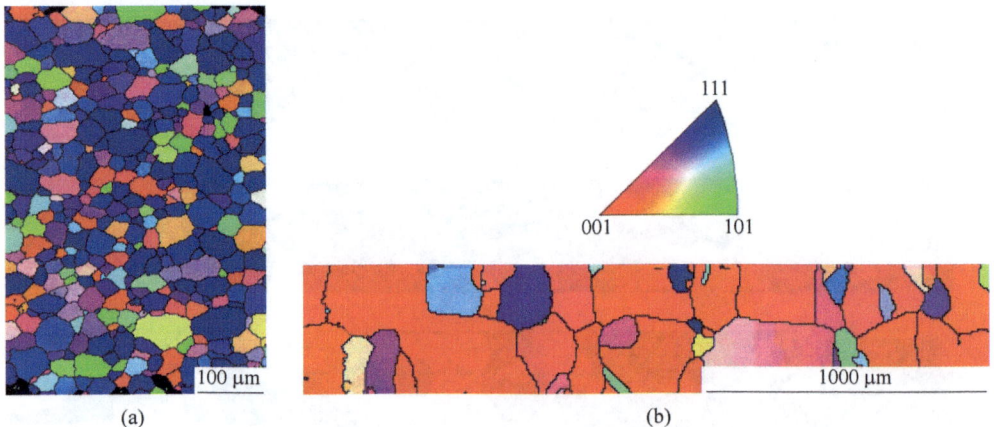

图 7　利用弹性模量的各向异性控制 Fe-0.46Mn 电工钢板的织构

（a）{111} 再结晶织构，750 ℃，10 min；（b）{100} 相变织构，加热到 1000 ℃ 后 300 ℃/h 纯氢下冷却

（三）Zener 与绝热剪切带

高速形变是许多材料实际应用中经历的一种服役方式，如汽车高速碰撞、高速切削、子弹高速穿透金属板、穿甲弹等。高速冲击时形变不均匀，材料局部出现绝热升温，发热软化，出现绝热剪切带。绝热剪切带（adiabatic shear bands）一词是 Zener 在 1948 年最先提出的[17]。其实，法国力学家 Tresca 早在 1887 年就观察到此现象[18]，不过当时使用的是"热线"（hot lines）一词。它与 Tresca 最先提出的锻造后金属出现的流线（flow lines）有很强的相似性。绝热的出现是通过非常巧妙且简便的方法测到的，即将样品涂上蜡，高速冲击出现绝热剪切带后，该区域的蜡便融化了。于是通过检验哪个区域的蜡融化了，就能确定哪里出现了绝热升温。而 Zener 是最先提出绝热剪切带一词的科学家。绝热剪切带内因温度升高，不但晶粒出现超细化，发生连续式动态再结晶，还

可能出现相变，形成白亮带（bright bands），其实是淬火马氏体。图 8 是 Zener 在 1944 年[17]发表的关于钢中绝热剪切带文章中的照片。目前有了先进的电子背散射衍射（EBSD）技术，可对绝热剪切带进行取向、结构分析。图 9 给出高锰相变诱发塑性（TRIP）钢高速冲击形成绝热剪切带后不同区域相的分布及组织，可以看出，最高应变量的绝热剪切带内反而是未相变的奥氏体（红色区域），剪切带外部应变逐渐下降，反而有大量形变诱发的马氏体（蓝色）。剪切带内出现晶粒的超细化。

图 8　钢高速冲击下出现的绝热剪切带因局部绝热升温形成相变后的"白亮带"

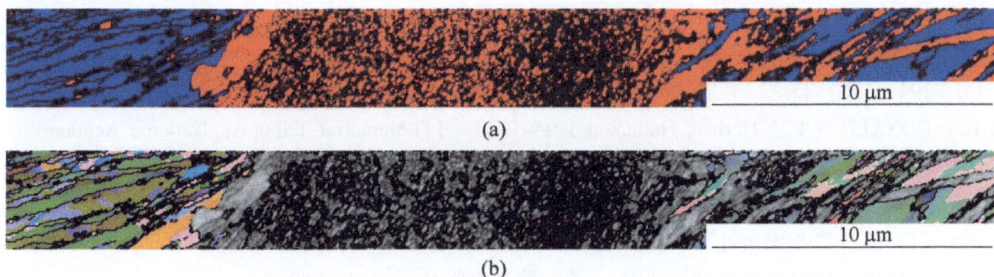

图 9　高锰 TRIP 钢中的绝热剪切带（样品经过 $10^4/s$ 的高速冲击）
（a）绝热剪切带的取向成像（红色是奥氏体，蓝色是 bcc 马氏体）；
（b）绝热剪切带的菊池带质量图（彩色的为马氏体区）

五、结束语

理论物理学家 Zener 是物理冶金学中非常重要的代表性人物。他的一生硕果累累，每个概念都有其产生的背景与历史根源。通过回顾他个人成长的历史与学术轨迹，结合目前实际的科研应用，不仅能够促进材料科学的教学与科研的融合，还有助于更好地理解相关概念理论，对我国材料专业的教育发展和国际化水平提升都有着重要的意义，也督促笔者不断进行科研与教学的融合。

参 考 文 献

[1] GOODENOUGH JOHN B. Clarence M. Zener 1905-1993 [J]. National Academy of Sciences, 2014：2.

[2] CHARLES W. Obituary：Clarence Zener [J]. Physics Today, 1994, 47（2）：117.

[3] 杨平. 再结晶及晶粒长大国际会议的 Smith 奖及其获奖者—《材料科学基础》课程中的基本概念与名人典故 [J]. 金属世界, 2013（5）：77-84.

[4] 孔庆平. 葛氏扭摆与晶界内耗 [M]//师昌绪, 郭可信, 孔庆平, 等. 材料科学研究中的经典案例（第一卷）. 北京：高等教育出版社, 2014：97.

[5] ZENER C. Ring diffusion in metals [J]. Acta Cryst. 1950, 3：346.

[6] HUNTINGTON H B, SEITZ F. Mechanism for self diffusion in metallic copper [J]. Phys. Roy. 1942, 61：315.

[7] ZENER C. Elasticity and anelasticity of metals. Chicago：University of Chicago Press. 1948 [M]. 孔庆平, 周本濂, 钱知强, 等译. 金属的弹性与滞弹性. 北京：科学出版社, 1965.

[8] ZENER C. Kinetics of decomposition of austenite [J]. Trans. AIME, 1946, 167：550.

[9] HILLERT M. Role of interfacial energy during solid-state phase transformations [J]. Jernkontorets Annaler, 1957, 141：757.

[10] ZENER C. Private communication to Smith C. S, See C. S. Smith, Trans. Met. Soc. [J]. AIME, 1948, 15：175.

[11] ZENER C, HOLLOMON J H. Effect of strain rate upon plastic flow of steel [J]. J. Appl. Phys. , 1944, 15：23-32.

[12] DONALD N F. J. Herbert Hollomon 1919-1985 [J]. Memorial Tributes：National Academy of Engineering, 1992, 5：122.

[13] PORTER D A, EASTERLING K E. 金属和合金中的相变 [M]. 李长海, 余永宁, 译. 北京：冶金工业出版社, 1988：408.

[14] 徐祖耀. 材料相变 [M]. 北京：高等教育出版社, 2013：389.

[15] 杨平. 特殊钢中的"工艺品"——取向硅钢　材料科学基础知识和经典人物 [J]. 金属世界, 2015（1）：6-12.

[16] 刘志桥, 杨平, 毛卫民, 等. 取向硅钢中{114}<418>织构对二次再结晶时晶粒异常长大的影响 [J]. 金属学报, 2015, 51（7）：769-776.

[17] ZENER C, HOLLOMON J H. Plastic flow and rupture of metals [J]. Trans ASM, 1944, 33：163.

[18] TRESCA H. On further applications of the flows of solids [J]. Proceedings of the Institution of Mechanical Engineers, 1878, 30：301-345.

本文原文发表于《金属世界》, 2016 年, 第 3 期, 3-9 页。

材料科学中的理论物理学家弗兰克

内容导读： 材料科学凝聚着几代矿物学家、晶体学家、物理学家、化学家、冶金学家、材料学科学家毕生的辛勤工作与丰富多彩的人生，也隐藏着无数耐人寻味的故事，激励着我们探索和发展材料科学事业。文章概括了英国理论物理学家 F. C. Frank 的科学贡献与人生故事，从材料科学中与 F. C. Frank 有关的概念，讨论了科研中受 F. C. Frank 取向表达理论的影响，通过文献查询、科研总结等多种方式，对读者进行科研方式启蒙，努力培养读者科研兴趣。

F. C. 弗兰克（F. C. Frank，以下称 Frank）的研究领域为晶体物理学，他在位错理论、晶体生长理论、液晶和高分子理论等方面都有重要贡献。在材料科学发展的历史中，出现过 Frank-Kasper 多面体、Frank 判据、Frank-Bilby 公式、Frank 柏氏回路，Frank-Nabarro 向错回路等。而关于 Frank 科学贡献的最全面的介绍莫过于他的好友 Nabarro 和 Nye 发表的纪念 Frank 的文章[1]。的确，读完这篇纪念文章，将各概念串联在一起，并与 Frank 的独特人生相联系，再与自己的科研关联对比，就会使我们有不同程度的感悟。互联网下的今天，为读者了解 Frank 的一生提供了巨大的帮助。本文首先简单给出 Frank 的生平，然后讨论与其相关的各概念基本含义及相关的经典文献，同时归纳其科学贡献，最后结合笔者的科研工作讨论了笔者受到 Frank 一些理论的影响。

一、Frank 的生平及科学生涯

1911 年，Frank 出生于南非德班，他的父母是英国人，当他只有几周大的时候，一家人回到了英国的家乡赛特福德（Thetford）。Frank 先后从赛特福德文法学校（Thetford Grammar School）和伊普史威治文法学校（Ipswich Grammar School）毕业，在林肯大学取得文学学士学位，1933 年在牛津大学取得理学学士学位，1937 年取得博士学位。接下来的几年中 Frank 一直在柏林的皇家物理研究所工作。这段经历对他一生起到了很重要的作用，在那里他学会了流利的德语，并在日后的研究工作中发挥了很大作用。图 1 是英国皇家学会网站上的 Nabarro 教授（Nabarro 教授 2006 年曾到北京科技大学材料名师讲坛做报告）所写的纪念 Frank 文章中的两幅照片[1]，分别是 Frank 早年与晚年的肖像。

Frank 于 1998 年 4 月 5 日，刚刚过完 88 岁生日的一个月后与世长辞。他是 20 世纪的一位科学天才，在物理和化学领域，他独创性的观点拓宽了人们关于

图 1　Nabarro 教授纪念 Frank 文章中的两幅照片

(a) 18 岁时的 Frank；(b) 晚年 Frank 的签名照

地震、晶体生长（从金刚石到冰）、高分子的强度、液晶分子的排列等领域的知识范围，并在核聚变（可以追溯到 1947 年）等领域取得了举世瞩目的成就。Nabarro 在介绍 Frank 的科学生涯中，用位错（向错）、晶体生长、地球物理三个概念归纳了 Frank 的研究领域。Frank 早在 1934 年 Taylor 发表位错概念时就对位错感兴趣，他曾写信给提出位错理论的 Taylor，询问位错是否一定是刚性的直线，但未得到及时的回信。到了 1946 年，Frank 进入英国布里斯托大学 Mott 领导的物理系时才真正开始对位错的研究。他对晶体生长的研究也源于位错的作用，而对地球物理方面的研究又与前期对晶体塑性变形的研究有某种关系。

　　R. V. Jones 是 Frank 最早最亲密的朋友。R. V. Jones 在 *Most Secret War*（《最神秘的战争》）一书中向人们展示了 Frank 年轻时候的样子。R. V. Jones 成功地把 Frank 从波顿的化学防卫机构挖来，并于 1940 年 11 月加入他所在的空军部科技情报中心，随后开始了六年的亲密合作。R. V. Jones 在书中盛赞 Frank 敏锐的观察力和解释能力。Frank 可以在英国皇家空军的侦察照片中发现别人忽略的细微点，能够迅速而准确地整合 V-武器那零散而混乱的代码。他还举例说明 Frank 的观察能力：因德国使用的雷达波长变得较短，天线尺寸也随之更小，更难在空中被发现。1941 年 1 月，在前后连续拍摄的两张侦察照片上，Frank 发现在被德国占领的法国海岸 Bruneval 悬崖上一处别墅在宽度上发生了一点微小的变化。其变化实际上大约只有 0.1 mm，基本上已经接近了该照片的分辨极限。正是根据他这一精确的观察，在那里确定出了一处德国人的雷达站。最后短波照片显示这个圈是维尔茨堡（Würzburg）53 cm 雷达天线的抛物面，成功帮助了 1942 年 2 月

27—28 号英军伞兵突袭该雷达站，毫发无损地拿到了仪器。

1946 年，Frank 来到英国布里斯托大学 Wills 物理实验室工作，当时的主任内维尔·莫特（Nevill Mott）鼓励他关注晶粒长大和金属晶体在外力作用下塑性变形的问题。Frank 良好的三维想象力和精确的几何推导使他在两个方面都取得了很大的进展。这也使 Frank 将他启发性的洞察力用在晶格缺陷——位错的性质方面。1949 年之后的 10 年中，Frank 和他的合作者在晶体位错理论上取得了令人瞩目的成就，建立了科学声誉。如今位错理论已成为世界各国成百上千的科研工作者研究课题的基础理论。

为了研究长链聚合物分子链如何通过折叠和填充形成漂亮的晶体——每条分子链都比晶格尺寸大——Frank 又开始挑战高分子科学。从 20 世纪 50 年代后期开始，Frank 主要集中在分析高分子材料的性质和发明新方法控制高分子的研究上。从微观的电子衍射图谱分析到宏观的地球物理，Frank 的理论见解带来了一大批科研财富。例如，在地球物理方面，Frank 通过类比压扁的乒乓球外壳而得到的痕迹形状，解释了岛弧的曲率问题，还根据对金刚石的研究来探讨地壳形成的机制，对地质学有所贡献。

因为科研成果显著，Frank 获得了大量荣誉，有 1946 年不列颠帝国勋章、1954 年英国皇家学院院士、1977 年骑士勋章，1967—1969 年担任英国皇家学会副会长，1973 年进行了贝克尔演讲（Bakerian Lecture），以及 1979 年获英国皇家学会的皇家勋章。尤其是 1994 年科普利（Copley）奖章，主要表彰他三方面的突出成果：一是对晶体形态理论的基础研究，特别是对位错源，以及它们对界面和晶体生长的影响；二是对液晶的基本认识及晶体向错的概念，三是对结晶度概念延伸至非周期晶体。他还获得过布里斯托大学和其他海外大学的许多荣誉学位，以及世界各地学术组织颁发的奖章和奖励，包括 1981 年瑞典皇家科学院颁发的格雷戈里·阿米诺夫奖（The Gregori Aminoff Prize）。

日常生活中，Frank 是一个拥有极大工作热情和超高工作效率的人。令其他人困惑的问题到了 Frank 这里，却可以直达问题的核心并且给出精确的解决方案。Frank 的记忆力也十分惊人。他能回忆起讨论过的事实和数字，以及其他领域内的关键资料。而且 Frank 非常重视科学的真相，对实验想象错误的解释会坚决地指出来，从不管犯错的人是谁。评价时不带偏见，对细节一丝不苟，从不放过还未解释清楚的特征，为年轻的工作者树立了典范。

Frank 对待任何事情都具有超强的责任感，他从不会对一个迷惑的学生说"我今天很忙，明天再来"，他往往会不知疲倦地花好几个小时指导年轻研究者的工作。你可以和 Frank 开诚布公地讨论任何话题，谈话总是生动活泼且带有启发性。有时也存在良性辩论，他希望看到关于同一事物更多更妙的想法。

二、材料科学中与 Frank 相关的概念

（一）Frank-Kasper 配位多面体

Frank 和 Kasper 提出了图 2 的多面体结构[2-3]。正 20 面体对过冷液体的结构和准晶的起源有重要的贡献。文献[4]有一段关于郭可信院士在准晶研究中受 Frank 影响的报道。

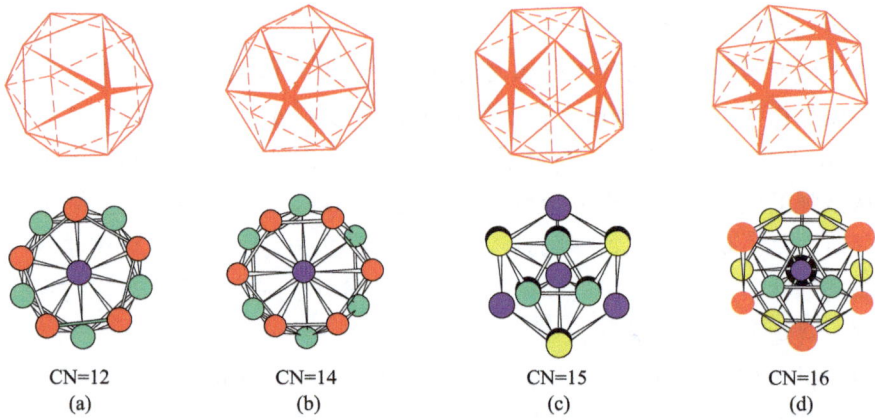

CN=12　　　　　CN=14　　　　　CN=15　　　　　CN=16
(a)　　　　　　　(b)　　　　　　　(c)　　　　　　　(d)

图 2　Frank-Kasper 多面体图
（a）20 面体；（b）24 面体；（c）26 面体；（d）28 面体
（CN 为配位数）

Frank 早在 1952 年讨论液体结构时就指出[5]，等径钢球堆在一起得出配位为 12 的多面体有三种可能，一是面心立方，二是密排六方，三是 20 面体（20 个正三角形围成的多面体，有 12 个顶点）。郭可信在 1986 年见到 Frank 时得知，德国一位原子物理学家早在 20 世纪 30 年代就曾用 20 面体作为原子核中质子堆集的模型。

面心和密排六方结构中除了四面体间隙外，还有体积较大的八面体间隙；而后一种密堆结构只有四面体间隙，堆垛密度最高，对称性也最高，最接近球对称，与点阵周期平移对称性不相容，因此只存在于液体、非晶态、小粒子、生物大分子中。具有平移对称性的晶体中，20 面体单元一定要略加畸变才能相容。但在两种元素构成的合金中（尺寸相差小于 10%），小原子处在 20 面体中心，大原子处在顶点，正好满足 20 面体的几何要求，如 $MnAl_{12}$。小的 Mn 原子在中心，大的 12 个 Al 原子在顶点，构成一个 20 面体单元，这些 $MnAl_{12}$ 单元再放在体心立方点阵上，就是 $MnAl_{12}$ 结构。因此 Frank 可以说是五次对称的先驱。

Kasper 是美国通用电气公司的晶体学家，专门研究合金结构，首先提出四面体密堆相配位数为 12、14、15 和 16 的多面体。Frank 在西班牙看到正方形、五

角形、六角形套在一起的阿拉伯图案，从中得到启发，把四面体密堆相的多面体结构分解成一些单元层。这些单元层中的原子就坐落在这些多边形连在一起的网络顶点处。他们把这些结果发表在 1958 年和 1959 年 *Acta Crystallographica* 期刊上，成为经典文献（文献[2]和[3]），称为 Frank-Kasper 相。

郭可信院士回忆起这段历史时写道：这些不朽之作读起来赏心悦目，回味无穷，给人以启发。知识面广，才能触类旁通，顺手牵来，为我所用。读书不能读死书，完全相信文献中的记载，不敢越雷池一步，只会羡慕前人的成就[4]。

（二）Frank 与柏氏回路和位错节点矢量守恒定律

柏氏矢量 *b* 是位错最重要的特征量，研究位错的行为首先要确定的就是柏氏矢量。许多学者都知道通过柏氏回路的建立可得到柏氏矢量，但不知柏氏回路与 Frank 有何关系。有的文献认为是流体力学家 Burgers 提出的柏氏回路，这是不准确的。实际上，是 Frank 确定了柏氏回路方法[6]，如图 3 所示。只要与好的区域对比，就可有效避开复杂的弹性代数理论，确定含位错区域的畸变量，这就是 Frank 提出的。此外，汇聚于一点的多根位错的柏氏矢量之和为零（即 $\Sigma b_i = 0$）的关系也是 Frank 提出的[6]，其灵感来自 Frank 在电磁学课程中学到的汇聚一点的各电流量的守恒关系（基尔霍夫（Kirchhoff）定律）。

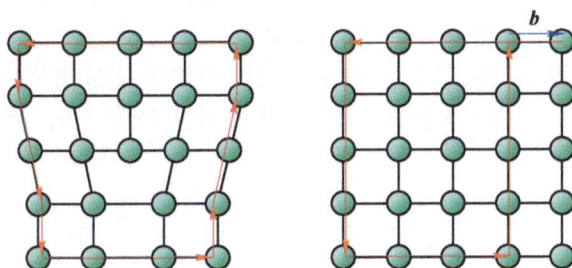

图 3　确认柏氏矢量的 Frank 回路

（三）Frank-Read 源

Frank-Read 源是位错实现增殖的方式或一种机制，如图 4 所示。两端被钉扎的一段位错，在外力作用下弓出。因两端的钉扎导致弓出位错呈现图 4 中阶段 4 的状态，此时出现两段位错是反号的情景，相互反应而消失，消失的一端对应放出一个位错，而另一端对应回复原状的位错源，详细描述见原始经典文献[7]。文献[8]记述了一个非常有意思的故事，Frank 和 Read 两人在美国钢都匹兹堡参加国际会议，分别在不同地点产生了同样的灵感，而又在匹兹堡的同一旅馆交谈起来：Frank 问 Read 是何时产生这种位错增殖的想法的，Read 回答是周三下午 4 点喝茶时想到的；Frank 又说他自己是周三下午 3 点到 5 点之间在康奈尔校园散步时产生的,因此他们约定联合发表文章,于是原始经典文献[7]诞生了。

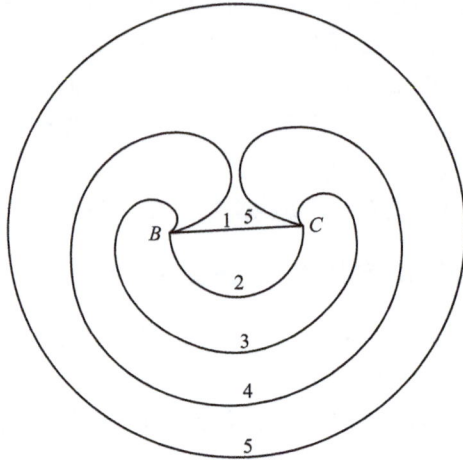

图 4　Frank-Read 源的增殖过程[7]

(四) Frank 能量判据

　　Frank 能量判据用于判断平行位错之间是相吸还是相斥。因位错能量正比于柏氏矢量的平方,所以若 $b^2 > b_1^2 + b_2^2$,就是相吸(或合并),反之是相斥(或分解)。用几何方式表达的话就是,柏氏矢量成钝角关系时两位错相吸,相反,成锐角关系时是相斥,如图 5 所示。用矢量表示就是 $b_A + b_B = b$。这个判据也称 Frank 规则[9-10]。

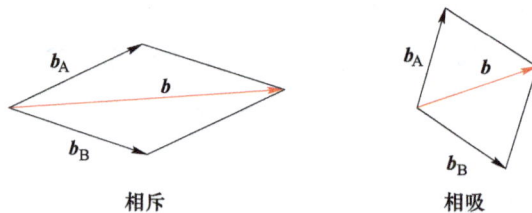

图 5　平行位错间作用的 Frank 法则

(五) Frank 位错

　　Frank 位错是一种不全位错。面心立方金属中,Frank 位错的柏氏矢量为 <111>/3 (见图 6),与 Shockley 位错(柏氏矢量为 <112>/6)一起构成两种广泛存在的不全位错,都产生层错。Shockley 位错产生层错的方式是沿 <112> 切动,是不可攀移的不全位错。而 Frank 位错是沿 <111> 方向插入或抽出一层原子面而形成，是只能攀移而不能滑移的特殊位错，也称 Sessile dislocation[11]。金属受辐照后形成大量空位，空位的聚集和崩塌，或自间隙原子的聚集可产生 Frank 位错。Frank 在 1949—1951 年的文章[6,11]中详细分析了这种不全位错。

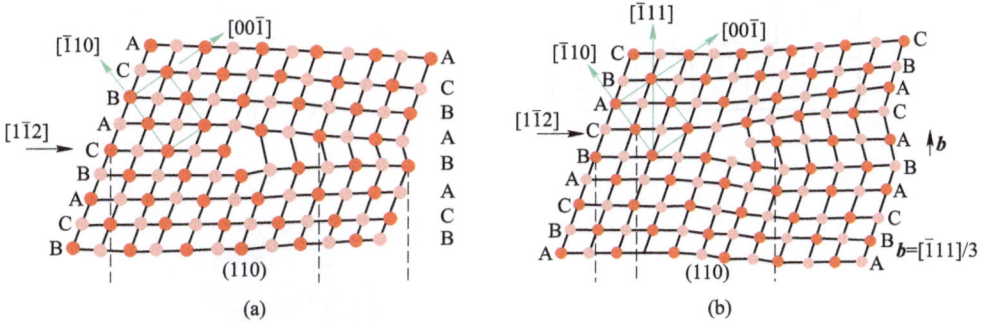

图 6　Frank 位错的结构及形成
（a）抽出型；（b）插入型

（六）Frank-Nabarro 回路与 Frank 矢量

Frank 最先提出向错一词，他最先使用 Möbius crystals 一词描述向错[6]，如图 7（a）所示。随后又使用 disinclination 一词[12]，最后改为 disclination。位错对应晶体的平移对称矢量 t 出现的奇异处，而向错对应晶体旋转对称矢量 ω 出现奇异处，ω 称为 Frank 矢量[13]。液晶中与位错柏氏矢量 b 相似的向错强度量 s 用 Frank-Nabarro 回路确定[10]，它类似于确定位错 b 的 Frank 柏氏回路，在图 7（b）中 s 值为 1/2。设 $\phi(r)$ 是在距向错核心 r 处指向矢 n 的角度，θ 是从水平轴逆时针转到 $n(r)$ 的角度，s 则定义为绕向错闭合回路归一化 $\phi(r)$ 角的总和，用公式表达就是：

$$s = \frac{1}{2\pi}\oint \frac{\mathrm{d}\phi}{\mathrm{d}\theta}\mathrm{d}\theta = \frac{\phi_{\text{total}}}{2\pi} \tag{1}$$

Frank-Nabarro 回路术语应用得不很广泛，也不易查找到它的经典出处，一些文献将其应用到固态晶体中的晶界结构描述中[14]。Frank 早在 1938 年就开始对液晶展开高分子的取向序理论的研究，因第二次世界大战而未继续下去，到 1958 年重新开始研究。他在法拉第讨论会上的报告，提出向错术语 disclination，修正了 Oseen 的液晶弹性常数分子统计理论，因此 Frank 也被称为液晶之父[1]。向错的能量较高，难以在固态晶体中出现，但在液晶中容易存在。其实在我们的手指指纹上可以看到向错的影子，图 7（c）是存在整数和分数 s 值的手指印[15]，可以说"向错就在我们手上"。

(a)

整数及半整数

(b)　　　　　　　　　　(c)

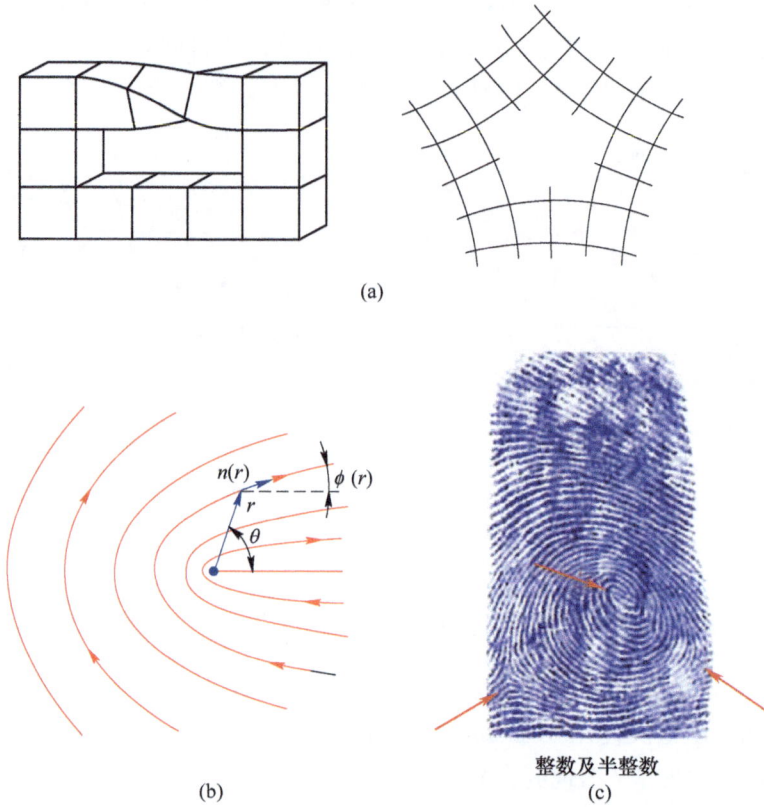

图 7　Frank-Nabarro 回路与 Frank 矢量

（a）Frank 最早提出的 Möbius crystals；（b）用 Frank-Nabarro 回路确定 s 参量；（c）拇指上的向错图像

（七）Frank-Bilby 小角度晶界位错含量公式

Frank 第一篇与位错有关的文章讲的是两组垂直的螺位错构成小角度扭转晶界，随后他又解决了螺位错的弹性应力场的计算问题。Frank 对平面上的一组位错很感兴趣，涉及两类界面。两个晶体如果取向不同，组成的界面上位错密度就不同，由此诞生 Frank 公式，就是普通晶界的位错密度定量公式。如果取向相同，界面上位错间距不同，就构成晶体的外延生长理论，或称取向外延。Frank 和 Bilby 在文献［16］和［17］中分别提出晶界位错含量计算公式，Frank 提出的公式见式（2）。Frank 的原始表达式是：两晶粒绕单位矢量轴 l 转动 α 角后，晶界上一矢量 r 截过的位错群总柏氏矢量和（也称位错含量）是 $d = \sum b_i$。Bilby 改进的公式见式（3）和图 8，P 是界面上的一段矢量，B^L 是界面该段矢量包含的位错柏氏矢量的总和，A 是界面两侧晶粒间的转换矩阵，I 是单位矩阵。小角晶界的结构模型是位错模型，即界面两侧多数位置原子匹配完好，不好的区域由位错来补偿。通过此公式可以确定晶界—矢量会截取多少位错，以及是哪种类型的位错。所得到的是所有位错总的叠加成果，但不知道界面上实际位错分布状况。从该公式的推导看出，Frank 总爱做回路，例如：单个位错柏氏矢量的确定用了柏氏回路，液晶中 Frank-Nabarro 回路用于确定 s 参量，小角度晶界位错含量也用柏氏回路，O-点阵中基矢的确定也用了柏氏回路的思想。

$$d = r \times l \cdot 2\sin(\alpha/2) \tag{2}$$

$$B^L = (A^{-1} - I) \cdot P \tag{3}$$

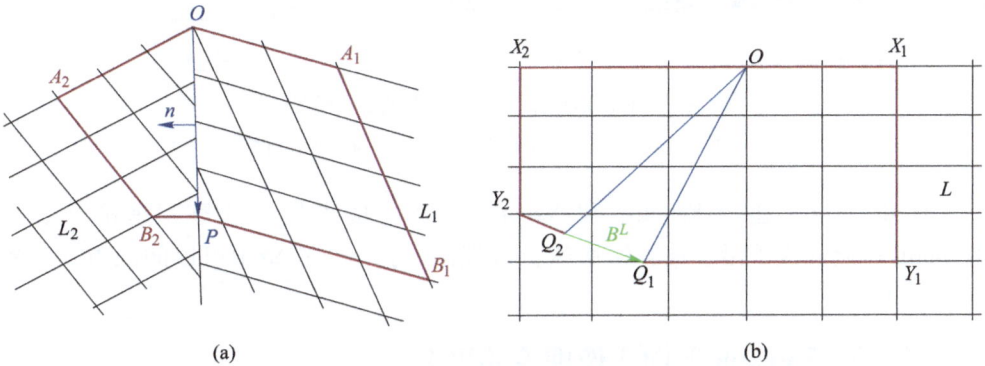

图 8　通过做闭合回路确定晶界位错的分布

（a）包含晶界的闭合回路；（b）完整晶体内的闭合回路

（八）Frank 螺位错生长模型及 Burten-Cabrial-Frank 的晶体生长的台阶模型

Frank 螺位错生长模型[18]、Burten-Cabrial-Frank 的晶体生长的台阶模型[19-20]、连续生长模型是晶体生长的三种模式。Frank 在 1949 年首先提出螺型位错，在晶体表面露头处的台阶可以促进晶体生长这一独创性的想法[18]，如图 9 所示。随即得到实验的证实，为晶体中确实存在位错首次提供较直接的证据，同时也开拓了实际晶体的生长理论这一新领域。螺位错在晶体表面产生螺旋的突壁，原子可以很容易进入螺旋突壁侧面，这种侧向长大永远不会使螺旋面消失，因而晶体可以不断地沿螺旋面长大。1949 年，Burten、Cabrial、Frank 三人在 *Nature*[19]期刊上发表了晶体生长的二维台阶模型文章。随后在法拉第会议上 Frank 提出讨论，并在 1951 年由三人给出完整的分析[20]。原子在光滑界面上的附着能力很低，若附着在坪台的突壁和扭折处，形成固相的机会就大得多。光滑界面长大时，首先在晶体表面形成一个原子厚度的二维晶核，然后侧向长大。直至铺满整个原子层，然后重复这一过程，每铺满一层原子后，界面向前前进一个原子尺度。晶核的长大速度由二维核的形核速度所控制。

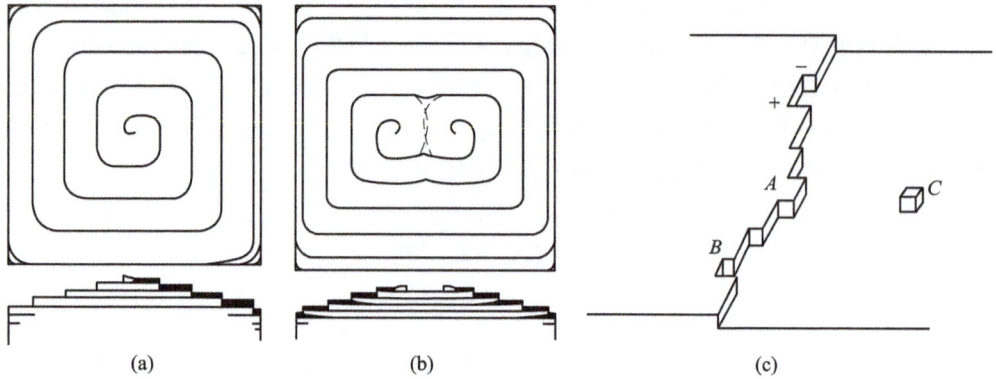

图 9　Frank 晶体生长理论中的 2 个模型

（a）（b）沿螺位错台阶生长模型；（c）二维生长台阶模型

此外，Frank 还与 Eshelby 和 Nabarro 合作完成了位错的塞积理论[21]，与 Turnbull 一起完成了沿位错管道快速扩散理论，指出铜在锗中可以间隙方式和置换方式扩散[22]。

三、关于 Frank 取向成像理论的思考

Frank 的理论工作与笔者的科研工作最密切相关的是他的取向成像 （Orientation mapping）理论[23]，涉及晶体材料中的织构表达方式。Frank 具有超强的三维空间想象力，他提倡使用 Roderigues 矢量（简写为 R 矢量）表达晶体取向，被后人称为 Roderigues-Frank 矢量（R-F 矢量）及 R-F 取向空间[24]。晶体取向定义为晶体坐标系相对于样品坐标系的旋转关系。表达一个晶粒的取向可以有 4 种方式，密勒指数（hkl）[uvw]、取向矩阵 g、欧拉角（φ_1、Φ、φ_2）、轴角对 $\theta/$[uvw]。用 R-F 矢量表述取向比轴角对更精准。Frank 指出，用轴角对 r/θ 描述晶粒取向时可用 4 种方法。一是用 $r\theta$，二是用 $R = r\tan(\theta/2)$，三是用 $Q = r\sin(\theta/2)$，四是用 $r[3(\theta-\sin\theta)/4]^{1/3}$[23]，其中用第二种方式最好。R-F 矢量定义为 $R = r \cdot \tan(\theta/2)$，它可分解为 3 个式子：$R_x = r_x\tan(\theta/2)$，$R_y = r_y\tan(\theta/2)$，$R_z = r_z\tan(\theta/2)$。它是一个单位矢量被正切半角"校正"的矢量，代表三次转动。立方晶系的 R-F 取向空间如图 10 所示，它像一个切了 8 个顶角的立方体。当样品呈现正交对称性时，取向空间就缩小到原来的 1/8。这种取向空间比欧拉取向空间直观，直接对应晶体坐标系。Frank 的观点对织构研究领域产生了重要影响，以致国际上最经典的两本织构和取向专著（文献［25］和［26］）都重点介绍了此种取向表达式，笔者也在国内第一本 EBSD 技术书籍中介绍了此矢量[27]，不过那时都简写为 R 矢量。

Frank"憎恨"用二维极图表示三维取向信息时造成信息丢失的现象，用文

献[22]的话来就是"犯罪"。1987年，Frank获得 Mehl 奖，在美国金属学会做的著名报告是：*Orientation mapping*（《取向成像》），发表在美国冶金会刊 *Metallurgical Transaction* 上。而这篇文章真正的来源是 1987 年 9 月 21 日在美国圣菲（Santa Fe）举行的第 8 届国际材料织构会议。1987 年的这篇文章提到两个重要人物，一是美国通用电气公司的 C. G. Dunn，20 世纪 50 年代进行了深入细致的取向硅钢开发研究。Frank 的文章中提到 39 年前 C. G. Dunn 测定了 200 个晶粒的取向，问

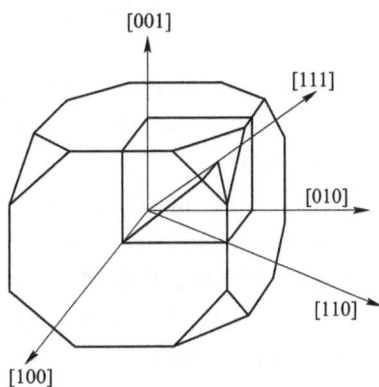

图 10　立方晶系的 R-F 取向空间

Frank 如何用二维图形表达？因为取向是三维信息。二是提到 D. Dingly，他是成功将 EBSD 技术商业化的学者，EBSD 技术恰是笔者的主要研究方向。笔者比较喜欢使用极图表示取向信息，因为在极图上晶体坐标系与样品坐标系的关系非常清晰，而用取向欧拉角表示取向或取向分布不够直观。至今 R-F 参数的使用仍然不能普及，大概是该参数是"贵族人"使用的工具，就像电子衍射分析技术中的倒易点阵矢量一样，难以普及起来。

四、结束语

从材料科学中与 Frank 相关的概念开始，展示了与 Frank 相关的照片、图表、公式及对其有影响的人物，总结了 Frank 科研生涯的重要事件。最后就 Frank 理论中与笔者科研工作相关的内容进行了简单的分析讨论。希望能对研究人员今后的科研方式有所启发，促进他们通过文献查询、科研总结等多种方式了解相关科研历史，提升学习兴趣，促进国际交流。

参 考 文 献

[1] NABARRO F R N, NYE J F. Sir（Frederick）Charles Frank, O. B. E. 6 March 1911—5 April 1998 [J]. Biographical Memoirs of Fellows of the Royal Society, 2000, 46：177.

[2] FRANK F C, KASPER J S. Complex alloy structures regarded as sphere packing Ⅰ：Definitions and basic principles [J]. Acta Crystallogr, 1958, 11（3）：184.

[3] FRANK F C, KASPER J S. Complex alloy structures regarded as sphere packing Ⅱ：Definitions and basic principles [J]. Acta Crystallogr, 1959, 12（3）：483.

[4] 马秀良，叶恒强，郭可信. 准晶体的发现 [M]//师昌绪，郭可信，孔庆平，等. 材料科学研究中的经典案例（第一卷）. 北京：高等教育出版社，2014.

[5] FRANK F C. Supercooling of liquids：contribution to a discussion on the theory of liquids [J]. Lond：Proc R Soc, 1952.

[6] FRANK F C. Crystal dislocations-elementary concepts and definitions [J]. Phil Mag, 1951, 42: 809.

[7] FRANK F C, READ W T. Multiplication processes for slow-moving dislocation [C]//A Symposium on the Plastic Deformation of Crystalline Solids. Pittsburgh: Carnegie Inst Tech, 1950.

[8] FRANK F C, READ A T. The Frank-Read source: Contribution to a discussion on the beginnings of solid-state physics [J]. Lond: Proc R Soc, 1980.

[9] 余永宁. 材料科学基础 [M]. 2 版. 北京: 高等教育出版社, 2006.

[10] HULL D, BACON D J. Introduction to dislocations [M]. 5th ed. Elsevier Ltd, 2011.

[11] FRANK F C. Sessile dislocations [J]. Proc Phys Soc, 1949, 62A: 202.

[12] FRANK F C. Liquid crystals on the theory of liquid crystals [J]. Disc Faraday Soc, 1958, 25: 19.

[13] ROMANOV A E, KOLESNIKOVA A L. Application of disclination concept to solid structures [J]. Progress in Materials Science, 2009, 54 (6): 740-769.

[14] FRARY M, SCHUH C A. Combination rule for deviant CSL grain boundaries at triple junctions [J]. Acta Materialia, 2003, 51: 3731-3743.

[15] SENGUPTA A. Topological microfluidics nematic liquid crystals and nematic colloids in microfluidic environment [M]. Springer, 2013.

[16] FRANK F C. The resultant content of dislocations in an arbitrary intercrystalline boundary [C]// A Symposium on the plastic deformation of crystalline Solid. Pittsburgh: Carnegie Inst Tech, 1950.

[17] BILBY B. Types of dislocation source [C]// Report of the Conference on Defects in crystalline Solids. London: Physical Society, 1955.

[18] FRANK F C. The influence of dislocations on crystal growth [J]. Disc Faraday Soc, 1949, 5: 48.

[19] BURTON W K, CABRERA N, FRANK F C. Role of dislocations in crystal growth [J]. Nature, 1949, 163: 398.

[20] BURTON W K, CABRERA N, FRANK F C. The growth of crystals and the equilibrium structure of their surfaces [J]. Philosophical Transactions of the Royal Society of London Ser A, Mathematical and Physical Sciences, 1951, 243 (866): 299.

[21] ESHELBY J D, FRANK F C, NABARRO F R N. Equilibrium of linear arrays of dislocations [J]. Phil Mag, 1951, 42: 351-364.

[22] FRANK F C, TURNBULL D. Mechanism of diffusion of copper in germanium [J]. Phys. Rev., 1956, 104: 617.

[23] RAJAN K. Rodrigues-Frank representations of crystallographic texture: foundations for misorientation imaging microscopy [M]//Schwartz A J, Kumar M, Adams B L. Electron backscatter diffraction in materials science. Kluwer Academic/Plenum Publishers, 2000.

[24] FRANK F C. Orientation mapping: 1987 MRS Fall Meeting Von Hippel Award Lecture [J]. Metall Trans, 1988, A19: 403.

［25］ RANDLE V. Microtexture determination and its applications ［M］. London：Institute of Metals，1992.

［26］ ENGLER O，RANDLE V. Introduction to texture analysis macrotexture，microtexture and orientation mapping ［M］. CRC Press，2009.

［27］ 杨平. 电子背散射衍射技术及其应用 ［M］. 北京：冶金工业出版社，2007.

本文原文发表于《金属世界》，2017 年，第 3 期，1-8 页。

弗里德尔家族的科学贡献

——从材料科学基础课程的若干概念谈起

内容导读：法国弗里德尔（Friedel）家族对自然科学做出了巨大贡献，其中若干经典现象或概念虽然在材料科学基础课程中予以介绍，但其起源未必被读者所熟知。为此笔者特意撰写此文将位错、向错、孪晶界等基本概念的产生背景与 Friedel 家族祖孙的生平联系起来，同时也讨论了这些有趣的事件对笔者的教学、科研的一些影响和感触。希望此文能帮助或启迪热爱材料科学的读者将材料人物历史、理论知识、实际应用有机联系起来。

材料科学基础课程介绍了材料结构中的晶体、液晶概念，材料线缺陷中的位错、向错概念，材料面缺陷中的重合位置点阵 CSL（倒易密度值 Σ）和孪晶界概念，以及位错与各类缺陷交互作用，如运动位错与林位错之间的作用力（加工硬化理论），运动位错与溶质点缺陷之间的作用力（固溶强化理论），运动位错切割共格第二相过程（弥散强化理论）等概念，估计很难有读者想到这些基本概念都与法国著名的科学世家弗里德尔（Friedel）家族有关。

1994 年，弗里德尔家族的著名科学家之一、法国科学院院长 J. Friedel 出版了一本介绍其家族科学人生故事的传记 *Graine de Mandarin*（原文为法文，中文译为《文华种子》，见图 1)[1]。书中主要介绍了其曾祖父——有机化学家和晶体

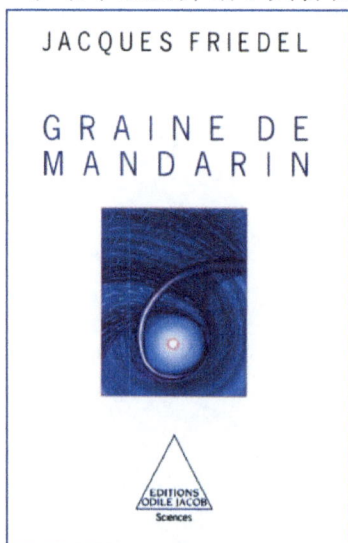

图 1　J. Friedel 于 1994 年出版的 *Graine de Mandarin* 传记封面[1]

学家 C. Friedel、祖父——晶体学家和矿物学家 G. Friedel、父亲——有机化学家 E. Friedel，以及 J. Friedel 本人——固体物理学家和材料物理学家在世界科学界引起的重要影响。本文主要介绍 G. Friedel 和 J. Friedel 的生平与材料科学基础中一些重要概念的关系，目的是加深对材料科学相关概念的理解和对相关历史的了解，同时也对弗里德尔家族的科学大师们表示崇高的敬意。

一、G. Friedel 和 J. Friedel 简介[2]

法国晶体学家和矿物学家乔治·弗里德尔（Georges Friedel，见图 2（a））1865 年出生于法国米卢兹（Mulhouse），1933 年逝世于法国斯特拉斯堡（Strasbourg）。1893 年他成为圣艾蒂安国立高等矿业学校（École Nationale Supérieure des Mines de St. Etienne）的教授。第一次世界大战之后，G. Friedel 调到斯特拉斯堡大学工作。由于疾病的困扰，他在 1930 年提前退休。G. Friedel 在 5 个方面进行了开创性工作：液晶、向错、重合位置点阵理论、孪晶、X 射线衍射。他因 Friedel 定理（指因 XRD 下的反演中心对称性的干扰，32 种宏观对称性不同的点群只能归结为 11 种，称 11 种劳厄群）、Friedel 盐（他于 1897 年合成了氯铝酸钙和铝酸钙，后者用于研究形变双晶）和中间相（即液晶）分类而闻名。1892 年，他最先将液晶（他自己称之为中间相 Mesomorph）分为向列相、胆甾相和近晶相。G. Friedel 确定了晶体外部形态和内部结构的法则。虽然 19 世纪末期积累了大量孪晶的文献，但这一理论长时间没有准确的数学表达式。1904 年，G. Friedel 的晶体学研究组在 X 射线晶体学形成之前总结了孪晶已有的知识和理论，明确解释孪晶的形成并完善了晶体学理论，同时，他指出了不同孪晶形成条件的一般规则。他被认为是重合位置点阵 CSL 概念的最先提出者，该概念于 1911 年研究孪晶时提出，指出了孪晶正好是 $\Sigma 3$ 重合关系[3]。作为教师的 G. Friedel 对他的学生产生的巨大影响至今依然存在，例如由他编写的经典书籍《晶体学》第一版出版后，于 1964 年再版为《晶体学教程》，成为了经典教科书并沿用至今。

法国现代固体物理学家及材料学家雅克·弗里德尔（Jacques Friedel）[2]是 G. Friedel（见图 2（b））的孙子，也被称为法国固体物理及材料物理之父，他以过渡金属理论、位错理论、Friedel 振荡、Friedel 求和定则（Friedel Sum Rule）而闻名，其中只有位错理论在《材料科学基础》一书中有介绍。J. Friedel 于 1921 年出生于巴黎并于 2014 年在巴黎去世。如同这个家族的祖辈一样，J. Friedel 于 1944 年考入法国著名的高等院校"拿破仑军校"（École Polytechnique，中文译名"巴黎综合理工学院"），并同时在巴黎国立高等矿业学院学习。1952 年，他在英国布里斯托大学 Nevill F. Mott（后来的诺贝尔物理学奖获得者）指导下获博士学位。1959—1989 年，他在巴黎奥赛（Orsay）的巴黎第十一大学（Paris Sud-University）任固体物理学教授，发表了 200 多篇文章。J. Friedel 曾任法国物理学会主席、欧洲物理学会主席、法国科学院主席，同时他也是英国皇家学会会员。1970 年他获得法国 CNRS 金奖，2010 年获欧洲科学院"达·芬奇"成就奖。在位错理论中，他提出过著名的位错对小析出物的切割机制（称为 Friedel cutting 析出强化），与 E. Orowen 的位错绕过大粒子机制（Orowen looping）对应；他还提出过交滑移模型，与 Seeger 的交滑移模型对应，以及林位错加工硬化模型等（称 Friedel-Saada forest hardening）。作为位错理论课程的教师，他于 1956 年出版法文书 *Les Dislocations*，1964 年再版并被译成英文版，1980 年翻译成中文版《位错》，由科学出版社出版[4-6]。20 世纪 60 年代末期，他开始研究软物质液晶，并将位错理论应用于对向错的描述，同时对超导现象进行了深入的研究。J. Friedel 与 M. Kléman 一起对液晶中向错等缺陷的研究与其祖父 G. Friedel 对液晶的研究[7]相汇合且延续下去，也将 J. Friedel 自己对位错线缺陷和向错线缺陷的研究统一了起来。

(a)　　　　　　　　　　　　　(b)

图 2　G. Friedel[3] 和 J. Friedel[2] 祖孙二人的照片

(a) G. Friedel；(b) J. Friedel

　　J. Friedel 对法国凝聚态物理和材料物理的影响是深远的，为此，2013 年 10 月 22 日，时任法国总统奥朗德（Hollande）授予法国科学院主席 J. Friedel 大十字勋章以表彰其对法国自然科学的巨大贡献，如图 3 所示。

二、与 G. Friedel 和 J. Friedel 有关的材料科学概念

（一）G. Friedel 提出的材料科学概念

　　（1）重合位置点阵（CSL）。这个概念非常重要，它是描述晶界几何结构规律性的一个模型，但其起源却有争议。与 J. Friedel 共事的法国晶体学家 O. H. Duparc[4-6]（J. Friedel 去世时撰写其纪念文章的作者之一[2]）对物理冶金学

图 3　时任法国总统奥朗德授予法国科学院主席 J. Friedel（92 岁）大十字勋章

家认为 CSL 的起源是 1949 年 Kronberg 和 Wilson[8] 提出的说法愤愤不平，他认为当时的物理冶金学家 Rosenhain、Desch 等对矿物学家的早期工作缺乏了解。而早在 1904 年 G. Friedel 就提出了倒易密度 Σ 值的概念，他使用孪生指数（twin index）一词，它的定义为初级单胞节点数与孪晶操作得到的重合节点数之比，还给出了 $\Sigma = h^2 + k^2 + l^2$ 的计算公式，其中 h、k、l 是孪晶面的面指数。G. Friedel 在 1904 年使用的 "multiple lattice" 就是现在的 "coincidence site lattice" 一词。

（2）液晶的分类。1888 年，瑞士的植物学家 Reintzer 和德国的晶体学家 Leihnman 在实验中发现液晶之后，G. Friedel 也进行了研究，并于 1907 年与 François Grandjean 一起将液晶描述为中间相（mesophase 或 mesomorph）焦锥液体（focal conic liquid），他反对使用液晶（liquid crystal）一词，认为液体不可能是晶体，但一直没能改变人们对液晶一词的使用习惯。他于 1922 年在法国物理年报（*Annales de Physique*）上发表长达 200 页的报告《物质的中间态》（*Mesomorphic States of Matter*），在该文中他将液晶分为三种类型，即向列相、胆甾相和近晶相。并在描述向列相结构时指出，其内部存在线状奇异缺陷，就是向错。据说液晶的分类法是 G. Friedel 在西班牙海滨度假时灵光一闪而提出的。

（3）对孪晶的研究。矿物界通常用 macle 一词描述双晶/孪晶，自然材料中的"双晶"通常用肉眼就能观察到，而物理冶金界使用 twin 一词描述孪晶，人造材料（如金属等）中的孪晶要用显微镜观察。文献[9]中介绍德国晶体学家和矿物学家 Laves 时也提到孪晶是 Laves 的主要研究内容之一，那么 Laves 的孪晶研究和 G. Friedel 的孪晶研究有何主要差异呢？仔细阅读 O. H. Duparc 的综述文章[3]

便可清楚看到两人之间对孪晶研究的差异：Laves 主要是对长石矿物中孪晶进行了系统的研究，而 G. Friedel 是对各类矿物孪晶的晶体学特征、点阵重合状态、对称性关系、取向变化特点及差异进行研究。G. Friedel 对成百上千的矿物孪晶样品进行了分析，又仔细阅读了数十甚至数百篇矿物学家的相关论文，完成了对孪晶的分类。Laves 的导师、瑞士晶体学家 Paul Niggli 于 1919 年和 1924 年将 G. Friedel 对孪晶的分类概念写进了德文的教科书[4-6]，可见 G. Friedel 对孪晶的研究也比 Laves 早得多。孪晶与重合位置点阵界面有密切关系，重位点阵界面是低能面，通过孪晶操作得到的双晶间的界面才最有可能是低能面，虽然常见的低指数 Σ 重位点阵关系数目远超过 $\Sigma 3$ 的孪晶关系，但孪晶及孪晶操作引出了重位点阵界面的概念。

（二）J. Friedel 提出的材料科学概念

（1）交滑移模型。1955 年，德国金属物理学家 A. Seeger 提出 fcc 金属中螺位错交滑移模型[10]。螺位错通常会不同程度地分解为 2 个肖克莱不全位错加上之间的层错，使其滑移面固定。当要进行交滑移时，不全位错要先束集，合并成一段全位错后，该段全位错再交滑移到新的滑移面上并分解[11]。J. Friedel 于 1956 年与 B. Escaig 提出的交滑移模型被称为 F-E 模型[12-13]，图 4 给出其与 Seeger 模型的差异[12-13]，即 Seeger 模型的起始点是两个平行的不全位错，交滑移时要先束集（英文用 constriction 一词，收缩或压缩），再合并成一段全位错；而 F-E 模型起点就是弯曲并有交点的两个不全位错（见图 4 中第 1 阶段），这样就基本免去了束集过程所需的激活能。

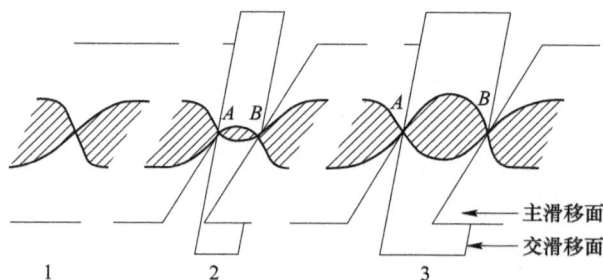

图 4　F-E 交滑移模型

（2）J. Friedel 的线性硬化阶段的定量模型。fcc 金属单晶应力-应变曲线的第二阶段是线性硬化区，涉及的加工硬化理论很多，最核心的一点是要证明该阶段的加工硬化率是常数（第一阶段是易滑移阶段，加工硬化率很低；第三阶段是抛物线阶段，高的加工硬化率逐渐下降）。J. Friedel 首次定量分析证明此阶段运动位错与 Cottrell 障碍交互作用时障碍物的数目随应变的增加是个常数，而不是随应变的增加而增加或减少[14]，从而定量证明了线性加工硬化率阶段的物理本质。

（3）J. Friedel 的位错切割共格粒子的弥散强化模型。当运动着的位错遇到第二相粒子，就要与其发生交互作用，对硬的大粒子就要通过绕过的方式穿过并留下位错环，即欧罗万机制（Orowan looping 或 Orowan bowing，1948 年）；对小的共格粒子会以共格方式切割而过，形成新相界，称弗里德尔切割机制（Friedel cutting），两个机制都可以形成强化，合起来也称 Fleischer-Friedel 颗粒强化图[15]。在位错扫过随机分布的第二相粒子产生的强化过程中，J. Friedel 推出的定量结果是所需外应力与粒子体积的平方根成正比；类似地，在位错扫过随机分布的溶质原子产生的强化过程中，J. Friedel 推出的定量结果是所需外应力与溶质浓度的平方根成正比[2]。

三、Friedel 家族的重要概念与笔者教学与研究的联系

（一）界面结构的 CSL 理论

界面结构的 CSL 理论是界面研究的主要内容，界面的作用广泛存在于材料形变、再结晶、相变过程中，使用电子背散射衍射技术（EBSD）容易测出 CSL 存在的频率程度。涉及共格界面的 $\Sigma 3$ 关系早已被研究者广泛观察到，即使在显微镜下观察到晶粒内部平直的界面或条状物，也能确认它的存在。但是，有时弯曲的界面两侧晶粒也常对应 $\Sigma 3$ 关系，称非共格界面的 $\Sigma 3$ 关系，至少可在两种情况下显著出现：一是用于生产电池材料经小形变退火的铅合金中，二是经大形变后相变退火时控制相变先在板材表层区形成的组织中，如图 5（a）[16]所示。另外，$\Sigma 3$ 以外的其他 Σ 关系就不那么容易直接观察到，要用到 EBSD 技术才能测定。例如，2 阶或 3 阶孪晶是 $\Sigma 9$、$\Sigma 27$ 的取向差关系；形变过程中不同形变量下也常遇到其他非 $\Sigma 3$ 的 Σ 关系；相变遵循某种特定取向关系时，也出现非 $\Sigma 3$ 的 Σ 关系，如 $\Sigma 11$。图 6（a）是 1994 年笔者在德国亚琛工业大学攻读博士学位时使用 EBSD 技术观察到的高层错能金属 Al 中存在的 3 重孪晶[17]。另外，除了文献[9]中给出的各类结构金属中的孪晶图片外，笔者还关注了不同晶体结构的矿物中出现的各种孪晶（双晶），它们不需要显微镜，可通过外形观察到，如图 6（b）~（h）所示。甚至在笔者的日常生活中也能经常观察到类似孪晶的树木、枣、西红柿和樱桃等，如图 6（i）所示。笔者一直在思考一个有意思的问题，晶体中的孪晶要满足界面两侧原子排列的镜面对称性，那么非晶态的植物以及以独立个体存在的人类双胞胎的"镜面对称元素或基因"又是什么呢？

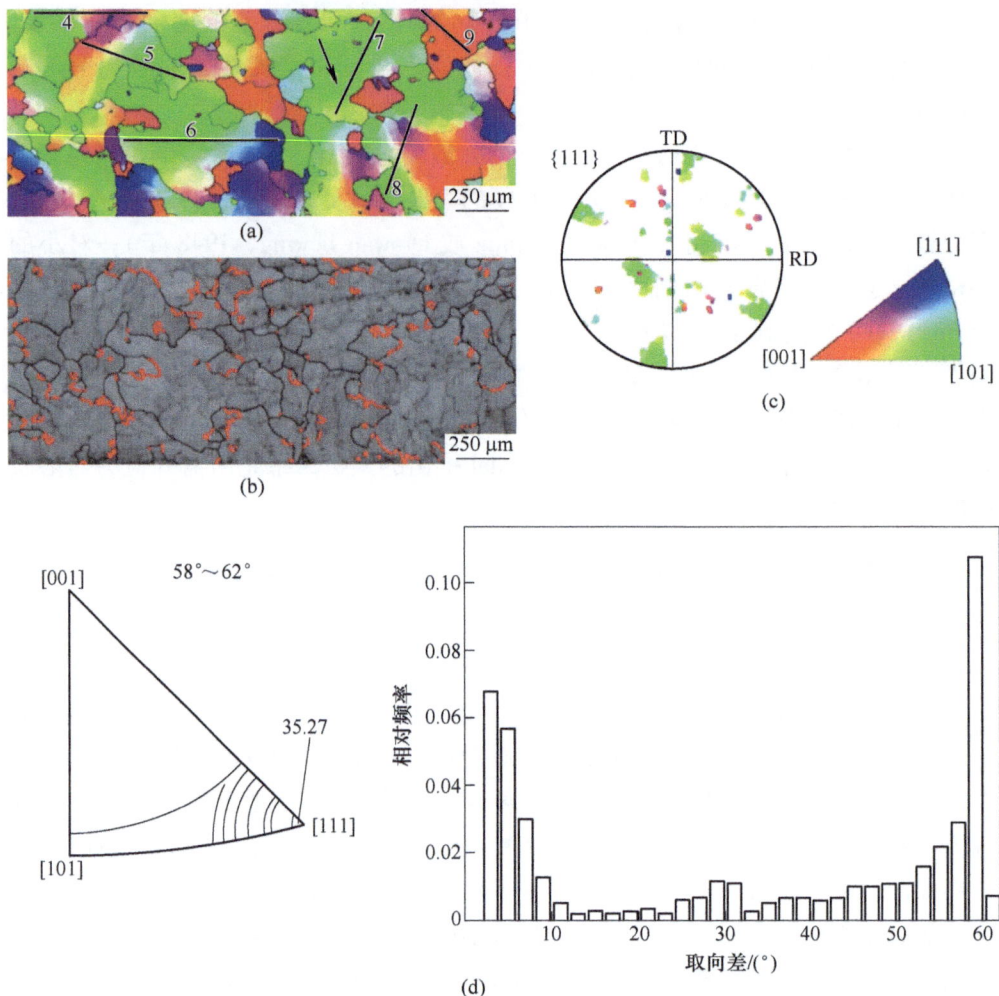

(a)

(b)

(c)

(d)

图5　Fe-0.33Mn 冷轧后相变退火形成的大量非共格 Σ3 关系界面（标红色的晶界）

（a）取向成像图（颜色与晶体学取向的关系见图（c）中取向三角形图标[16]）；（b）菊池带质量图
（弯曲的红线为满足 Σ3 孪晶关系的位置）；（c）该区域的取向分布，{111} 极图（可看出绕<111>
轴转 60°的孪晶取向差）；（d）该区域晶粒间的取向差和转角分布（显示存在大量的 60°<111>关系）

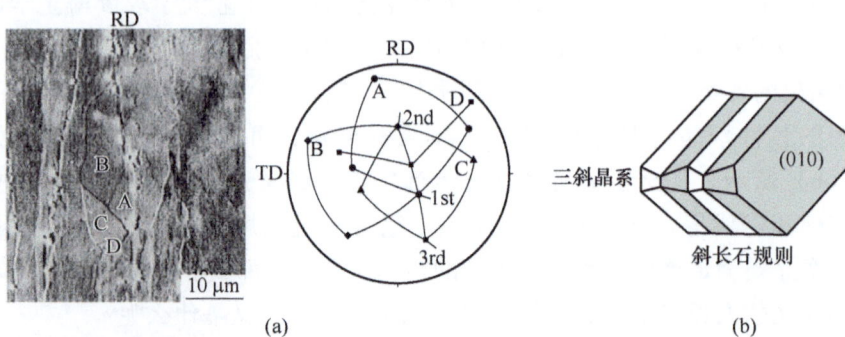

(a)

(b)

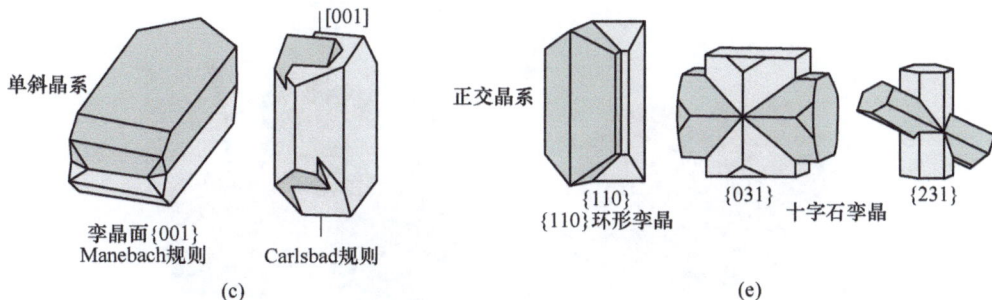

单斜晶系

孪晶面{001}
Manebach规则

[001]

Carlsbad规则

(c)

正交晶系

{110}
{110}环形孪晶

{031}
十字石孪晶

{231}

(e)

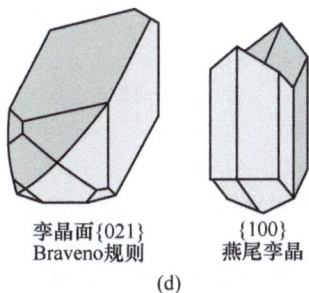

孪晶面{021}
Braveno规则

{100}
燕尾孪晶

(d)

四方晶系

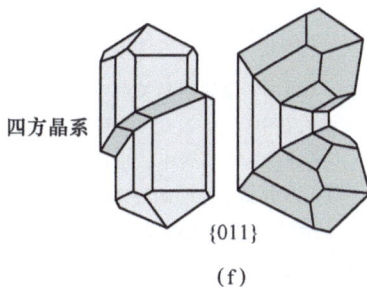

{011}

(f)

六方晶系

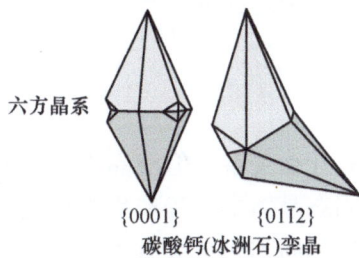

{0001}　　{01$\bar{1}$2}
碳酸钙(冰洲石)孪晶

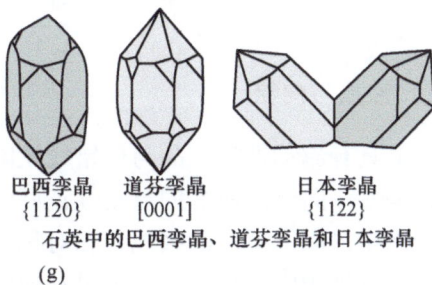

巴西孪晶
{11$\bar{2}$0}

道芬孪晶
[0001]

日本孪晶
{11$\bar{2}$2}

石英中的巴西孪晶、道芬孪晶和日本孪晶

(g)

立方晶系

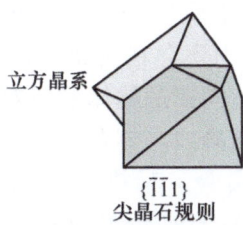

{$\bar{1}\bar{1}$1}
尖晶石规则

[111]

萤石，铁十字规则[001]

(h)

[001]

FeS$_2$，五角十二面体

(i)

图 6　无机物及生活中观察到的孪晶

（a）fcc 铝的孪晶关系 60<111>，3 重孪晶[17]；（b）三斜晶系中的聚片双晶
（钠长石中）；（c）（d）单斜晶系中的穿插双晶、接触双晶和接触双晶（正长石中）、
接触双晶（石膏中，也称燕尾双晶）；（e）正交晶系中的接触双晶（文石中）；
（f）四方晶系中的两种接触双晶（金红石中，也称膝状双晶）；（g）三方（六方）
晶系中的两种接触双晶（方解石中，后者也称蝴蝶双晶）和石英中的三种孪晶；
（h）立方晶系中的接触孪晶、贯穿双晶（黄铁矿和萤石中，前者也称铁十字律双晶）[17]；
（i）生活中类似"孪晶"的树、枣、西红柿和樱桃

（二）液晶与向错

表面上具有流动性的液晶与位错线缺陷没有什么关系，但液晶中存在大量另一种线缺陷——向错。液晶的流动性正好给在固态晶体中由于产生很高能量而难以存在的向错提供了缓冲的余地，在对称性较低的向列相中会有大量向错，而对称性较高的近晶相中就可以存在位错和向错，并且近晶相层状之间会存在类似固态晶体小角度扭转晶界（由两组垂直分布的螺位错组成）一样的由两组垂直的向错组成的小角度界面结构；在螺旋结构的胆甾相中还存在旋错（dispiration）。**本质上，位错是晶体平移对称性受到破坏的奇异线，向错是晶体旋转对称性受到破坏的奇异线，旋错是晶体螺旋对称性受到破坏的奇异线**。笔者在讲授教材《材料科学基础》的同时还与学生一起开展趣味小实验，对热致液晶的形成过程（实际是相变过程）进行了观察，发表了一篇关于液晶实验研究方面的文章[18]。图 7（a）给出向列相冷却时的相变过程，可见液晶内部存在向错（如箭头所示）。向错的观察比位错的观察更容易，在偏光显微镜下就可观察到。笔者指导学生在偏光显微镜下观察液晶中的织构和向错特征，并根据向错特征确定是哪种类型的液晶，发表了关于向错研究的文章[19]。这使得学生对这两种抽象的概念有了更深的体会。笔者研究了十余年金属材料中的织构现象，没想到液晶材料中织构的概念与金属中织构概念完全不同，也与自然材料岩石中的织构概念不同，其差异的简单介绍见文献[20]，也正是液晶中的线缺陷向错、旋错、位错

的差异造成液晶中不同的织构。

在纪念 J. Friedel 的法国物理杂志专刊[21]中，J. Friedel 的学生 Pieranski 展示了一张很有意义的液晶照片，通过电磁场控制使向列相液晶中的 25 个向错排成一个大钟的形状，寓意为半个世纪前 35 岁的 Friedel 写就 *Les Dislocations* 一书，随时间的推移，位错理论已经向向错理论完成了延伸（见图 7（b））。

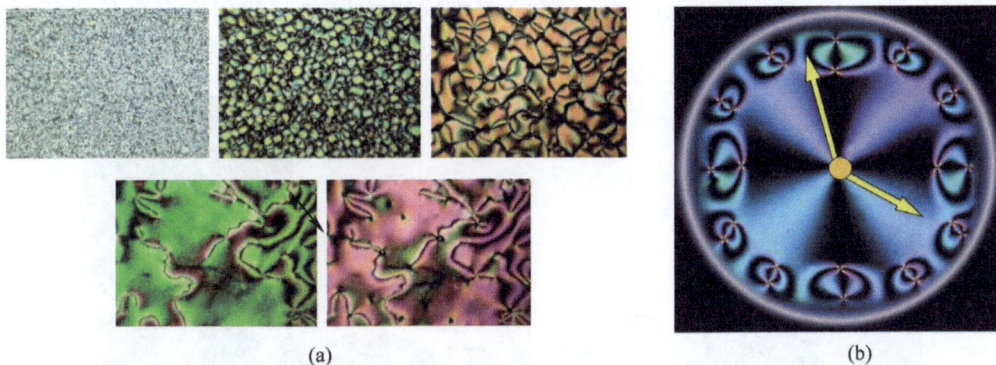

图 7　向列相液晶冷却时的相变过程[18]（a）及电磁场作用下在向列相中产生了 25 个向错的偏光照片[21]（b）

（三）J. Friedel 是教学和科研相互促进的典范

J. Friedel 的科学研究有几个阶段，其中 1945—1960 年 J. Friedel 开展了对位错的研究。在 J. Friedel 攻读博士学位期间，与 Mott、Frank、Eshelby 等人建立了亦师亦友的共事关系。他从 Frank 讲授的课程中学习位错理论，毕业后在法国的两所大学及研究所开设了位错课程，他的讲稿就是在往返两所大学的火车上准备的。通过课程讲授和理论研究，J. Friedel 对位错理论有了更深的体会，1956 年出版了法文的 *Les Dislocations* 一书[4]，再版于 1964 年（英文版）[5]，并于 1980 年被译成中文[6]。J. Friedel 的这种教学与科研有效结合的工作方式是作为大学教师的笔者推崇和学习的榜样。

（四）概念、名人典故与授课者的"熟悉"感

站在材料科学基础课程的大学讲台近三十年，笔者对材料科学基础的基本概念由陌生到熟悉，由遥远到走近，这种"熟悉"有因每年的讲课而变成的熟悉，也有因同时从事相关的科学研究而变成的熟悉，最后还有因生活在这个特殊的年龄段而有机会直接或间接接触到一些与教材中基本概念有关的人物而变成的熟悉。课堂上常给学生们提及的一句"颇为自豪"的话就是材料科学基础课程较为年轻，涉及的不少人物常常可直接或间接地与我们联系起来，给人一种"就在

身边"的感觉。这些经历不仅加深了教师对相关概念的体会，也激发了学生的学习兴趣。例如，法国的晶体学在世界上非常有影响力，图 8 是一张珍贵的照片，是 2012 年本文的主人公 J. Friedel 与因准晶的发现而获得诺贝尔奖的 Dan Shechtman 的合影，照片的背景是 Dan Shechtman 教授到法国向同事们致谢，笔者也为这张照片中有自己大学的同学在场而感到自豪。Dan Shechtman 教授与郭可信院士都研究准晶，Dan Shechtman 教授曾多次来中国并与我国许多高校进行过学术交流。

图 8　诺贝尔化学奖获奖者 Dan Shechtman（右四）2012 年到法国向同事们致谢
（右二为法兰西科学院院长 J. Friedel）

四、结束语

材料科学基础课程的内容由材料的结构（完整晶体和晶体缺陷）和温度压力作用下的变化（形变、再结晶、相变）组成，一组知识点（位错向错、孪晶孪生、加工硬化粒子强化）承载了一部材料科学的发展历史及一个家族的科学人生故事。因而笔者带着更多的联想、更深刻的体会与感受、更丰富的理论知识和讲课技巧及更好的研究应用讲授课程，也饱含了一名快步入退休行列的教书匠对年轻人（青年学生与青年教师）给予的更多期望。

参 考 文 献

[1]　FRIEDEL J. Graine de Mandarin [M]. Editions Odile Jacob. Sciences，1994.

［2］ SUTTON A P，DUPARC O H. Jacques Friedel ［J］. Biogr Mems Fell R Soc，2015，61：123.

［3］ DUPARC O H. A review of some elements in the history of grain boundaries，centered on Georges Friedel，the coincident 'site' lattice and the twin index ［J］. J Mater Sci，2011，46：4116-4134.

［4］ FRIEDEL J. Les Dislocations ［M］. Paris：Gauthier-Villars，1956.

［5］ FRIEDEL J. Dislocations ［M］. London：Pergamon Press，1964.

［6］ FRIEDEL J. 位错 ［M］. 王煜，译. 北京：科学出版社，1980.

［7］ KLÉMAN M，FRIEDEL J. Disclinations，dislocations and continuous defects：a reappraisal ［J］. Rev Mod Phys，2008，80：61.

［8］ KRONBERG M L，WILSON F H. Secondary recrystallization in copper ［J］. Trans Met Soc AIME，1949，185：501.

［9］ 杨平. 拉维斯相及拉维斯的科研生涯 ［J］. 金属世界，2015（3）：3-10.

［10］ SCHÖCK G，SEEGER A. Activity energy problems associated with extended dislocations ［C］// The Physical Society-Bristol Conference on Defects in Crystalline Solids，1955：340.

［11］ SEEGER A. Dislocations and mechanical properties of crystals ［M］. New York：John Wiley and Sons，1957.

［12］ ESCAIG B. Dislocation dynamics ［M］. New York：McGraw-Hill，1968.

［13］ ESCAIG B. Sur le glissement dévié des dislocations dans la structure cubique à faces centerées ［J］. J Phys，1968，29：225-239.

［14］ FRIEDEL J. On the linear work hardening rate of face-centred cubic single crystals ［J］. Phil Mag，1955，46：1169.

［15］ REPPICH B. 颗粒强化 ［M］// 卡恩 R W，哈森 P，克雷默 E J. 材料科学与技术丛书，第 6 卷. 北京：科学出版社，1998.

［16］ 章楼文，杨平，毛卫民. 电工钢相变组织中的 $\Sigma 3$ 和取向梯度现象 ［J］. 金属学报，2017，53（1）：19-30.

［17］ YANG P，ENGLER O. The formation of twins in recrystallized binary Al-1.3% Mn ［J］. Materials Characterization，1998，41（5）：165-181.

［18］ 唐治，杨平，刘芳，等. 材料专业"液晶组织观察与分析"实验初探 ［J］. 实验室研究 与探索，2010，29（1）：123-126.

［19］ 柏鉴玲，杨平，关琳，等. 液晶类型的织构法确定及向错的观察与确定 ［J］. 中国冶金 教育，2012（4）：20-23.

［20］ 杨平. 材料科学名人典故与经典文献［M］. 北京：高等教育出版社，2012.

［21］ PIERANSKI P. Dislocations and other topological oddities，condensed matter physics in the 21st century：The legacy of Jacques Friedel ［J］. Comptes Rendus Physique，2016，17：242-263.

本文原文发表于《金属世界》，2018 年，第 4 期，1-8 页。

Cottrell 教授科学生涯中与金属学有关的故事拾遗

内容导读： 英国皇家学会会员、著名冶金学家 Alan Howard Cottrell 教授以其著名的"柯氏气团"理论为金属学领域的学者所熟知。Cottrell 教授在 20 世纪 40—50 年代因其对位错及加工硬化理论的贡献而闻名材料界。文章回顾和整理了与 Cottrell 教授相关的若干金属学概念及理论，并对 Cottrell 教授人生历程的相关片段进行简述，希望能加深读者对相关金属学概念和理论及它们相互间关系的理解，并对材料科学人物历史有进一步的感知，进而更好地规划国际化学习乃至自己的人生。同时文章也提及 Cottrell 教授与北京科技大学特别是柯俊院士的联系，从而引出若干相关的知名学者的故事，也引发了笔者的人生感触。希望广大读者缅怀材料大师，发奋学习，兼收并用，报效祖国。

如果问及学习过"材料科学基础"（以前称"金属学"）课程的读者：与 Cottrell 有关的基本概念或理论有哪些？估计大家都会立刻想到"柯氏气团"——合金中溶质原子富集在刃型位错线上的状态，即点缺陷与线缺陷弹性应力场交互作用的结果；也有部分读者会想到"Lomer-Cottrell"不动位错或压杆位错；估计少数读者还能记住塑性变形时机械孪生的 Cottrell-Bilby 位错极轴机制。如果再问及 Cottrell 教授与北京科技大学的老师们有什么关系？可能大部分读者就不清楚了。

材料科学基础课程的课堂上，由于授课时间的限制，教师没有充裕的时间深入介绍这些概念间的联系及知识背景的来龙去脉，但这些内容，特别是 Cottrell 教授的科学生涯及科学贡献确实有很多值得我们学习和重温的故事。作者认为，作为教师，能够在讲清相关概念的基础上，将更深层次的科学联系、科学背景生动地介绍给学生是很重要的。其实这些故事的材料整理过程对教师而言也是一个再学习的过程。

Alan Howard Cottrell 是英国皇家学会会员，著名冶金学家。本文简单介绍了 Cottrell 教授的生平，回顾了"柯氏气团"等基本概念及其相关的知识背景，特别提及一些课程中没强调的与 Cottrell 相关的概念，且提及了 Cottrell 教授与北京科技大学教师的关系，由此引出他与一些相关的知名学者的故事，最后提及了笔者的一点感想。

一、Cottrell 教授科学生涯

Cottrell 教授（见图 1）1919 年生于英国的伯明翰，2012 年去世。笔者查阅

了 4 篇刊登在著名期刊上的介绍 Cottrell 教授生平的纪念文章。较详细的纪念文章长达 33 页，是英国伯明翰大学冶金与材料学院的 Smallman 会士和 Knott 会士撰写的刊登在英国皇家学会会刊 *PRS* 上的纪念文章[1]，因为伯明翰大学是 Cottrell 获得学士和博士学位及早期工作的学校。另一篇是英国剑桥大学材料与冶金系的 Greer 会士和哈佛大学的 Spaepen 教授在美国科学院院刊 *PANS* 上发表的较为简单的介绍[2]，英国剑桥大学材料系是 Cottrell 作为系主任工作的大学，短短 1 页的简单介绍文章中虽没有引用 Cottrell 发表的文章，却专门提及了他所撰写的 5 本书籍[3-7]。还有两篇分别是 Cottrell 领导过的、剑桥大学著名的电镜专家 Hirsch 院士在 *Philosophical Magazine* 期刊专辑上的序文[8]，以及与 Cottrell 一起研究位错引起的加工硬化行为的法国著名理论物理学家 Friedel 发表的纪念文章[9]。之所以发表在 *Philosophical Magazine* 这个期刊，不仅因为这个期刊曾是英国最著名的期刊之一（曾与 *Acta Metall* 一样著名），还因为这是 Cottrell 教授发表文章的主要期刊。为纪念 Cottrell 教授，该期刊专门策划出版专辑，收录发表了 16 篇他的同事、学生及著名学者的文章。

图 1　1967 年刚从英国皇家学会卸任的 Cottrell 教授的照片[1]

　　表 1 给出了 Cottrell 教授科学生涯的主要人生轨迹。他在 1948 年发表文章提出了柯氏气团[10]，随后于 1949 年又发表文章描述了溶质原子的富集过程和上下屈服点现象的应变时效现象[11-12]，1954 年提出 Lomer-Cottrell 不动位错[13]。1955—1958 年在英国国防部从事核材料的研究工作。1958—1964 年受邀亲自重组并改建了剑桥大学的冶金系，使其成为全世界物理冶金领域最著名的高校。在 1964—1974 年的 11 年间，他任职英国政府部门高级咨询专家。Cottrell 的主要研究领域是位错理论、加工硬化和强化、断裂等力学性能行为。力学性能离不开断

裂，因而有很多位错与断裂关系的研究，属于"材料力学性能"课程内容，这里不作讨论。Cottrell 不但从事科学研究、管理工作，还从事教学工作，他讲授化学冶金课程，并出版过教材。此外，他还撰写了一本关于核材料和核安全的书[7]。他于 1974—1986 年的 13 年间担任剑桥大学基督学院的院长，全面负责行政事务工作，直到退休。可见 Cottrell 教授不仅是一名专门进行理论研究的科学家，还具有卓越的行政管理、领导等全面的才能。除了 1955 年获得皇家学会会士外，他还获得过很多荣誉称号，例如，美国科学院院士、瑞典科学院院士、欧洲科学院院士等，获得 Acta Metallurgica 金奖、美国 Hollomon 奖、美国金属学会金奖、英国皇家学会 Copley 奖、美国材料研究学会 Von Hippel 奖等。

表 1　Cottrell 教授科学生涯的主要人生轨迹

主要时间、地点	主要事件
1936—1945 年 学生时代及留校工作	1936 年，Cottrell 进入伯明翰大学冶金系学习，研究金属的回复过程。1939 年本科毕业后，研究亚稳奥氏体形变产生的马氏体相变。1942 年获得博士学位，留校任教，开设新课"金属物理"，随后出版书籍 *Theoretical Structural Metallurgy*[4]
1945—1955 年	Cottrell 采纳 Orowan 的建议，开展了 Zn、Cd 单晶的变形研究。受 Nabarro 的位错可以吸住随机分布的溶质原子观点的启发，Cottrell 提出溶质原子可扩散进入位错周围，即柯氏气团[9]。1949 年晋升为教授。1947 年经过与布里斯托大学的 Mott、Frank 和 Nabarro 的讨论，Cottrell 决定全力开展对上下屈服点效应的研究，他招募了擅长理论计算的 Bilby 博士（后来也成为皇家学会会士），两人发表了经典文章[11]。其经典的学术工作都在这个时期出现。1953 年完成了第 2 本书 *Dislocations and Plastic Flow in Crystals*[3] 的出版。他的研究团队学术气氛非常好，吸引了世界著名学者，除职员 Bilby、Raynor、Nabarro、Eshelby 外，还有美国的 Barrett、C. Smith、Maddin，英国的 Mott、Frank 等，并于 1955 年被评为皇家学会会士
1955—1958 年 英国原子能研究机构	Cottrell 在英国国防部原子能研究机构的冶金分机构开始与各种类型的物理学家打交道，开展辐照损伤的研究
1958—1964 年 剑桥大学冶金系	1958 年，Cottrell 担任剑桥大学冶金系主任，获 Goldsmiths 教授称号。筹划冶金系重组及改造建设。如建设电镜室，由 Peter Hirsch 爵士负责。他自己的研究集中在三个方面，裂纹尖端处的弹塑性变形、钢棒缺口塑性与断裂的实验观察、纤维强化复合材料。提出著名的裂纹 Bilby-Cottrell-Swinden（BCS）理论[14]
1964—1974 年 政府机构成员	1964 年，Cottrell 成为英国国防部的官员，研究执行国家层面的科学与工业政策。1967 年成为英国内阁成员中的高级咨询专家
1974—1986 年 剑桥大学基督 学院院长	1974 年，Cottrell 成为剑桥大学基督学院院长，全面负责各项事务性工作，1986 年退休

20 世纪 40—50 年代是位错理论研究的鼎盛时期。Cottrell 的研究领域是位错理论，自然离不开与研究位错的 F. C. Frank、J. Friedel、F. R. N. Nabarro 和研究点缺陷的 A. Seeger、F. Seitz 等人的交流。法国著名物理学家 J. Friedel 在纪念 Cottrell 的文章[9]中给出一张珍贵的照片，照片中有当时许多著名的位错及相关理论研究者，如图 2 所示。这是一次由美国通用电气（GE）公司研究室主任 Hollomon 倡议并于 1956 年在美国 Placid 湖召开的国际晶体位错与力学性能的会议。除了这篇纪念文章的主人公 Cottrell 和 Friedel（图 2 黑方框内的两人）外，还有 B. Chalmers（提出晶界的过渡结构模型、组分过冷概念）、J. C. Fisher（晶

图 2　1956 年在美国 Placid 湖召开的国际晶体位错与力学性能会议的参会者合影[9]

下排从左到右：B. Chalmers，J. W. Mitchell，J. C. Fisher，F. E. Binns；中排从左到右：D. S. Wood，J. J. Gilman，F. C. Frank，T. Vreeland，Jr. J. H. Hollomon，J. S. Koehler，F. Seitz，A. H. Cottrell，J. Friedel，W. T. Read，R. Thomson，W. R. Gruner，N. F. Mott；上排从左到右：J. D. Eshelby，R. W. K. Honeycombe，F. R. N. Nabarro，W. G. Johnston（后），W. Boas，P. B. Hirsch，S. Amelinckx，T. Suzuki，H. Suzuki，K. Lücke，P. H. Egli，C. S. Barrett，N. J. Wadsworth（后），T. H. Blewitt，E. S. Machlin，C. F. Yost，G. Leibfried，A. Seeger（后），W. M. Lomer，E. W. Hart，J. Washburn，W. Shockley，E. R. Parker，J. R. Low；方框中为 A. H. Cottrell 和 J. Friedel

界扩散理论）、F. C. Frank（Frank 不全位错、Frank 位错分解法则、Frank 多面体、Frank 螺位错生长模型）、H. Hollomon（Zener-Hollomon 参数）、J. S. Koehler（位错受力的 Peach-Koehlor 公式）、F. Seitz（Seitz 符号）、W. T. Read（Frank-Read 源、小角晶界的 Read-Shockley 公式及位错模型）、N. F. Mott（诺贝尔奖获得者，色心概念提出者）、J. D. Eshelby（位错塞积理论）、F. R. N. Nabarro（位错塞积、Pierls-Nabarro 晶格阻力）、W. Boas（塑性变形经典书籍编者）、P. B. Hirsch（1956 年透射电镜下观察到位错的运动、应变诱导晶界迁移的电镜照片）、S. Amelinckx（碳化硅晶体上螺位错的生长台阶珍贵照片）、H. Suzuki（Suzuki 气团）、K. Lücke（40°<111>高迁移率晶界理论，位错运动速度与溶质钉扎浓度和温度关系理论）、C. S. Barrett（织构的择优长大理论提出者）、A. Seeger（交滑移理论）、W. M. Lomer（Lomor-Cottrell 锁）、W. Shockley（Shockley 不全位错、小角晶界的 Read-Shockley 公式）。这些著名学者都在笔者编撰的《材料科学名人典故与经典文献》[15]一书中进行了介绍。

二、与 Cottrell 有关的金属学概念

（一）柯氏气团

柯氏气团（Cottrell atmosphere）指刃型位错（线缺陷）与溶质原子（点缺陷）的弹性交互作用导致的溶质原子在位错线上的富集现象，示意图如图 3（a）所示。根据溶质原子的尺寸大于或小于溶剂原子（或引起膨胀还是收缩），溶质原子将沿着与圆形的等势能线（η）垂直的路径富集到位错线上，其路径是垂直于等势能线的圆形曲线（ξ），如图 3（b）所示[11]。Cottrell 提出溶质原子钉扎位

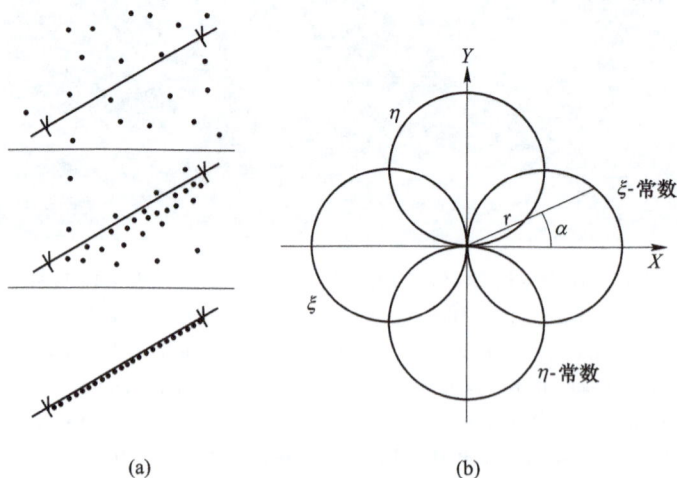

(a)　　　　　　　　　　　　(b)

图 3　溶质富集到位错线上的过程（a）和位错线附近等能量线
分布和溶质原子受力扩散的轨迹线（b）[11]

错的理论后，并未能证明其出现。后来是他的学生，来自澳大利亚的 Neil McKinnon，利用 P. Lacombe 和 J. W. Mitchell 开发的浸蚀坑法实验证明了这种气团的存在[1]。

（二）上下屈服点效应与应变时效[11-12]

若体心立方金属含有微量的间隙原子（碳、氮等），单晶体或多晶体的应力-应变曲线都会出现一个上屈服点和下屈服点，称上下屈服点效应（Up-low yielding point effects），如图 4（a）所示。其原因就是溶质气团对位错的钉扎作用（上屈服点的出现）和受力后被摆脱（下屈服点的出现）的过程。出现柯氏气团，自然就会有上下屈服点现象，接下来就会出现应变时效。应变时效指摆脱溶质原子钉扎的位错如果在一定温度下，溶质原子扩散足够快，而位错运动进行得不是很快，溶质原子就会重新富集到位错线上，降低位错运动速度；如果位错受力增大，又摆脱溶质的钉扎，反复出现此过程，在应力-应变曲线上出现特殊的锯齿形状产生应变时效。工业上的应用就是低碳钢的上下屈服点和吕德斯带表面质量控制过程，如图 4（b）所示。位错气团与应变时效的定量描述是 Cottrell 与 Bilby 共同撰文完成的[11]。Cottrell 研究位错与其他学者不同之处在于他总是试图定量描述位错的行为。Cottrell 提出应变时效理论中早期应变时效与时间的 2/3 次方的定量关系是由其学生，来自芝加哥大学的 S. Harper，用 J. L. Snoek 内耗法证实的（Snoek 气团是材料科学基础课程中介绍的三大气团中的第 2 个）[1]。

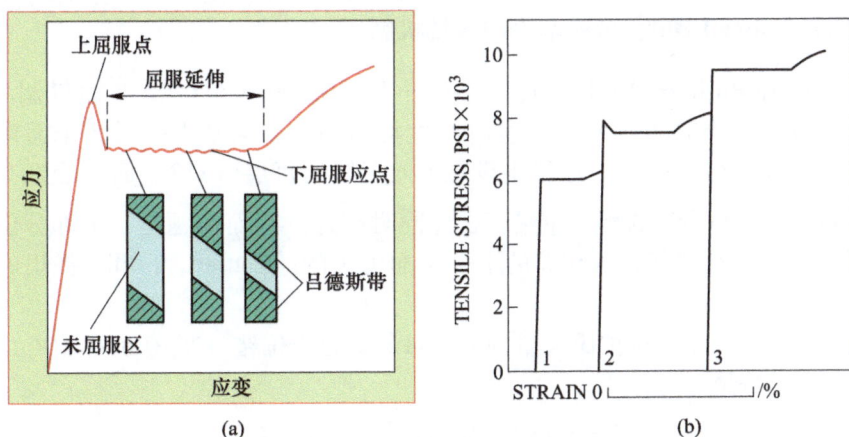

图 4 上下屈服点效应图（a），Cottrell 与 Bilby 的论文[11]中的低碳钢中的屈服点效应原图（b）

（三）Lomer-Cottrell 不动位错

英国剑桥大学的 W. M. Lomer（1951 年）和 Cottrell（1952 年）提出 L-C 锁机制，又称面角位错、压杆位错或 Lomer-Cottrell 位错锁（Cottrell-Lomer lock)[13,16]，其结构示意图如图 5 所示。从图中可以看出，其产生的过程是两个滑移面上的全位错分解为扩展位错后，两个面上的领头不全位错反应生成一个新位错，处在两滑移面的交线上，新位错的滑移面与原两个滑移面都不同，因此造成这种组态的各位错相互牵制，很难整体运动，导致加工硬化，称为 L-C 锁。与 Cottrell 和 Bilby 共同完成上下屈服点效应的文章不同，L-C 锁并不是两人共同发表文章完成的，而是先后以两种不同的观点发表的。Lomer 认为是两个全位错在交线处进行反应产生不动位错[16]，而 Cottrell 认为是不全位错间反应的结果[12]。压杆位错（stair rod dislocation）术语是 N. Thompson 提出的[17]，实验上 Lomer-Cottrell 位错锁是 M. J. Whelan（1976 年获得英国皇家学会会士）首先在透射电镜下观察低层位错的不锈钢观察到的[1]。

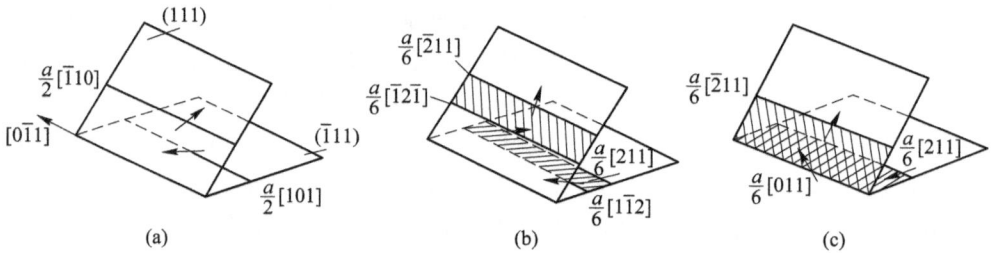

图 5　Cottrell 提出的 L-C 位错形成的示意图说明
（a）全位错状态；（b）全位错分解后；（c）反应后形成位错锁

（四）Cottrell-Bilby 形变孪生的极轴机制

Cottrell 和 Bilby 于 1951 年提出 bcc 金属孪生的不全位错极轴机制（pole mechanism)[18]，如图 6 所示。孪生时产生均匀切变，它是由每层原子面都分别切动同一个矢量得来的，但是很难设想 bcc 金属的每层 {112} 面都恰好有一个柏氏矢量为 $a<11\bar{1}>/6$ 的部分位错存在并同时扫过。因而问题是一个部分位错在一个面上扫过后是如何转入相邻的下一个面上去的。Cottrell 和 Bilby 提出的过程如下：

设在（112）面上有柏氏矢量为 $a[111]/2$ 的全位错（见图 6 的 AOC）中的一段 OB 发生分解。

$$\frac{a}{2}[111] \rightarrow \frac{a}{3}[112] + \frac{a}{6}[11\bar{1}] \tag{1}$$

式中，$a[112]/3$ 部分位错在（112）面不能滑移，OE 段部分位错就是螺位错，可以交滑移到（$\bar{1}$21）面上去。OE 位错在（$\bar{1}$21）面扫动时，被不能滑移的 OB 段位错拉住，成为极轴机制中 1 个结点。OB 位错作如下分解：

$$\frac{a}{3}[112] \rightarrow \frac{a}{6}[\bar{1}21] + \frac{a}{2}[101] \tag{2}$$

$a[\overline{1}21]/6$ 是（$\overline{1}21$）面的面间距，即 OB 段位错的柏氏矢量有 1 个垂直于（$\overline{1}21$）面大小为（$\overline{1}21$）面间距的分量，OE 位错每扫过（$\overline{1}21$）面一次，与极轴位错相交截一次，产生一个大小为 $a[\overline{1}21]/6$ 的割阶，扫动位错就到了邻近的（$\overline{1}21$）面。随着这个过程不断进行，就形成孪晶。不同晶体结构中的形变孪晶都有相应的位错机制。

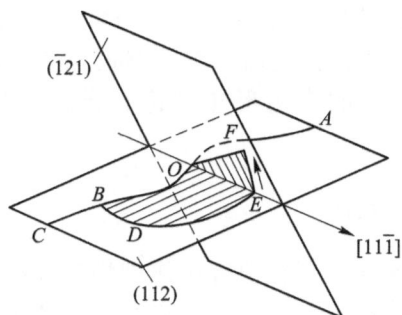

图 6　Cottrell-Bilby 提出的体心立方结构中的孪生位错机制[18]

（五）Cottrell 与位错塞积

位错塞积与 Cottrell 教授有关是多数人不知道的。位错塞积指一个滑移面上的一组平行同号位错遇到障碍物时聚集在障碍物前并对障碍物产生很大应力的现象。法国的理论物理学家 J. Friedel 提到[9] Cottrell 首先提到位错的塞积现象（1949 年）并计算了一组 n 个位错对障碍物的作用力[19]（参考文献[20]详细介绍了 Friedel 家族的科学贡献），后来 Eshelby、Frank 和 Nabarro 计算了塞积群中各位错的平衡位置[21]，由此可以证明位错塞积现象的经典工作与 Cottrell 有关。

（六）Cottrell 与多边形化

多边形化与 Cottrell 教授有关也是多数人不知道的。多边形化原指金属单晶弯曲变形时产生大量同号位错，经回复退火时，为降低能量，位错经过滑移、攀移排列成位错墙而演化为小角度晶界的过程。这个现象是与 Cottrell 合作过的英国剑桥大学的 R. Cahn 观察到并发表的。R. Cahn 在 1949 年首先观察到 Zn 单晶连续弯曲并退火后出现多边形化过程[22]。J. Friedel 在论文[9]中通过较大篇幅介绍这个过程：R. Cahn 在剑桥大学师从 Orowan 研究 Zn 单晶弯曲变形回复处理后的位错组态变化，R. Cahn 的岳父是伯明翰大学冶金系主任 Hanson 教授，Cottrell 曾是 Hanson 的学生，他就让 R. Cahn 问 Cottrell，并在论文［9］中引用了 Cottrell 对此现象答复的原话，因而 Cottrell 对多边形化理论也有贡献，见表 1。此外，

J. Friedel 还特别提到，多边形化现象再向前溯源就可追踪到 1889 年德国矿物学家 O. Mügge（他是 F. Laves 在德国哥廷根大学的导师[23]）提出的弯折现象（英文词是 kinks，德文是 knikungen），以及 1912 年和 1926 年其祖父 G. Friedel 在其晶体学教材中描述的类似现象（法文称 pliegue en genue，是膝盖弯曲的含义）。

　　多边形化可以形成亚晶，亚晶界的迁移可能完成再结晶的形核。再结晶形核机制之一是亚晶界迁移，R. Cahn[24] 和 Cottrell[25] 对其做出的进一步研究提出并逐渐以 Cahn-Cottrell 模型被引用。该模型基于亚晶界包围低位错密度区所引起的多边形化现象。一旦亚晶形成，就能由热激活帮助晶界迁移而吃掉其他亚晶。因此，Cottrell 不但对 R. Cahn 的多边形化理论有贡献，对再结晶形核理论也有贡献。

（七）Cottrell-Stokes 定律

　　1955 年，Cottrell 和 Stokes[26] 在研究金属塑性流变应力与温度、应变量的关系时发现，铝单晶在两种不同温度下拉伸流变应力的比值，在不大的应变量之后，其值保持恒定；该恒定值仅与形变温度 T_1 和 T_2 有关，与应变量无关，用数学式表示为：

$$\tau(T_1)/\tau(T_2) = k \tag{3}$$

　　而且，3 个不同温度（T_1、T_2 和 T_3）下流变应力之间的两两比值符合下面的关系：

$$\tau(T_3)/\tau(T_2) \times \tau(T_2)/\tau(T_1) = \tau(T_3)/\tau(T_1) \tag{4}$$

　　上述规律被称为 Cottrell-Stokes 定律。这个定律的实质是说流变应力中与温度无关的 τ 和与温度有关的 τ_T 两部分的增长保持正比关系。

　　这个定律虽然没有在材料科学基础课程上讲述，但其涉及的现象或原因却都有描述。流变过程就是位错间相互作用过程，位错间弹性交互作用（如塞积群中的位错）是长程交互作用，与温度无关；林位错是垂直于主位错滑移面的位错，会阻碍滑移面上运动的位错，与林位错的切割机制产生割阶（据说割阶（jog）是 Frank 提出的），属于短程交互作用，短小的线缺陷割阶受温度影响显著。

三、Cottrell 教授与柯俊院士

　　北京科技大学著名金属物理（后称为材料物理）教授柯俊院士与 Cottrell 有密切联系，详见《柯俊传》[27]。柯俊先生于 1948 年在英国伯明翰大学获得博士学位并留校任教，而 Cottrell 是 1942 年获博士学位。图 7（a）是柯俊先生留下的一张 1948 年拍摄的珍贵照片，上面有 Cottrell、柯俊先生和 R. Cahn 教授。当时三人都是讲师，而当时的系主任是 Hanson 教授。R. Cahn 最有影响的工作是编辑了国际上冶金物理方面最权威的、号称是金属学领域"圣经"的 *Physical*

Metallurgy（《冶金物理学》）一书，一直更新到 1996 年的第 4 版；第 5 版是 2010 年他去世后由美国卡内基梅隆大学的 David E. Laughlin 教授和日本的 Kazuhiro Hono 教授编辑的，笔者所在的教学研究室购买了 3 本一套的原版书，作为教材改革研究的资料。另外，Cahn 是我国外籍院士，晚年出版了 *The Coming of Materials Science* 一书[28]，并被译成中文（《走进材料科学》）[29]，使更多的学生与教师关注到材料学科的历史发展（在科学研究相关历史人物方面我国在理工科院校教学当中一直比较欠缺，让学生与教师感到幸运的是，北京科技大学材料学院设置了相应的选修课）。R. Cahn 在书中第一个致谢的就是 Cottrell 会士，称其为长达半个多世纪的朋友和恩师，并说 Cottrell 几乎从 R. Cahn 刚刚步入科学研究时起就细心指导他，还特别强调了 Cottrell 对冶金物理学向材料科学的转变起到重要作用。笔者在材料科学基础课程中与 R. Cahn 相关的内容中只找到了多边形化这个现象。Cottrell 和 R. Cahn 研究位错与塑性变形（Cottrell 是位错研究组的组长），柯俊先生研究相变（笔者推测，相变研究组的组长是来自牛津大学的 G. Raynor，研究合金的组成）。柯俊先生于 1965 年在北京科技大学用英文讲课[27]，大学二年级学生使用的教材就是 Cottrell 编的教材 *An Introduction to Metallurgy*（《冶金学导论》）[5]。图 7（b）是 1998 年柯俊先生邀请 R. Cahn 到北京科技大学访问时的照片。柯俊先生于 2006 年还邀请了位错研究领域的大师 Nabarro 来北京科技大学并在材料名师讲坛上作报告。

(a)　　　　　　　　　　　　　　(b)

图 7　Cottrell、R. Cahn 和柯俊于 1948 年合影（a），1998 年 R. Cahn 与柯俊
在北京科技大学校园[27]（b）

另外应注意的是，柯俊先生也与另一位 Cottrell 共同发表了钢中的贝氏体转变一文[30]，这使我们误以为是同一个 Cottrell。但与柯俊先生共同发表文章的 Cottrell 全名是 Stanley Arthur Cottrell，而本文主人公是 Alan Howard Cottrell，他被

封爵后有时也被写成 S. A. Cottrell（Sir Alan Cottrell），与 S. A. Cottrell 表达相同，所以容易被误认为是同一人。

　　从《柯俊传》中还能看到这样一段描述（第 190 页）："在伯明翰大学柯先生结识了很多年轻有为、思想活跃的材料学家，其中有吕克博士（K. Lücke），那时两人就结下深厚的友谊。后来 K. Lücke 作为德国亚琛工业大学的著名教授，促成了 1979 年德国亚琛工业大学与北京科技大学的合作。"2019 年北京科技大学举办了隆重纪念两校 40 年合作的活动。K. Lücke 教授恰好是笔者博士答辩时的第二导师，相关内容的详细介绍见文献［31］。图 2 中的 K. Lücke 是作者见到的最早一张青年时代（1956 年）的照片，图 8（a）是作者见到的第 2 张 K. Lücke 的照片，来源于北京科技大学国际处，是 1980 年 9 月北京科技大学代表与德国亚琛工业大学代表团合影。恰巧与作者收藏的第 3 张照片是同一个月拍摄的（见图 8（b）），这是 1980 年 9 月 K. Lücke 与 R. Cahn 参加丹麦 Risø 国家实验室再结晶及晶粒长大国际研讨会时的照片，K. Lücke 的发型和装束与图 8（a）很相似。参考文献［31］中的图 6 是作者保留的第 4 张 K. Lücke 的照片，拍摄于作者博士毕业答辩之时。K. Lücke 教授 2001 年 10 月在德国亚琛去世。从相识到永别，前后跨度 45 年，时光如梭，令人感慨。

(a)　　　　　　　　　　　　　　　　　　(b)

图 8　1980 年 9 月北京科技大学代表与德国亚琛工业大学代表团合影
（箭头所指为 K. Lücke 教授和柯俊院士）（a），1980 年 9 月 K. Lücke 与 R. Cahn 参加丹麦 Risø
国家实验室再结晶及晶粒长大国际研讨会时的照片（b）

　　故事讲述到这里，由主人公 Cottrell 引出了柯俊先生，这里补充一点笔者与柯俊先生的短暂接触及感想。笔者在北京科技大学读书期间，金相专业与金属物理专业分属两个不同的系（材料系和理化系），不但本科生接触少，研究生交集也较少，直到笔者留校做辅导员和授课教师，与柯俊先生的接触也是很少的。

1997 年，笔者从德国亚琛工业大学毕业回国后与柯俊先生有过三次令人印象深刻的接触。正如《柯俊传》中所提到的，首先是 1998 年开展的国家重点基础研究发展计划（973 计划）"超级钢"项目研究，该项目是柯俊先生、师昌绪先生建议国家设立的科研项目，笔者有幸在孙祖庆教授的领导下参与了研究，并多次参加柯俊先生在场的研讨、汇报。其次是《柯俊传》中提到的柯俊先生在 1970 年从事过 6.5%Si 高硅钢的研究，而笔者自己在 2012—2014 年也参加过国家 863 计划高硅钢的研究，应该说又有了实质性的进展。20 世纪 70 年代恐怕很难进行深入的高硅钢织构研究，而 30 年后，已经可以用不同的工艺制备 4 种不同类型的有利织构了，即 {100} 织构、立方织构、高斯织构和 {210}<001>型织构的高硅钢，有效提升了磁性能。第三次是 2006 年笔者的导师 G. Gottstein 教授到北京科技大学材料名师讲坛作报告时，柯俊先生非常重视，不但因为这是来自北京科技大学合作的德国亚琛工业大学，还因为 G. Gottstein 是 K. Lücke 的学生和接班人（德国亚琛工业大学金属学及金属物理所所长）。柯俊先生专门送给 G. Gottstein 一本他自己写的书，但忘了签名，晚上笔者拿这本书请柯俊先生签名时，柯俊先生又讲起了他与 K. Lücke 在德国哥廷根大学的友谊。笔者非常敬佩柯俊先生对那个时代几乎所有的国际材料名人都了解得那么透彻，对每个人他都能讲出让人非常感兴趣的亲身经历的小故事。

四、结束语

通过对与 Cottrell 相关的科学故事及他的人生经历的回顾有如下收获：一是对 7 个相关概念有更深层次的理解，在更高层面上了解 Cottrell 在冶金物理学中由定性描述向定量描述及推动冶金物理学向材料科学的转变中所起的作用；二是对历史人物的人生轨迹有所了解，读者不妨与自己结合一下并思考、感悟人生；三是体会到名人就在身边，并不遥远，每当在课堂上讲到这些概念时，这些故事和画面就会浮现在眼前，历历在目。本文的撰写对作者来讲，也是一次再学习过程。目前我国本科生学习进入到国际化阶段，随着历史的远去，大家不应忘记这些在材料科学领域中做出贡献的人和故事。

参 考 文 献

[1] SMALLMAN R E，KNOTT J F. Sir Alan Cottrell F. R. Eng. 17 July 1919—15 February 2012 [J]. Biogr Mems Fell R Soc，2013，59：93.

[2] GREER A L，SPAEPEN F. Sir Alan Cottrell（1919—2012）[J]. PNAS，2012，109（42）：16753.

[3] COTTRELL A H. Dislocations and plastic flow in crystals [M]. Oxford：University Press，1953.

[4] COTTRELL A H. Theoretical structural metallurgy [M]. London：E. Arnold，1948.

[5] COTTRELL A H. An introduction to metallurgy [M]. London: E. Arnold, 1967.

[6] COTTRELL A H. Concepts in the electron theory of alloys [M]. London: IOM Communications, 1998.

[7] COTTRELL A H. How safe is nuclear energy [M]. London: Heinemann, 1981.

[8] HIRSCH P. A brief biography of Sir Alan Cottrell FRS, F R Eng 17 July 1919—15 February 2012 [J]. Philos Mag, 2013, 93 (28/29/30): 3697-3702.

[9] FRIEDEL J, HARDOUIN D O. Alan Cottrell, a fundamental metallurgist. In memoriam [J]. Philos Mag, 2013, 93 (28/29/30): 3703-3713.

[10] COTTRELL A H. Effect of solute atoms on the behavior of dislocations [C]//Report of a Conference on Strength of Solids in Metal, Held in Bristol on July 1947. London: The Physical Society, 1948.

[11] COTTRELL A H, BILBY B A. Dislocation theory of yielding and strain ageing of iron [J]. Proc Phys Soc London, Sect A, 1949, 62 (1): 49.

[12] COTTRELL A H. The yield point in single crystal and polycrystalline metals [C]//Symposium on the Plastic Deformation of Crystalline Solids. Mellon Institute, 1950: 60.

[13] COTTRELL A H. The formation of immobile dislocations during slip [J]. Philos Mag, 1952, 43 (341): 645.

[14] COTTRELL A H, BILBY B A, SWINDEN K H. The spread of plastic yield from a notch [J]. Proc R Soc Lond, 1963, A 272: 304.

[15] 杨平. 材料科学名人典故与经典文献[M]. 北京: 高等教育出版社, 2012.

[16] LOMER W M. A dislocation reaction in the face-centred cubic lattice [J]. Philos Mag, 1951, 42 (334): 1327-1331.

[17] THOMPSON N. Dislocation nodes in face-centred cubic lattices [J]. Proc Phys Soc London, 1953, 66B: 481.

[18] COTTRELL A H, BILBY B A. A mechanism for the growth of deformation twins in crystals [J]. Philos Mag, 1951, 42 (329): 573.

[19] COTTRELL A H. Theory of dislocations [M]//Progress in Metal Physics. London: Pergamon, 1949.

[20] 杨平. 弗里德尔家族的科学贡献——从《材料科学基础》的若干概念谈起 [J]. 金属世界, 2018 (4): 1-8.

[21] ESHELBY J D, FRANK F C, NABARRO F R N. The equilibrium of linear arrays of dislocations [J]. Philos Mag, 1951, 42: 327.

[22] CAHN R W. Recrystallization of single crystals after plastic bending [J]. J Inst Met, 1949, 76 (2): 121.

[23] 杨平. 拉维斯相及拉维斯的科研生涯 [J]. 金属世界, 2015 (3): 3-10.

[24] CAHN R W. A new theory of recrystallization nuclei [J]. Proc Phys Soc London, Sect A, 1950, 63 (364): 323.

[25] COTTRELL A H. Progress in metal physics [M]. London: Butterworths Scientific Publications, 1949.

［26］ COTTRELL A H，STOKES R J. Effects of temperature on the tensile properties of aluminum crystals ［J］. Proc R Soc London，Ser A，1955，A 233 （1192）：17.

［27］ 韩汝玢，石新明. 柯俊传 ［M］. 北京：科学出版社，2017.

［28］ CAHN R W. The coming of materials science ［M］. New York：Elsevier Pte Ltd，2001.

［29］ CAHN R. 走进材料科学 ［M］. 杨柯，译. 北京：化学工业出版社，2008.

［30］ KO T，COTTRELL S A. The formation of bainite ［J］. J Iron Steel Inst，1952，172：307.

［31］ 杨平. 再结晶及晶粒长大国际会议的 Smith 奖及其获奖者——《材料科学基础》课程中的基本概念与名人典故 ［J］. 金属世界，2013 （5）：77-84.

本文原文发表于《金属世界》，2020 年，第 3 期，1-9 页。

极射投影法与极图的演变过程及其应用

内容导读： 极射投影法是直观的三维方向关系表达法，极射投影图使其变为二维面上的关系。极图除含极射投影的含义外，还包含样品坐标系的信息，涉及样品坐标系的取向或方位，即需要标出晶体坐标系相对于样品坐标系的旋转关系。在晶体学、形变、再结晶及相变等知识的认知学习中使用了用于描述材料内部晶体学方向分布关系或规律的极射赤面投影法与极图，材料科学研究中涉及晶体学理论、现象与规律时常常用到这些图。学生初次学习很难体会到它们有多大的用途并且普遍认为这是个认知难点，而极射赤面投影图与极图两个概念也常常相互混淆。本文从极射赤面投影基本概念入手，介绍了极射投影法的演变历史、相关科学人物故事及其在数学、几何学、绘图、地质学、摄影技术中的应用，希望有助于分清极射投影图与极图两者的相似处与不同点。通过对极射投影图在教学中的应用举例，进一步介绍了极射投影图与极图在材料科学中的应用，达到有针对性地解决问题，希望不仅对普通读者，也对初次接触这种方法的研究人员能有所帮助。

晶体学涉及晶体本身的性质（如对称性和各向异性）及晶体在外部条件变化时的结构变化（如温度、压力、磁场、电场等）。描述晶体本身及其变化的最常用的工具之一就是极射赤面投影法或极射投影图。材料科学基础课程是材料专业最基本的理论课程，涉及的材料主要就是晶体。如果问刚学过材料科学基础课程的学生，哪些概念相对难？晦涩难懂？则会有不少同学说，极射投影图难懂，有效使用更难。如果问及这个工具用于哪些场合？同学们基本能答出用于确定不同晶体学方向夹角的测定，用于多晶织构的表达。至于熟练应用，就很难达到，或令人望而生畏了。在笔者编辑出版的《材料科学名人典故与经典文献》[1]一书中，就曾针对此现象收集整理了极射投影法的演变历史及其在不同领域的应用，并在课程教学中予以展示。由于笔者长期从事的材料学研究中频繁用到极射投影图和极图，因此充分体会到其直观性和便利性。此外，随着科技的不断进步，特别是计算机及软件开发和测试技术的进步，晶体学这个既传统又成熟但其应用还远不普及的学科中的知识，越来越频繁地被应用，极射投影图也越来越广泛地得以使用。笔者在此结合自己所收集的资料和科研工作，讨论极射投影法和极图的"神奇"、有趣之处及其在不同领域的应用，希望能引起读者的兴趣，并在研究工作中注重它们的应用。

一、极射赤面投影的基本概念

图 1 给出极射赤面投影原理图。极射赤面投影方法是由单位球的中心出发的

任一晶向，与球面相交（球面投影概念）于 A 点，该交点 A 向单位球的南极（下半球）投影，投影线 AS 与赤道面的交点$'A'$就是该晶向三维方向的二维坐标或表达。类似地可做出三维晶体方向 B（实际是原点到 B 的方向）在二维赤道面的投影位置$'B'$。A、B 方向在空间的夹角就等于$'A'$ 和$'B'$在平面投影图中的夹角，该投影过程是保角的，这个角度要用吴氏网（Wullf net）来度量，如图1（c）所示。具体方法是将$'A'$、$'B'$投影点转到吴氏网的经线上，量出它们之间的纬度角值。由极射赤面投影制作过程及使用的吴氏网可知，极射赤面投影图与地球仪、地理、航海有密切联系，甚至可以说是由其演变而来。吴氏网上的经线是不同倾斜角度并过球心的大圆的极射投影，而吴氏网上的纬线是平行于赤道面的一系列小圆的极射投影线。

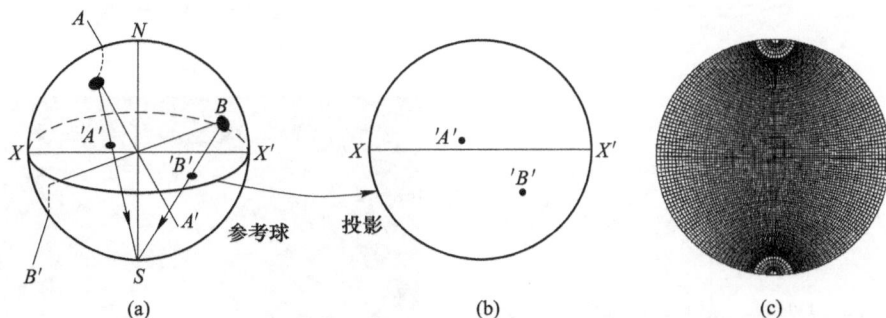

图 1　极射赤面投影法及吴氏网

（a）北半球的 A、B 极点和下目测点 S 的连线在赤道面（投影面）相交；（b）$'A'$和
$'B'$点为球面上 A 和 B 交点在赤道面上的极射投影图；（c）吴氏网

　　在晶体学中，为了一目了然地看出晶体中所有重要晶面的相对取向及对称关系，通常使用的方法是制作极射赤面标准投影图。一般选择某个低指数晶面（如（100）、（110）、（111）等）作为投影面（即赤道面），将其他重要的晶面的极点投影到这个面上（见图2（c））。图2是立方晶系（001）标准投影图的制作过程及其标准投影图。能看出绕中心<001>轴的 4 次对称性及镜面对称关系。图 2（d）是作者 2005 年在比利时鲁汶参加国际材料织构会议期间参观鲁汶大学材料学院时见到的极射投影法教具，是图 2（b）的实物化。如果要求给出极射图（见图 2（c））中某一位置点对应的（hkl）晶向指数，只需量出其与 3 个<100>轴的交角，求出 3 个角度余弦之比并互质化即可[2]。反之，如果要确定一个（hkl）极点或晶向在标准投影图中的位置，只需求出其与三个<100>晶轴的夹角，在极射投影图中画出对应角度的大圆及两个纬线，其唯一的交点就是（hkl）极点位置。

　　在学习极射投影法时，应注意区分极射投影图与极图的差异。极图是在讲述形变织构、再结晶织构知识点时使用的术语。不了解织构的人可能认为极图就是

(a)

(b)

(c)

(d)

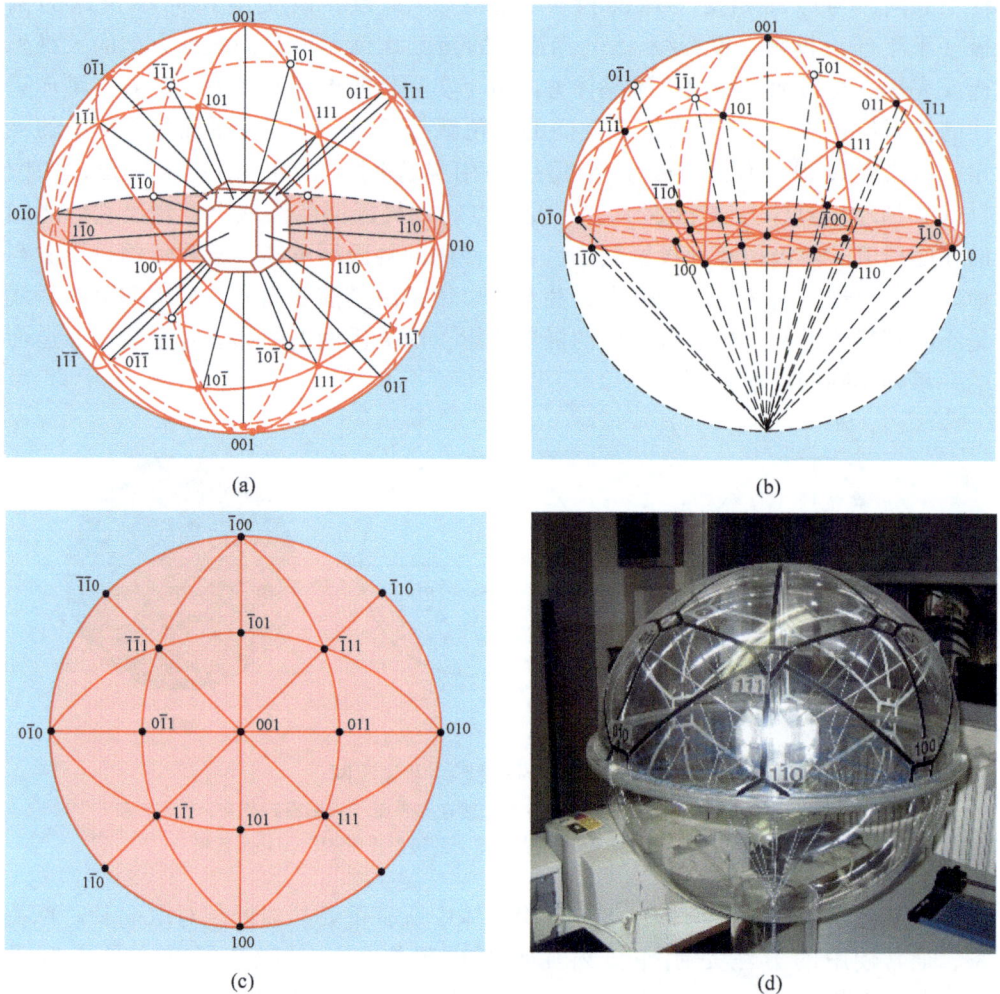

图 2　立方晶系（001）标准投影图的制作及其标准投影图

（a）球面投影的情况；（b）极射赤面投影；（c）（001）标准投影图；

（d）鲁汶大学极射投影图教具（笔者于 2005 年参加国际材料织构会议期间拍摄）

极射投影图的缩写，其实极图除含极射投影的含义外，还包含样品坐标系的信息，即标出晶体坐标系相对于样品坐标系的旋转关系（这就是晶体取向的定义），如 {100} 极图是指既画出所有不同取向晶粒的 {100} 投影点又表达出样品坐标系与晶体坐标系旋转关系的极射投影图（见后文的举例）。很多情况下，使用者不关心样品坐标系，只关心晶体坐标系，因此就用常见的极射投影图。而一旦涉及样品坐标系的取向或方位，就要用极图。

　　不同领域的研究者还应注意极射投影法与等面积投影法的差异[3]。矿物学、晶体学中主要分析各种晶体学方向或晶面间的关系，要在二维图上保持三维空间的角度关系，所以习惯使用等角度投影的吴氏网来度量；而地质学、地理学、测绘学中常需要描述地球上不同区域或国家大小比例间的关系，所以习惯用等面积投影的方式作图或度量，这就要用到等面积投影的 Lambert 网或 Schmidt 网[4]。图 3 给出等角度投影吴氏网与等面积投影 Schmidt 网的差异。绘制两种网时使用的数学公式的差异见文献[3]。

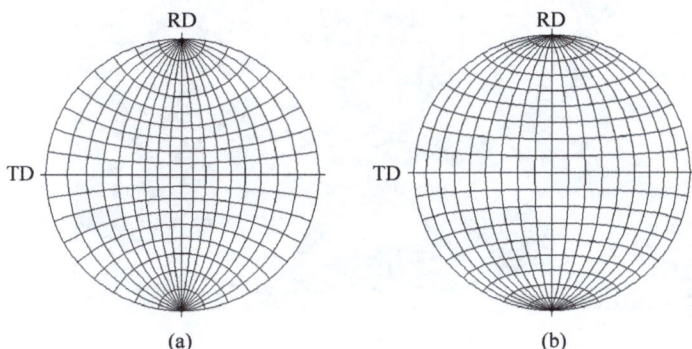

图 3　等角度投影的吴氏网（a）与等面积投影的 Schmidt 网（b）

二、极射赤面投影法应用历史

（一）极射投影图的历史演变

构造极射赤面投影图时会涉及南极、北极和赤道等概念，由此就不难想象，这种方法是由地理学演变过来的。然而在天体学中极射投影法的应用比地理学还早。古代最伟大的天文观察家、三角几何学的开创者 Hipparchus（喜帕恰斯）最先引入了极射投影法[3]。托勒密（Ptolemy）的 *Planisphaerium*（《平球论》）是现存文献中最早描述极射投影的著作（参见 http：//www. princeton. edu/~achaney/tmve/wiki100k/docs/Stereographic_projection. html，感兴趣的读者可以查阅）。该著作最初是用古希腊语书写的，并且是阿拉伯译文中保存下来的科学著作之一。12 世纪，这部著作由阿拉伯语译成拉丁语。极射投影法最重要的用途之一是描述天体。平面球形图这个术语仍然被应用于这类图形。人们认为最早的世界地图是在 1507 年由 Gualterious Lud 创造的，它所依据的就是球的极射投影，即把每个半球映射为一个圆盘。在 17 世纪和 18 世纪，极射投影图的赤道常用于表示地图的东半球和西半球。图 4（a）为比利时画家鲁本斯（Rubens，1577—1640 年）的一幅画，画出了天体球及其在地面上的影子，恰好是一个三维球和其二维投影图。图 4（b）为天文学家 al-Zarquâlâ 于 1070 年使用的万用天体观测仪（星盘）[3]，左侧为极射投影网，右侧为固定格式化的星体指针。上部是天体的北极，投影面是过天体极和夏至、冬至位置的大圆。该大圆被昼夜平分的天体赤道面等分。图4（c）展示了1974年河南洛阳出土的北魏时期的天象图。

(a)

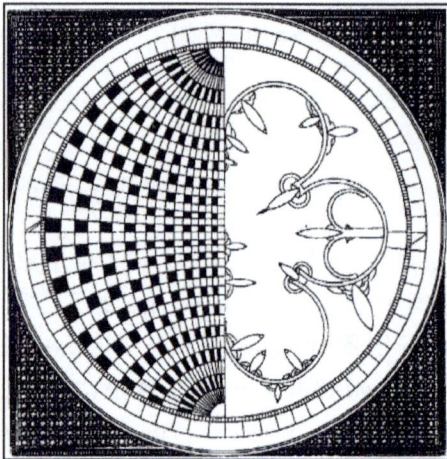

(b)

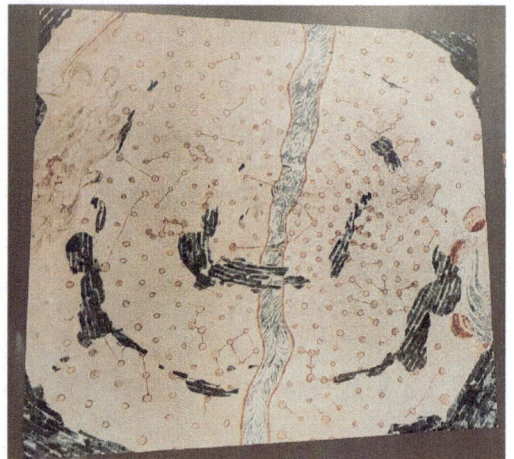

(c)

图4　天体学中的极射投影法

（a）比利时画家鲁本斯（Rubens）画出了天体球及其在地面上的影子；

（b）天文学家 al-Zarquâlâ 于1070年使用的万用天体观测仪（星盘）[3]；

（c）1974年洛阳出土的北魏时期的天象图（河南博物院展出）

　　笔者曾有集邮的爱好，留学德国期间也收集了一些德国的邮票，其中恰好有一套1972年发行的介绍1200—1700年天球仪与地球仪藏品的邮票，见图5。天球仪可以用于确定宇宙中各星球的相对位置，也可用于确定24个节气和每天24小时的时间点。

图 5　天球仪和地球仪邮票（1972 年发行，实物收藏在德列斯顿 Dresdon
国家数学-物理沙龙中）

（a）1279 年的阿拉伯天球仪；（b）1568 年 J. Preatorius 地球仪；
（c）1586 年 J. Reinhold 和 G. Roll 的球形钟；（d）1590 年 J. Bürgi 的球形钟；
（e）1687 年 J. Moeller 的 Armillar 球；（f）1690 年徽章学的天体球

　　天球仪是天体定位的工具，是指一个以地球质心 M 为中心，半径 r 为任意长
的一个假想的球体。其目的是将天体沿观测者视线投影到球面上（球面投影的概
念），以便于研究天体及其相互关系。有时还将天球球心设置在某些特殊点，如
地心和日心，相应的天球分别称为地心天球和日心天球。天文航海按自身的需
要，把地心作为天球的球心。星星从东方的地平线爬上来，爬到最高点（中
天），然后往西方沉下去。看起来就像整个天球围绕着地球旋转一样。古时候人
们为了辨别方向、确定时间，发明出了日晷和圭表。古代天文学家为了测定星星
的方位和运动，又设计制造了许多天体测量的仪器。通过对星空的观察，将星空
划分成许多不同的星座，并编制了星表。通过对天体的测量和研究就形成了早期
的天文学。直到 16 世纪中叶，哥白尼提出了日心体系学说，从只是单纯描述天

体位置、运动的经典天体测量学，发展成寻求造成这种运动力学机制的天体力学。

天球坐标系中有几种不同的坐标表达方式（参见 https：//baike. so. com/doc/8520420-8840895.html），分别为地平坐标系、赤道坐标系、时角坐标系、黄道坐标系。地平坐标系与地球的赤道面对应。赤道坐标系中的天赤道对应太阳绕地球转动组成的轨迹面（实际是地球绕太阳转），也叫黄道，如图 6（a）所示。天赤道的法线与球的交点是北极星位置。春分点、秋分点、夏至及冬至，正好平分天赤道圆。仔细观察可见，极射投影图中涉及天体学和地理学时，赤道面不是水平放置的，而涉及地质学和晶体学时赤道面是水平放置的。图 6（b）为 Blaeu 于 1624 年画出的极射赤面投影图[3]，倾斜的直线为黄道线，左下角为夏至点，右上点为冬至点，分别对应摩羯座和巨蟹座。该图收藏于英国伦敦科学博物馆。

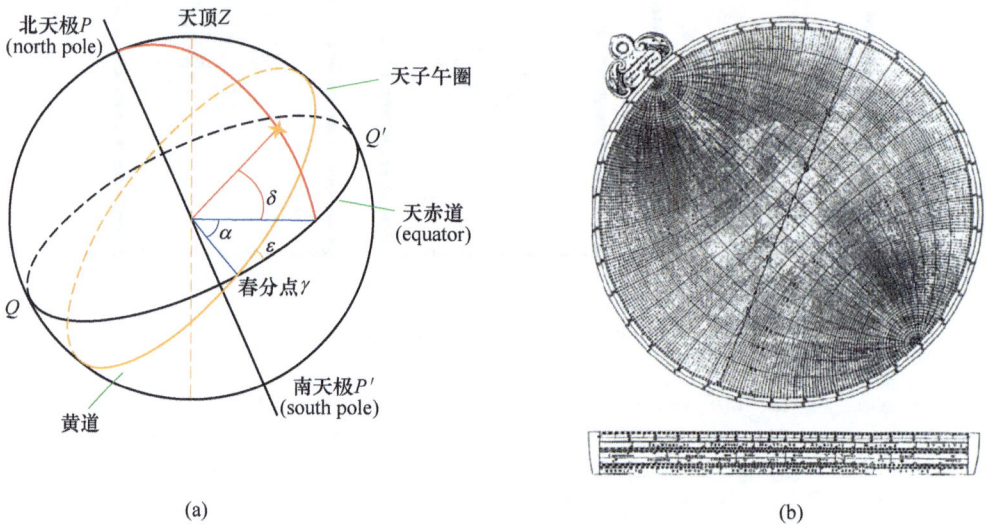

(a)　　　　　　　　　　　　　　(b)

图 6　天球坐标系的赤道坐标系（a）和 Blaeu 于 1624 年画出的极射赤面投影图[3]（b）

1823 年，F. E. Neumann 最先将极射投影网用于矿物学[3]。1892 年，俄罗斯的晶体学家 Federov 发明了万用测角显微镜台和 1902 年吴氏网的引入而共同推广了其使用，如图 7 所示。

最早使用极图（这时同时涉及样品坐标系与晶体坐标系）表示材料中织构的人为德国柏林大学的 Wever，他于 1924 年用极图表示了用 X 射线劳厄照相法获取的轧制铝和轧制铁的织构信息[5]。

图 8 是 2012 年诺贝尔化学奖得主、以色列材料学家 Shechtman 于 1982 年发

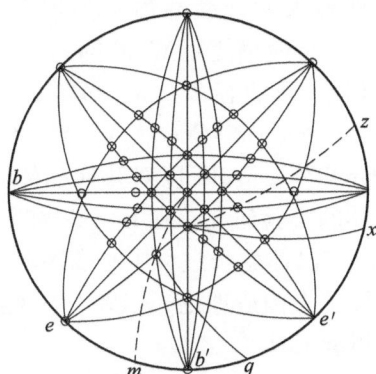

图 7　1823 年 F. E. Neumann 在地质学中第一次使用的极射赤面投影法（原图）[3]

表有关准晶文章中使用极射投影图表示的准晶 5 次旋转反演对称性（经典的晶体只有 1、2、3、4、6 次轴对称性）[6]。

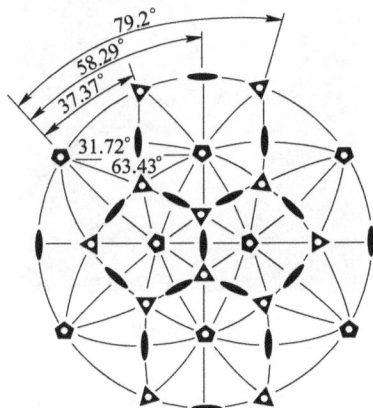

图 8　Shechtman 用极射投影图表示准晶的 5 次对称性[6]

　　简言之，极射投影法最早应用于天体学，随后在航海、制图学和测量学中得到应用，然后才用于矿物学和晶体学及地质学中，此外也在数学、摄影学等领域中得到应用。

（二）与极射投影技术相关的人物

　　与晶体学（含矿物学与材料科学）领域使用极射投影技术相关的人物除了俄罗斯的费德洛夫（Fedorov）、英国的布拉格（Bragg）父子外，这里仅介绍使用极射投影网的两位人物，俄罗斯的吴尔夫（Wulff）和奥地利的施密特（Schmidt），两种投影图网格工具以他们的名字命名。

俄罗斯矿物学家、莫斯科大学教授乔治·吴尔夫（Georgii Yuri Viktorovich Wulff（1863—1925 年））虽不是最早使用 Wulff 网的，但是他于 1902 年最早制作了最高"分辨率"的 Wulff 网，即直径 20 cm、每隔 2°一个格。Wulff（照片见图 9，参见 http：//de. wikipedia. org/wiki/George_V. _Wulff）毕业于华沙大学，导师是德国著名矿物学家 von Groth[3]。Wulff 以对几何晶体学的研究著称，他第一次在俄罗斯将 X 射线用于晶体的实验研究。在 Bravais 和 Fedorov 理论的基础上，他发展了一种新的理论来预测在晶体生长过程中平衡态时的晶面情况，以及晶体溶解时哪个晶面先消失（称吴尔夫构造理论）。1908 年建立的吴氏网是他发现的一种立体投影图及晶体几何测量工具。

图 9　Wulff

极射投影法测量的另一个代表人物是奥地利地质学家和岩相学家 Walter Schmidt（1885—1945 年，参见 https：//de. wikipedia. org/wiki/Walter _ Schmidt _ (Geologe)）。他于 1907 年毕业于奥地利维也纳大学，学习地质学和动物学，获博士学位。随后又到莱奥本矿业大学学习，于 1912 年获 Diploma 学位。1915 年成为地质学讲师，1918 年为矿物学和岩相学副教授。1923 年在莱奥本矿业大学做完讲师资格工作，1926—1927 年在德国哥廷根大学，1927 年在德国图宾根大学任副教授，1930 年任德国柏林技术大学（现柏林工业大学）矿物学及岩相学教授，在二次世界大战中的柏林战役中身亡。他是地质领域构造工程的代表人物，1925 年与 Bruno Sander 一起设计了用于地质领域测量的 Schmidt 网。然而，早在 1772 年，瑞士数学家及物理学家 Johann Heinrich Lambert（1728—1777 年）提出等面积投影图（所以等面积投影图也称 Lambert 图），主要用于制图学，即绘制地球表面，在投影图中可成比例保持所有国家地域的尺寸大小。1917 年，Schmidt 使用了等面积投影图分析地质学中的岩石组织，这开辟了其应用的一个全新的领域。1925年，Sanders 将等面积投影图网称为 Schmidt 网[4]。

三、极射投影法的应用

以下简单介绍极射投影法在各领域的广泛应用（参见 http：//en. m. wikipedia/wiki/stereographic_projection，感兴趣的读者可以查阅），随后再介绍其在作者教学中的应用。

（一）在不同学科中的应用

1. 在数学中的应用

极射投影法在数学、几何学中的应用有：（1）用于复变函数；（2）用于线和平面三维的可视化；（3）用于多面体的可视化；（4）用于算法几何。

2. 在制图学中的应用

极射投影法可用于映射地球。一般来说，统计方面应用更倾向于使用等面积映射投影，因为他们在积分学上有很好应用；而用于导航时则更倾向于使用等角映射投影。当投射集中在地球的北极或南极时，它将有额外的特性，即将经线表示成过原点到圆周的射线上，将纬线表示成集中或环绕于原点的圆周上，如图 10 所示。

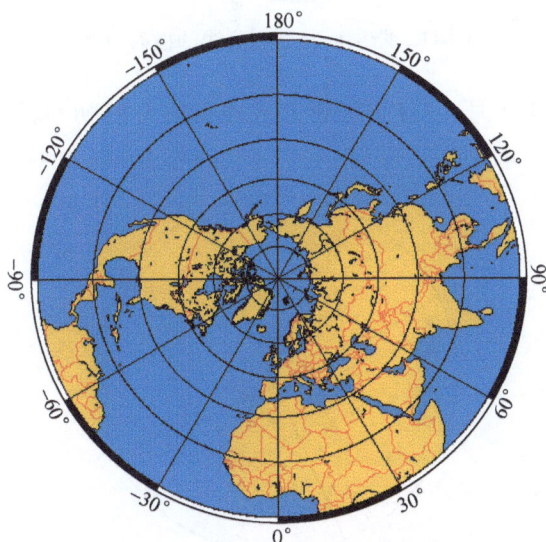

图 10 地球北半球的球极平面投影

3. 在地质学中的应用

在构造地质学中，应用下半球的极射投影描绘平面和线的取向。人们关注的是岩石的面型特征——层理（foliation），而面型特征又由线型特征组成，称为线理（lineation）。比如，面型特征断层面（fault）包含线型特征是带有岩石间相对摩擦纹理的光滑表面（slickensides），如图 11 所示。这些在不同尺度范围内的线和面的取向就可以用上述所说的线和面的显像方法来描绘。与晶体学中使用极射投影相似的是，地质学中的平面也用它的法线（极点）来表示；不同的是，地质学中采用的是南半球而不是北半球（因为人们关注的问题发生在地球表面之下）。

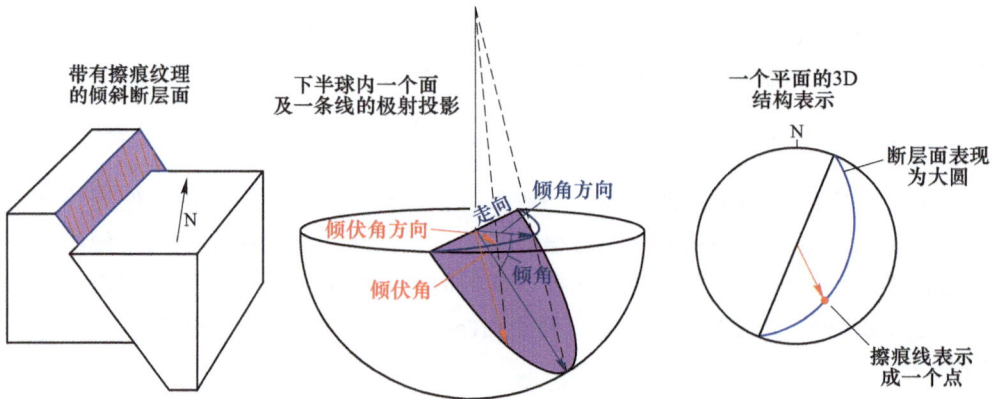

图 11　断层面与断层痕线的极射投影

图 12 是 1976 年 7 月 28 日中国唐山大地震的 P 波初动符号和震源机制解答参数用吴尔夫网表示的结果（参见 https：// bkso. baidu. com/item/震源）。

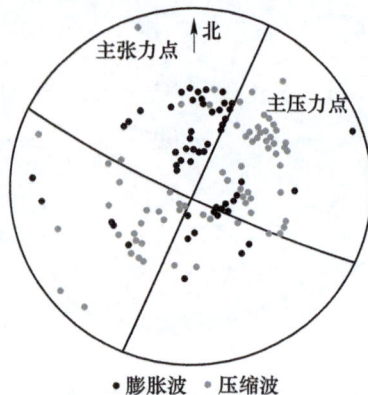

图 12　中国唐山大地震主震节面在吴尔夫网上的表示

4. 在摄影技术中的应用

鱼眼镜头利用极射投影方法，以获得更宽的视野（即广角的概念）。利用等角的极射投影的鱼眼镜头优于利用等面积的极射投影，因为等角的极射投影可使接近边缘的区域更好地保留被拍摄对象的形状，并且直线很少被投影成弯曲线，如图 13 所示。

图 13　球状全景图

（二）极射投影图在笔者教学中的应用举例

由于本科课程学时有限，课上难以也没有必要展示极射投影的广泛用途，但可以在研究生与晶体学有关课程中进一步介绍，由此笔者在教材《工程材料结构原理》[7]（材料结构课程）中编入相应内容。将科研体会放在教材中，提供可绘制极射投影图的小软件帮助学生训练并加速理解；在企业对技术人员培训时，将各方面应用放在一起比较，则可培养技术人员归纳整理、总结的能力。

图 14 为用极射投影图表示晶体学点群对称性特征的例子，是德国晶体学家 Hessel 提出的 32 种点群中第 8、9 号点群在极射投影图中的表达。

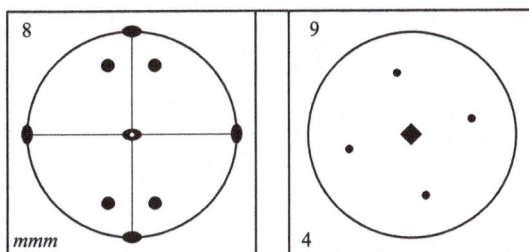

图 14　Hessel 的 32 种点群中第 8、9 号点群（*mmm* 和 4 次轴）的极射投影图表示[8]

图 15（a）是用极射投影图表示闭形单晶外表面相同的 {120} 等效晶面对称关系及位置的例子，即立方晶体中 1 种闭形的立体形态（五角十二面体）及其极射赤面投影，图 15（b）是笔者购置的 FeS_2 单晶实物，与图 15（a）示意图对应。

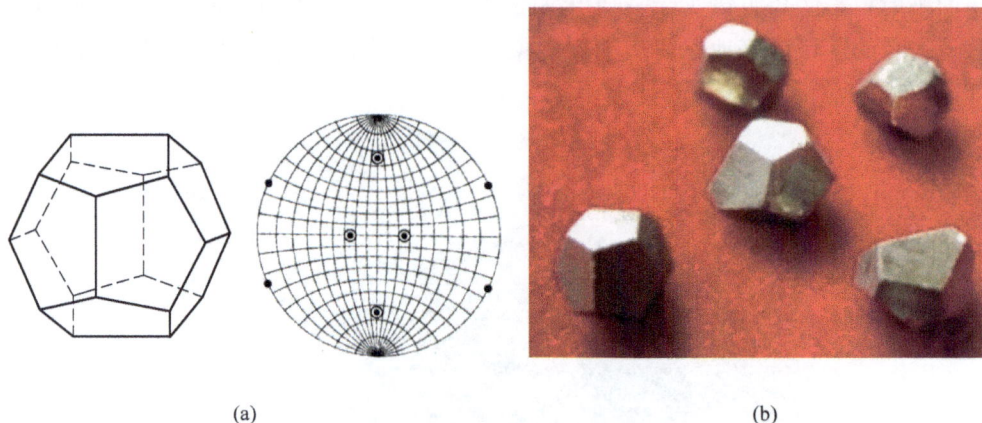

(a)　　　　　　　　　　　　　　　　　(b)

图 15　立方晶体中闭形的五角十二面体单晶立体形态及其极射投影图
（12 个 {120} 面围成）[8]（a）和 FeS_2 单晶实物（b）

图 16 为用极射投影图表达晶体塑性形变时不同滑移系开动行为的例子。对应一个 {100} <011>取向晶体的 12 个滑移系，每个滑移系由一个 {111} 极和 {110} 极连线组成，两个极连成线。其中 4 个滑移系取向因子最大而首先开动（图中的实线）。面心、体心立方结构的滑移系位置一样。在极图上讨论取向变化规律，两个滑移系有相同的滑移方向称共向滑移，极图上有相交的 {110} 点（bcc 金属）；两个滑移系有相同的滑移面称共面滑移系，在极图上有相交的 {111} 极点（fcc 金属）。这个几何图既能表达哪些滑移系开动，又指导读者分析开动滑移系转动的方向，以及为什么这个取向随变形的进行但取向却是稳定而不改变的。

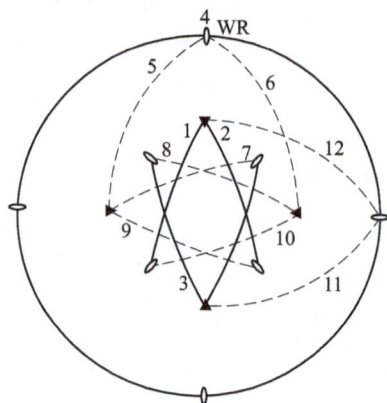

图 16　立方晶系形变时各 {111}<110>滑移系的极射投影图[9]

图 17 为用极图表示不同取向 bcc 结构 Fe-3%Si 单晶轧制时沿板厚度方向形变均匀性的差异。冷轧时不同单晶的取向变化显示不同的取向稳定性；旋转立方取向（100）[011] 晶体轧制后，板材的表层出现绕横向轴转动，而板中心层取向不变，如图 17（a）和（b）所示。（112）[110] 取向的单晶冷轧后，表层与中心层取向都保持稳定不变，如图 17（c）和（d）所示。说明两种轧制稳定的取向抵抗剪切力的能力不同。

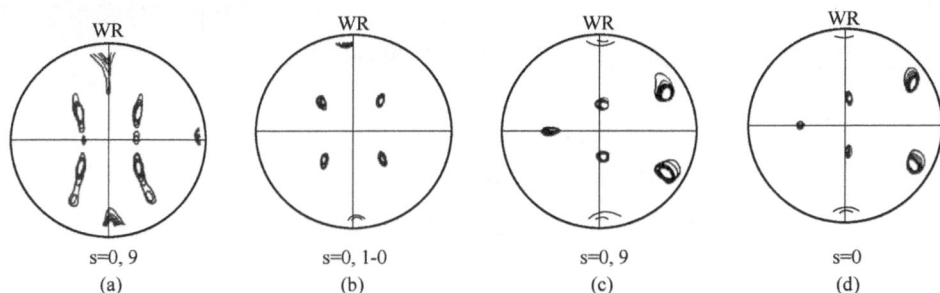

图 17　Fe-3%Si 单晶轧制 50%后的织构[9]

（a）（100）[011] 表层；（b）（100）[011] 中心；（c）（112）[1̄10] 表层；（d）（112）[1̄10] 中心

图 18 为在极图上表示高层错能的 Al-1.3Mn 合金轧制再结晶初期后出现的 3 阶孪晶关系，是笔者 1994 年在德国亚琛工业大学攻读博士学位阶段用 EBSD 技术检测到的，测定时间 1 min 左右，测定时自然不知道各晶粒之间是什么关系，但一旦用 {111} 极图显示出来，便能确定其是由 A→B→C→D 的孪生关系，该结果发表在文章 [10] 中。

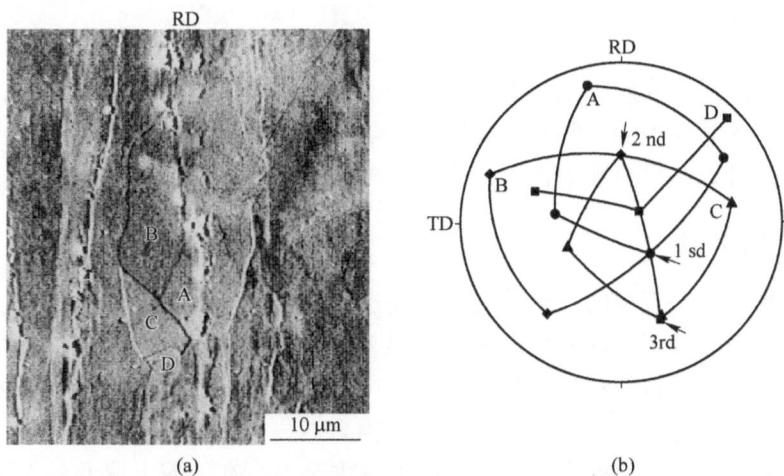

图 18　Al-1.3Mn 合金轧制再结晶初期组织中 3 阶孪晶[10]

（a）组织形貌图；（b）孪晶关系的 {111} 极图

图 19 为用 {100} 极图的方式表示面心-体心结构晶体按 K-S 取向关系相变时各变体的位置、数目及分布。一个面心立方结构的{100}<001>立方取向晶粒按 K-S 关系可转变为 24 个体心立方结构的马氏体变体。每个取向有 3 个{100}投影点，24 个取向共 72 个点。分属于 3 种类型取向，每组 8 个取向。第一组近似为 45°旋转立方取向{100}<011>（图中 1～8 号），第二组近似为反高斯取向{110}<110>（图中 9～16 号），第三组近似为 Goss 取向{110}<001>（图中 17～24 号）。这三组取向对应不同的性能，问题是轧制变形或退火相变时哪些变体优先出现，经多次观察得到的结论是第一组优先出现[11-12]。

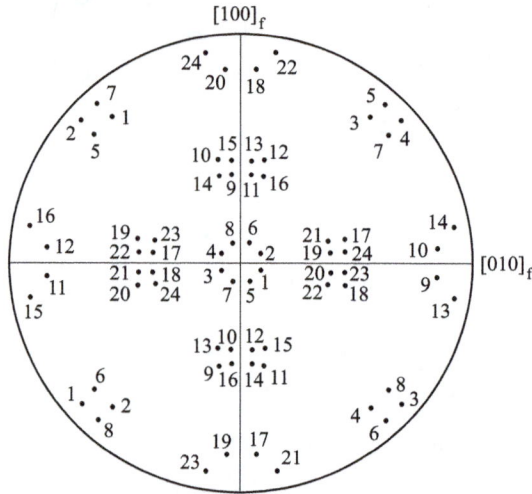

图 19　面心立方晶体立方取向时按 K-S 取向关系转变的 24
个体心立方新相的取向位置({100} 极图)

多晶体的择优取向问题几乎总是借助于极射赤面投影来分析解决的。此外单晶体和某些多晶体中的一些有方向性的力学或物理性质，如弹性模量、屈服点和导电率等，可以在极射赤面投影上用图解法表示。

四、结束语

极射投影法是直观的三维方向关系表达法，极射投影图可使其变为二维纸面上的关系。极射投影法涉及的应用领域从学科上有天体学、地理学、航行测绘、地质学、晶体学、材料科学、数学等；从尺度上，可以从纳米尺度的晶体单胞到微电子器件（如芯片），到工件，再到矿物岩石，以及从山体滑坡到地震灾害，从地球太阳到广袤无垠的宇宙。在时间上从古至今，在地域上遍及各大洲，离生活那么远又那么近，只要有心，那么就充满趣味。人既要在某一方面深入下去，也要有对多领域的了解，提高触类旁通的能力。

参 考 文 献

［1］ 杨平. 材料科学名人典故与经典文献[M]. 北京：高等教育出版社，2016.

［2］ 余永宁. 材料科学基础 ［M］. 2 版. 北京：高等教育出版社，2012.

［3］ HOWARTH R J. History of the stereographic projection and its early use in geology ［J］. Terra Nova, 1996, 8 （6）：499-513.

［4］ SCHMIDT W. Statistische methoden beim gefügestudium krystalliner Schiefer ［J］. Bayer Akad Wiss, 1917, 126：515-538.

［5］ WEVER F. Über die walzstruktur kubisch kristallisierender metalle ［J］. Z Phys A, 1924, 28 （1）：69-90.

［6］ SHECHTMAN D, BLECH I, GRATIAS D, et al. Metallic phase with long-range orientational order and No translational symmetry ［J］. Phy Rev Letters, 1984, 53 （20）：1951.

［7］ 杨平，毛卫民. 工程材料结构原理 ［M］. 北京：高等教育出版社，2016.

［8］ 秦善. 晶体学基础 ［M］. 北京：北京大学出版社，2004.

［9］ DÄRMANN C. Entwicklung der textur und mikrostruktur bei der verformung und rekristallisation von eisen-3% silizium ［D］. Germany：Aachen University, 1983.

［10］ YANG P, ENGLER O. The formation of twins in recrystallized binary Al-1.3% Mn ［J］. Materials Characterization, 1998, 41 （5）：165-181.

［11］ LIU T Y, YANG P, MENG L, et al. Influence of austenitic orientation on martensitic transformations during compression of a high manganese steel ［J］. Journal of Alloy and Compounds, 2011, 509：8337-8344.

［12］ XIE L, YANG P, ZHANG N, et al. Formation of {100} textured columnar grain structure in a non-oriented electrical steel by phase transformation. Journal of Magnetism and Magnetic Materials, 2014, 356：1-4.

本文原文发表于《金属世界》，2021 年，第 1 期，27-35 页。

与 J. Cahn 教授相关的材料学基本概念

内容导读： 著名材料大师 J. Cahn 以其精彩的调幅分解理论闻名于材料界，其长期在热力学、动力学方面的工作使其获得了 1998 年美国最高国家科学奖。但学习"材料科学基础"课程的学生很少有机会获取到 J. Cahn 科学生涯更多、更全面的信息，从而也缺少了一次被材料科学史的熏陶或被激励的机会。本文基于课程教学经验，借助 J. Cahn 的一系列经典文献，初步归纳了材料科学基础课程中与他相关的若干基本概念或理论，如非经典核心理论、调幅分解理论、晶界形核率理论、晶界迁移理论等，希望学生能够加深对相关基础理论的理解，达到各理论概念间的融会贯通，为材料科学理论创新地应用于人类社会发展作出更大的贡献。

提到材料大师 Cahn，首先要弄清楚本篇要讲述的科学人生故事的主人公是 Robert Cahn 还是 John W. Cahn。英国剑桥大学的 Robert Cahn 的主要贡献是编著了称为材料领域"圣经"的 *Physical Metallurgy*（《物理冶金》），并修改到了第 4 版（1995 年），后期又出版了 *The Coming of Materials Science*（《走进材料科学》）一书。而本篇的故事主人公 John W. Cahn 先后任职于美国麻省理工学院（MIT）、美国国家标准与技术研究院（NIST，前身为美国国家标准局 NBS）。

如果问及学习过材料科学基础这门课程的学生：有哪些与 J. Cahn 有关的概念或现象？估计大多数同学都回想不起来。但如果问及"调幅分解"这个基本概念，多数同学都会回想起来，这是因为这个概念涉及的相变形核过程非常特别，并且与"上坡扩散"概念相关联，容易给人留下深刻印象。表面上 J. Cahn 的名字在材料科学基础课程中出现得并不多，但研究相变的教师及科研人员无不敬佩 J. Cahn 对材料科学领域各个方面的丰硕贡献，材料科学基础课程中的不少基本概念均与他相关，只是没有像"Cottrell 气团"或"Frank-Read 源"那样直接使用科学家的名字命名的相关概念而已。

J. Cahn 在材料和数学领域取得了具有深远影响的成就。他的应用热力学基本定律描述并预测了大量的自然现象，是继 Gibbs 之后在热力学领域最有名的权威。J. Cahn 在相转变和相扩散领域有关热力学及动力学的开创性工作、界面现象，以及与 D. Shechtman 等一同发现准周期晶体（现在的"准晶"）等成就，使他为世人所知。J. Cahn 在 1998 年获得美国总统克林顿亲自颁发的国家科学奖。同年，美国 TMS 出版了 J. Cahn 论文精选集[1]，结合维基网站提供的其生平（http://en.wikipedia.org/wiki/John_W._Cahn），可以较清楚地了解其学术贡献。本文仅结合笔者所讲授的材料科学基础课程，整理他的成果体现在哪些材料科学基础课程相关基本概念中，以强化学生加深理解，提高学习兴趣。在材料科学基础课程讲授的基本概念中，他贡献的学术理论相对复杂，涉及很多数学推导，且较为现代，所以上此课程的学生都感到比较陌生。相关的概念有：（1）相变动力学方程的修正；（2）不同晶界位置的形核理论；（3）固态相变时位错形核理论；（4）调幅分解理论；（5）有序-无序转变中的调幅分解理论；（6）杂质钉扎晶界迁移理论。此外，块形转变、准晶等理论也与 J. Cahn 有关。

本文首先简单介绍了 J. Cahn 教授的生平，整理了材料科学基础课程中与 J. Cahn 相关的概念和背景，进而讨论了科研与教学的关系。

一、J. Cahn 教授的生平简介[1]

1928 年，J. Cahn（见图 1）生于德国科隆，其父亲在纳粹掌握政权之前从事过反对纳粹的民事律师事务，因此受到纳粹的追捕而逃离德国并移民美国。J. Cahn 于 1949 年获得了密歇根大学（University of Michigan）化学专业的学士学位，1953 年获得加州大学伯克利分校的物理化学专业博士学位。1954 年加入位于纽约斯克内克塔迪（Schenectad）的通用电气（GE）实验室跟随 D. Turnbull 开始化学冶金学的研究。当时 D. Turnbull 已经完成了有关形核动力学的前期工作，整个研究小组将重点放在固态相变的动力学与热力学的研究上。J. Hollomon（热

图 1　J. Cahn 的照片[1]

变形中的 Zener-Hollomon 参数以他的名字命名）则是 GE 公司研究所的负责人。J. Cahn 还在芝加哥大学金属所的 C. Smith（主要研究晶粒间的拓扑学关系）领导下工作过。

1964 年，J. Cahn 成为麻省理工学院冶金系（现在的材料科学系）的教授。1969 年，J. Cahn 与他的研究生 F. Larché 开始研究机械应力对固体热力学的影响。J. Cahn 的方法奠定了应力作用下的材料热力学研究基础，给出共格析出相周围区域或是位错周围应力区的热力学解释。1972 年，J. Cahn 与 D. W. Hoffman 合作建立了基于矢量的热力学理论去描述界面处的热力学过程，该理论对各向异性材料非常有用，这就是后来的界面能毛细管效应矢量方程。1975 年，J. Cahn 与他的研究生 S. Allen 开始对铁合金的相变过程进行研究，包括有序-无序相变，并推导出了 Allen-Cahn 方程。由于其夫人是当时卡特政府的官员，他成为美国科学关键机构——美国国家标准局 NBS（现 NIST）的成员。1984 年，他成为了华

盛顿大学的教授。1977 年进入美国国家标准局材料科学与工程实验室时是访问教授，1984 年后成为高级教授。1982 年，D. Shechtman 观察到准晶时，J. Cahn 建立了理论说明这种新结构具备热力学稳定性，并且成为准晶这篇经典文章的合著者。

1998 年，J. Cahn 在他 70 岁时获得美国国家最高科学奖，克林顿总统在白宫典礼上授予了他和其他 8 位获奖者奖章。国家科学奖章是美国最高的科学奖项，J. Cahn 为 NIST 第一个获得此奖章的科学家。

J. Cahn 是美国国家科学院、美国国家工程院和美国艺术和科学院院士，在 40 年的职业生涯中，发表了 250 多篇科学著作，做了 400 多场特邀报告，并在国际上取得了数不清的荣誉。在纪念 J. Cahn 教授 70 岁生日时，组织者出版了一个 J. Cahn 论文精选集，由 J. Cahn 的 30 篇代表作组成的经典文章汇编而成（见图 2)，其封面背景图就是"调幅分解组织演变图"，并且每篇文章都附有一个对其工作非常了解的知名专家给出的导读[1]。论文精选集的序言是这样评价 J. Cahn 的贡献的：冶金学家认为其贡献在相变热力学、相变动力学、体视学、调幅分解、共格应力、凝固等方面；陶瓷学家因其在界面小面化转变、浸润力、杂质拖曳力理论上而熟悉他；晶体学家因其在准晶、晶界对称性上而了解他；数学家因 Cahn-Hilliard 方程和 Allen-Cahn 方程及动力学变量公式而熟知他；高分子学家利用 Cahn-Hilliard 方程设计新型结构；物理学家因临界浸润、弥散界面、表面热力学、调幅分解概念的普适性而熟知他。

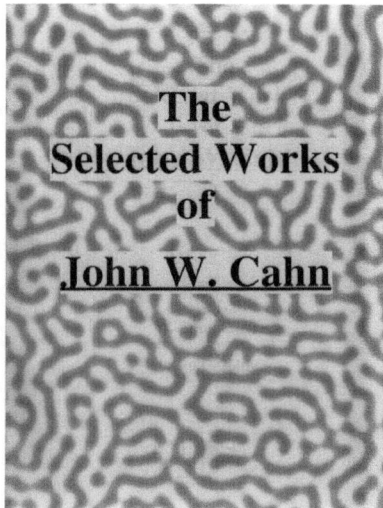

图 2　J. Cahn 经典文章汇编首页

二、与 J. Cahn 相关的材料学基本概念

（一） J. Cahn 对相变动力学 Johnson-Mehl-Avrami 方程的修正与地点饱和形核概念的提出

相变动力学 Johnson-Mehl 方程是学生最熟悉的新相转变量与时间的定量关系。其应用的条件是均匀形核、形核率与长大速度是常数。但对于固态相变来说，非均匀形核是其主要特点，形核率也会随时间变化。Avrami 方程修正了应用条件，形核为非均匀的，且形核率随时间成指数变化且有位置饱和。J. Cahn 等人[2]在研究珠光体分解中提出"地点饱和形核"的概念，认为这些有效的晶界核心地点被珠光体占满后（大约是转变量的 20%~30%），形核率就不起作用，只有长大速度的影响，并推导出对应的晶界形核、晶棱形核与角隅形核下三种动力学转变量与时间的关系式。这些公式后来被英国牛津大学教授 J. Christian[3]总结在转变动力学表中并引入教材（见《材料科学基础》教材第 10 章相变原理中的表 2），其特点是晶界二维地点形核，Avrami 方程时间 t 指数 n 由 4 降为 3，晶棱一维地点形核使 n 降为 2，角隅零维地点形核使 n 降为 1。这些公式既适合相变，也适合再结晶。

（二） J. Cahn 的晶界不同位置形核率相对贡献的理论

J. Cahn 于 1956 年定量计算了上述晶界面、晶棱边、角隅三种不同的晶界形核位置形核率相对难易及晶粒尺寸 D/δ（晶粒直径与晶界厚度）与新相浸润程度 $k(k=2\cos\theta$，θ 是浸润角）对各类形核率的影响（见图 3）[4]。参数 A 为不同地点形核功与晶内均匀形核功的相对比值（$\Delta F_i / \Delta F_0^*$），由图 3（a）可见角隅上形核比晶棱上形核容易，而晶棱形核又比晶界形核容易。图 3（b）则表明新相的浸润能力越差，即 $\cos\theta$ 越小，大尺寸晶粒中均匀形核作用越大。在 J. Cahn 论文精选集中[1]对该文的导读中，Purdy 教授指出晶界形核理论是对晶内形核的 Johnson-Mehl 方程的延续，强调了不连续性。珠光体分解理论的经典文献是晶界形核理论的一个很好的应用案例。

（三） J. Cahn 的位错形核理论

J. Cahn 于 1957 年计算了固态相变时位错上形核的临界形核功及临界半径[5]，如图 4（a）所示，确定了形核过程中的两种临界状态，即位错富集溶质原子局部能量最低的气团状态（图 4（b）中 $\alpha^D > -1$ 曲线的峰谷位置，α^D 是和新旧相自由能差、比表面能、切变模量有关的参数）和形成一个核心的临界状态（图 4（b）中 $\alpha^D < -1$ 曲线的峰位置）的能量变化规律。固态相变的典型特点是缺陷处形核，除面缺陷界面处形核外，人们自然联想到线缺陷位错上的非均匀

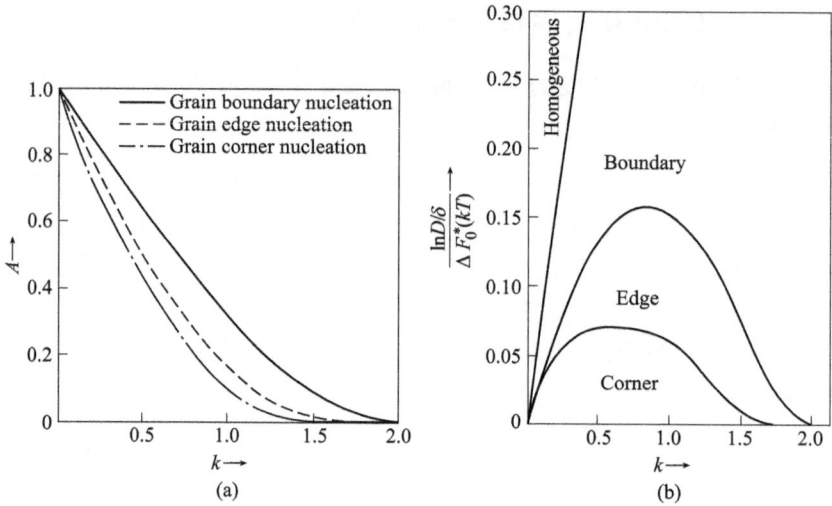

图 3　不同形核位置的相对形核功与新、旧相浸润角（$k=2\cos\theta$）的关系原图（a）
及晶内或晶界不同位置形核获得最大形核率时的 A 和 k 范围原图（b）[4]

形核。实际金属材料生产中都经过热轧、热锻等工艺，晶粒内部存在大量位错
缺陷。

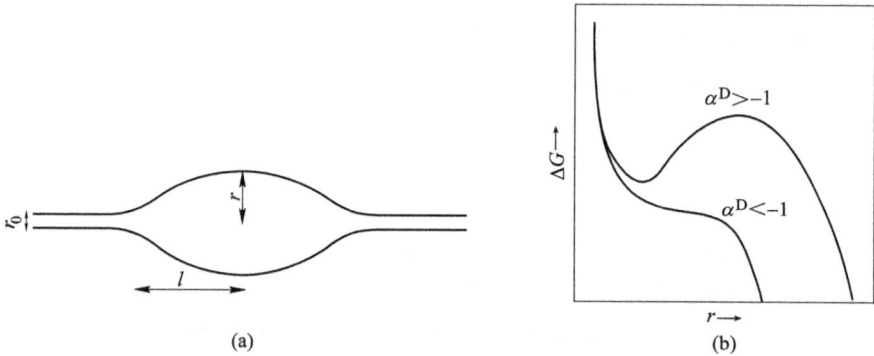

图 4　位错上形成的新相核心形状示意图（a）及位错上形核时形核自由
能 ΔG 与核半径 r 的关系（b）[5]

（四）相变分类法——Gibbs 方法的延续

相变种类繁多，其分类方法也很多，例如：（1）按热力学参数分类的
Ehrenfest 法；（2）按相变成分涨落过程是否连续分类的 Gibbs 法；（3）按原子以
"平民式"扩散还是"军队式"切动迁移方式分类的 Frank 方法（或 Buerger 方
法）；（4）按相变时界面滑动和非滑动的 Christian 相变分类法等。在 Gibbs 相变

分类法中引用的示意图来自 J. Cahn 于 1962 年论述调幅分解的经典文献[6]，如图 5 所示。Gibbs 相变分类法将相变分为形核涨落型和连续转变型。形核涨落型相变的特点是小范围内的成分大起伏，连续转变型相变的特点则是大范围内的小起伏。由此出发，J. Cahn 延续 Gibbs 的热力学分类角度，引出了"弥散"的相界面概念，其定量表达式就是著名的 Cahn-Hilliard 方程，后面的调幅分解理论便是该方程的应用。文献中常出现一个称赞学识渊博的 J. Cahn 的叫法 "Read Cahn"[1]，因为前人曾称 Gibbs 为 Read Gibbs，大概指大师 J. Cahn 的意思吧，也有人称 J. Cahn 为 Gibbs 第二。

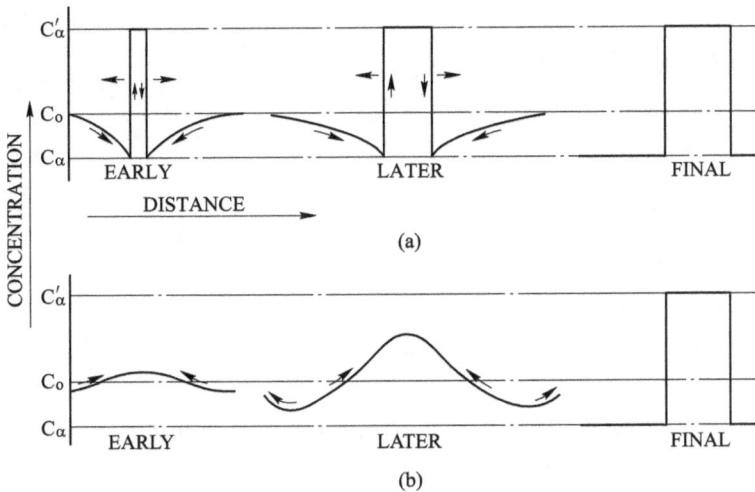

图 5　调幅分解机制与形核长大差异的浓度变化图解原图
（a）形核长大方式的浓度变化；（b）调幅分解方式[6]

（五）调幅分解与 Cahn-Hilliard 方程

调幅分解为相变中连续型转变的一个例子，其特点是相变时在很大空间范围内原子发生轻微重排的涨落，在转变的早期成分分布为周期性缓慢变化的波，在相变的起始状态和终态之间存在一系列连续的状态，通过涨落连续地长大成新相。这是一种扩散型转变，但转变没有形核位垒。20 世纪 50—60 年代，J. Cahn 从最基本的 Cahn-Hilliard 方程一般式（见式（1））出发，建立了基于动力学的扩散方程（见式（2）），最终给出方程的解，即成分与时间和位置的关系式。图 6 给出具有溶解度间隙的相图（见图 6（a））、对应的自由能曲线（见图 6（b））及化学拐点与共格拐点并存的示意图（见图 6（c））。这样，在考虑应变能时必须在共格拐点线之内才发生调幅分解，并且分解最终出现平衡产物的成分由共格溶解度间隙线决定。受篇幅所限，这里尽量简化文字，详细描述可参考教科书或原著[6-9]。

$$F = AN_V \int_{-\infty}^{+\infty} \left[f_0(C) + \kappa(\mathrm{d}C/\mathrm{d}x)^2 \right] \mathrm{d}x \tag{1}$$

$$\frac{\mathrm{d}C}{\mathrm{d}t} = -\nabla \cdot J = -M_D \left[\left(\frac{\mathrm{d}^2 G}{\mathrm{d}x_B^2} + 2\eta^2 \frac{E}{1-\upsilon} \right) \nabla^2 C - 2k \nabla^4 C \right] \tag{2}$$

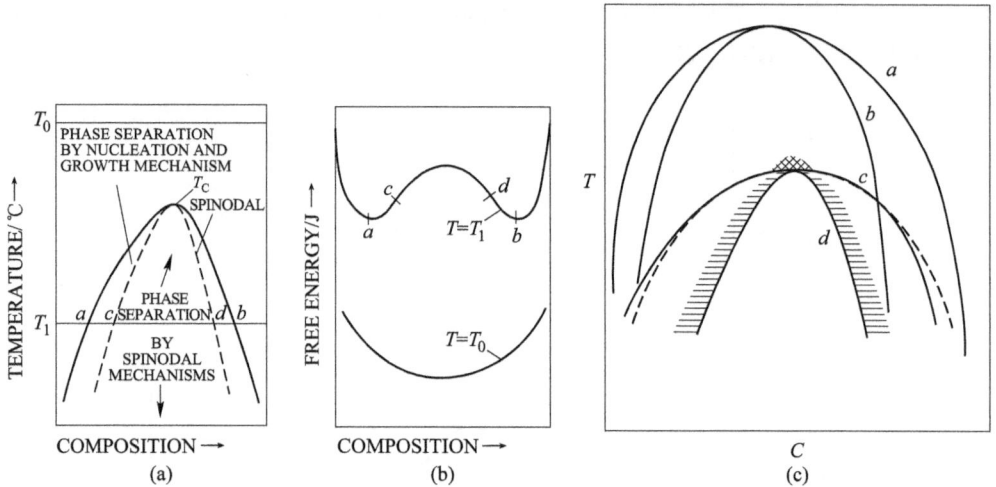

图 6　固溶度间隙相图（a）、自由能曲线（b）和相图中对应的
化学拐点线和共格拐点线（c）[1,6]

此外，有文献这样评述：1958 年 Cahn 和 Hilliard 在对两种混合液体（北京科技大学的材料科学基础教材内是固溶体）或气体分子之间的扩散渗透现象进行研究时提出的这个方程，在后续研究过程中发现该方程还可以用于研究生物群体动力学和社会学之间的种群相互竞争、人口学和社会学中的人口迁移扩散、固体液体混合表面的相互渗透等种种扩散现象。在应用方面，Cahn-Hilliard 方程在气体动力学、气动声学、叶轮机械、湍流、采油模拟、浅水造型、天气预报、多孔介质中的污染物运输、流体力学、渗透动力学等领域近年来有着越来越广泛的应用。

（六）有序-无序转变中的调幅分解

在固溶体的有序-无序转变中也会出现调幅分解。材料科学基础教材中介绍以二级相变方式的有序-无序转变时给出 Soffa 和 Laughlin（J. Cahn 的博士生，卡内基梅隆大学 Alcoa 教授，第 5 版《物理冶金》书籍的主编）以有序相和无序相的吉布斯自由能-成分曲线来说明调幅分解的示意，如图 7 所示。图 7（a）显示无序相不会发生调幅分解，其转变为有序相后会发生调幅分解。图 7（b）表示无序相与有序相都会发生调幅分解过程。这些图来自 1982 年 Soffa 和 Laughlin 在固态相变国际会议上有序-无序转变综述文章中的示意图[10]。而其参照的工作是 Allen 与 Cahn 于 1976 年研究 Fe-Al 有序合金中得出的[11]，图 7（c）~（f）为原文中的图。参照图 7（c）中的 Fe-Al 相图的局部相图和图 7（d）~（f）的自由能-成分曲线，可见在高温 T_1 下，高温 bcc 结构的无序相 α 和低温有序相都不会发生调幅分解（见图 7（d）），C_1^λ 点右侧成分合金会发生二级相变直接通过原子跳动完成无序到有序的转变（有序相与无序相之间没有两相区）；T_2 温度时（称为三线交界的临界点），高温无序相和低温有序相也都不会发生调幅分解（见图 7（e）），C_2^λ 点右侧成分合金还是以二级相变方式直接完成无序到有序的转变；低温 T_3 温度下（见图 7（f）），在有序相自由能曲线的两拐点成分（C_3^λ-C_3^S）以内的合金，在完成无序（上侧曲线）向同成分的有序相（下侧曲线）二级相转变后，有序相再进行调幅分解，连续变成成分为 C_3^α 的 α 相和 C_3^{B2} 的 B2 有序相，这个过程是一级相变，无序相与有序相之间存在两相区。可见，这是个非常好的复习相图理论、有序-无序转变理论（一级或二级相变）和调幅分解（一级连续式相变）理论的综合能力的案例。类似的，Fe-Si 合金也有相似的有序-无序转变，这是两个典型的涉及有序相的常用合金。

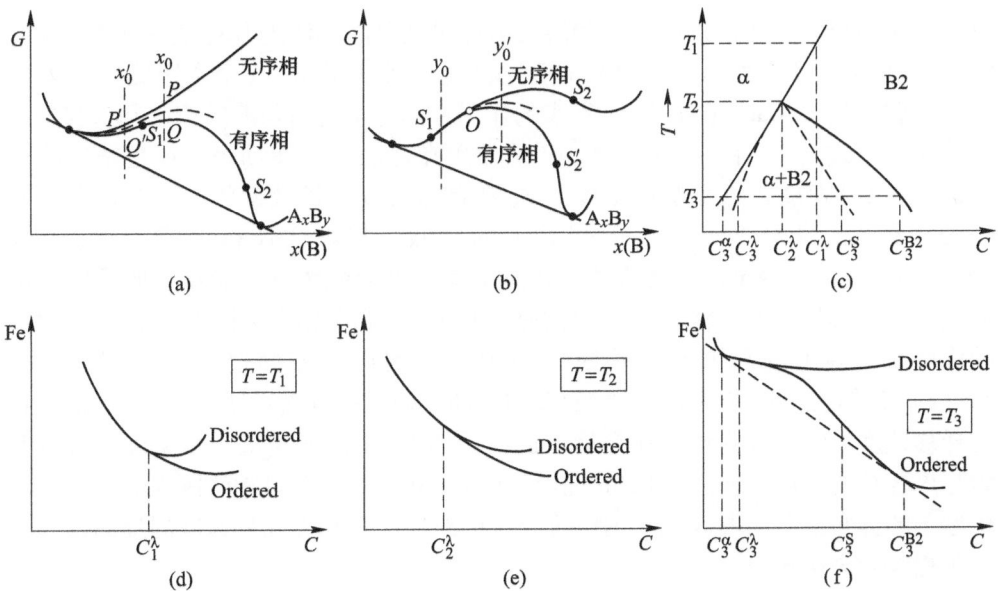

图 7 Soffa 和 Laughlin 于 1982 年给出的有序-无序转变自由能关系示意图（a）（b）和 Allen、Cahn 于 1976 年给出的 Fe-Al 合金有序-无序转变方式、温度与成分的关系（c）~（f）

　　与 Cahn-Hilliard 方程同样在数学界有重要影响的是 Allen-Cahn 方程。Allen-Cahn 方程是二阶非线性的（Cahn-Hilliard 方程是四阶偏微分方程），最初是两人研究固相反相畴界运动及反相畴粗化时提出的[12]。其形式见式（3）和式（4）。它们与以 Fick 第二定律扩散方程形式给出的式（2）有些相似。其中，η 是有序参量，f_0 是单位体积自由能变化，M 与扩散系数有相同量纲，κ 是梯度能系数，α 是动力学参数（$M=2\alpha\kappa$），g 是界面法线方向距离参量，K_1+K_2 是界面平均曲率。Allen-Cahn 方程除了描述微观扩散理论中弯曲反相畴界运动外，在材料流体动力学和反应扩散问题中有着广泛的应用，如可浸液体中的粗化动力学、晶体生长、人群扩散现象、随机扰动和图像处理问题等。

$$\frac{\partial \eta}{\partial t} = -\alpha \frac{\partial \Delta f_o}{\partial \eta} + M \nabla^2 \eta \tag{3}$$

$$\frac{\partial \eta}{\partial t} = -\alpha \left\{ \frac{\partial \Delta f_o}{\partial \eta} - 2\kappa \left[\frac{\partial^2 \eta}{\partial g^2} - (K_1 + K_2)_\eta \frac{\partial \eta}{\partial g} \right] \right\} \tag{4}$$

（七）杂质钉扎晶界迁移速度的 Cahn 理论与 Lücke 理论

　　溶质原子因产生畸变而提高系统自由能，为降低能量，它会偏析到晶界上而稳定下来，并对晶界的迁移产生阻碍作用。目前使用的《材料科学基础》教材（2006 年版）中引用的是德国亚琛的 Lücke 教授于 1957 年和 1971 年发表的文章[13-14]中溶质在晶界附近的分布和溶质浓度对迁移晶界作用力的关系曲线，如图 8（a）和图 8（b）所示。然而在早期教材《金属学原理》（余永宁编，2000 年版）中曾引用 J. Cahn 在 1963 年发表的作用在晶界上的力与溶质浓度和迁移速度的公式，见式（5）和式（6）[15]。P 是作用在晶界上的驱动力，P_i 是杂质拖曳力，V 是迁移速度，C_0 是杂质浓度，α、β 是与温度、扩散系数、交互作用能有关的常数；λ 是与本征拖曳系数有关的常数，与本征迁移率成反比。图 8（c）~（e）给出 J. Cahn 发表的动、静态下晶界处溶质浓度、能量、所受阻力的曲线，可见其相似性。特别应说明的是，J. Cahn 和 Lücke 不同杂质含量下对应的作用在晶界上的总力与迁移速度的关系图表面上差异较大（见图 8（b）和（e）），但实际正好是 x-y 坐标的颠倒，即本质是一样的。图 8（e）的横坐标为迁移速度，纵坐标为作用在界面上的力，图 8（b）则相反。相关理论分别称为晶界迁移的 Lücke 理论和 Cahn 理论。图 8（d）给出不同迁移速度的晶界上溶质原子的分布情况与图 8（a）中下面 c-x 图对应。随晶界迁移速度的提高，晶界富集程度越来越小。

$$P_i = \frac{\alpha V C_0}{1 + \beta^2 V^2} \tag{5}$$

$$P = \lambda V + \frac{\alpha C_0 V}{1 + \beta^2 V^2} \tag{6}$$

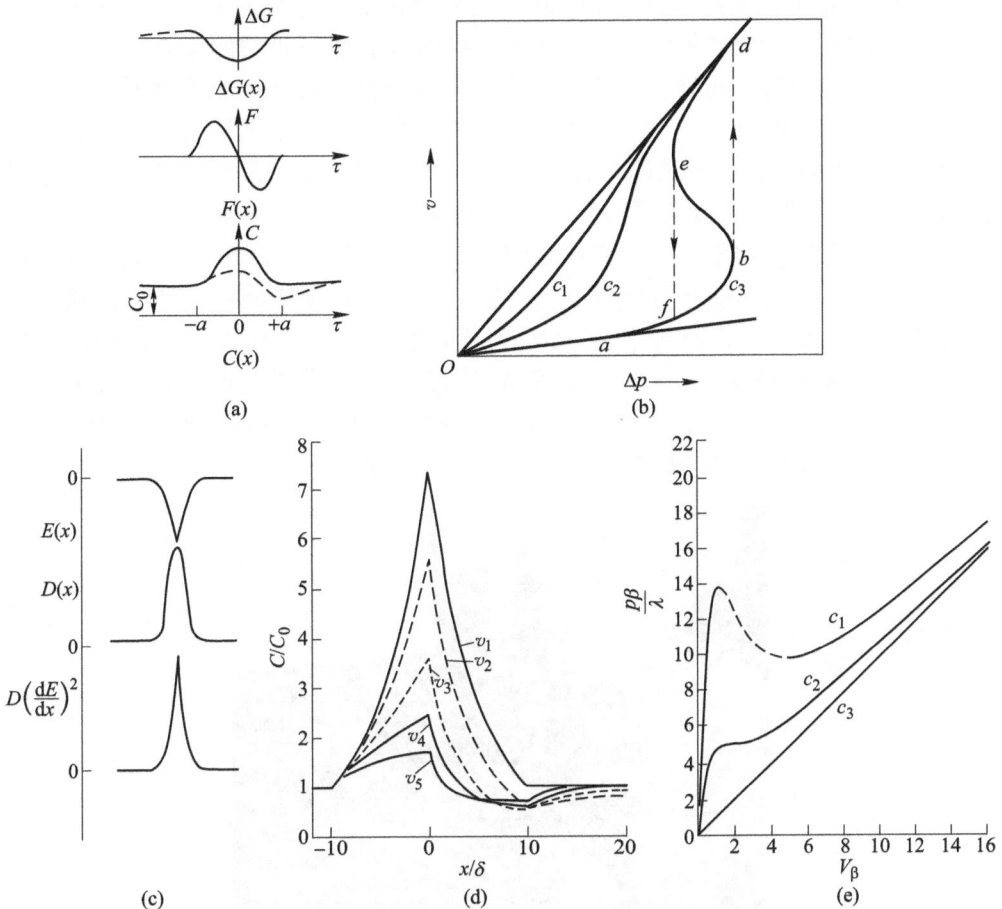

图 8　溶质偏析钉扎晶界的 Lücke 模型（a）（b）与 Cahn 模型（c）~（e）

（八）　J. Cahn 与准晶发现者 Shechtman

准晶的发现主要是以色列材料学家 Shechtman 于 1982—1984 年完成的。在 J. Cahn 的推荐下，Shechtman 于 1981—1983 年在约翰斯·霍普金斯大学作为双聘研究人员，共同完成 NBS（美国国家标准局是 J. Cahn 工作的机构）资助下的铝-锰合金激冷组织研究，发现了二十面体准晶，突破了传统晶体学的限制，开辟了新的材料研究领域，以此经典文献[16] Shechtman 获得了 2011 年诺贝尔化学奖。Shechtman 发表在 *Physical Review Letters*（*PRL*）期刊中的经典准晶文章[16]中的作者还有以色列学者 Blech，法国 CNRS 冶金化学研究所的 D. Gratias（笔者大学同学张葵教授的导师，张葵教授现任教于法国某大学）和美国 NIST 的 Cahn。图 9 照片中后排站着的就是 J. Cahn，从左边数第 3 位是 D. Gratias。同两次诺贝尔奖获得者 L. Pauling 的观点一样，J. Cahn 起初对准晶的衍射数据也持怀疑态度，认为 5 次衍射斑的对称性来自多重孪晶[1]。我国从事准晶研究的学者也在中文书籍[17]中介绍了当时的场景。的确，准晶中 20 面体原子堆积的衍射斑与多重孪晶太相似了，而 L. Pauling 有着丰富的多重孪晶衍射斑分析的实际经验，才将其误认为是多重孪晶。在这项晶体学方面的工作中 J. Cahn 虽然没有对直接获得准晶衍射斑起作用，但在推动准晶理论、与 L. Pauling 在 *Nature* 刊物上的学术争论等方面做出了贡献。文献[17]中详细介绍了 J. Cahn 帮助 Shechtman 找到法国晶体学家 D. Gratias，从理论上揭示出准晶的结构特点，并且帮助他在 *JAP* 退稿后改变策略，突出重点，最终顺利在 *PRL* 上及时发表的科学故事。其推动作用见 J. Cahn 作为第一作者发表的一系列准晶理论文章[18-24]，例如，对 20 面体（Frank-Kasper 多面体）准晶内原子占位的分析，用六维晶体学参数（或空间）及 Patterson 函数确定了准晶中 Al-Si-Mn 原子的位置[24]。

图 9　Shechtman 与同事讨论晶体结构（左侧站立者为 Shechtman，
后排中间站立者为 J. Cahn）

三、对科研与教学的思考

在总结笔者所讲授的材料科学基础课程中与 J. Cahn 有关的基本概念或理论时，有如下几点体会：

（1）J. Cahn 的研究成果涉及材料领域的方方面面，宽而深入。读了 J. Cahn 的代表作后，感觉他将各种基本过程的定性或半定量关系都更好地定量化了，全面提升了对材料基本过程的定量化描述，比如著名的 Johnson-Mehl 方程需要均匀形核、球状核心的条件，J. Cahn 推导出了任意空间位置、任意形状的核的长大动力学关系式；特别是其 Cahn-Hillirad 方程和 Allen-Cahn 方程在数学界的影响，仅检索国内中文学术论文和学位论文，就可看到很多以解该方程为内容的研究。其热力学、动力学定量分析理论，即使作为教师也难以理解。由此引申到材料科学也还在不断发展中，涉及的内容很宽、很深，即使讲了几十年课程，笔者也未能真正理解透彻，需要活到老，学到老。

（2）本文最重要的目的是将一些在教材中出现的与 J. Cahn 的原始工作直接相关的基本概念或理论整理出来，这并不是一件很容易的工作。因为编写教材时可能参阅比较权威的、经过加工总结的综述或专著，这时原创作者的名字可能被忽略。当然有些理论也不好确定是谁最先提出的，并且教材内容的选取也没必要一定采用最先研究人员的结果。但不管如何，整理 J. Cahn 的研究成果与课程基本概念的对应关系不仅是对大师的尊重，也可以锻炼检索、分析、整理的能力。希望读者在查询、思索、归纳中体会到材料科学基础课程学习中的乐趣及课程知识的实用性，从中感悟到一些基本概念背后的有价值的东西，这些都是材料人未来材料研究中的必经之路。

（3）在笔者撰写的其他 9 篇类似的教研文章中，本篇文章从素材收集上讲是最完备的，因为 J. Cahn 的文章非常多，加上 1998 年其生日纪念会 TMS 出版的 J. Cahn 精选论文集中的序言、生平和每篇文章的导读文章，素材非常多，因此本文应该也是最容易写的，但实际却是最难写的，撰写时间也最长。一方面其很多成果在材料科学基础教材中没有直接给出他的名字，加上其很多成果超出材料科学基础课程授课内容范围，且许多是数学上的推导，不但学生难以理解，不从事其研究方向的教师也不易看懂；另一方面是笔者的科研方向与 J. Cahn 的工作交集很少，长期科研的积累能提供的帮助就很小。只有在确定再结晶晶粒长大速度时用到 Cahn-Hagel 方程，这个方法在课程中还未介绍。现在的高校教师除教学外，都承担有大量的科研任务，以及其他非教学与科研的事务，没有足够多的时间来全面、仔细、深入理解并品味出 J. Cahn 一生研究成果的来龙去脉。

（4）作为专业课教师，除了需要讲好课，将这些有趣的故事融入基本概念的介绍中以优化教学效果外，还面临教材更新的问题。不论原教材内容如何新，讲过 5 年以上就应更新部分内容。随着材料表征技术的不断更新，模拟计算技术的更加强大有力，以及实验研究的不断进行，以前对材料行为的定性和半定量规律逐渐转化为定量规律，数学、化学、物理学的定律关系越来越融入材料学。教师要首先消化、吸收，并以恰当的方式引入新内容，删去一些过时的内容。教材如何更新，需要在教研组范围、教学会议上、各级教学组织中不断讨论、协商。

四、结束语

通过本文的撰写，希望读者或站在学生的层面上，将文中整理出的 8 个与 J. Cahn 相关的基本理论作为一个整体从而强化对它们的理解；同时了解、认识 J. Cahn 的精彩科学生涯、科研脉络、经典文章及其科学贡献；并提升今后开展科研时对任一个方向来龙去脉的查找归纳能力。或站在教师的层面上，将 8 个基本概念作为一个有机的整体，构思出一个相互关联、系列有趣的故事去提升教学效果；在此基础上，总结 J. Cahn 科研工作的特点、风格及与其他大师如 Hillert、Aaronson 并肩工作的密切联系与合作；抓住其"弥散界面"核心思想的精髓，以及由其延伸出的调幅分解、有序-无序相变与连续转变的理论，直至其全面的热力学、动力学、晶体学定量描述的能力。最后，作为专业课教师，面临教材更新的挑战以及不论讲授课程多少年，都需要做到不断学习、不断提升。

参 考 文 献

[1] CARTER W C, JOHNSON W C. The selected works of John W. Cahn [M]. Pittsburgh: TMS Publication, 1998.

[2] CAHN J W, HAGEL W C. Theory of the pearlite reaction [M]. New York: John Wiley and Sons (Interscience), 1962.

[3] CHRISTIAN J W. The theory of transformations in metals and alloys [M]. London: Pergamon, 2002.

[4] CAHN J W. Kinetics of grain boundary nucleated reactions [J]. Acta Metall, 1956, 4 (5): 449.

[5] CAHN J W. Nucleation on dislocations [J]. Acta Metall, 1957, 5 (3): 169.

[6] CAHN J W. Spinodal decomposition [J]. Trans AIME, 1968, 242: 166.

[7] CAHN J W. On spinodal decomposition [J]. Acta Metall, 1961, 9: 795.

[8] CAHN J W. On spinodal decomposition in cubic crystals [J]. Acta Metall, 1962, 10 (3): 179.

[9] CAHN J W, HILLIARD J E. Free energy of a nonuniform system. I. Interfacial free energy [J]. J Chem Phys, 1958, 28: 258.

[10] SOFFA W A, LAUGHLIN D E. Recent experimental studies of continuous transformations in alloys: An overview [J]. AIME: Warrendale, 1982.

[11] ALLEN S M, CAHN J W. Mechanisms of phase transformation within the miscibility gap of Fe-rich Fe-Al alloys [J]. Acta Metall. , 1976, 24 (5): 425-437.

[12] ALLEN S M, CAHN J M. A microscopic theory for antiphase boundary motion and its application to antiphase domain coarsening [J]. Acta Metall. , 1979, 27 (6): 1085-1095.

[13] LÜCKE K, DETERT K. A quantitative theory of grain-boundary motion and recrystallization in metals in the presence of impurities [J]. Acta Metall. , 1957, 5 (11): 628-637.

[14] LÜCKE K, STÜWE H P. On the theory of impurity controlled grain boundary motion [J]. Acta Metall. , 1971, 19 (10)：1087-1099.

[15] CAHN J W. The impurity-drag effect in grain boundary motion [J]. Acta Metall. , 1962, 10 (9)：789-798.

[16] SHECHTMAN D, BLECH I, GRATIAS D, et al. Metallic phase with long-range orientational order and no translational symmetry [J]. Phy Rev Lett, 1984, 53 (20)：1951.

[17] 师昌绪，郭可信，孔庆平，等. 材料科学研究中的经典案例（第一卷）[M]. 北京：高等教育出版社，2014.

[18] CAHN J W. Fivefold Symmetry [J]. Phy Today, 1985, 38 (10)：146.

[19] CAHN J W, SHECHTMAN D, GRATIAS D. Indexing of icosahedral quasiperiodic crystals [J]. J. Mats. Res. , 1986, 1：13-26.

[20] CAHN J W, GRATIAS D, SHECHTMAN D. Pauling model not universally accepted [J]. Nature, 1986, 319：102.

[21] CAHN J W. Quasiperiodic crystals：A revolution in crystallography [J]. MRS Bulletin, 1986, 11 (2)：9-14.

[22] CAHN J W, GRATIAS D. A structural determination of the Al-Mn icosahedral phase [J]. J Phys-Paris, 1986, 47 (C3)：415.

[23] CAHN J W, GRATIAS D, MOZER B. Patterson Fourier analysis of the icosahedral [Al, Si]-Mn alloy [J]. Phys Rev B, 1988, 38 (3)：1638.

[24] CAHN J W, GRATIAS D, MOZER B. A 6-D structural model for the icosahedral (Al, Si)-Mn quasicrystal. J Phys France, 1988, 49：1225.

本文原文发表于《金属世界》，2021 年，第 5 期，7-17 页。

Peter Haasen 教授、金属物理及经典书籍《物理冶金学》

内容导读： 金属学、金相、金属物理这三个材料专业常见的且相互关联的专业词汇在历史演变中发生着变化。材料科学基础课程由金属学或金属学原理演变而来，也包含了金属物理课程的内容，现在又扩展包含了陶瓷、聚合物等组成的材料及加工过程。本文介绍了德国哥廷根大学金属物理所所长 Peter Haasen 教授的科学人生故事片段，讨论了金属物理特别是北京科技大学的金属物理专业及经典书籍《物理冶金学》对教师教学科研的影响，回忆了国内外老一代教师对教材建设、专业建设和人才培养做出的不可磨灭的贡献，也展示了各有特色的教学方法和理念，希望这些内容可以激发读者对材料专业的热爱。

北京科技大学（以下简称北科大）材料科学与工程专业连续入选国家公布的第一轮、第二轮"双一流"建设高校及建设学科。"双一流"学科建设除了要求人才培养、科学研究、国际化、社会服务等方面外，还特别强调有中国特色及特色一流。也就是说，"双一流"学科建设要求北京科技大学材料科学与工程学科、专业乃至课程要具有突出的特色。专业课教师教学与科研并重，首要任务是为国家建设培养高素质人才。"如何培养学生"贯穿在整个教学生涯中，它也在动态变化着。由于各个学校的历史和演变过程及背景不同，教师的研究领域和教育背景、综合素质及授课风格的差异，培养的学生对所授课程基础知识的理解、对科研及专业认知度及熟练度、对国际化重要性的理解程度也会有差异。每一名教师都希望自己讲授的课程能给学生留下特有的印象，让学生也带有学校的特色烙印。这就要求教师既要熟悉课程的传统，又不能简单满足在巩固维持这些传统上，还要去探索新的教学理念、教学方法和教材内容。本文以一名材料学科教师个人的视野，从名人、专业、教材、专著角度考察教材建设、人才培养的历史、文化、变迁或演变。由于笔者比较关注经典科学人物的作用，因此从德国哥廷根大学金属物理所所长 Peter Haasen 教授谈起；又因材料物理专业的前身——金属物理专业是北京科技大学最具特色以及以柯俊院士为代表的教师们在教材建设方面有重要贡献的专业，且金属物理专业起源于建校时成立的金相专业，因而本文的另一个焦点是金属物理专业；而将这两者联系起来的纽带是教材建设，教材圈定了任课教师所讲授的内容，对学生产生重要的影响，同时也反映了教材编写教师的水平和特色。

本文意在探讨两个问题。一是《柯俊传》[1]中有一段描述：我校金物专业是国内第一、世界第二成立的专业。那么世界第一成立金属物理的学校是谁？英美国家很少使用金属物理一词，只有苏联和德国设立金属物理方向，由此联想到 20 世纪 20 年代就开展金属物理研究的德国哥廷根大学。二是对任课教师的教材编写和科学研究都产生重要影响的国际巨作——Cahn 教授主编的 *Physical Metallurgy*（《物理冶金学》），参与编辑的 Haasen 教授对教材建设的贡献，以及哥廷根大学对德国亚琛工业大学金属物理教学与科研的影响。

　　因为在整个讨论中涉及的人物多、时间跨度大，所以整理出 3 条脉络作为讨论引导：第一条是教材建设的脉络：Haasen —Cahn —Lücke —Gottstein —哥廷根大学与亚琛工业大学的物理冶金学、物理金属学教材建设；第二条是时间脉络：Haasen —Masing —Tammann —哥廷根大学的金属物理研究及金属物理研究所；第三条是北科大及我国教材建设、人才培养国际化的脉络：Haasen —北科大金属物理—金相—教材建设—中国学者的人才培养。本文整理了材料科学与工程专业的历史、文化、材料名人、教学、人才培养等内容，希望对青年学生及青年教师的专业学习、专业情感的提升有所帮助。

一、教材建设脉络：Haasen—Cahn—Lücke—Gottstein—哥廷根大学与亚琛工业大学

　　2018 年，中南大学出版社彭超群教授发表文章"《物理冶金学》——跨越半个世纪的材料科学经典著作"[2]。《物理冶金学》也被称为材料科学领域的"Bible"。彭超群教授参照《物理冶金学》各版的出版前言，详细介绍了《物理冶金学》各版出版的历史背景，展示了国际材料专家对材料领域教学的贡献。材料科学专业教师参考这些经典著作，编写了中文版教材，教育和培养了一代又一代的材料科学工作者。《物理冶金学》的作者 Cahn 是中国科学院外籍院士。《物理冶金学》分别出版了 1965 年第 1 版、1970 年第 2 版、1983 年第 3 版、1996 年第 4 版[3]和 2014 年第 5 版[4]，其中第 4 版和第 5 版相隔 18 年，著作容量上也从单卷本到两卷本再到三卷本。德国哥廷根大学金属物理所所长 Haasen 教授与 Cahn 合作编写了第 3 版、第 4 版《物理冶金学》（见图 1 (b)）。其实，早在第 1 版的前言中，Cahn 就对 Haasen 进行了致谢，第 2 版中 Haasen 还编写了一章。同时，Cahn、Haasen 与 Kramer 合作编写了一套非常有影响的 *Materials Science and Technology*（《材料科学与技术》）丛书，共 19 卷（23 分册）。北科大金属学或材料学专业使用的余永宁教授编写的《金属学原理》《材料科学基础》及很多其他院校编写的《材料科学基础》都参考了 Cahn 与 Haasen 的《物理冶金学》《材料科学与技术》丛书及 Haasen 教授个人出版的教材。因此，Haasen 对我国材料科学专业教科书的编写产生了重要影响。图 1 是笔者保存的《物理冶金学》第 2 版、第 4 版和第 5 版的封面与第 3 版的编者说明。

　　Cahn 逝世后，由美国卡内基梅隆大学的 Laughlin 教授、日本国立材料研究

所的 Hono 教授主编了 *Physical Metallurgy*（第 5 版），中南大学出版社购买了其影印版权，将其中文名译成《物理冶金学》[1]，北科大金属物理教研室将其译为《物理金属学》[5]。

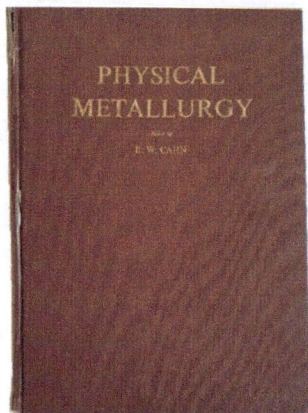

(a)

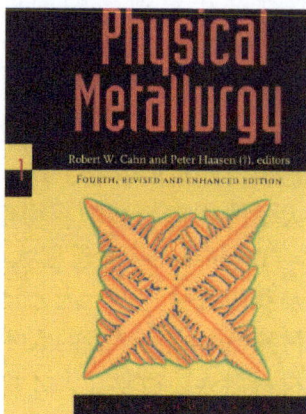

(b)

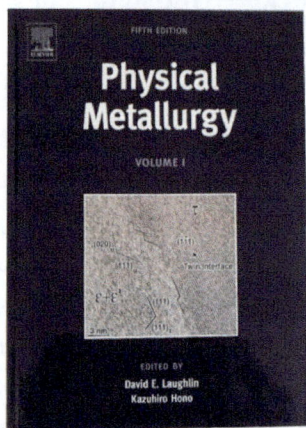

(c)

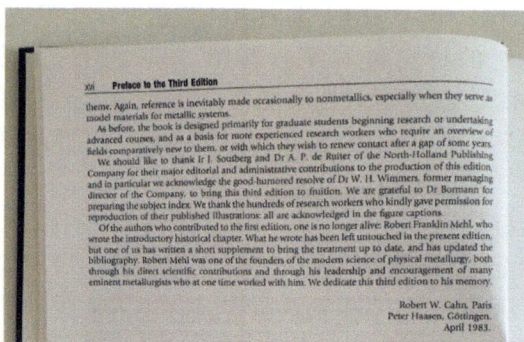

(d)

图 1　《物理冶金学》第 2 版（a）、第 4 版（b）、第 5 版封面（c）及第 3 版编者说明（d）

　　Haasen 教授与亚琛工业大学金属学及金属物理所第一任所长 Lücke 教授都是哥廷根大学的博士，20 世纪 50 年代分别担任两所大学的金属物理研究所所长。Haasen 的研究领域有亚稳及非晶相的热力学、再结晶、电子显微术、场离子显微术、断裂、内耗、霍尔效应、离子晶体的塑性各向异性；Lücke 的研究方向有短程有序、内耗法、辐照损伤、塑性变形、再结晶、晶粒长大、织构等。两人的研究方向很相似，是典型的金属物理研究内容。Haasen 除了参与编写 Cahn 的巨著《物理冶金学》《材料科学与技术》系列丛书外，还编著了德文的 *Physikalische*

Metallkunde（《物理金属学》）教科书（1974 年第 1 版，1984 年第 2 版[6]），如图 2（a）所示。Lücke 并没有直接出版教材，但他作为 Masing 的助手在 1950 年出版的 *Lehrbuch der Allgemeinen Metallkunde*（《通用金属学教程》，见图 2（b））一书中做出很大贡献，Masing 在教材前言中也给予致谢。Lücke 的继任者亚琛工业大学金属学及金属物理所所长 Gottstein 教授 2004 年出版了英文教材 *Physical Foundations of Materials Science*（《材料科学的物理基础》）[7]，如图 2（c）所示。Gottstein 教授在该书的前言中明确写道，这本教材适合材料工程与金属物理专业学生使用；这本教材建立在哥廷根大学 Masing 德文教科书 *Einführung in Die Metallkunde*（英文为 *Introduction to Physical Metallurgy*，中文名为《金属学导论》）[8]基础之上，继承延续了 Tammann、Masing、Haasen、Lücke 的哥廷根学派风格。可见，亚琛工业大学的教材也展现了哥廷根大学金属学及金属物理的教学风格，一脉相承。

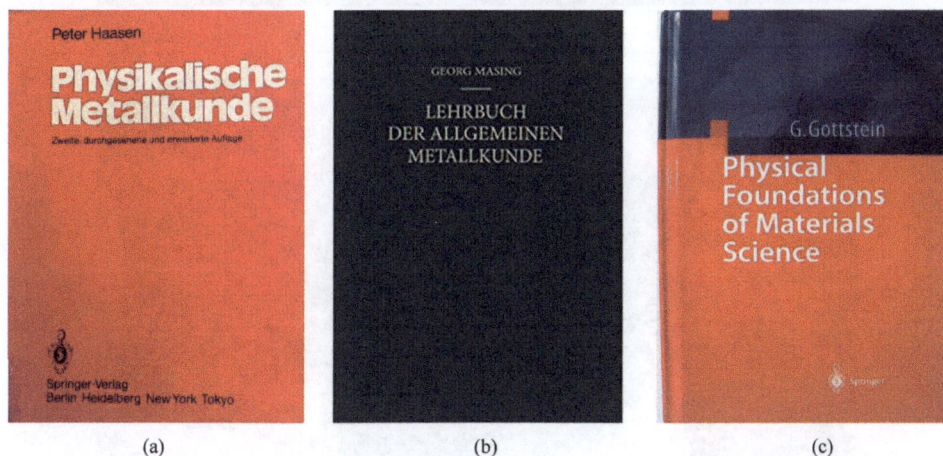

图 2　Haasen 教授编写的德文《物理金属学》封面[6]（a）、Masing 教授编写的德文《通用金属学教程》（b）及 Gottstein 教授编写的《材料科学的物理基础》封面[7]（c）

图 3（a）是笔者进行课程建设时收集到的一张珍贵照片，笔者的导师 Gottstein 教授（左，他是 Lücke 的学生、亚琛工业大学金属学及金属物理所第二任所长）、Hansen 教授（中，丹麦 Risø 国家实验室材料部门主任、美国金属学会 Mehl 奖获得者[9]）和 Haasen 教授（右，美国金属学会 Mehl 奖[10]、Campbell 奖[11]获得者）三人合影。Haasen 于 1988 年 9 月被聘为北京科技大学的名誉教授（见图 3（b）），Hansen 也是北京科技大学新金属材料国家重点实验室聘请的客座教授，他是第 5 版《物理冶金学》塑性变形一章的编写者，在形变组织演变的基础研究中做出重要贡献。书中对形变组织碎化过程出现的几何必需晶界、伴生位错晶界等相关术语的系统整理都是他完成的。因此，亚琛工业大学金属学及金属物理所与哥廷根大学金属物理所在学术、教材、教材编写者等几个方面都同出一辙。

(a)

(b)

图 3　Gottstein 教授（左）、Hansen 教授（中）、P. Haasen 教授（右）三人合影
（照片由 Hansen 教授提供）（a），以及 Haasen 为北京科技大学名誉教授授予仪式照片
（由冯强教授提供）（b）

二、时间脉络：Haasen—Masing—Tammann—哥廷根大学的金属物理研究及金属物理研究所

在哥廷根大学，金属学的教学与研究最早是在化学系。Tammann（见图 4（a））1903 年到新成立的化学教研室任负责人[12-13]，1905 年转到物理化学所接替诺贝尔奖获得者 Nernst，1907 年任所长，直到 1930 年退休。Cahn 在 *The Coming of Materials Science*（《走进材料科学》）[14]一书中讲述支撑材料科学的三条

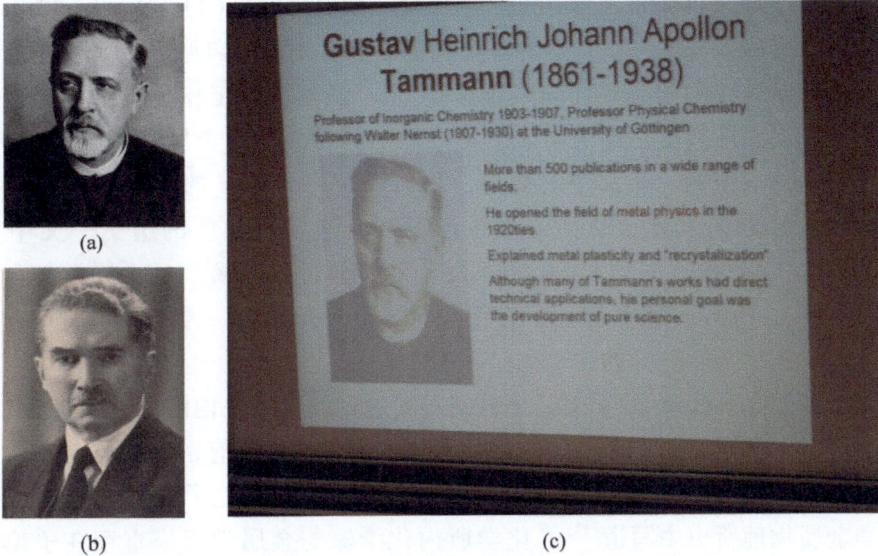

图4　哥廷根大学 Tammann 教授（a）、Masing 教授（b），以及 Tammann 教授展板照片
（毛卫民教授摄于哥廷根大学博物馆）（c）

腿（三个基础）中的相图与亚稳相时，介绍了 Tammann 的贡献为：测定了 1900
多种合金体系并创建了合金相图，编写了 *Lehrbuch der Metallographie*（《金相学教
程》）；研究了金属塑性变形机理与再结晶过程"修复"变形金属。Tammann 先
完成了从化学到冶金学的转变，又完成了从冶金学到物理学的转变，最后成为金
属物理学科的带头人之一。Johnson-Mehl-Avrami 方程是 1939 年提出的，而
Tammann 于 1898 年就提出了该方程。Mehl 在 Cahn 编辑的第 2 版《物理冶金学》
中第 1 章"物理冶金学的历史发展"中还提到 Tammann 将许多基础信息及理论
方法带入了物理冶金学，在相变机理上也有开创性的工作，提出相变都要经过形
核和长大过程，1926 年 Volmers 提出的形核理论也受到 Tammann 原理的影响。
Tammann 进一步提出，控制凝固时只有一个核出现时，就可得到单晶，这个思路
也影响了后来制备单晶的 Bridgman 方法和 Czochralski 方法。Tammann 还最早研
究了金属的回复过程：1922 年，Tammann 发明了测量金属氧化层厚度变化速率
的方法，确定了厚度随时间的抛物线关系。物理化学所所长 Tammann 的继任者
Eucken 任所长期间，金属学方向名存实亡。而原来的普通化学所在所长
Wartenberg 领导下的无机化学部中还设立着金属学。1938 年，物理化学所所长
Eucken 的接替者 Masing 所长（见图 4（b））将无机化学所改名为普通金属学研
究所，同时将物理化学所中的金相教研室划在金属学研究所内。图 4（c）是北
京科技大学毛卫民教授参加国际晶体学织构及各向异性研究学术会议时在哥廷根
大学博物馆拍到的有关 Tammann 教授介绍的展板照片，展板中信息显示：

（1）发表了 500 多篇文章，这在那个年代是非常之多的；（2）20 世纪 20 年代开辟了金属物理研究领域；（3）解释了金属塑性和再结晶等典型的金属物理研究内容及需要位错线缺陷和晶界面缺陷理论；（4）虽然多数工作是技术应用，但个人目标却是发展纯科学。其中第 3 个特点显然是金属学及金属物理学家的特点，而不是物理化学家的。从那个时代起，Tammann 与 Masing 的研究所就有两派之争，即向化学方向发展还是向金属领域发展。这在研究所的历史一文中（为 Haasen 教授 60 岁生日的学术活动而编写）有具体过程记载[12]。金属学与金属物理的差异也在 Haasen 和 Gottstein 的教材前言中有介绍[6-7]，类似于 Cahn 对旧式冶金学与物理冶金学差异的讨论[14]。

Masing 是 Tammann 的学生，是名副其实的金属学家，他的研究方向是二元、三元合金热力学及凝固、再结晶、硬化及腐蚀。他撰写了有重要影响的《通用金属学教程》[8]。1956 年，Masing 去世，德国金属学学会设立了 Masing 奖章。哥廷根大学金属物理所史中写道[12]，化学所内化学家与金属学家一直存在争论。大学决策人决定寻找物理学家，向物理方向转移，1958 年，学物理的 Haasen 受聘成立哥廷根大学金属物理研究所并任所长（Lücke 于 1957 年作为美国布朗大学教授放弃了应聘哥廷根大学金属物理研究所所长[15]，应聘到亚琛工业大学成立金属学及金属物理研究所并任所长），开始金属物理的研究。

Tammann 与 Haasen 的研究成果在材料科学基础教材中都不占主要位置，却对材料科学基础教学产生了重大影响，其中以 Tammann 名字命名的概念、公式或装置有 21 个[13]，例如，Tammann 温度（固态能够明显进行化学反应的最低温度，金属、共价键物质、离子键物质 Tammann 温度不同；Tammann 温度的本质应该就是材料科学基础课程讲的纯金属的再结晶温度）、Tammann 炸弹、Tammann 式炉子、Tammann 浓溶体定律、Tammann 恒等式、Tammann 液体压缩性恒等式、确定渗透压的 Tammann 方法；Tammann 于 1922 年发现了氧化层生长厚度的抛物线规则，即材料科学基础教材扩散一章中讲的扩散深度的抛物线法则；Tammann 规则——二元合金中重元素溶解更多的轻元素，而轻元素溶解较少重元素；生长单晶的 Tammann 方法（之后才有 Bridgeman 单晶生长方法），等等。德国材料学会设有 Tammann 奖章。Tammann 倡导从物理的角度研究金属，因此被称为金属物理研究的开拓者。

1994 年，Haasen 教授去世后，哥廷根大学的金属物理所的发展基本停止。图 5 是 Haasen 于 1985 年获得美国 ASM 学会的 Mehl 奖的文章首页[10]和刘治国教授及北京科技大学金属物理系主任朱逢吾教授在哥廷根大学金属物理所读博期间的研究成果。

The 1985 Institute of Metals Lecture
The Metallurgical Society of AIME

The Early Stages of the Decomposition of Alloys

PETER HAASEN
R.F.Mehl Medalist

(a)

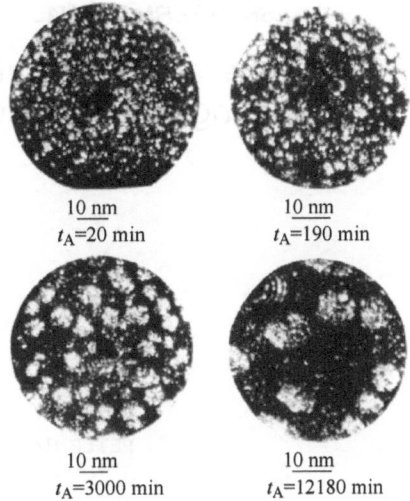

10 nm
$t_A=20$ min

10 nm
$t_A=190$ min

10 nm
$t_A=3000$ min

10 nm
$t_A=12180$ min

(b)

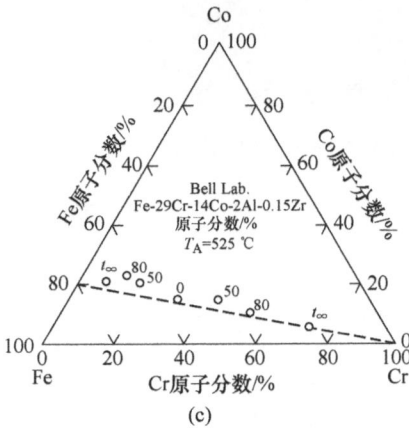

Co
0 100
20   80
40   60
Fe原子分数/%   Co原子分数/%
60   40
Bell Lab.
Fe-29Cr-14Co-2Al-0.15Zr
原子分数/%
$T_A=525$ ℃
80   20
t_∞ 80 50
50
80 t_∞
100 0
0   20   40   60   80   100
Fe   Cr原子分数/%   Cr

(c)

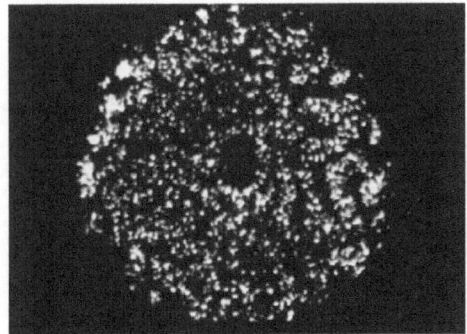

(d)

图 5　Haasen 在 Mehl 讲座时的报告（a），以及刘治国教授和
朱逢吾教授读博期间的合作研究成果（b）~（d）

　　图 6 是 Haasen 于 1992 年获得美国金属学会 Campbell 奖的文章首页[11]。该研究是关于材料科学基础中基本内容再结晶时新晶粒的取向的起源。

　　20 世纪 50 年代，Haasen 等人在单晶 Al 及 Ni 中观察到的应变软化现象，也称著名的 Haasen-Kelly effect，被编入第 2 版 Cahn 的《物理冶金学》一书中。它指室温拉伸形变时，屈服后卸载再加载，显示流变应力提高，然后下降，即形变伴随软化现象，如图 7（a）所示。这种效应随卸载时形变量的大小而变，拉伸形变量越大，应变软化效应越明显，如图 7（b）所示。该现象与 Cottrell 的上下屈服点效应或应变时效相似，但与溶质原子与位错的交互作用无关，与晶界作用

The 1992 Edward Campbell Memorial Lecture
ASM INTERNATIONAL

How are New Orientations Generated during Primary Recrystallization?

PETER HAASEN

图 6　Haasen 获美国金属学会 Campbell 奖讲座报告的首页[11]

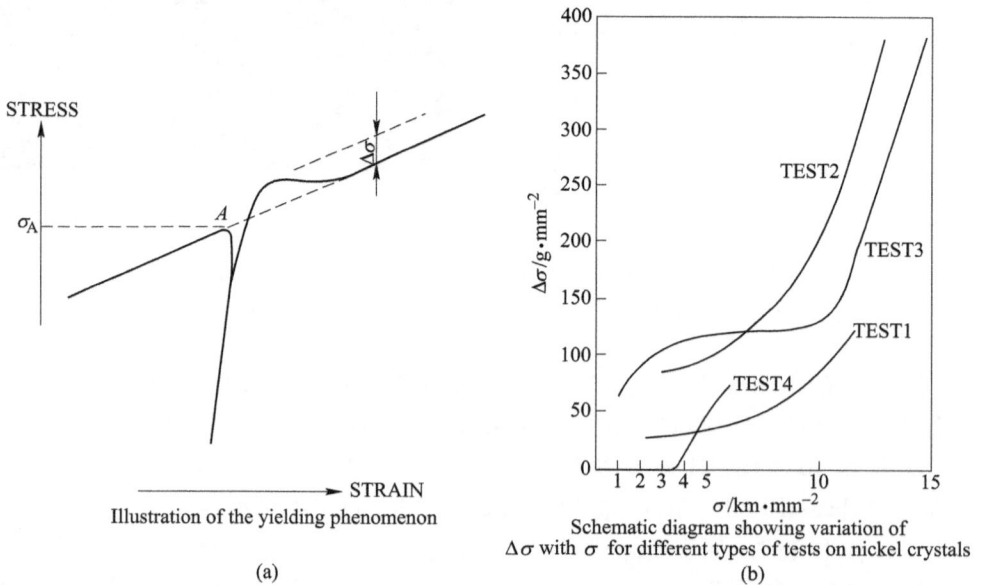

STRESS

σ_A

A

$\Delta\sigma$

STRAIN

Illustration of the yielding phenomenon

(a)

TEST2

TEST3

TEST1

TEST4

$\Delta\sigma/\mathrm{g\cdot mm^{-2}}$

$\sigma/\mathrm{km\cdot mm^{-2}}$

Schematic diagram showing variation of
$\Delta\sigma$ with σ for different types of tests on nickel crystals

(b)

图 7　Haasen 和 Kelly 提出的应变软化效应及形变条件的影响原图[16]
（a）屈服现象示意图；（b）图（a）中 $\Delta\sigma$ 随 σ 变化的关系图

也无关，这是由于卸载时位错的再调整所致。文中提及 Lücke 早先观察到此现象，但以应变时效来解释此过程。可见 Haasen 和 Lücke 师兄弟二人研究的相似性。笔者在高锰钢 TRIP（相变诱发塑性的英文缩写）过程中观测到此现象，主要与母相 fcc 有关，与新相 bcc 关系较小。

三、北科大及我国教材建设、人才培养国际化的脉络：Haasen—北科大金属物理—金相—教材建设—中国学者的人才培养

北科大金属物理教研室投入了大量的人力首先于 20 世纪 80 年代将 Cahn 的第 2 版《物理冶金学》翻译成中文，名称为《物理金属学》，如图 8 所示。随后我国材料界在师昌绪、柯俊先生的组织下将 Cahn、Haasen、Kramer 的系列丛书译成中译本《材料科学与技术》，作为金属物理、金属学和材料科学与工程专业的教学参考书，也可作为科研人员和工程技术人员参考用书。

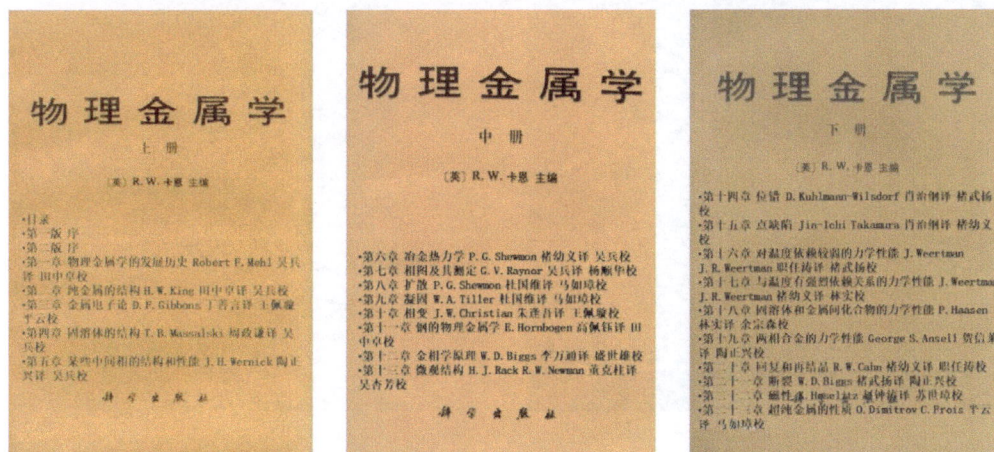

图 8　北京科技大学金属物理教研室翻译的 Cahn 的第 2 版《物理冶金学》的中文版[5]

特别还应提到的是北科大金属物理教研室的肖纪美先生还牵头将德国金属材料的"Bible"教材——Haasen 的原德文、后英文版的《物理金属学》译成中文[17]，柯俊先生完成校稿，如图 9 所示。在该书中有 Haasen 为中文版写的前言，给出了翻译此书的背景：1978 年葛庭燧先生访问了哥廷根大学金属物理所，同年，Haasen 教授回访了沈阳金属所，并顺道访问了北京钢铁学院，柯俊先生及教研室老师热情地承担了该书的翻译。1979 年柯俊回访了哥廷根金属物理所，并请 Haasen 为中文版写了前言（见图 9）。柯俊在校对后记中写道，北京钢铁学院金属物理专业与哥廷根大学物理系金属物理专门化有同一指导思想，因而由北京钢铁学院金属物理专业来承担翻译工作是适当的。由于语言文化的差异，Haasen 的德文书名称是 *Physikalische Metallkunde*，中文名称应译为《物理金属学》，但 Haasen 本

人将其译为英文时使用的是 *Physical Metallurgy*，而这个名称译成中文时，多数译为《物理冶金学》。在我国金属学与冶金学的含义是有差异的。Haasen 教授编著的 1970 年版英文《物理冶金学》的中译本《物理金属学》于 1984 年出版，图 9 为中译本《物理金属学》封面、封底及 Haasen 写的中文版前言[17]。

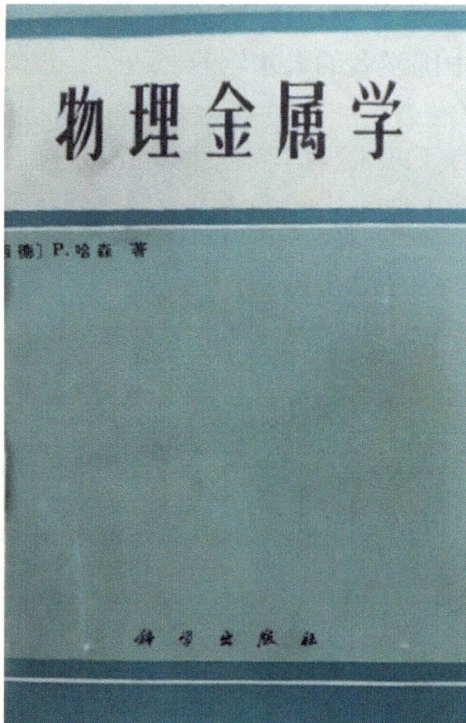

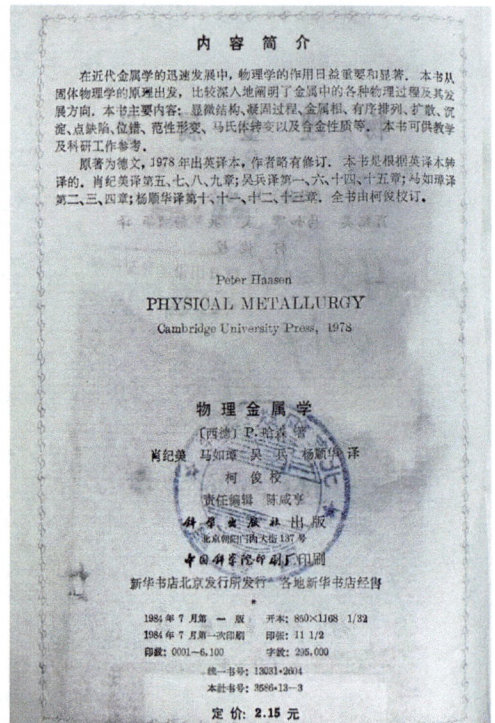

图 9　北京科技大学金属物理专业肖纪美、马如璋、吴兵、杨顺华等翻译的《物理金属学》（柯俊校）[18]

　　《柯俊传》（封面见图 10）中"世界上第二个金属物理专业"的说法中，其中一段节录如下："1955 年，柯俊被任命为新成立的物理化学系主任，1956 年学校正式批准成立金属物理教研组，同年 9 月第一批金属物理专业学生入学。北京钢铁工业学院（简称钢院，后更名为北京钢铁学院，北京科技大学的前身）金属物理专业是世界第二个、中国第一个金属物理专业，为后来全国金属物理专业的建立提供了范例。而其开展的专题报告会内容包括了金属的范性形变、相变、位错、组织结构等。"可见，这些内容就是金属学基础研究内容。笔者后来询问金属物理专业老教师，确认《柯俊传》提及的"第一个"是指苏联的莫斯科钢铁学院，不是指德国哥廷根大学的金属物理。柯俊先生曾向笔者介绍过当年在哥廷根大学受到 Lücke 的接待，看了若干诺贝尔奖获得者的墓碑。所以笔者一直误以为是北科大在学习德国的金属物理，如今幸得澄清。不管怎样，北科大的金属物理专业及教研室为我国材料专业的教学人才培养做出了巨大贡献，作为恢复高考后第一批考入北京钢铁工业学院的本科生，笔者及同学们一直以钢院的金相专业和金物专业是最有特色的 2 个专业而自豪。我国在新中国成立初期多以金相、金属学、金属物理建立专业，"金相"在英美、德国、苏联都有使用，但"金属学""金属物理"主要在德国、苏联使用，英美多用"物理冶金"，后来都改为材料科学。我国 1956 年前后同期设立金属物理专业（或专门化）的还有武汉大学、兰州大学等[18-20]。

图 10　《柯俊传》封面[1]

　　Haasen 教授在我国的人才培养方面也产生了重要影响，他招收我国的第一个博士生是南京大学材料系的刘治国教授。刘治国 1980 年起留学德国哥廷根大学，跟随 Haasen 教授从事相变机制与相变动力学研究，1984 年获哥廷根大学理学博士学位，同年回到南京大学固体微结构国家重点实验室工作至今，长期从事铁电介电材料，特别是新型存储器和场效应器件用铁电介电薄膜研究，获 2005 年国家自然科学奖二等奖（排名第一），获省部级科技奖励 7 项，参与撰写专著 4 部，发表科研论文 400 余篇，参与主编的《材料科学导论》获 2005 年国家级教学成果奖二等奖。Haasen 招收我国的第二个博士生是北科大金属物理系的朱逢吾主任，他回国后从事金属间化合物的氢脆研究、薄膜材料研究。Haasen 招收我国的第三个博士生是萧思群博士，他作为郭可信院士在上海交通大学招收的出国研究生，1991 年获哥廷根大学博士学位，先后就职于美国 FEI 公司和美国应用材料公司。哥廷根市的一个著名景点是牧鹅女铜像及喷泉（见图 11（a）），传说她是全世界被亲吻最多的女孩，据说哥廷根大学每个毕业的博士生都要亲吻牧鹅女才算真正博士毕业，图 11（b）、（c）是萧思群博士毕业答辩后被四人大轿抬着去牧鹅女景点，同时还有根据他的特点制作的博士帽。这个习惯也被 Lücke 教授带到亚琛工业大学金属学及金属物理所，笔者毕业答辩后也戴上了这样一顶博士帽[21]。

(a)

(b)

(c)

(d)

图 11　哥廷根市牧鹅女铜像及喷泉（a），萧思群博士毕业时被用大轿抬去亲
吻牧鹅女（b）（c），以及笔者毕业时的博士帽（d）

图 12 为萧思群博士提供的 Haasen 教授 60 岁生日时哥廷根大学金属物理所举办学术活动的合照。照片中萧思群博士（箭头所指）位于 Haasen 教授的左侧；此外，还有研究生毕业于北科大金属物理专业的张统一院士，当时他作为洪堡奖学金获得者在哥廷根大学 Haasen 教授的研究所开展合作研究；另外，照片中还有日本著名的铃木气团理论提出者——铃木教授。

图 12　Haasen 教授 60 岁庆祝活动合影（萧思群博士提供）

金属学、金相、金属物理这三个常见的相互关联的专业词汇（专业或教研室或课程的名称），与我们的学生、教师时代关联，同时也发生了很大的变化，这是历史的发展所致，与北科大材料专业教学与科研发展息息相关。材料科学基础课程是由金属学或金属学原理演变而来，拓展为由金属、陶瓷、聚合物等组成的材料，金属学课程在 1952 年北京科技大学建校时就设立了，招收了第一届金相专业（或金属学及热处理专业）的学生。第一任教师是徐祖耀先生，然后有刘国勋先生、宋维锡先生、余永宁先生。笔者从 1986 年硕士毕业开始接触这门课程，到现在讲授课程及建设课程已断断续续 30 多年。1956 年开设金属物理专业，柯俊先生开始了金属物理教学。而哥廷根大学的金属物理研究从 20 世纪 20 年代就开始了，1958 年建立了金属物理研究所。北科大的金属学课程教学有两条线路，一条是材料学专业学生课程及使用的教材，先后有 1980 年出版的刘国勋主编的《金属学原理》[22] 和 2000 年出版的余永宁教授主编《金属学原理》[23]。另一条是材料加工专业及冶金专业、高等工程师学院课程及使用的宋维锡教授编的《金属学》教材，该教材于 1980 年出版[24]，到现在印刷了18次，以及1961年北科大金相教研室出版的由宋维锡、刘国勋、余永宁、李景慧、宋沂生等人编写的最早一版《金属学》教材，如图13[25]所示。上述金属学教材中各章节前后顺序的编排风格在后来的《金属学》一书中也有体现。文献[26]评价道，中国学者编著大学金属学及热处理专业的教材始于20世纪60年代，多为各大学教研室集体编写，其中1961年这版《金属学》便成为中国工科教材脱胎于翻译苏联教材的珍贵历史性纪录。北京钢铁学

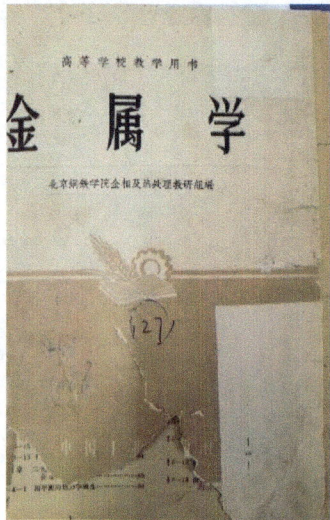

(a)

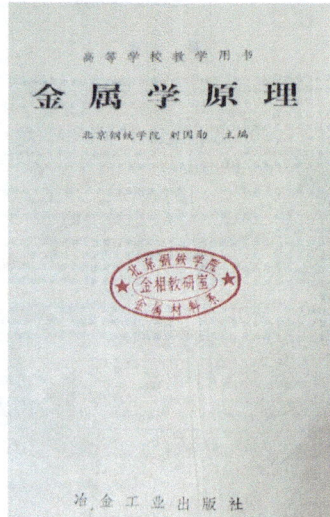

(b)

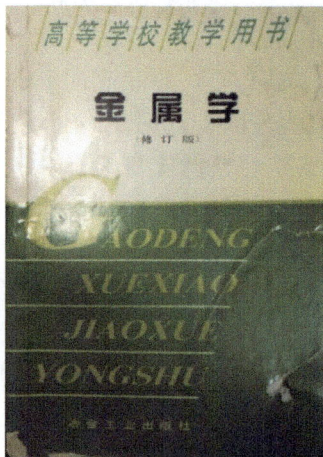

(c)

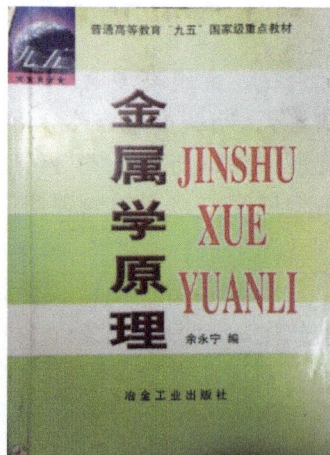

(d)

图13　北京科技大学出版的金属学教材封面
（a）1961年金相教研室编著；（b）1980年刘国勋编著；
（c）1980年宋维锡编著；（d）2000年余永宁编著

院（现北京科技大学）金相专业第一任教师徐祖耀老师出版的《金属学原理》是在离开北京钢铁学院到上海交通大学后于 1964 年出版的[27]。目前我国材料科学基础教材也被翻译成英文版，进入国际化教学领域，这也展示了我国"双一流"建设的成效。

四、结束语

（1）获得美国 Mehl 奖及 Campell 奖的杰出材料物理学家 Haasen 与 Cahn 合编了名著《物理冶金学》（或《物理金属学》）中的两版，他也参与了材料工作者系列丛书《材料科学与技术》的编写，还编著了德文教材《物理金属学》，在教材建设上做出了重要贡献。此外，他培养了 3 名金属物理专业的中国博士生。

（2）哥廷根大学的金属物理研究从 1907 年 Tammann 任物理化学所所长开始，后经 Masing 强化了金属学研究，Haasen 于 1958 年成立了金属物理研究所，与其并行的是来自哥廷根大学的 Lücke 教授于 1957 年在亚琛工业大学成立金属学及金属物理研究所，开展金属物理研究；在教材建设上，Lücke 教授的学生、新所长 Gottstein 教授编著了材料科学的物理基础教科书，并由德文译成英文；德国金属学学会设立了 Tammann 奖章、Masing 奖章。

（3）1956 年北京钢铁工业学院（现北京科技大学）是国内第一个或第一批建立金属物理专业（1956 年）的高校，仅比建校就成立的金相专业晚 4 年。金属物理专业从金相专业分离出去，属理科专业，任课教师将多部经典书籍译成中文，为教学和人才培养做出了重要贡献，在国内产生了重要影响。

参 考 文 献

[1] 韩汝玢，石新明. 柯俊传 [M]. 北京：科学出版社，2014.

[2] 彭超群.《物理冶金学》——跨越半个世纪的材料科学经典著作 [J]. 中国机械工程，2018，29（7）：879.

[3] CAHN R，HAASEN P. Physical metallurgy [M]. 4th ed. Amsterdam：Elsevier press，1996.

[4] LAUPHLIN D E，HONO K. Physical metallurgy [M]. 5th ed. Amsterdam：Elsevier press，2014.

[5] CAHN R. 物理金属学 [M]. 北京钢铁学院金属物理教研室，译. 北京：科学出版社，1984.

[6] HAASEN P. Physikalische metallkunde [M]. Berlin：Springer-Verlag，1984.

[7] GOTTSTEIN G. Physical foundations of materials science [M]. Berlin：Spring-Verlag，2004.

[8] MASING G. Lehrbuch der allgemeinen metallkunde [M]. Berlin：Springer，1950.

[9] HANSEN N. New discoveries of deformed microstructure [J]. Metall Mater Trans，2002，32：2917.

[10] HAASEN P. The early stages of decomposition of alloys [J]. Metall Mater Trans，1985，16：1173-1184.

[11] HAASEN P. How are new orientations generated during primary recrystallization [J]. Metall Mater Trans, 1993, 24: 1001.

[12] Institut für Metallphysik [Z]. Göttingen: Universität Göttingen, 1987.

[13] BEER G, TAMMANN A G. Tammann-Begriffe [Z]. Museum der Göttinger Chemie. Museumsbrief Nr. 24, 2005, 6.

[14] CAHN R. 走进材料科学 [M]. 杨柯, 译. 北京: 科学出版社, 2008.

[15] GRANATO A. Some memories of Kurt Lücke [J]. Mater Sci Eng, 2004, A370: 2.

[16] HAASEN P, KELLY A. A yield phenomenon in face-centered cubic single crystals [J]. Acta Metal Mater, 1957, 5: 192-199.

[17] HAASEN P. 物理金属学 [M]. 肖纪美, 译. 北京: 科学出版社, 1984.

[18] 尹晓冬, 周金蕊. 金属物理学家中的女杰——周如松 [J]. 自然杂志, 2012, 34 (4): 245-248.

[19] 徐约黄. 忆我国金属物理学科的先驱——周如松先生 [J]. 物理, 2007, 36 (3): 249-252.

[20] 王稚儒, 蒋生蕊, 高美珍. 兰州大学金属物理专业 20 年的发展与进步 [J]. 甘肃冶金, 1999, 76 (2): 11-12.

[21] 杨平. 再结晶及晶粒长大国际会议的 Smith 奖及其获奖者——《材料科学基础》课程中的基本概念与名人典故 [J]. 金属世界, 2013 (5): 77-84.

[22] 刘国勋. 金属学原理 [M]. 北京: 冶金工业出版社, 1980.

[23] 余永宁. 金属学原理 [M]. 北京: 冶金工业出版社, 2000.

[24] 宋维锡. 金属学 [M]. 北京: 冶金工业出版社, 1980.

[25] 北京钢铁学院金相教研室. 金属学 [M]. 北京: 中国工业出版社, 1961.

[26] 郝士明. 许治同教授和他的巨著《钢铁材料学》[J]. 材料与冶金学报, 2018, 17 (3): 233-238.

[27] 徐祖耀. 金属学原理 [M]. 上海: 上海科学技术出版社, 1964.

本文原文发表于《金属世界》, 2022 年, 第 2 期, 15-25 页。

冯端先生早期金属物理方面的研究对材料科学基础课程教学的影响

内容导读： 金属学（现在一般称为材料科学基础）课程中的知识点基本都源于国外材料、冶金、物理、化学等学科的科学家，我国科学家创建的成果较少。冯端先生于 20 世纪 50—60 年代开展了金属物理方面的研究，在位错与晶界结构的研究上做出了富有特色的成果。这些成果展示在他编著的国内第一部《金属物理》教学参考书中，该书对笔者早年金属学原理课程学习产生过影响。冯端先生一生中出版的其他书籍对教师的教学过程也有很大的帮助。本文基于冯先生在金属物理方面的贡献讨论其对材料科学基础课程教学多方面的影响，其中也展现了课程前辈在教材编写中的辛勤与贡献，希望这些总结也能对学生专业成长有所帮助。

冯端先生是我国固体物理学家，他们兄妹 4 人被称为中国科学院第一名门[1]，其 4 个家庭中有 3 人是中国科学院院士。其中不是中国科学院院士的大哥冯焕是美国著名的通用电气（GE）公司的高级工程师，材料科学基础（以下简称材科基）课程中的经典人物 H. Hollomon、D. Turnbull、J. Cahn、J. Fisher、I. Langmuir 都来自通用电气。北京科技大学（以下简称北科大）金属物理专业创始人柯俊先生一家也有 3 名院士。冯端先生早期在金属物理方面的科研与教研活动对材料科学基础课程教学产生了影响，特别是他出版了我国第一部《金属物理》专著[2-3]，对教学产生了深刻影响。

在北科大，从 1952 年建校起（当时为北京钢铁工业学院）就开设金属学原理课程，现在是材科基课程，北科大材料专业从 2000 年后为适应时代发展，即兼顾各种材料的通性，将原来的金属学原理教材及课程改名为材料科学基础，加入更多的无机非金属材料、高分子材料及液晶材料的结构、组织、制备及性质方面的原理内容，但教材及课程的主体还是金属材料。

笔者学习与讲授材科基课程已近 30 年，一方面，从早期的学生时代和后来的教师生涯都受到不少经典专著、经典教材及教学参考书的影响，冯端先生的《金属物理》也是其中之一。北科大自建校以来，金相与金属物理专业，包括课程教学及研究，都是学校的特色之一。特别是以柯俊先生为代表的金属物理方向的对外交往、基础研究及教研，为北科大校史留下浓墨重彩的一笔。另一方面，在比较系统地查找了材科基课程中的知识点所涉及的经典人物、经典文献后，感觉到介绍国外专家的资料很多，能在课程中直接体现的我国材料大师工作内容的很少，冯端先生早期金属物理方面的研究及《金属物理》一书给教师们教学的一些指导非常值得分析讨论。

本文首先简介冯端先生的生平、研究领域及人生境界，从宏观的材料学科发展和人生成长的角度讨论其树立的榜样作用，然后讨论其所著的金属物理经典著作及对位错的研究带来的启迪，特别是其将位错理论研究成果融入教学、教材的案例；此外还分析了冯端等老一辈科学家研制并获奖的国内第一台电子束浮区区熔仪对课程教学的意义。本文的目的是从材科基教材与课程上寻找我国金属物理大师的身影和对课程教学的推动作用，激发学生的专业热情及动力，更好地为国家建设作出贡献，早日实现强国之梦。本文也分析了课程前辈潜心教学、钻研教学的榜样力量。

一、冯端先生生平简介、研究领域的拓展及其人生境界[1,4]

冯端先生（1923—2020年）（见图1）1946年毕业于中央大学（后更名为南京大学），获学士学位并留校任教。他曾任固体微结构物理国家重点实验室主任兼学术委员会主任，"863计划"项目"纳米材料科学"首席科学家，中国物理学会理事长，并兼任国家自然科学基金委员会委员、《物理学进展》主编、《固体物理学大辞典》主编、《凝聚态物理学丛书》副主编等职。1980年当选为中国科学院学部委员（院士）。20世纪50年代，冯端开始进行金属物理学的研究，在应用上，他针对国家国防工业的需求，选择了以中国产量丰富而尖端技术极为需求的有体心立方晶体结构的难熔金属钼、钨、铌等为突破口，开始晶体缺陷研究，研制出中

图1　冯端先生[1]

国第一台电子束浮区区熔仪。此项目1964年获国家计委、国家经委和国家科委颁发的工业新产品奖二等奖，成功地制备出了钼、钨等单晶体。在理论上，他创立了系统的侵蚀坑法显示、定量化高熔点金属的位错结构、组态的技术，并在《物理学报》《中国科学》等刊物上发表相关论文10余篇。1982年、2003年和2004年其先后获国家自然科学奖二等奖，其中1982年国家奖的成果为"晶体缺陷的研究"。他是我国晶体缺陷研究的先驱者之一，在国际上率先开辟了微结构调制的非线性光学晶体新领域。鉴于其做出的杰出贡献，经国际小行星中心和国际小行星命名委员会批准，中国科学院紫金山天文台将国际编号为187709的小行星命名为"冯端星"。1997年，其《凝聚态物理学高层次人才培养与研究实践》获国家级教学成果奖一等奖；2003年，其《材料科学导论——融贯的论述》获国家教学成果奖二等奖。简言之，物理学专业毕业的冯端先生的科研领域从早

期的金属物理学，过渡到固体物理学（即拓宽到无机非金属材料），再过渡到凝聚态物理学（包含了液晶等软物质），从其系列专著、编著中可清晰看出这个轨迹。据冯先生回忆，南京大学 1953 年就设立了金属物理教研室，1958 年他担任金属物理教研室主任，1974 年他将金属物理教研室改名为晶体物理教研室，从而大大拓宽了物理学的研究载体。

冯端先生与爱人相濡以沫的感情也十分感人，他为爱人写了 60 多年的情诗，留下其美好人生回忆并传为佳话。如果想领略那美好的境界，读者可阅读《光明日报》上的相关文章[4]。

二、冯端先生早期对位错的研究及我国第一台电子束浮区区熔仪的建造

冯端先生在 20 世纪 60 年代初期对体心立方金属 Mo、W 单晶中的位错类型[5]、位错组态[5-6]、位错密度及与小角度晶界的关系[7]开展了系统的研究。其中，他用浸蚀坑法确定了柏氏矢量为<100>的位错类型（通常是<111>/2）[5]，文章题目如图 2（a）所示。用浸蚀坑法确定了小角度倾转型晶界位错结构的定量关系，如图 2（b）所示。其用浸蚀坑法研究位错组态的文章发表在 1963 年的《物理学报》上[6]，如图 3 所示。

第 19 卷 第 3 期　　　　物 理 学 报　　　　Vol. 19, No. 3
1963 年 3 月　　　　ACTA PHYSICA SINICA　　　　March, 1963

鉬晶体中存在有柏格斯矢量为〈100〉的位错的实驗証據*

冯　端　閔乃本　李　齐　林天南
（南京大学物理系）

(a)

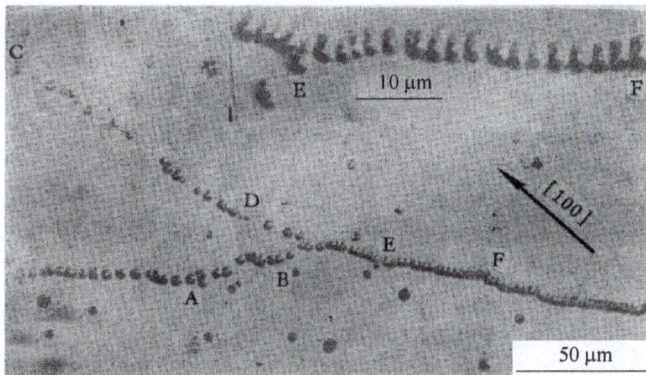

图 2　三叉亚晶界

表1　图2中三叉亚晶界的位错密度

亚晶界	φ	位错密度 ρ_i （厘米$^{-1}$）	$\rho_i/(\cos\varphi_i + \sin\varphi_i)$ （厘米$^{-1}$）
CD	6°	2.01×10^3	1.86×10^3
AB	56°	1.95×10^3	1.40×10^3
EF	32.5°	4.46×10^3	3.23×10^3

(b)

图2　冯端先生在物理学报上发表小角度晶界与位错类型确定的
标题（a）及关系图和相关数据（b）[5]

第19卷 第7期　　　　　　物 理 学 报　　　　　　Vol. 19, No. 7
1963 年 7 月　　　　　　ACTA PHYSICA SINICA　　　　　　July, 1963

用浸蝕法显示鉬单晶中的位错綫与网絡*

馮 端　阙乃本　李齐
（南京大学物理系）

(a)

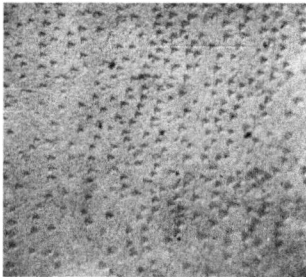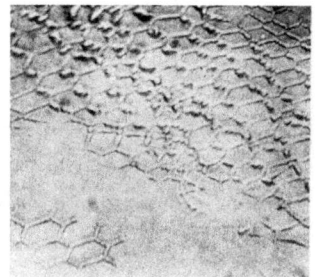

(b)

图3　冯端先生的另一篇浸蚀坑法研究位错的文章首页（a）及不同组态的位错图像（b）[6]

　　材料科学基础课上讲了位错的实验观察法，除了透射电镜下薄膜中直接观察法外，还介绍了 Amelingckx 的透明晶体 NaCl 的缀蚀法及浸蚀坑法。冯端先生使用浸蚀坑法已达到"炉火纯青"的地步，解决了很多理论问题，是个很好的教学案例。他将浸蚀坑法与他扎实的理论基础结合，将描述小角度晶界上位错密度、亚晶间取向差、界面法线的 Frank 公式、Amelingckx 汇聚于一点的各倾转亚晶界间取向差角之和为零的公式，以及描述位错能量的 Read-Shockley 公式加以论述，结合浸蚀坑法有效揭示位错并加以验证。为教师讲好这部分课程提供了帮助。冯端先生及时跟踪、引用了 1957 年通用电气公司的 Hollomon 组织的国际晶体缺陷会议的论文集信息，Frank、Hollomon 和 Amelingckx 的照片在笔者论文[8]给出过。

用位错浸蚀坑法确定硅钢片的晶粒取向曾是北科大材料专业金属学实验课程的一项内容，编在北京钢铁学院金相教研室校内实验指导书中，作为可选实验内容，这本讲义直到现在仍在材料专业《材料科学与工程基础实验指导书》中，可见老一辈教研室老师为更好训练学生的动手能力，精心准备实验内容。但由于种种原因，后期并没有实际开过此实验课。笔者从事取向硅钢研究中对这种简易实用的方法很有体会，早期这项技术非常方便，也在很多早期文献中讲过、使用过。但随着电子背散射衍射（EBSD）技术在20世纪90年代的应用，实现了精准、快速的定量化过程，浸蚀坑法就显得过时了，但在当时技术水平有限的条件下，这种方法蕴含的创新思维，是非常值得教师与学生了解与学习的。

冯端团队的国内第一台电子束浮区区熔仪设备的研制工作主要是由与冯端院士一起工作的闵乃本院士完成[9]，该设备的研制成功，解决了国家在国防领域制造、使用高熔点体心金属单晶的重要需求，因此在1964年获得了国家计委、国家经委、国家科委颁发的工业新产品奖二等奖。这是典型的应用型研究，上一节的位错理论就是基于这些设备制作的单晶Mo材料的研究成果，具有理论和应用的双重意义，也是讲授凝固一章中区域熔炼技术时一个展示我国科学家科研成果的案例。笔者在讲授区域熔炼基本含义及其与定向凝固方法的差异时，仅讲授其区域提纯的作用，只提到美国Bell实验室的Pfann于1951年发明区域熔炼方法用于半导体材料的提纯，未强调其制备单晶体的作用；制备单晶的方法一般提及利用籽晶定向生长的Bridgeman方法和临界形变加再结晶退火的方法，因此，还应补充说明其制备单晶的功能，包括如何解决制备出的单晶内含亚晶界及大量位错等不希望出现的晶体缺陷的问题。综上是我国科学家在工作中将理论、应用、教学三者有机结合的案例。另外，葛庭燧先生也用区域熔炼法制备的单晶进行过内耗研究。将不同制作单晶的方法与国外、国内的名人应用组合起来讲解，是一个提高学生学习效率的不错的案例。

三、冯端先生《金属物理》一书对材料科学基础课程学习的影响

冯端先生将其位错研究成果及时编入其在国内出版的第一部金属物理专著，该书上、下册封面如图4所示。这套书籍既是教学参考书，也是专业技术人员的参考书。如其在该书序言中提到的，该书是在他多年讲授金属物理课程所用的讲义基础上编辑出版的。冯端先生的《金属物理》（上册）是1964年出版的，其序言是1962年的。可见从实验数据的获得，到文章发表和数据编入《金属物理》一书几乎是同一时间。图5给出《金属物理》（上册）[2]中引用该位错成果的页面，与图2（b）所示的文章中的图相同。表明他能将科研成果及时引入自己的教学中去，并编入教学参考书，走入课堂，这是任课教师教学与科研的高度结合。

图 4　冯端先生编著的国内第一套《金属物理》封面（a）和扉页（b）[2-3]

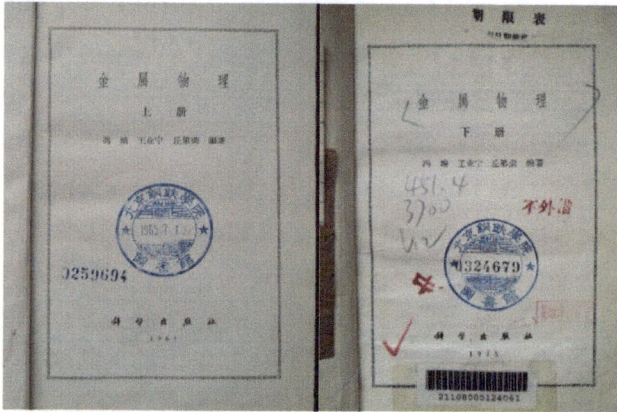

图 5　《金属物理》（上册）晶界一章中位错成果的引入[2]

材料科学基础课程的前辈，首届国家级教学名师余永宁教授编写出版的《金属学原理》教材[10]，经过至少十多年的反复补充、修改，于 2000 年正式出版，他将这组数据"转变"为界面一章考查学生综合能力的一个习题，如图 6 所示。因教材中并没有讲 Amelingckx 提出的汇聚一点的各倾转晶界夹角守恒公式（$\Sigma\theta_i=0$，θ 是倾转晶界两侧晶粒间的夹角），但该公式基本不需超过 2~3 步的推导就可证明。笔者不禁在赞叹冯端先生能将亲自完成的金属物理基础研究的论文数据及时引入教学参考书和南京大学的课堂教学之余，也敬佩课程前辈余老师当初编写教材时能采纳这组数据，同时将该公式与冯端先生的实验数据结合，并经过进一步调整，编成一道综合习题，这在教材编写上很富有创新性和特色。因为这里体现了小角度倾转型晶界的结构模型是位错，亚晶间取向差角度与位错密度有定量关系；位错可以通过简易的浸蚀坑技术方便地浸蚀出来，从而提供了定量的可行性；同时拓展了单个小角度晶界取向差角精确测量时难度大，但巧妙地利用三叉点晶界处 3 个小角度晶界取向差 θ_i 之和是 0 的特性，分别测出的三个亚晶界的取向差角值，其和应相互自洽，为 0，从而验证 $\Sigma\theta_i=0$ 的关系，真是一个有创意的教学案例。这个案例是课程前辈潜心教学、编写教材及创造"习题"的真实写照。

7-6 简单立方晶体中，三个倾转晶界相交于一条晶粒棱上，它们两两之间获得取向差的转轴相同，各晶界与倾转对称位置夹角分别为 φ_1、φ_2 和 φ_3，位错密度分别为 ρ_1、ρ_2 和 ρ_3。求证：

$$\sum_i \frac{\rho_i}{\sin\varphi_i + \cos\varphi_i} = 0 \qquad (i=1,2,3)$$

说明用这个式子来验证位错界面模型的优点。如图 7-61 所示的 3 个晶界，测量得到如下表所列数据，根据这些数据验证上述式子。

晶界	与[100]方向的夹角 φ	ρ/cm^{-1}
CD	6	2.01×10^3
AB	56	1.95×10^3
EF	32.5	4.46×10^3

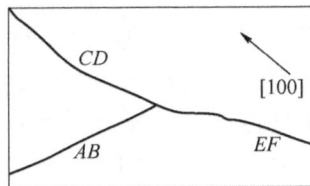

图 7-61

图 6　余永宁编著《金属学原理》界面一章习题[10]
（引用冯端先生的数据及 Amelingckx 公式，见图 5 箭头处）

　　冯端先生的《金属物理》一书是笔者学生时期学习金属学常参考的书籍。77 级作为恢复高考后第一批高考入校的学生，都非常珍惜学习的机会，对专业基础课"金属学原理"非常重视，除了教材之外（当时没有出版的正式教材，而北京钢铁学院（现北京科技大学）金属学教材又常常处在不断更新内容的状态，难度大已是教材及授课的传统了），大家总是设法到图书馆借阅各种相关的参考书籍，那时没有计算机检索设备，只能在图书馆借书台外面书卡架中小抽屉内的书卡片中去寻找，常常找到了合适的书名，填了索书条，又被告知书早被借走了。因校内借不着此书，笔者就利用在北京大学经济学专业学习的姐姐帮助借阅这套书，心中很是高兴（北京大学的物理系有金属物理教研室，柯俊先生曾在那里兼磁学与金属物理教研室副主任，并讲授金属物理课程[11]）。总体感觉是，这套书的内容编排与《材料科学基础》教材显然不一致，难度也高于材料科学基础的课程，有不少抽象的公式。学生时代看这些参考书，很少看书的前言、序言，只看目录，找到不明白的概念在书中所处的位置，读读看是否帮助理解了这些概念。现在看，这套书是基于冯端先生给南京大学物理系金属物理课的讲义而改写的，希望既可作为高校金属物理课程的教学参考书，也可供专业研究工作者参考。同时该书前言中还提到，假定读者在阅读本书之前，仅掌握金属学及 X 射线晶体学的基础知识，书的内容对读者而言则偏深，不可能全看懂。虽然当时笔者学的正是金属学，而 X 射线晶体学是在材料分析方法课内的，稍晚于金属学课程，但是毕竟书中有些对概念、现象的描述与《材料科学基础》教材描述的风格不同，这反而有利于读者从不同角度理解一些知识点，对拓展思路很有帮助。图 4（a）为这套书的封面，图 4（b）是笔者近期借阅这套书时拍摄的扉页的照片，感觉上面包含了更多的"沧桑"，有北京钢铁学院的印章、出版年限、借阅者编号。该书上册是 1964 年出版的，下册是 1975 年出版的。

四、冯端先生的科研及教学经历对授课教师的启示

　　作为教师，对冯端先生授课及著书方面印象很深，他几乎讲授了南京大学物理系所有的理论课和实验课，广泛阅读很多国内外经典文献，因此积累了丰富的知识，为进一步拓展新的研究领域打下基础。《金属物理》一书是其 42 岁开始编写的，被称为我国金属物理方面的"圣经"。他在阅读国外名著时都进行了自己的评判，书的特色是什么、不足在哪里。例如，他在 20 世纪 50 年代末对英国伯明翰大学 Cottrell 教授于 1949 年出版的经典之作 *Theoretical Structural Metallurgy*（《理论结构冶金学》）和德国哥廷根大学 Masing 教授于 1950 年出版的经典教科书 *Lehrbuch der Allgemeine Metallkunde*（《通用金属学教材》）的一段评语[12] 如图 7 所示。他说 Cottrell 教授的这本书是金属物理的开山之作，观点新颖，

富独创性；问题是起点低，迁就冶金系学生，内容偏简略。而 Masing 教授的那本书脱胎于传统金属学，是优秀的教科书，它得益于 Lücke 的参与和修订，使之观点现代化了，但因是德文，流传不广。当时国内流行的是译自俄文的《金属学的物理基础》，观点陈旧，章节出自多人之手，连贯性不足。这些都发生在北京科技大学材料专业课程及学校专业历史教学演变之中。虽然笔者一直没有读过Lücke 教授编写的教材，这个评价也是对他教材编写的一个肯定，专业课教师就应该一直保持教学与科研的紧密结合，让教材具有时代性。

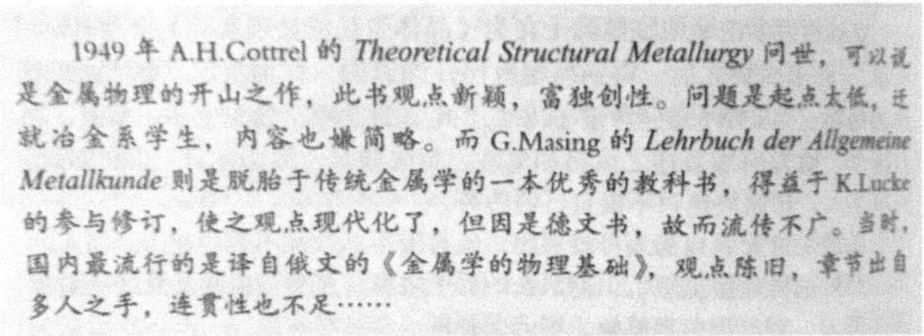

1949 年 A.H.Cottrel 的 *Theoretical Structural Metallurgy* 同世，可以说是金属物理的开山之作，此书观点新颖，富独创性。问题是起点太低，迁就冶金系学生，内容也嫌简略。而 G.Masing 的 *Lehrbuch der Allgemeine Metallkunde* 则是脱胎于传统金属学的一本优秀的教科书，得益于 K.Lucke 的参与修订，使之观点现代化了，但因是德文书，故而流传不广。当时，国内最流行的是译自俄文的《金属学的物理基础》，观点陈旧，章节出自多人之手，连贯性也不足……

图 7　冯端于 20 世纪 50 年代末在《金属物理》教材编写上对国外经典文献的看法[12]

　　随后他在 1980 年又组织编写了四卷本的《金属物理学》，这本书实际上已扩展到了固体物理学层面。到了 2005 年，他又组织编写了《材料科学导论——融贯的论述》一书，再次实现拓展，将金属、无机非金属、聚合物纳入一个体系，比如内容从金属物理转向晶体物理，再转向凝聚态物理（包含液晶类软物质），使书达到"高瞻远瞩"的境界。这本教学参考书获得 2005 年国家级教学成果奖二等奖，也是笔者编写教材的参考书之一。此外，他还出版了很多科普读物。因此，作为教师，既能写出深入、系统的专著，又能以深入浅出、通俗易懂的语言写出科普读物，这些应是现在教师们努力的方向。

　　最后应该提及的是我国拥有一大批金属物理大师，柯俊先生于 1956 年建立了我国第一个金属物理专业[11]，冯端先生所在的南京大学物理系金属物理教研室（专门化）在 1953 年成立[13]。同样，武汉大学物理系金属物理专门化在 1954年得到当时的高教部批准，由周如松教授负责，1956 年第一届金属物理专门化学生毕业[14]。葛庭燧先生 1951 年就在清华大学开设了金属物理课程[15]，是新中国成立后最早的金属物理课。图 8 是柯俊先生与冯端先生于 1996 年一同获得中国材料研究学会成就奖的照片[16]，以表彰两人在材料研究中做出重要贡献，给他们颁奖的正是材料大师师昌绪先生。

图 8　1996 年 11 月，师昌绪先生（左）为柯俊（中）、冯端（右）
颁发中国材料研究学会成就奖[6]

五、结束语

（1）被称为中国科学院第一名门的冯家虽然是贫困之家，却走出三位院士，树立了学术典范。其中冯端先生作为我国材料大师，他的学术成就、人生境界、教书育人经历给读者树立了具体而生动的榜样。

（2）冯端先生出版的我国第一部《金属物理》（上、下册）对笔者学生时代及教师生涯都产生了特殊影响。他博览群书，分析点评国外教材的历史记录，也给教师们上了堂相关的历史课程，引导着教师们不断回味、重温当年他们与国外大师的交往场景。

（3）冯端先生早期对位错的基础研究给笔者留下了深刻印象：他确定了体心金属高温形变时存在特殊的柏氏矢量为<100>的位错类型；用简单实用的浸蚀坑法确定了三叉小角度晶界三个角度之和为零的守恒关系；同时展示了位错网络，成为教学的典型案例。特别是其相关数据成为北京科技大学材料学基础教材中的一个综合能力训练的习题，是材料科学基础课程老一代教师潜心钻研教学、教书育人的典型案例。

（4）冯端先生早期获得国家级科技成果奖的束浮区熔炼法（区域熔炼）技术，其提纯与制作单晶的双重功能也可作为一个典型案例帮助学生加深概念理解和树立科技报国理念。

参 考 文 献

[1] 热血轶事．中国科学院第一名门，贫苦之家走出三个院士，他们是如何逆袭的［EB/
OL］（2019-09-22）［2022-09-28］．https：//baijiahao.baidu.com/s？id＝164533904096680462&wfr＝
spider&for＝pc/．

[2] 冯端，王业宁，丘第荣．金属物理：上册［M］．北京：科学出版社，1964．

[3] 冯端，王业宁，丘第荣．金属物理：下册［M］．北京：科学出版社，1975．

[4] 郑晋鸣，许琳．冯端：人生四境［N］．光明日报，2015-07-30（10）．

[5] 冯端，闵乃本，李齐，等．钼晶体中存在有柏格斯矢量为<100>的位错的实验证据［J］．
物理学报，1963，19（3）：165-168．

[6] 冯端，闵乃本，李齐．用浸蚀法显示钼单晶中的位错线及网络［J］．物理学报，1963，
19（7）：475-476．

[7] 冯端，李齐，闵乃本．钼单晶体中亚晶界位错结构的研究［J］．物理学报，1965，
21（2）：431-449．

[8] 杨平．Cottrell教授科学生涯中与金属学有关的故事拾遗［J］．金属世界，2020（3）：1-9．

[9] 闵乃本，范崇祎，李齐，等．利用电子束浮区区熔法制备钼单晶体［J］．物理学报，
1963，19（3）：160-164．

[10] 余永宁．金属学原理［M］．北京：冶金工业出版社，2000．

[11] 韩汝玢，石新明．柯俊传［M］．北京：科学出版社，2014．

[12] 冯步云．冯端传［M］．北京：科学出版社，2010．

[13] 冯端．关于前苏联晶体学研究所的一些回忆［J］．物理，2011，39（11）：788．

[14] 徐约黄．忆我国金属物理学科的先驱——周如松先生［J］．物理，2007，36（3）：
249-252．

[15] 刘深．葛庭燧传［M］．北京：科学出版社，2010．

[16] 北京科技大学．柯俊画传［M］．北京：冶金工业出版社，2016．

本文原文发表于《金属世界》，2022年，第6期，26-33页。

葛庭燧先生的科学贡献及其对材料科学基础课程教学的促进作用

内容导读：葛庭燧先生是金属物理学家，以其名字命名的葛氏扭摆及葛氏内耗峰进入了物理学词典，并对揭示北京科技大学金属学（现在的材料科学基础）课程讲述的晶体缺陷行为起了重要的作用。葛庭燧的科研活动与我国抗日战争和第二次世界大战直接相关，其科学人生与我国曲折的历史相关联，其信奉的"科学无国界，科学家有祖国"的名言展示了其高尚的爱国情怀，也激励青年学者报效祖国。他提出的晶界结构模型及与国际材料大师合作的故事成为专业课程中生动且令人感叹的案例，他获得 Mehl 奖的故事不但激励着学生及青年科技工作者，也为课程讲授注入了感人的故事。本文从不同的角度讨论了其丰富人生活动给课程教学带来的帮助和启迪。

葛庭燧先生（1913—2000 年）的故事笔者在本科生阶段就有所耳闻，但并没有深刻的感触，这应该既与自己对专业知识了解太少有关，也与自己的阅历尚浅有关。到了教师阶段，对他的了解陆续增加，感受也随着自己的阅历增长而加深，所受触动越来越大，后来阅读了《葛庭燧传》[1]，算是有了更全面的了解。因为从一件事、一篇报道、一篇论文获得的只能是若干点的信息，只有读完其人生传记，才可能有全面的了解。其实，较多地去阅读他的书的最主要的原因是笔者讲授金属学（现在为材料科学基础，以下简称材科基）几十年，所受触动非常大。另外，笔者对葛庭燧的关注是从一名专业课教师的角度出发，因此有与其他读者不同之处。笔者总在思考一个问题，这位金属物理学大师非凡的一生对课程教学的影响、帮助或者启迪是什么？若非是基于材科基课程教学来分析，感觉实在是轮不到笔者来分析他的人生对社会产生的影响。

为了直观看到他的影响所体现的各个方面，以图 1 给出的一个关系图作为线索。这个图的核心有两点，一是葛庭燧本人，二是材科基课程；因此除了从葛庭燧的"位置"出发的 6 个方面构成本文的 6 个讨论点外，蓝色虚线起点的"材科基"也构成了其他 5 个方面的联系。这才显示了笔者希望建立的葛庭燧先生与材科基课程的密切关系。红线的建立也完全是为了虚线关系的表达，后者更是为了将葛庭燧的人生有机地融入课程教学中，在学生心中留下深刻印象。不但为了提高教学效果，更为了培养具有坚定强国意识，具有"钢铁脊梁、钢筋铁骨"的材料后备人才。

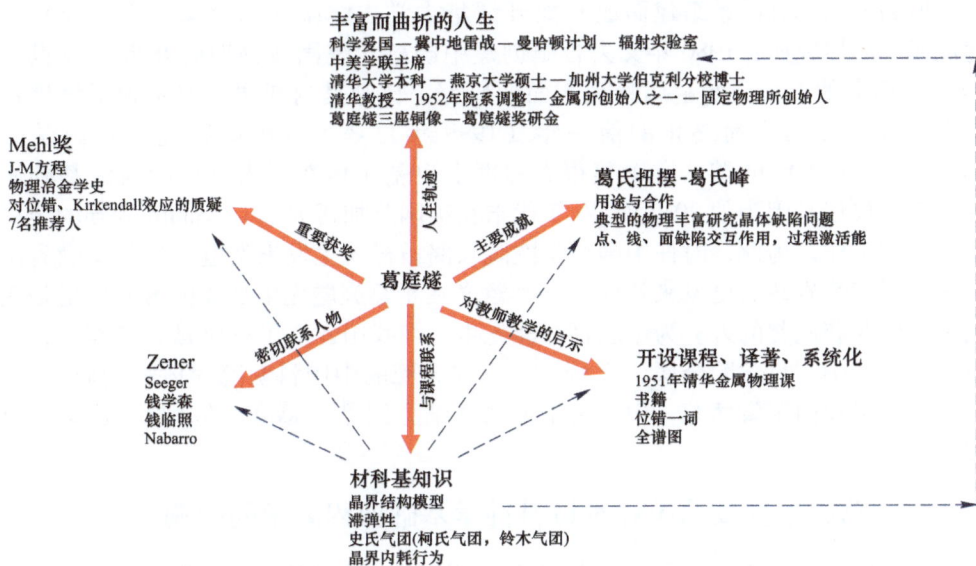

图 1　本文讨论的线索示意图

一、葛庭燧丰富多彩且曲折的人生

葛庭燧先生多彩的人生体现在四个方面：一是他在清华大学就读期间参加过一二·九运动，在燕京大学读硕士生期间参加过冀中抗日战争，为八路军提供科技图书、无线电元件和火药；他从美国加州大学博士毕业后还参加了二战时期美国的曼哈顿计划（铀的提炼产物的光谱检测）、辐射实验室（雷达技术）的研究，对二战的胜利起到了关键作用。二是其精彩的学习经历，他有清华大学（物理系本科）、燕京大学（硕士）、美国加州大学伯克利分校（博士）的学业经历，这些学校都是顶级的院校。三是他崇尚法国有"微生物学之父"之称的科学家巴斯德的名言"科学无国界，科学家有祖国"的理念，并终生践行这个理念。留美期间担任美中留学生科协主席，动员青年科学家回国报效祖国，典型例子就是为中共组织转交邀请钱学森回国的信，他自己也附信一封动员钱学森回国。他是新中国刚成立就回国的科学家，1955 年就是中国科学院物理化学学部委员。他一直提倡在中国的土地，靠自己培养研究人员，做出世界一流的科研成果。他一直挂念着自己在国外（如英国剑桥大学）的学生能回国效力。四是他是我国金属物理研究的奠基人之一。早在 1951 年就在清华大学开设物理系的金属物理课程。北京钢铁工业学院（现北京科技大学）的柯俊先生是在 1956 年建立我国第一个金属物理专业[2]，冯端先生所在的南京大学是 1953 年在物理系建立了金属物理教研室[3]，周如松教授所在的武汉大学物理系在 1954 年开启物理系的金属物理专门化[4]。葛庭燧先生在 1952 年我国院系调整时（北京科技大学在这年由 6 所高校的部分院系组建而成）离开清华大学去沈阳（与李薰先生一起）创建沈阳金属研究所；1980 年又去合肥创建中国科学院固体物理研究所。20 世纪70 年代后期他重新开始金属物理方面的研究，特别是内耗法研究做到了世界最前沿，终于在其生命终止的前一年（1999 年）获得美国矿物金属材料学会（TMS）颁发的 Mehl 奖，这个奖很大程度上也基于他在国内进行的前沿基础研究，而不仅仅是因为他 20 世纪 40 年代末在美国芝加哥大学 C. Smith 领导的金属研究所的工作。为此，时任中国科学院院长路甬祥先生发来贺电，当时安徽省副省长汪洋代表省政府也发来贺词[5]，其意义在于葛庭燧先生是我国第一位也是亚洲第一位荣获此奖的人。为纪念葛庭燧先生，在我国建立了三座葛庭燧铜像，一座在沈阳的中国科学院金属研究所，一座在合肥的中国科学院固体物理研究所，一座在其母校山东省蓬莱一中。关于他的详细介绍见《葛庭燧传》[1]，这里不再展开。

二、葛氏扭摆及葛氏峰对材料科学基础课程教学的影响

葛庭燧先生最重要的科学贡献就是发明了葛氏扭摆装置（仪器）及发现了葛氏（晶界内耗）峰。这两个词被写入了物理学词典，是中国人的骄傲。据说《英德法俄汉物理学词典》中只有葛氏扭摆和黄昆散射两个以中国人命名的专业名词。葛氏扭摆及对应的内耗法是最典型的用物理学方法研究金属缺陷问题或机理的方法，是富有金属物理学特色的研究方法。我国早期很多研究机构都建立了内耗研究室或实验室，如沈阳金属研究所、合肥固体物理研究所、武汉大学、北京科技大学（物理系及金属物理系都有）等。葛氏扭摆最显著的优势是通过扭摆转动产生的能量衰减，可以定量测出难以直接观察的点缺陷、线缺陷、面缺陷运动行为，以及它们之间相互作用的原理、机制及激活能大小。葛氏（晶界）峰就是晶界滑动伴随的滞弹性出现的内耗峰。虽然材料科学基础课程不讲这种检测方法，但这种测试法的独特之处实在令人叫绝，难怪葛庭燧当时是亚洲唯一获Mehl 奖的人。在我国，内耗法或滞弹性一般在材料力学性能课程或材料检测方法课程中介绍，即在学习材料科学基础课程之后学到。而基于滞弹性理论的内耗方法在德国哥廷根大学金属物理所的 Haasen 教授编写的教材 *Physikalische Metallkunde*（《物理金属学》）[6]中，与电子显微镜、穆斯堡尔谱，能谱仪，X 射线仪，热分析法一道介绍。此外，德国亚琛工业大学 Gottstein 教授编写的教材*Physical Foundations of Materials Science*（《材料科学的物理基础》）[7]中，在力学行为一章中的滞弹性一节里，定量介绍了 Zener 提出的滞弹性及各种滞弹性理论公式及葛庭燧的实验数据，如图 2 所示。葛庭燧先生的弟子孔庆平先生在《材料科学研究中的经典案例》一书中介绍葛氏扭摆装置时总结了这项技术的价值，有 3点启示[8]：（1）科学仪器是科学研究的必要手段，人们往往认为只有用贵重的精密仪器才能获得重要的科研成果。但经过巧妙的构思，用廉价的简单工具也能得出重要的科研成果，葛氏扭摆是个杰出范例。（2）葛庭燧当时遇到的困难是

缺少测量低频内耗的设备，他勇于克服困难，敢于创新，想出用扭摆这个低频测量的方法。（3）这项发明看似简单，但科学上的灵感只有在丰富科学知识积累的基础上才能产生。由于葛庭燧有深厚的物理学功底，才能在此基础上发明创造。从他在 Mehl 讲座报告中可看到他在研究晶界行为时所做的诸多工作，比如不同类型、不同转轴和转角的晶界与不同种类、不同含量杂质作用下晶界过程的激活能测定及相关机制的推演。

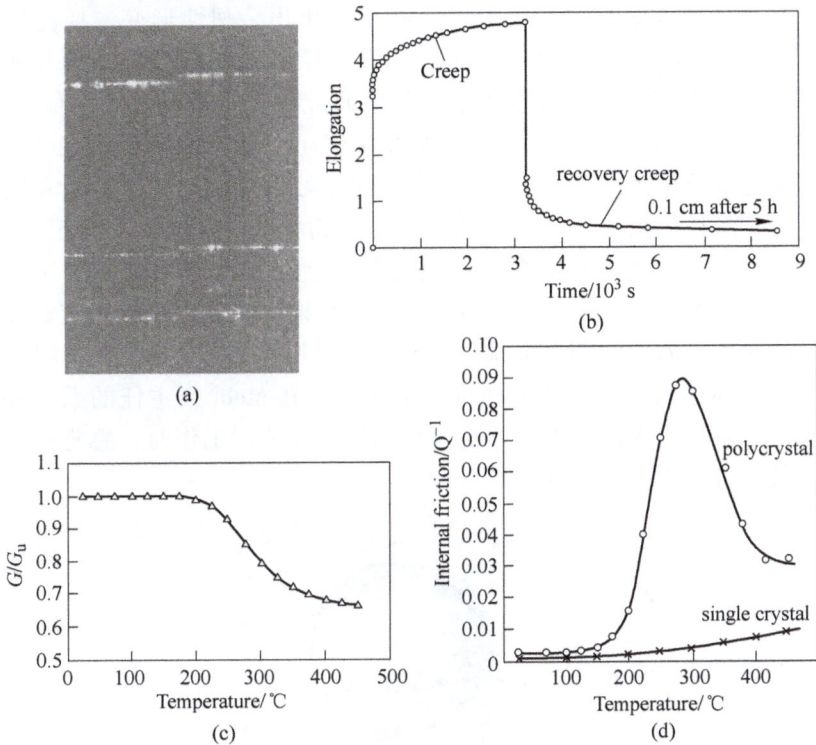

图 2　德国亚琛工大材科基教材中介绍晶界滑动导致滞弹性时给出的 2 个锡晶粒在切应力作用下沿晶界相对滑动图（a），以及引用葛庭燧 1947 年两篇文章中的 3 个图（b）~（d）[7]

三、Mehl 奖的获得与材料科学基础课程教学

学习材科基课程的学生都知道描述再结晶动力学或相变动力学的 Johnson-Mehl 方程。北京科技大学的材料基课堂上也会介绍 Mehl 奖及 Mehl 其人，特别是在精品课程建设时，为收集教学资源，在 2004 年左右用照相机从清华大学图书馆借阅的《冶金与材料会刊》（*Metallurgical and Materials Transactions A*）上拍下大多数历年获 Mehl 奖的文章，做成 pdf 文件，放在学生自学平台软件系统上，作

为学生课下进一步学习的教学资源。Mehl 教授（见图 3）[9] 博士毕业于美国普林斯顿大学，但其博士研究是其导师 D. P. Smith 与德国哥廷根大学 G. Tammann 共同指导并在哥廷根完成的。他在 1925 年还翻译出版了 G. Tammann 所著的德文《凝聚物的状态》（*Aggregatzustände*，英文为 *States of Aggregation*）一书。在 G. Tammann 和哈佛大学的 Sauveur 的影响下，Mehl 的研究逐渐由化学领域转向物理冶金方向。他于 1935 年成为美国卡内基理工学院（现卡内基梅隆大学）冶金系主任，其主要研究领域是固态相变、扩散、析出、塑性形变、择优取向和氧化。特别是其在 1931—1933 年与 Barrett 合作发表的 4 篇魏氏组织研究非常有特色（我国第一代金属学家周志宏先生也是因研究魏氏组织而成名，他在 Sauveur 教授指导下进行的这项研究在 1927—1928 年就完成了；Mehl 也是在哈佛大学的两年期间关注魏氏组织的），确定了晶体学的惯习面、取向关系。他和同事明确了固态转变中形核对新相长大所起的作用。他为 Cahn 编写的"圣经"《物理冶金》撰写了一章，题为物理冶金学发展史[10]。他的学术风格比较严厉并有句名言：每天只工作 8 小时不可能成为科学家。他早期对位错理论持否定态度，认为那是虚无缥缈的东西，初期也不认可 Kirkendall 效应[11]。北京钢铁学院（现北京科技大学）金属材料系第一任主任章守华先生曾在 Mehl 当主任的系里获得硕士学位，当笔者听章先生讲到这段历史及在西屋电气公司工作时，感觉一下子就拉近了与所教内容的距离，感到亲切且励志。

图 3　Mehl 教授照片[9]

Mehl 奖对应的学会讲座虽设立了 100 多年（1921 年建立），但以他名字冠名的 Mehl 奖历史应该没有 100 年。该奖项由国际材料领域专家提名，经美国 TMS 学会学术奖励委员会评审和董事会审定后，颁发给在国际材料科学与工程领域做出突出贡献并具有杰出学术领导力的科学家。该奖项每年在全世界范围内评选一人，是国际材料领域最具影响力的国际学术奖励之一，享有很高的国际盛誉。推荐葛庭燧获 Mehl 奖的 7 位专家（报刊上介绍有 10 名推荐人）有：A. Cottrell（英国皇家学院院士，其成果在材科基课程中的体现见文献[12]）、J. Friedel（法国科学院院士，其成果在材科基课程中的体现见文献[13]）、J. P. Hirth（位错研究大师，出版了 *Theory of Dislocations*（《位错理论》）专著并发表了文献[14]）、M. Ashby（英国剑桥大学教授，英国皇家科学院院士）、M. Koiwa（日本京都大学材料系教授，内耗研究专家）、A. V. Granato（晶体缺陷研究专家，美国伊利诺伊大学教授，他是德国亚琛工业大学 K. Lücke 教授在美国时指导的第一个博士生，用内耗法研究位错摆脱溶质原子钉扎并给出模型图）、R. Cahn（英国剑桥大学教授，英国皇家科学院院士）。其中 5 位的部分推荐词印在《葛庭燧传》一书的封底，如图 4 所示。

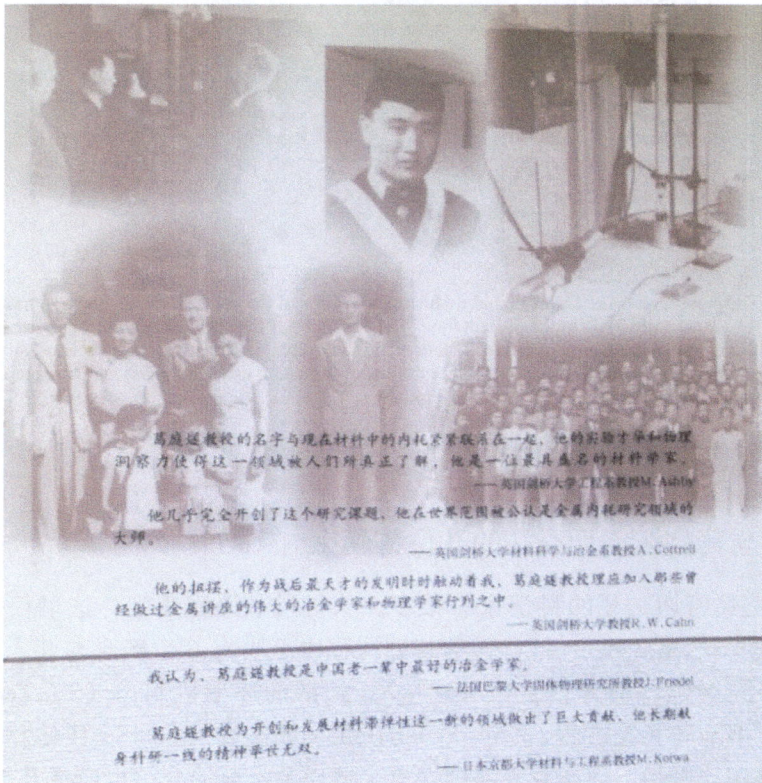

图 4 《葛庭燧传》一书的封底[1]

图 5 给出葛庭燧先生的 Mehl 讲座文章的首页[15]，发表在美国《冶金与材料会刊》上。这篇文章长达 30 页，展示了内耗法研究晶体缺陷行为的有效性和系统的成果。

The 1999 Institute of Metals Lecture
The Minerals, Metals & Materials Society

Fifty-Year Study of Grain-Boundary Relaxation

T.S. KE (GE TINGSUI)
ROBERT F. MEHL
AWARD MEDALIST

The present report attempts to make a historical review of the progress of the study of grain-boundary relaxation since 1947 to the present time. The outcomes of scientific experiments are gathered mainly from the measurements of internal friction and the accompanying anelastic effects in polycrystalline and bicrystal metals. Emphasis is placed on the information provided about the structure of the grain boundary, especially at elevated temperatures.

图 5　葛庭燧获 Mehl 奖的报告首页[15]

四、与葛庭燧密切交往的几位科学家

与葛庭燧密切交往的科学家有很多，从材科基课程角度，这里仅提及几个人。首选的当然是 Zener。材料科学基础课程中至少有 6 个概念与此人有关，分别是：（1）弹性各向异性常数 A；（2）扩散的环形机制；（3）Zener 钉扎；（4）Zener-Hillert 长大方程；（5）Zener-Hollomon 参数；（6）马氏体相变形核的 Zener 位错切动机制。现在看来滞弹性这个概念及术语的介绍也应提及他的名字，这在文章［16］中已介绍，并且该文也提到过他与葛庭燧的密切关系。Smith 教授于 1945 年创建芝加哥大学金属研究所时招募到很多大师级人物，其中就包括 Zener，Zener 随后到麻省理工学院（MIT）作报告并招募研究人员，在辐射实验室工作的葛庭燧听到 Zener 的报告后被吸引，因此加入 Zener 的研究组，Zener 比葛庭燧只大 7 岁。Zener 于 1948 年出版的著名书籍《金属的弹性与滞弹性》（该书中文版由葛庭燧先生的弟子孔庆平先生等人翻译[17]）从理论上介绍了金属的这些物理性质。而葛庭燧于 1946—1948 年创建的葛氏扭摆及相关实验数据验证了 Zener 的理论，为他的著作出版提供了重要支撑。当然葛庭燧先生后期有更丰富的滞弹性应用的系统研究。这本书后来被翻译成中文后，为我国研究者提供了便利。葛庭燧一家与 Zener 一家有密切交往，这里不去展开讲述。直到 1980 年，葛庭燧还去美国看望了 Zener 先生，那时他已转而研究能源转换材料，而葛庭燧先生终生也没有中断内耗法研究金属中的晶体缺陷行为。

　　葛庭燧另一个交往密切的学者是德国金属物理学家 Seeger，他是德国斯图加特的马普金属研究所的所长，1979 年受葛庭燧邀请来沈阳金属研究所访问（见图 6）。同时，葛庭燧先生与夫人物理学家何怡贞教授及青年研究人员也到 Seeger 所在的研究所开展长时间合作研究。Seeger 的交滑移模型、位错通过束集的方式进行滑移的模型、加工硬化理论等在材科基课程中都介绍过[13,18]。他还计算了 Snoek 气团中的位错摆脱钉扎所需的应力。他的文章被引用 20000 次以上，这在那个年代是非常多的。笔者虽然没有见到过 Seeger 教授，但听到 Haasen 教授的弟子萧思群博士讲述 Haasen 教授介绍他与 Seeger 交流粒子析出行为并获得通信交流的回信及签字时，也感觉一下子拉近了距离，与 Seeger 教授不再陌生而遥远。

图 6　1979 年 Seeger 教授（左）在沈阳金属研究所讲学，葛庭燧（右）翻译[1]

　　此外，葛庭燧先生还于 1979 年邀请了 Haasen 教授来沈阳金属研究所访问，这就有了柯俊先生邀请其来北京钢铁学院（现北京科技大学）的访问及后续的一系列故事[19]。由此可以想到葛庭燧先生与德国亚琛工业大学金属学及金属物理所所长 Lücke 教授的科研合作。笔者于 1992—1997 年读博期间在亚琛工业大学金属学及金属物理研究所就见到过葛庭燧先生的弟子孔庆平教授，2001 年笔者作为高级访问学者再次去研究所进行合作研究期间，又见到过孔庆平先生的弟子蔡彬博士。可见双方在晶界行为的内耗法研究上的合作从葛庭燧-Lücke 时代到孔庆平-Gottstein 时代，可谓"代代相传"。读了孔庆平先生的文章才知道，他在 1978 年就以德国洪堡奖学金学者的身份在亚琛工业大学金属学及金属物理研究所与 Lücke 教授在内耗研究建立合作了[8]。

钱学森先生是"两弹一星功勋奖章"获得者，其专业领域是空气动力学，本来与材科基课程没有直接的关系。但有两个方面却值得提及，一是前文中提到的葛庭燧先生 20 世纪 50 年代回国前作为美中留学生科协主席，向钱学森转交过中共组织动员钱学森回国建设祖国的邀请信，同时也亲自写信动员钱学森回国，1994 年钱学森先生在给葛庭燧的信中还说，他永远不会忘记葛庭燧动员他回国的事[1]。二是钱学森与其导师冯·卡门在德国"审讯"过为纳粹工作过的德国著名空气动力学家、哥廷根大学普朗特（Prandtl）教授[20]（见图 7）。Prandtl 是冯·卡门的导师，这位空气动力学专家也被认为是位错概念或理论的最早的提出者，时间是 1928 年[21]，而 Taylor、Polanyi 和 Orowan 三人提出位错概念是 1934 年。当然 Prandtl 提出的位错雏形非常抽象，笔者看了原文[21]也很难看到位错的影子。有趣的是，Taylor 和 Burgers 也都是流体力学家，却都为位错的发现起了重要作用。想一想，位错也是在力的作用下产生并按一定方式传播、产生作用的，位错与受力变形密不可分。这也是个跨学科并擦出火花、产生灵感的典型案例吧。Prandtl、冯·卡门和钱学森三代科学家，为 3 个不同国家制成了导弹。这又体现了葛庭燧崇尚的名言"科学无国界，科学家有祖国"的理念。

图 7　钱学森（中）、冯·卡门（右）和普朗特（左）[20]

在《葛庭燧传》[1]中还可看到他于 1984 年在合肥固体物理研究所与德国纳米专家 Gleiter 的合影、1984 年在日本召开的固体中的位错国际会议中与 Nabarro 的合影。这些专家在笔者材料科学基础课程教学中都介绍过。

五、材料科学基础课程中显示的葛庭燧的科学贡献

表面看，在教材中难以找到与葛庭燧名字直接联系的基本概念或术语，前文提到的德国金属物理教材中出现的也只是他的实验方法及数据。与他直接有关的是晶界结构模型。一般提及晶界结构模型发展史时只提最早的 Rosenhain 的晶界非晶模型（1912 年）、Mott 的大角度晶界的小岛模型（1948 年，见图 8（a））、Read-Shockley 的小角度晶界的位错模型（1952 年）、G. Friedel 的 CSL 重位点阵模型（1920 年）等。葛庭燧于 1949 年提出"无序原子群模型"[22-23]，如图 8（b）所示，比 Mott 提出的时间晚 1 年，它类似于 Mott 的小岛晶界模型。区别在于 Mott 认为晶界的多数区域是坏区，而葛庭燧认为晶界的少数区域是坏区。其实葛庭燧在 1948 年就发表了晶界结构分析的文章[24]，只是没有给出结构模型示意图。应当强调的是，这种模型并不是凭空想出来的，当时没有条件直接观察晶界结构，而是通过他的内耗法，测出晶界内耗过程对应的激活能值，并与溶质原子扩散激活能、纯金属自扩散激活能值的对比得出的，由于这些激活能值相近，所以晶界上必然有规则排列的"好区"。由于两种相似的模型提出的时间几乎相同（最多差 1 年），Mott 当时是英国布里斯托大学物理实验室主任，后来是诺贝尔奖获得者，手下有 Frank、Nabarro、Cottrell、J. Friedel 等一大批顶尖学者，而葛庭燧只是博士毕业的科研人员。其直接领导 Zener 高兴地写信告知 Mott，称一个来自中国的葛先生用自制的扭摆仪器发现了（晶界）内耗峰，Mott 教授在回信中称赞"这是一项非常了不起的工作"[1]。所以葛庭燧先生也直接贡献了晶界结构模型理论。1957 年，晶界研究专家 McLean 教授出版的专著《金属中的晶

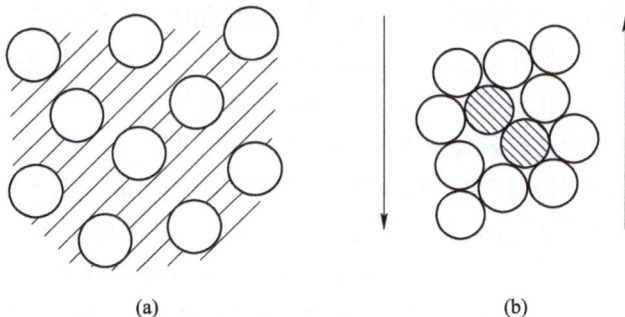

图 8　Mott 于 1948 年提出的小岛模型（a）和葛庭燧于 1949 年提出的
无序原子群模型（disordered group）（b）[22]

粒间界》[23]一书中专门介绍了葛庭燧的晶界结构模型。而随着时代的进步，人们可以直接观察晶界结构了，新的晶界或界面相关的专著中基本不再提早期的晶界结构模型了。

滞弹性是课程中弹性变形中的一种（另两种称普弹性和高弹性），滞弹性一词是 Zener 首先提出的，相关理论也是他建立的，其专著《金属的弹性与滞弹性》被称为内耗研究领域的"圣经"。虽然刘国勋先生 1980 年出版的《金属学原理》教材及后续的《材料科学基础》教材上都讲了滞弹性及内耗的含义，给出了恒应力下应变与时间的关系（蠕变）曲线，以及体心晶胞中碳原子可以选择的几种间隙位置和在应力作用下的择优跳动分布图，还介绍了滞弹性理论应用的两个方面（阻尼减震材料和高弹性材料（如钟表弹簧））和金属微观原子过程的研究手段。但上述内容缺乏相关背景及应用的案例，这样学生学起来就可能缺乏兴趣，觉得有太多要掌握的知识，记不住。教材中的恒应力下应变与随时间的关系曲线本质上就是葛庭燧的成果图（见图 2（b）），体心晶胞碳原子跳动位置图就是 Snoek 效应示意图。在金属微观过程应用上，后面点缺陷、位错线缺陷、面缺陷运动过程及其交互作用都是应用内耗法研究的案例。葛庭燧晶界结构模型也是通过测定晶界滑动内耗峰，计算出其过程激活能并与原子扩散激活能对比得出的推论。Snoek 气团、Bordoni 峰、葛氏峰等都是内耗法应用案例。所以授课时需要教师穿针引线，做好铺垫，也可将这些背景知识做成案例放在课程网站上，作为教学资源供学生课下了解。

Zener 的《金属的弹性与滞弹性》一书[17]中使用了葛庭燧的实验数据，图 2（b）~（d）分别出现在 Zener 书中的第 141 页、145 页、146 页，特别是图 2（d）也是中国科学院固体物理研究所与葛庭燧像放在一起的另一幅图。这里提及课程中学到的 Snoek 气团，它是 3 种气团（柯氏气团、史氏气团、铃木气团）之一。在文献中常出现 Snoek effect、Snoek locking 和 Snoek 气团等名词。Snoek 效应只是指 C、N 间隙原子在 bcc 铁中活动时产生内耗峰，可以是过饱和固溶的 C、N 原子扩散析出过程，与位错没有关系；后两者则是指间隙溶质原子在螺位错附近的有序化现象。1939 年，Snoek 就使用铝盘在扭转扭摆的受力下对含间隙原子碳、氮的纯铁丝测定出的内耗峰[25]；1941 年，他用内耗法测出并提出了溶质原子在间隙位置产生的非对称应力场与外加切应力场产生交互作用导致的内耗峰[26]，这时仍没有提到与位错的交互作用。直到后来 Nabarro[27]、Schöck 和 Seeger[28]、Eshelby[29]分别计算了螺位错应力场与间隙原子的交互作用及摆脱钉扎所需的应力，才有了 Snoek 气团指溶质原子与螺位错切应力场交互作用产生的富集现象。Snoek 用的内耗仪比葛庭燧先生还早，但两者设计不同。日本京都大学的内耗研究专家 M. Koiwa（小岩昌宏，也是推荐葛庭燧先生申请 Mehl 奖的专家）在我国《物理学进展》刊物上发表的纪念内耗法发展史的文章[30]专门列出各种内耗峰，Snoek 峰指溶质原子活动产生的内耗峰，Bordoni 峰指位错活动产生的内耗峰，M. Koiwa 与其导师 R. R. Hasiguti 发现的位错与点缺陷交互作用的内耗峰（Hasiguti 峰），葛氏峰指晶界活动产生的内耗峰，如图 9 所示。可见内耗法功能强大。

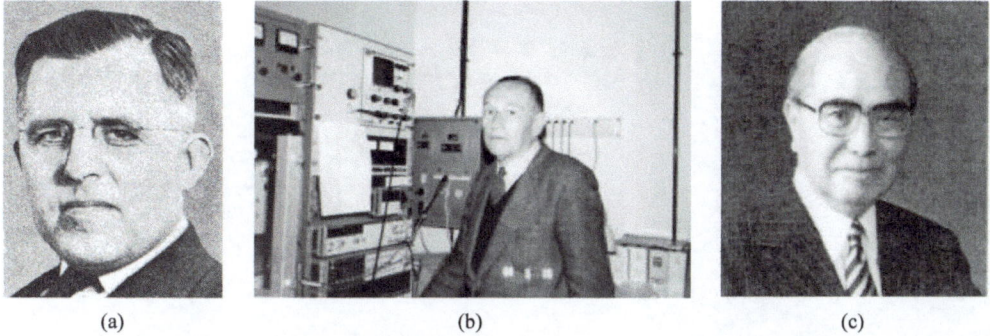

(a)　　　　　　　　　　　　(b)　　　　　　　　　　　　(c)

图 9　发现间隙原子内耗峰的荷兰物理学家 J. L. Snoek（a）、发现位错内耗峰的意大利
物理学家 P. G. Bordoni（b）、发现位错与点缺陷交互作用
内耗峰的日本物理学家 R. R. Hasiguti（c）[30]

六、葛庭燧先生的科学人生对材料科学基础教师教学的启示

葛庭燧先生大概是世界上从事内耗研究最久的学者，他写过很多相关专著，也非常重视国外名著对我国专业人才培养的重要性，翻译了一些重要的书籍，为学生、教师及科研工作者提供了重要的参考书。比如其 1960 年将 Cottrell 于 1953 年出版的专著翻译为中文版《晶体中的位错和范性流变》[31]，如图 10（a）所示。该书其实也是 Cottrell 教书讲义进一步补充修改而成的，既能作为教学参考书，也可作为技术人员的参考书。这个一书两用的习惯也是我国学者采用的方法，与单纯的教材不同。另外值得一提的是，"位错"这个已经习惯了的专业术语，在早期有不同的译法，最早译为"脱节"，从葛庭燧先生 1950 年发表的文章《一个新内耗峰的发现和金属中有原子脱节（位错）的实验证据》[1]一文中也可见当时的译名还不统一。它与"dislocation"一词也很匹配，但葛庭燧先生觉得这个词太普通，不像专业词（见图 10（b））。我国物理学家钱临照先生在为杨顺华教授编写的我国第一部位错理论专著《晶体位错理论基础》的序言中写道，柯俊先生 1953 年回国时，钱临照去接他，在前门附近旅社中两人商议用"位错"一词（见图 10（c）），即位错这个中文译词是柯俊先生和钱临照先生建议的[32]。不过葛庭燧先生仍觉得这个词也不够准确，因为"位"这个词表示的是位置，让人认为是点缺陷，而不是线缺陷（见图 10（b））。再有，1978 年沈阳金属研究所邀请德国哥廷根大学的金属物理研究所所长 Haasen 来访时，葛庭燧先生曾想将其德文教材翻译成中文图书《物理金属学》，后来由北京钢铁学院（现北京

科技大学）柯俊先生组织教研室进行翻译并出版。图 10（d）中 Haasen 在肖纪美先生牵头翻译的书的序言中可看出这个情景[33]。不管怎样，我国的金属物理前辈们为克服我国技术人员英文语言问题所做出翻译教材或教学参考书方面的贡献，为教师教学提供了方便。随着我国对外交流的长期展开，现在翻译图书的数目已很少了。

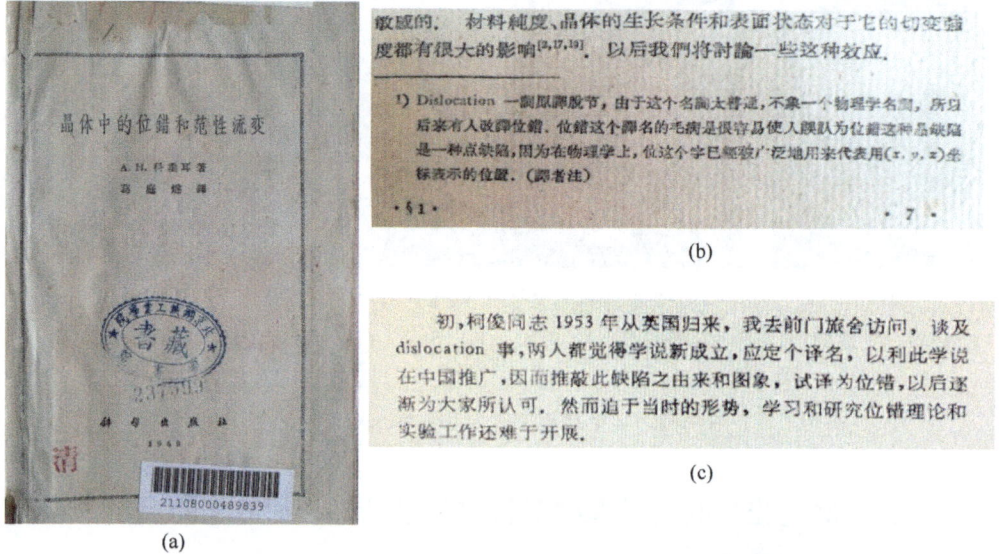

图 10　葛庭燧先生翻译的 Cottrell 专著封三页（a）[31] 及位错一词的中文译法的
观点（b）（c）[31-32]，以及 Haasen 为中文版《物理金属学》写的序言[33]（d）

　　图 11 是葛庭燧获得 Mehl 奖报告中的一个图，也许对教师教学有一定的启示。这个图系统总结了用内耗法测出的各种类型晶体缺陷对应的不同的内耗峰，

既有点阵位错、位错网络、竹节状晶界，也有普通大角度晶界、多边形化过程；既有纯度差异的影响，也有不同方法制备单晶的对比数据。各内耗峰的位置、宽窄、高度都不同，意味着过程激活能的差异。适合作为课程学习时培养学生综合能力的例子。

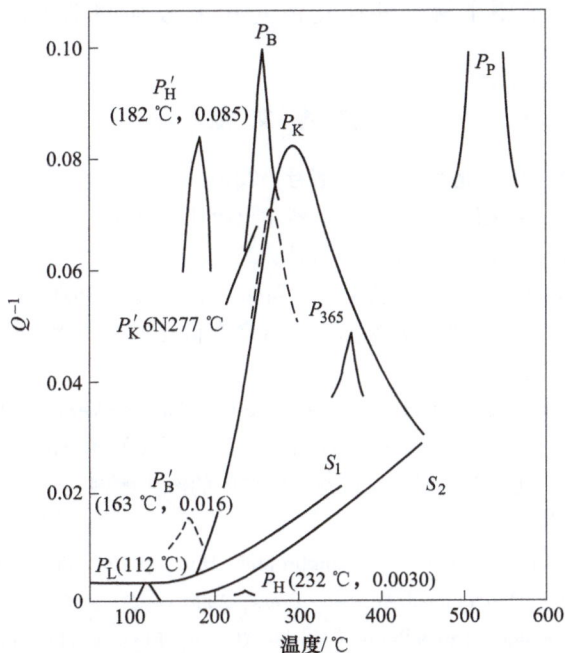

图 11　99.999%（质量分数）Al 在高于室温时出现的各种内耗峰

P_B—竹节状晶界峰；P_L，P_H—高、低位错密度时的点阵位错峰；P_K—葛氏峰；P_{365}—位错网络峰；

P_P—多边形化峰；S_1—Bridgmann 方法制备的单晶内耗曲线；S_2—区域熔炼法制备的单晶内耗曲线；

P'_H，P'_B，P'_K—对应的 99.9999%（质量分数）Al

　　作为材料专业主干课材科基的任课教师，以怎样方式给学生讲课才能起到尽可能好的效果，需要长时间的思考与磨炼，需要不断丰富及更新自己的知识。简单将一本固定的教材内容讲清楚是基本要求，但要使不同背景、不同能力、不同兴趣度的学生都较大比例地被唤醒起来，或至少给他们留下一些深刻的印象，还是很难的。基本概念产生的历史和基本概念应用的未来，都是讲解基本概念本身含义的重要补充。不恰当或过多引入也会产生偏离主题的不良效果，这需要教师基于自己的背景，将专业知识与名人故事融为一体，自然地、恰当地讲给学生听。

七、结语

　　葛庭燧先生丰富多彩且曲折的人生为材料专业课教学提供了大量的人生哲理

和跌宕起伏的故事。从课程基本概念，到其发明的葛氏摆技术，以及揭示出大量晶体缺陷行为的不同内耗峰和分析出的机制和激活能数据；从其学术研究成长的轨迹，到直接参与的涉及中国抗日战争和第二次世界大战的活动，再到与其广泛合作的国内外大师，都给我们人生以启迪。这些事件与材科基课程密切相关，是很好的精神食粮，希望了解这些历史能对相关教师和学生的发展有所促进和帮助。

参 考 文 献

［1］刘深．葛庭燧传［M］．北京：科学出版社，2010．

［2］韩汝玢，石新明．柯俊传［M］．北京：科学出版社，2014．

［3］冯步云．冯端传［M］．北京：科学出版社，2017．

［4］徐约黄．忆我国金属物理学科的先驱——周如松先生［J］．物理，2007（3）：249-252．

［5］张建平，彭德建．登上世界领奖台——葛庭燧院士获梅尔奖追记［J］．科学新闻，2000（19）：10-11．

［6］HAASEN P. Physikalische metallkunde［M］．Berlin：Springer-Verlag，1984．

［7］GOTTSTEIN G. Physical foundations of materials science［M］．Berlin：Spring-Verlag，2004．

［8］师昌绪，郭可信，孔庆平，等．材料科学研究中的经典案例（第一卷）［M］．北京：高等教育出版社，2014．

［9］SMITH C S, MULLINS W W. Robert Franklin Mehl 1898—1976［M］//Biographical memoirs. Washington D. C.：The National Academy Press，2000．

［10］MEHL R F. The history of metallurgy［M］//CAHN R. Physical Metallurgy, 2nd ed.，1970．

［11］NAKAJIMA H. The discovery and acceptance of the kirkendall effect：the result of a short research career［J］．JOM，1997，49（6）：15-19．

［12］杨平．Cottrell 教授科学生涯中与金属学有关的故事拾遗［J］．金属世界，2020（3）：1-9．

［13］杨平．弗里德尔家族的科学贡献——从《材料科学基础》的若干概念谈起［J］．金属世界，2018（4）：1-8．

［14］HIRTH J P. A brief history of dislocation theory［J］．Metall Trans A，1985（16）：2085-2090．

［15］KE T S. Fifty-year study of grain-boundary relaxation［J］．Metall Mater Trans A，1999，30A：2267-2295．

［16］杨平．物理冶金学中与 Zener 相关的几个概念［J］．金属世界，2016（3）：3-9．

［17］ZENER C. 金属的弹性与滞弹性［M］．孔庆平，译．北京：科学出版社，1956．

［18］杨平．材料科学名人典故与经典文献[M]．北京：高等教育出版社，2012．

［19］杨平．Peter Haasen 教授、金属物理及经典书籍《物理冶金学》［J］．金属世界，2022（2）：15-25．

［20］叶永烈．叶永烈讲述钱学森故事［M］．上海：上海交通大学出版社，2012．

［21］PRANDTL L. Ein Gedankenmodell Zur Kinetischen Theorie Der Festen Körper［J］．Zeits

Angew Math u Mechanik, 1928, 8：85.

[22] KE T S. A grain boundary model and the mechanism of viscous intercrystalline slip [J]. J. Appl. Phys. , 1949, 20 (3)：274-280.

[23] MCLEAN D. 金属中的晶粒间界 [M]. 杨顺华，译. 北京：科学出版社，1965.

[24] KE T S. On the structure of grain boundaries in metals [J]. Phys Rev. , 1948, 73：262.

[25] SNOEK J L. Letter to the editor-mechanical after effect and chemical constitution [J]. Physica, 1939, 6 (7)：591.

[26] SNOEK J L. Effect of small quantities of carbon and nitrogen on the elastic and plastic properties of iron [J]. Physica, 1941, 8 (7)：711-733.

[27] NABARRO F R N. Mechanical effects of carbon in iron [C]. Conference on the Strength of Solid, Bristol, 1948：38.

[28] SCHÖCK G, SEEGER A. The flow stress of iron and its dependence on impurities [J]. Acta Metall, 1959, 7 (7)：469-477.

[29] ESHELBY J D. Dislocations in visco-elastic materials [J]. Philos Mag, 1961, 6 (68)：953-963.

[30] KOIWA M. A historical review of internal friction studies [J]. Progress in Physics, 2006, 26 (3/4)：251.

[31] COTTRELL A. 晶体中的位错及其范性流变 [M]. 葛庭燧，译. 北京：科学出版社，1960.

[32] 杨顺华. 晶体位错理论基础 [M]. 北京：科学出版社，1988.

[33] HAASEN P. 物理金属学 [M]. 肖纪美，马如璋，吴兵，等译. 北京：科学出版社，1984.

本文原文发表于《金属世界》，2023 年，第 1 期，33-43 页。

北京科技大学国际交流中
C. S. Smith 教授与柯俊先生的交往

——材料科学基础课程教师的一些感想

内容导读：柯俊先生既是北京科技大学（以下简称北科大）金属物理的奠基人，也是冶金史研究的开拓者；他在北科大国际交往中非常活跃，与很多材料科学基础课程中涉及的一些基本概念相关的国际材料大师都有深厚的友谊，其中之一是美国的 Cyril Stanley Smith 教授。本文在介绍国际再结晶及晶粒长大会议设立 Smith 奖的基础上，从 4 个方面分析讨论北科大国际交流中 Smith 先生与柯俊先生的交往，以及他们的研究成果及工作对材料科学基础这门课程教学的一些影响，希望这些分析总结出的信息能使从事本课程学习的学生和教师对两位先生有更全面的了解，能有所触动或激励，尤其是对从事材料科学基础课程讲授的教师而言，只有了解了才能更好地传授，也能进一步丰富课程发展史的收集和完善。

　　柯俊院士一个突出的特点就是他与国际材料专家有着非常频繁的交往：他邀请过很多国外专家来北科大讲学、开展科研合作、联合举办国际会议，也多次出国访问，同时他也推荐很多青年学者出国深造、参加国际会议。其中很多国际知名教授的科研成果也都出现在材料科学基础（即原金属学原理，以下简称材科基）课程中，比如 C. S. Smith、J. W. Christian、M. Hillert、F. Nabarro、M. Cohen、P. Hirsch、P. Haasen、R. Cahn、K. Lücke 等，本文将阐述柯俊院士与 C. S. Smith（以下简称 Smith）教授的交往以及留给材科基课程建设的思考。

　　Smith 奖是国际系列会议"再结晶及晶粒长大"设立的奖项，金属再结晶也是笔者教学与科研交集的一个方向，同时这个系列会议前 6 届 Smith 奖获奖者中有两位恰好是笔者的导师（K. Lücke 和 G. Gottstein），比较熟悉，因而有感写过一篇文章[1]。Smith 教授在冶金史和定量金相方法上的贡献，当时笔者只是有所了解，还不是十分熟悉，因而在文献[1]中也仅简单介绍。他作为美国 MIT 材料科学与工程系主任和时任宾夕法尼亚大学材料系主任的 R. Maddin 教授与北京钢铁学院（现北京科技大学）副院长柯俊教授筹划举办的第一届国际冶金史学术研讨会（BUMA）于 1981 年在当时北京钢铁学院召开，他来北科大参观、参会，这些在北科大冶金与材料史（现为北京科技大学科技史与文化遗产研究院）网站上已有较为详细的报道。通过了解 Smith 教授早年在晶粒三维拓扑关系研究和定量金相方法成果在教材中的展现，以及他来访过北科大并与柯俊先生有密切交往的信息[2]，从讲授材科基课程的角度，笔者觉得有必要进一步整理柯俊先生与 Smith 教授的交往对课程教学及课程发展史的作用，这也可以构成一个生动的课程教学案例，是课程教学改革和当下材料科学基础国家级虚拟教研室活动的一个重要研讨内容，相信相关素材对课程教学效果的提升，对学生专业精神的培养和激励，以及对北科大的课程文化历史都有帮助。笔者从以下 4 个方面给出一些感想。

一、"我来自东方，……"柯先生最著名的一段话来自 20 世纪 50 年代他与 Smith 的通信中

在很多介绍柯先生的文献中都提及过他这段激励几代人的名言："**我来自东方，那里有成千上万的人民在饥饿线上挣扎，一吨钢在那里的作用，远远超过一吨钢在英美的作用，尽管生活条件远远比不过英国和美国，但是物质生活并不是唯一的，更不是最重要的。**"从《柯俊传》[2] 中得知，这句名言来自柯先生在回复时任美国芝加哥大学金属研究所主任 Smith 教授邀请他工作的回信中。这段激励几代人的名言是笔者撰写本文的原因之一，不仅是因为 Smith 的理论出现在课程教材中，而且柯先生早期也在金相教研室工作，也反映出柯先生与 Smith 先生的交往至少可追溯到 20 世纪 50 年代，比 20 世纪 80 年代两人合作进行冶金史研究的时间向前推进了 30 年，更主要的是这段话彰显了一个科学家在祖国最艰难时期对国家的一颗拳拳赤子心。

Smith 先生也在英国伯明翰大学读过书，与柯先生是校友，但比柯先生早毕业 10 年，随后他去了美国 MIT 完成博士论文。之后他在工业界（一家铜-黄铜公司）工作了 16 年后，参加了美国曼哈顿计划，随后 1945 年在美国芝加哥大学创建金属研究所，并任所长。除 Smith 教授外，当时德国马普钢铁研究所所长 F. Wever 和印度国家冶金研究所副所长 Ni-jawar 博士等也都曾极力邀请柯俊前往参与研究。虽然 F. Wever 教授在材料科学基础教材中没有直接出现，但他在织构研究领域留下重要影响，他是世界上第一个用 X 射线衍射方法测定并用极图表示出形变 Al 织构的人[3]，时间是 1924 年。目前国内不少教材介绍织构概念时，还仅限于用密勒指数表示，而没有用极图这种图形法表示。极图这种图形表示法，可以很形象地反映出晶体取向的三维信息。哥廷根大学金属学（或金属物理）研究所资料显示 F. Wever 教授于 1937 年 10 月 1 日拒绝了该所所长的任命（接替退休的 G. Tammann），这一职位后来由 G. Masing 接替。另外《柯俊传》[2] 中还提到，同样是伯明翰大学校友，柯先生的老朋友 T. B. Massalski（波兰人）当时曾"善意"劝柯先生不要回国，发展会受到限制，而柯先生却不以为然，坚持回国。T. B. Massalski 后来在美国卡内基梅隆大学任教授，是材料科学基础课程中块形转变理论创建人，他还编撰了相图手册，笔者在材料科学基础的课堂上也介绍过他。2015 年，T. B. Massalski 教授受邀在清华大学和上海交通大学分别做学术报告，笔者在清华大学聆听了他的报告，并在与其交谈中感觉他很善良、和蔼可亲。

二、Smith 与柯先生相近的科研轨迹及世界最大的冶金史研究队伍

柯俊先生回国后开展了一系列具体的金属物理方面的基础研究，其贝氏体相变机理研究获得过 1956 年国家自然科学三等奖，这是北京钢铁工业学院（1960年更名为北京钢铁学院，现北京科技大学）第一个国家级科研成果奖项。同时其贝氏体转变切变学派与国际、国内另一组扩散学派之争也在学术上留下深远的影响。随后 1956 年他创建了金属物理专业，形成了所谓北京钢铁工业学院金属物理"四大名旦"（柯俊、肖纪美、张兴钤、方正知）的科研与教学团队。此后在1974 年，柯先生在北京钢铁学院又创建了一支冶金史研究团队，被 Smith 教授称为世界上规模最大的冶金史研究团队[2]。如今北科大冶金史研究所工作业绩令人钦佩，专业评估是 A+，同时被评为国家一流专业。柯先生被称为北科大冶金史研究的开拓者，他组织召开了系列国际冶金史研究会议，产生了显著的国际影响力。中国作为有着 5000 年历史和悠久文化的国家，冶金史研究在党和国家的大力支持下，很快就形成了大规模的科研团队。相关的冶金史研究成果于 1987 年获得国家级科技成果三等奖，柯俊先生也主编了许多冶金史著作，还签名送给来北科大访问的笔者的博士导师 G. Gottstein 教授[1]。

冶金学家及冶金史学家 C. S. Smith（1903—1992 年）1969 年从 MIT 退休时拥有的三个称号充分展示了其在科学、技术、历史与艺术多方面的成就，这三个称号分别是"研究所荣誉教授""科学与技术史荣誉教授""冶金学荣誉教授"。他在1945 年完成曼哈顿计划中所负责的对核材料钚、铀的提炼技术研究后，于 1946 年前往芝加哥大学负责创建金属研究所，招募了一大批多领域的精英，如 C. Barrett（择优长大理论的提出者），C. Zener（弹性常数各向异性参数 A、Zener 钉扎力、Zener-Hollomon 参数等的提出者），晶体学家 W. Zachariasen（无规网络结构模型），J. Burke（Burke-Turnbull 界面迁移速度公式），葛庭燧（内耗法研究晶界提出者）等，开展基础理论研究，享誉世界。他发表了 200 多篇文章。其重要贡献是将简单拓扑学原理应用到金属多晶体中晶粒的形状及分布，并将其推广到各个层次的结构描述，直到科学与艺术的各层次。在冶金学层次，其早期的单相、复相晶粒间拓扑关系研究成果和定量金相方法已进入教材之中；同时国际再结晶及晶粒长大系列会议以他的名字设立了 Smith 奖，以奖励在这个领域做出突出贡献的科学家，影响深远。其后期又开展了冶金史研究（据说 Smith 对冶金史的兴趣也源于其夫人是从事科技史研究的学者），早在 1960 年就出版了与金相学[4]相关的经典著作。据MIT 网站信息介绍[5]：在 MIT 他同时是材料系（或冶金系）和人文系的教授，他于 1967 年在人文系建立了考古学材料实验室，10 年后发展为考古学和民族学材料研究中心，美国波士顿地区 8 所高校及博物馆联盟都参与基于这个中心的科学研究及研究生教育。他获得过很多奖项，如 1946 年因核裂变材料制备研究获总统奖（Presidential medal）、1961 年科学史学会的辉瑞奖（Pfizer medal）、1961 年美国

金属学会的金奖（Gold medal）、1966 年技术史学会的达·芬奇奖（Leonard da Vinci medal）、1970 年美国金属研究所的白金奖（Platinum medal of the institute of metals）、1991 年美国物理研究所的 Gemant 奖。MIT 设立了以他名字命名的基金。他是美国科学院院士、美国艺术与科学院院士。他还是 *Acta Metall*（现在的 *Acta Mater*）期刊的创始人之一，担任创刊时的董事会主席。因此柯先生与 Smith 教授两人有很相似的科研轨迹，北科大冶金史研究所的发展轨迹也与 MIT 有相似性。

　　图 1 为柯俊、Smith 及其他研究者 1981 年 BUMA 国际会议后去湖北考古遗址参观时的合影[2]。北科大敬贺柯先生百岁生日活动报道[6]上还可见到另两张柯先生与 Smith 教授一起的珍贵照片，一是两人在展室内观察古物的照片（见图 2），另一张是两人在野外实地考古的场面（见图 3）。

图 1　Smith 与柯俊 1981 年参观湖北大冶市铜绿山古铜矿遗址[2]

图 2　1981 年第一届冶金史国际会议期间柯俊与 Smith 交流[6]

图 3　1981 年柯俊与 Smith 教授参观中国冶金遗址[6]

北科大冶金史研究所的活动很丰富，笔者有深刻印象的一个活动是 2010 年在校内开展的"铸铁中国——古代铸铁技术发明创造展"，如图 4 所示。这个活动在《柯俊传》和冶金史研究所网站上都有介绍。当时正值材料科学基础国家精品课程建设的教学改革活跃期。笔者认真参观展览，留下很多照片，并希望这些记载着中国特殊钢铁文化和中国古代铁冶历史印迹的鲜活资料能有助于笔者提高材料科学基础课程的丰富性和生动性，提升教学效果。参观后还得到学生讲解员赠送的扑克牌，牌上的图片是 228 名学子暑期赴全国各地寻找"中国古代大型铁质文物"的社会实践活动成果，即学生收集的我国各地著名铸铁文物的图片（见图 5），笔者一直保留至今。

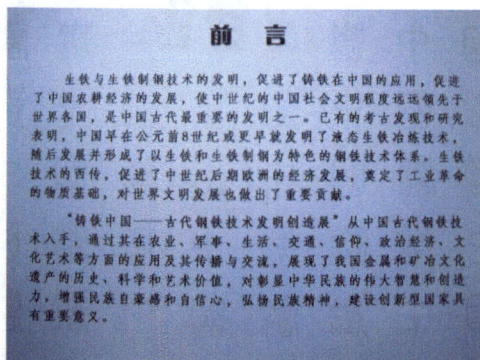

图 4　2010 年柯俊先生组织的"铸铁中国"展

类似的，笔者观察到自己接触的一些其他学者也有如此的科研轨迹。比如，德国马普钢铁所的 D. Raabe 教授也兴趣广泛，他于 2001 年出版了类似的考古史书籍 *Morde，Macht，Moneten ——Metalle Zwischen Mythos und Hoch-Tech*[7]（笔者权且

图 5　展示我国各地著名铸造文物的扑克牌

译为《杀戮、权利与金钱——传奇与高科技之纽带的金属》）。毕业于德国亚琛工业大学金属学及金属物理所的 D. Raabe 博士（其导师 K. Lücke 教授与柯先生一起建立了北科大改革开放后第一个国际交流合作项目，即北科大-德国亚琛工业大学合作项目），其博士论文研究题目是体心立方金属的织构，他的教师资格职位（habilitation）的研究主要是以模拟为主的计算材料学，其专著已被译成中文，他在美国卡内基梅隆大学做完博士后研究，便成为德国马普钢铁所（就是前面提到 F. Wever 的研究所）的教授，完成了著名的 DAMASK 组织织构模拟软件包，并开源共享；他获得了过我国金属研究所的李薰奖，也获得了 *Acta Mater* 金奖。但关注这本涉及金属在文化、历史、科学技术发展中相互作用的书籍的人可能并不多。这本书中也有很多图片、工艺描述值得学习并介绍给学生。德文书读起来也很生疏了，但每当笔者想起与他一起在德国亚琛金属所共同从事研究、一同参加一些国际会议，以及去他家喝啤酒并观看他和夫人到我国新疆参观旅行拍摄的图片和谈及感受时，很是留恋。同样，笔者研究室的毛卫民教授，在完成大量具体科研任务，出版很多教材及专著后，也开展了结合我国国情的材料与人类文明的研究，出版了相应的教材[8]，设立了选修课，编制了授课 ppt 课件，撰写了很多教研论文。这些材料学者的科研轨迹与其编撰的材料发展史的书籍为材料科学基础课程教学提供了丰富的教学资源，关键在于授课教师如何理解、消化、精简、加工并结合自己的亲身体会有效地来表达出来，使其发挥出应有的作用。

　　Smith 与柯先生之间也存在一个明显的差异：柯先生除了是科学家也是教育

家和我国工程教育改革的领航人，他创建了金属物理专业，是我国冶金史研究的开拓者，同时在 20 世纪 90 年代推动全国工程教育改革并在北京科技大学建立"大材料"试点班，在全国产生了广泛影响，于 2001 年获得国家教学成果一等奖，这是北科大第一个材料方面的国家级教学成果奖；而 Smith 早期在芝加哥大学建立的金属研究所脱离学生专业培养，只注重科研，被 R. Cahn 评价研究所逐渐走向没落，他到 MIT 后，金属研究所就改名 James Franck 研究所，主要进行物理学方面的研究[9]。

三、Smith 晶粒堆垛拓扑关系成果在材料科学基础课程中的体现及北科大在推广体视学研究中的作用

从材料科学基础课程教学角度，笔者主要关注 Smith 的科研成果对教学及教师教研活动的影响。这体现在 3 个方面。第一，金相学的基本含义是根据二维截面下看到的各晶粒（单相或复相）相互间排列规律，确认这种组织的成因，建立成分、工艺、组织、性能之间的关系；显然，建立二维截面组织与三维空间晶粒间堆垛（即拓扑关系）的几何关系更能真实反映上面四要素的关系。而 Smith 正是较早地开展了定量组织表征方法的，时间是 1948—1964 年，所以 Smith 先生被称为定量金相学的创建人[9]。在平衡条件下，受界面能各向异性的影响，晶粒间拓扑关系显示了特定的晶粒个数、界面个数、晶棱条数与角隅个数的定量关系（即著名的欧拉方程）。晶粒形貌的原创性结果在北科大刘国勋教授主编、1980 年出版的《金属学原理》[10]（是北科大"相 77 级"使用的教材，那时还以讲义的形式使用）中的界面一章内的组织形貌一节中，如图 6（a）所示。图 6 中还给出取自 Smith 原文中的图[11-12]。分别展示了第二相在角隅、晶棱分布的形貌、浸润角（界面能大小的体现）与第二相拓扑几何角度的关系以及相应的组织照片。第二，通过统计学将二维组织几何参量与三维组织参量建立联系，即定量金相学工作。Smith 相关的定量金相研究从 1948 年开始[11]。他推导出著名的 $S_v = 4L_A/\pi$ 公式（式中，S_v 为单位体积中的界面面积；L_A 为单位截面面积中的线长度）[13]，提出应用欧拉方程（拓扑学关系）[12]，$N_0 - N_1 + N_2 - N_3 = 1$，描述晶界拓扑关系，其中 N_0、N_1、N_2、N_3 分别是晶界的角隅、晶棱、晶面、晶粒体的数目。这两个关系式都出现在刘国勋主编的《金属学原理》教材[10]中，后一关系式曾出现在余永宁编著的《金属学原理》[14]界面一章中。课程前辈教师余永宁教授及时关注了这一新的方向，早在 1974 年就编写了《定量金相》小册子，并将体视金相学作为其参与编写的《金属学原理》教材的第 13 章[10]。1980 年后，余教授多次在北京市及全国范围的体视学学习班讲授体视学，余永宁教授、刘国权教授于 1989 年出版了我国首部体视学书籍[15]，见图 7（a）。另外，图 7（b）中的多种物质内部晶粒（金属、皂泡、细胞）尺寸统计分布图也在该章中引用。笔者个人理解，体视学（stereology）一词是 1961 年首次被创造出来，1963 年才

第一次召开国际体视学会议，此会议是每 4 年召开一次的国际会议。系统的体视学研究工作主要是由美国的 R. T. DeHoff 和 F. N. Rhines 教授进行的，其工作主要在 1960 年以后，后来还有德国的 Exner 教授。Smith 教授在此方面的工作是在 1948—1960 年，最早但相关文章不多。第三，余永宁教授也是中国体视学学会的创始人之一。余永宁教授、刘国权教授、张跃院士都为中国体视学学会的学会工作做出了贡献，中国体视学学会第一届理事长是北科大（原北京钢铁学院）张文奇院长，后面又由李静波校长接替。因此北科大在中国体视学学会创建发展中起到了重要作用。笔者也在中国体视学学会的材料分会工作过 4 年，介绍电子背散射衍射取向成像技术在体视学研究的应用，希望将晶粒取向、晶粒内取向梯度、晶粒间取向差、不同相之间的取向关系等信息加入组织形貌参数中去，从而用新的、更丰富的信息表征组织。

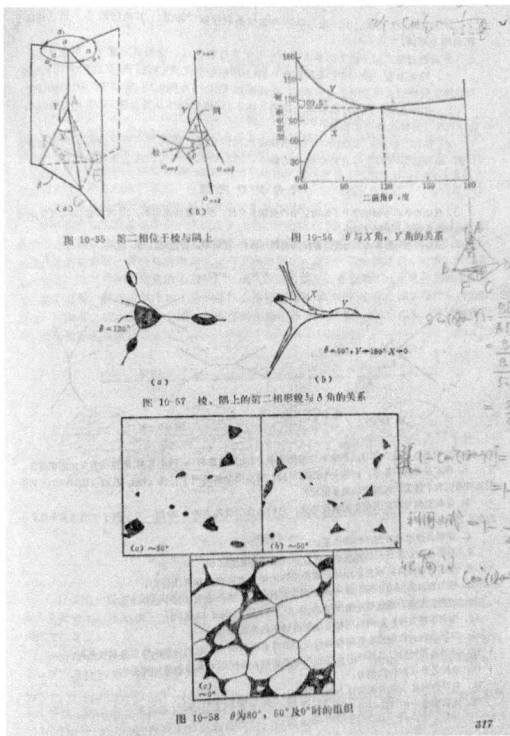

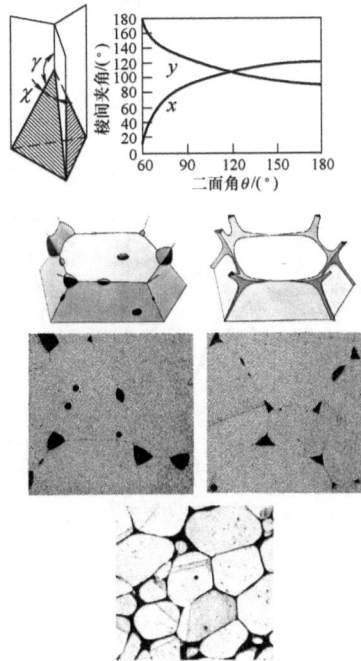

(a)   (b)

图 6   Smith 晶粒堆垛形貌的组织与示意图在教材中的展现及出处

（a）《金属学原理》教材中使用 Smith 文章中的图；（b）Smith 原文中的图[11-12]

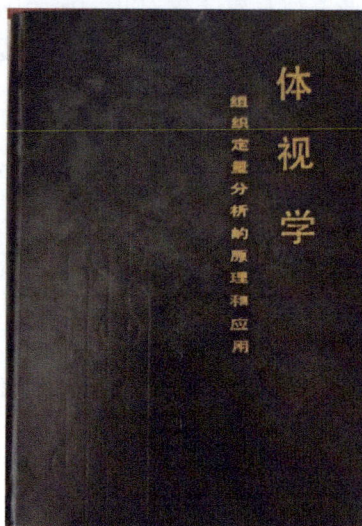

(a)

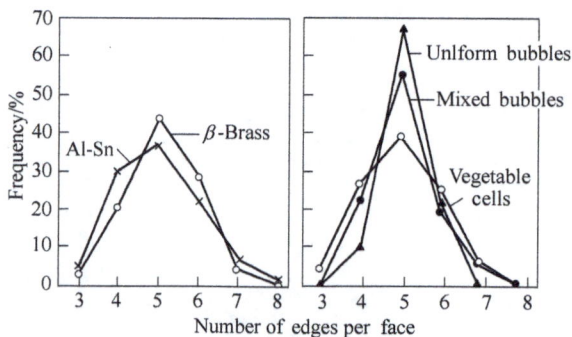

(b)

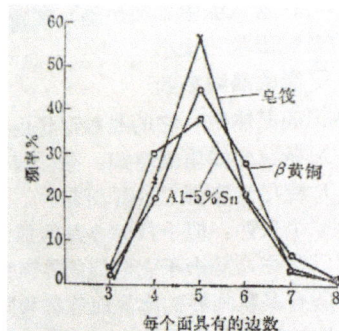

图 13-4　金属晶粒和皂筏具有不同边数的
出现的频率

(c)

图 7　与体视学有关专著与教材

（a）余永宁、刘国权教授编著的体视学专著封面[15]；（b）Smith 的数据[12]；

（c）余永宁教授在编写《金属学原理》教材（刘国勋主编）[10]第 13 章引用 Smith 的图

四、北科大冶金与材料史研究所与金相教研室的渊源与课程学习中的专业教育

　　表面上看，北科大冶金史研究所隶属冶金学院，与材料学院材料学系（前身是金相教研室）没有什么关系，然而从两位冶金史研究所所长韩汝玢教授和孙淑云教授的口述史文章[16-17]中可知，不仅创建冶金史研究所的柯俊先生早年在金相教研室工作，韩汝玢教授也毕业于金相专业，并进入金属物理教研室工作。随后

与柯先生一起，带领冶金史研究所发展壮大。孙淑云教授毕业于北京师范大学化学专业，并在金相教研室工作过，1974 年开始从事冶金史的研究。此外，金相教研室的吴成建老师虽然没调入冶金史研究室，但也参加了冶金史研究，也被列为冶金史研究成员。这些都说明冶金史研究人员与金相教研室的渊源，已成为专业教育的一个案例。想想也很合理，研究出土金属文物或古代金属器物的其中一项任务是观察其显微组织，就是看金相。如果是陶瓷件，就是看陶相，就像地质专业看岩相一样。由此可见，只要掌握材料科学基础（或金属学原理）课程内容，熟悉不同工艺下组织结构转变规律，就可以游刃有余地分析其成因，不论其是金属、陶瓷，还是岩石。

笔者与笔者所在的教学团队在给材料专业学生讲授材料科学基础课程的引言时，习惯从一个光学显微镜实物（老金相人使用的最基本仪器）照片提问学生，在还没有学习基础知识与方法时，通过观察组织预想他们未来可能从事哪些职业领域，如图 8 所示。金相观察的领域可以是失效的金属工件、新研发产品的组织、聚合物组织、液晶组织、古文物组织、天体陨石组织等。不同的观察领域就可对应未来可能不同的工作岗位或工作领域，可以是金属材料失效检验单位、液晶产品开发领域、天体陨石分析的行业、考古行业、宝石鉴定行业等。金相组织、陶相组织、岩相组织、塑料或聚合物组织均可以用显微镜观察，只要打牢专业基础知识，学会努力做到触类旁通，勇于探索，就可以应对未来各种挑战，也能胜任未来任何工作岗位。上述冶金史研究人员来自金相专业就是一个生动鲜活的案例，这样的人才具有竞争力。

其次在讲到凝固一章时，再次将图 8 提到的"铸铁中国"图片展示给学生，这时要从凝固组织说起，更具体地要应用凝固原理分析组织与工艺，如图 9 所示。同时利用相关的文化、历史示意图片，以及一些北科大冶金与材料史研究所已发表的文章展示给学生，以了解中国悠久的金属铸造历史及文化。课堂上如果没有时间细讲，教师可以制作网上学习材料，制成一个个的典型案例，作为课后学生讨论、课前预习或小作业来使用，这些素材与课堂基本知识的结合，可以很好地强化学习效果，提升教学感染力，弘扬中国科技史与中国文化，并让学生了解专业课程历史演变过程。

五、结束语

（1）柯先生 20 世纪 50 年代回国时的一段名言来自他对 Smith 教授邀请函的回复。这段名言激励着我国各个时期的学子（包括笔者）去热爱祖国、报效祖国，也表明柯先生与 Smith 教授的交往早在 20 世纪 50 年代就开始了。

（2）柯先生与 Smith 有很相似的科研轨迹：早期进行金属材料微观组织形成机制的研究，后期都开展了冶金史的研究。在我国拥有 5000 年文明史的丰富土

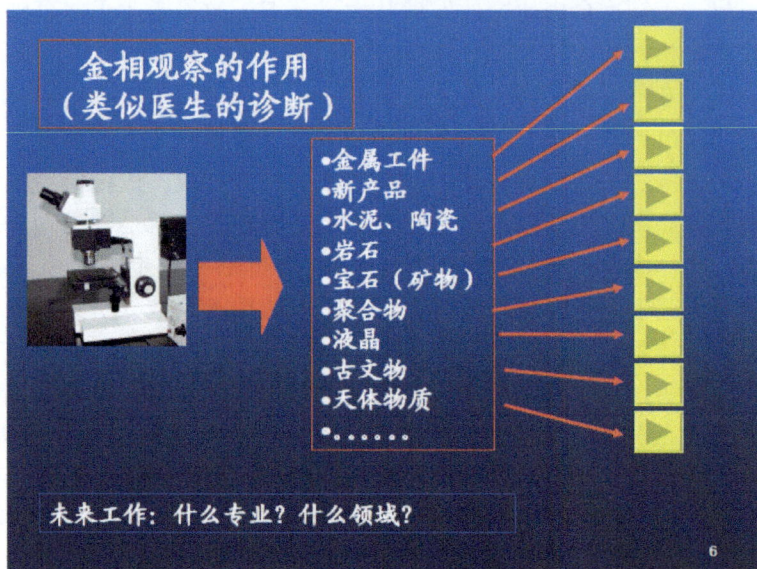

(a)

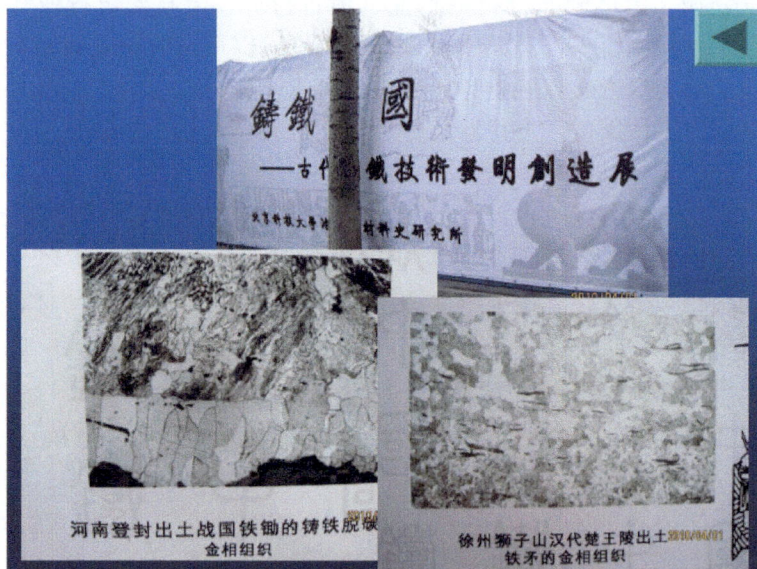

(b)

图 8　笔者材料科学基础课程教学案例

（a）不同材料组织的观察与毕业后可能从事的工作领域的关系；（b）考古领域涉及的内容展示

壤中，在党和政府的大力支持下，柯先生创建的北科大冶金与材料史研究所与相应学科发展壮大，成为北科大 A+ 的一流学科，也被 Smith 教授称为世界最大的冶

铁质锅釜

　　铁锅和铁釜是最重要的铁质炊具，全国各地有大量铁锅出土。锅是釜的变形，现在的锅就是从古代的釜发展而来的。

左上：河南渑池俱利城秦汉墓地
　　　出土的铁釜
中上：北京通州辽代遗址出土的
　　　铁六鋬釜
右上：四川大邑晋原镇红光社区古
　　　墓出秦汉时期铁釜，铁釜里
　　　面还有一层两厘米厚的陶制
　　　"内胆"
　下：北京延庆八达岭镇东曹营村
　　　北出土唐代带把铁锅

制锅工艺

清代广东制锅工厂流程(1840年绘，现藏大英图书馆)　　清代铸锅图(藏于丹麦)

山西天马-曲村出土公元前8世纪残铁片的金相组织

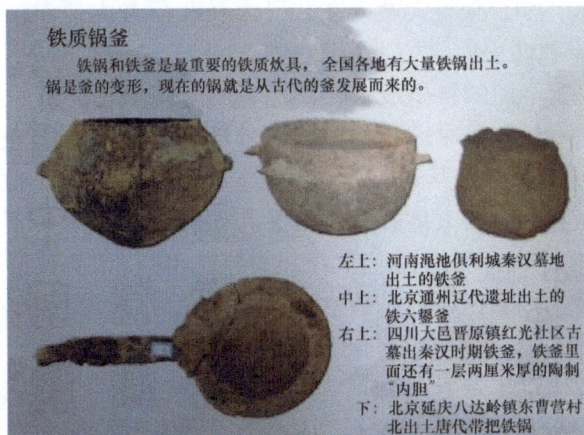

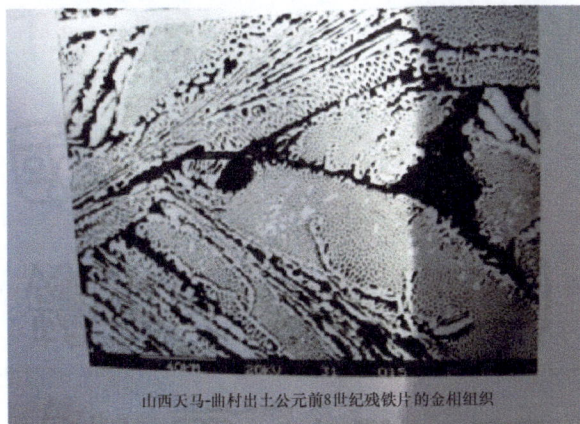

图 9　教学时使用的"铸铁中国"展有关图片

金史研究团队。20 世纪 80 年代两人在北科大及我国考古地点的合作研究为北科大的国际合作交流和课程教学留下浓墨重彩的一笔。

（3）Smith 教授早期的科研成果，如晶粒间几何拓扑关系的经典成果，是 20世纪 80 年代北科大金属学原理教材中的基本内容，也为定量金相学（体视学）的建立产生重要影响。基于其这方面的成果，国际再结晶及晶粒长大系列会议设立并命名了 Smith 奖。北科大体视学的教学与研究在国内起步很早，一方面体现在余永宁教授出版了第一部体视学专著，并早在 1980 年出版的刘国勋教授主编的《金属学原理》教材中就形成独立的一章；另一方面，体现在余永宁教授、刘国权教授等为中国体视学学会的创建发挥重要作用。

（4）柯先生、Smith 先生在金属学、冶金史等方面研究的故事为材科基课程教学、为学生对专业领域的认识及拓展提供了生动的教学案例。

参 考 文 献

［1］杨平．再结晶及晶粒长大国际会议的 Smith 奖及其获奖者——《材料科学基础》课程中的基本概念与名人典故［J］．金属世界，2013（5）：77-84.

［2］韩汝玢，石新明．柯俊传［M］．北京：科学出版社，2014.

［3］WEVER F. Über die Walzstruktur kubisch kristallisierender Metalle［J］. Z Physik，1924，28（1）：69.

［4］SMITH C S. A history of metallography：The development of ideas on the structure of metals before 1890［M］. Chicago：The University of Chicago Press，1960.

［5］Massachusetts Institute of Technology. Cyril Stanley Smith dies at 88［EB/OL］.（1992-09-02）［2022-08-29］. https：//news. mit. edu/1992/cyril-0902.

［6］北京科技大学．师韵兰香｜北科大师生敬贺柯俊先生百岁生日快乐！［EB/OL］.（2016-06-23）［2022-08-29］. https：//www. sohu. com/a/85616681_407322.

［7］RAABE D. Morde，Macht，Moneten：Metalle zwischen mythos und hoch-tech［M］. Berlin：Wiley-VCH Verlag，2001.

［8］毛卫民．材料与文明［M］．北京：高等教育出版社，2020.

［9］CAHN W R. 走进材料科学［M］．杨柯，译．北京：化学工业出版社，2010.

［10］刘国勋．金属学原理［M］．北京：冶金工业出版社，1980.

［11］SMITH C S. Introduction to grains，phases，and interfaces：all interpretation of microstructure［J］. Trans AIME，1948，175：15-71.

［12］SMITH C S. Some elementary principles of polycrystalline microstructure［J］. Met Rev，1964，33：1-48.

［13］SMITH C S，GUTTMAN L. Measurement of internal boundaries in three-dimensional structures by random sectioning［J］. Trans AIME，1953，197：81-87.

［14］余永宁．金属学原理［M］．北京：冶金工业出版社，2000.

［15］余永宁，刘国权．体视学-组织定量分析的原理及应用［M］．北京：冶金工业出版社，1989.

[16] 宋琳. 中国冶金史研究的前行者（二）：1974—2004 年北京科技大学冶金与材料史研究所的创建与发展 [J]. 北京科技大学学报（社会科学版），2011，27（4）：1-7.

[17] 宋琳. 中国冶金史研究的前行者（一）：1974—2004 年北京科技大学冶金与材料史研究所的创建与发展 [J]. 北京科技大学学报（社会科学版），2011，27（2）：1.

本文原文发表于《金属世界》，2023 年，第 2 期，20-27 页。

徐祖耀先生早期在北京科技大学金属学教学及课程传承的一点感想

内容导读：徐祖耀先生是北京科技大学（1952 年建校，名为北京钢铁工业学院，1960 年更名为北京钢铁学院，1988 年再次更名为北京科技大学）建校元老之一，他于 1953—1961 年在北京科技大学工作时是金属学课程第一任教师，对这门主干课程的教学传统、教材建设、人才培养做出了巨大贡献。本文通过分析徐先生早期的一些人生经历、在北京科技大学的教学活动，谈谈他对这门课程教学风格的形成与传承、教材建设与人才培养所做的贡献及产生的影响。

中国科学院院士、材料学家及教育家徐祖耀先生以其在马氏体相变、材料热力学、形状记忆合金等领域的研究闻名国内外，又以其编写的大量教科书和基础理论专著为学生和教师所熟知。《徐祖耀文选》《徐祖耀文选（续）》《我们心目中的徐祖耀先生》等书籍展现了其科学研究、人才培养与个人生活等经历。徐先生有 60 多年的教学、科研生涯，其中 9 年（1953—1961 年）在北京科技大学（1952 年建校，名为北京钢铁工业学院，1960 年更名为北京钢铁学院，1988 年再次更名为北京科技大学）度过。北京科技大学创建了全国第一个金相热处理专业，徐先生是该专业核心课程——金相学（也称金属学，现在称材料科学基础）的第一任授课教师，他对这门课程的创建、教学风格的形成及传承起到了关键作用。徐先生的科研贡献广为人知，但其在课程教学方面的贡献，人们了解得较少，特别是徐先生在金属学的教学和对这门课程后来发展的影响，很少见到文献介绍。笔者作为该课程现任教师，有必要收集、寻找和总结相关信息，以便更好地传承、发扬老一代教师在这门课程教学中创建的优良传统。本文主要分析、讨论徐先生从 1953 年到 1961 年期间的经历及与金属学课程相关的一些活动。北京科技大学从建校就开设了金属学课程，这门课程的发展是北京科技大学材料学科发展史中的一个重要组成部分。

本文涉及的方面有：（1）徐先生早期的个人经历；（2）第一任金属学教师及授课方法；（3）与徐先生交往密切的学者；（4）笔者的感想。

一、徐先生早期的个人经历

了解徐先生早年的个人经历，可以帮助读者寻找他的专业情怀，了解他来北京科技大学创建金属学课程的初衷及教学风格，通过他的领导与同事，探察他教学风格形成的根源。徐祖耀先生在其"九十自述"[1]中谈及了他1942年从国立云南大学（现云南大学）毕业后到1961年离开北京科技大学之间的经历。1942年他在国立云南大学矿冶系毕业后，留校任教1年，与当时同校的张文奇副教授（1979—1983年任北京钢铁学院院长）结下深厚的友谊。1943—1948年他去国民政府兵工署材料试验处（重庆）工作，同时也在合金钢厂（简称28厂）工作，我国著名的冶金学家周志宏先生时任该试验处处长兼28厂厂长。周志宏先生是美国著名的金相学家、哈佛大学教授Sauvour的博士生，周志宏先生博士期间因魏氏组织研究而成名，他是我国第一批学部委员（1955年）。当时在28厂工作的还有肖纪美院士（1950年获美国密苏里大学博士学位，1959年回国任北京科技大学金属物理专业教授）、方正知先生（后为中国科学院空间物理研究所所长，为研制"两弹一星"做出重要贡献）。北京科技大学冶金物理化学专业的元老魏寿昆先生也在该材料试验处担任过冶金组主任（1944—1945年）。徐先生、肖先生和方先生3人出国留学都得到周志宏先生的推荐，肖纪美和方正知去了美国密苏里大学。徐祖耀先生因周志宏先生工作调动，错过了出国机会。徐先生有着极强的自学能力，因其有非麻省理工学院（MIT）不去的想法[1]，后自学了MIT研究生的全部主要课程（除实验课程无法进行外）[1]。徐祖耀先生1949—1953年在交通大学唐山工学院（1952年更名为唐山铁道学院，现西南交通大学）任教，为副教授，1952—1953年任唐山铁道学院金相教研室主任。北京科技大学金相热处理系第一任系主任章守华先生在美国卡内基梅隆大学留学后，于1948年到国立交通大学（现西南交通大学）任教。由于1952年全国高校院系调整，1953年徐祖耀先生与张文奇教授、章守华教授一起调至北京科技大学工作，成为建校元老。建校初期，金相专业的学生既有从其他高校转过来的，比如"相54"（1954年毕业）的李静波校长、"相56"（1956年毕业）的谢锡善教授，也有第一批由北京科技大学招生的——"相57"（1957年毕业）的余永宁先生。谢锡善教授回忆[1]，他们"相56"学生先在清华大学寄宿1年，1953年转入北京科技大学本部，那时的生活是一种田园生活，学习条件非常差，在芦苇棚搭就的土坯房中听课，没有课桌，只能坐在小板凳上把笔记本放在腿上记录知识要点。晚上靠蜡烛照明，早上用满井村的井水洗脸刷牙。1957年的反右派斗争，徐先生受到影响，被贴了大字报，授课上"退居二线"。那时，位错理论也受批判[1]。1961年徐先生去了上海交通大学任教，对能顺利去上海交通大学工作，徐先生认为得到了张文奇的相助，并为此深表感激之情。

二、徐祖耀先生的教学方法及教材建设

北京科技大学金属学课程和教材一直以来以难、深，课程学时多知名，这是

传统，但很少有文献就此传统是如何形成的给出细致的描述。徐先生是第一位金属学课程授课教师，随后有刘国勋先生、宋维锡先生、宋沂生先生、余永宁先生，共同组成了这门课程强大的教学团队，并一直延续着这一教学风格。石新明教授的大学文化形成的系列文章[2-3]，分析了1952年全国高校院系调整时六所院校合并、国际交往、向苏联学习过程等对北京科技大学大学文化形成的影响。表1给出北京科技大学建校时教师队伍的来源组成[2]，徐祖耀先生、张文奇先生、章守华先生、宋沂生先生等来自唐山铁道学院，而魏寿昆先生、方正知先生、刘国勋先生来自天津大学（原北洋大学），金相教研室第一任主任赵锡霖先生来自清华大学，而笔者的本科毕业设计、硕士导师宋维锡先生则来自山西大学。从教学及课程这个层面，可以了解到北京科技大学金属学课程教学文化传统形成的影响。文献［2］分析了学校大学文化形成的"遗传因素"，阐述了北洋大学、唐山交通大学、清华大学等基因母体对学校早期文化形成的影响路径和机理，指出了院系调整过程中的文化融合与碰撞，影响着这一时期新建院校大学文化的形成。这3所大学在新中国成立前都参照美国大学的教育模式，但又各具特色：北洋大学有"严谨治学、严格要求、艰苦朴素"的校风；唐山交通大学重视基础理论教学和基本技能训练，对学生严格要求、严格考核，强调理论结合实际、学以致用等；清华大学则有"严谨、勤奋、求实、创新"的学风和"行胜于言"的校风。这些理念都在来自这些院校的教师的课程教学上得到体现。文献［3］阐述了"以苏为师"对学校早期文化形成的影响路径和机理，比较了"以苏为师"对学校不同系科的影响差异。教研室模式、金属学一词的定义、苏联教材作为主要参考书、教学大纲的制定、答疑制度等都是"以苏为师"的结果。

表1　北京科技大学从六所院校调来的教师名单和人数[2]

校名	教授名单（人数）	副教授名单（人数）	讲师名单（人数）	助教名单（人数）	合计人数
天津大学	魏寿昆、刘之祥、华凤谌、谢家兰（4）	方正知（1）	胡修本（1）	熊国华、周荣章、储钟炳、张凤禄、宋文林、曲英、韩昭沧、徐业鹏、李传薪、李西林、秦民生、刘国勋、高瑞珍、任怀亮、董锷、董德元、温金珂、钟鸿儒、赵元坡、王美英、陶少杰、高澜庆、陈端树、崔文暄、程肃之、姚荣芝（26）	32
唐山铁道学院	林宗彩、朱觉、张文奇、章守华（4）	徐祖耀（1）	郑逢佳（1）	周取定、晏伟、赖和怡、卢盛意、宋沂生、陈良绪、杨永宜、朱元凯、林祥秀、马如璋（10）	16

续表1

校名	教授名单（人数）	副教授名单（人数）	讲师名单（人数）	助教名单（人数）	合计人数
清华大学	卢焕云、赵锡霖、刘景芳（3）		于克三（1）	马光、马英芳、孙一康、黄源偶、李牧功、徐炎、王鸿升、朱元泉、解基培、牟孝忠、赵彦枢、潘立宙、陈得庠、王玉璞、张云涛（15）	19
北京工业学院①	胡庶华、童光煦、陈兆东、胡为柏、胡熙庚、陈大受、胡振渭、杨尚灼、刘叔仪（9）	于学馥、陈荩、傅君诏（3）		谢纯懋、韩有望、吴雨沛、关毓龙、张桂铎、王兆昌（6）	18
西北工学院②	任殿元、石心圃（2）		杨让、赵梦琴（2）	王鉴、张鉴、曹厚麟、任芳芝、姚由、周世倬（6）	10
山西大学	郜三善、耿步蟾（2）		宋维锡（1）	穆承章（1）	4
合计人数	24	5	6	64	99

①现北京理工大学。
②现西北工业大学。

徐先生早在1951年唐山工学院任教时就出版了教材《冶金原理》[4]，由龙门联合书局出版（见图1（a）），书的后半部分包含金属学内容，有原子与金属的构造、合金的构造、金属的变形、合金组成图（即相图）、钢铁合金、热处理等。那时出书主要参考的是英文专著，且很多是1948年出版的书，可见参考的都是当时较新的国外专著。按当时徐先生在教材中对冶金学含义及范围的定义，冶金学包含了化学冶金、物理冶金等，物理冶金又包含了金相学和金属物理学，如图1（c）所示，因此这里的冶金学是广义的。据徐先生回忆[1]，1953年秋开始教学授课时，许多院校采用了内容较浅的古里亚耶夫所著的教材，而他则采用的是内容深得多的舒丁伯格所著的《金属学》。由此可见，北京科技大学金属学课程第一任教师就使用了很深的教材。阅读徐先生的自传[1]可知道，徐先生早在国立云南大学读书时最喜欢金相学这门课程，当时的任课教师是在英国谢菲尔德大学（University of Sheffield）留过学的蒋导江先生，蒋导江留学时间比中国科学院金属所第一任所长李薰先生还早。当时蒋老师的课程考试都是3道题，答案都不是死记硬背的内容，必须经过思索和总结，尤其是第3题，有相当难度且蒋老师评判标准很严。徐先生的金相学课期末成绩虽然只有78分，但却是班上最高分，徐先生认为这分数合情合理。由此可见，徐先生的教学方式深受他大学时代

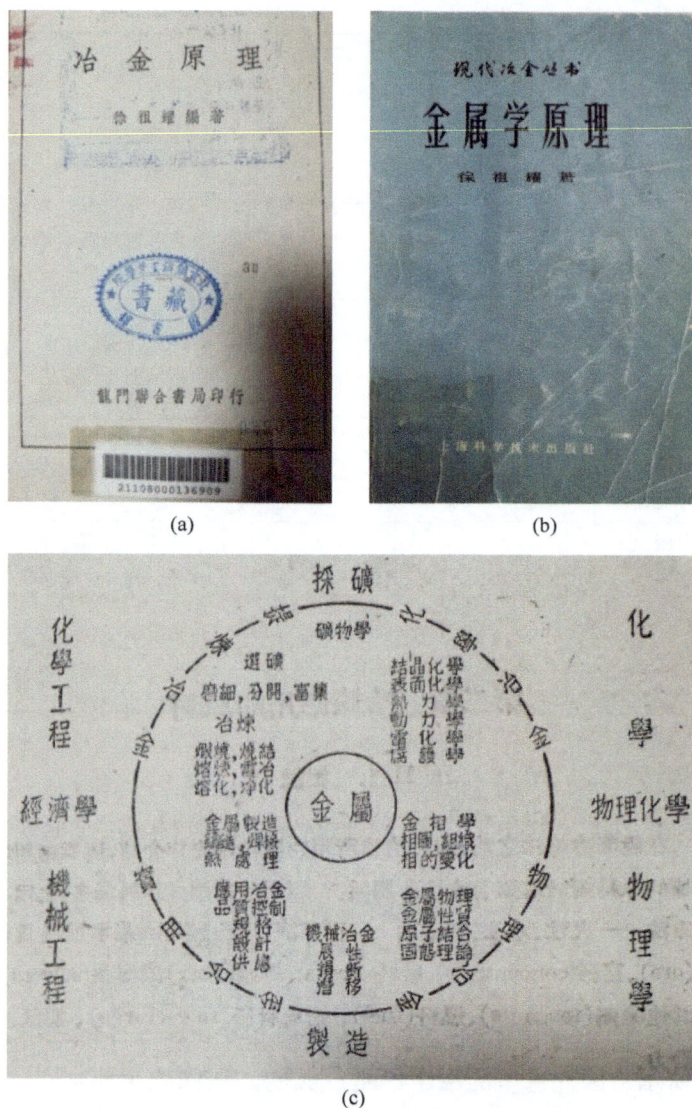

图 1　徐祖耀先生早前出版的教材

（a）《冶金原理》封面；（b）《金属学原理》封面；（c）《冶金原理》中对冶金学的划分

金相学课授课老师教学风格的影响。徐先生出版的《冶金原理》一书也借鉴了蒋导江老师编著的《普通冶金学》一书中的图表[4]。谢锡善老师回忆[1]：徐先生讲金属学时，给学生介绍了三本俄文教材作为主要参考书，即内容较浅的卡申科编写的《金相学》、偏重热处理的古良耶夫的书和内容较深且很厚的斯滕贝尔格（应是舒丁伯格）编写的《金相学》。"相 60"的许珞萍教授回忆[1]：徐先生讲课完全脱稿，将艰涩难懂的内容讲活了，可见其备课时的认真，此外其出的考试题从课本上根本找不到直接的答案。徐先生自己回忆道[1]：他曾一度代理金相教研室主任，白天忙于授课、行政等活动，晚上备课和阅读文献。每日早上，先在床上将讲课内容默记一遍，这样授课时可以不带讲稿（只带一纸小条），却能将一些数据脱口而出，还可以在授课时注意学生动态，主动调整讲授进度和内容等。从这些回忆中，可以清楚地看到这门课程的难度和徐先生教学严谨的态度。

1964 年 1 月，徐祖耀先生集北京科技大学和上海交通大学的教学体会及国际金属学研究进展和发展，编写出版了《金属学原理》一书[5]（见图 1（b）），被柯俊院士认为是当时国内最好的教科书[1]，在国内产生了重要影响。徐先生在前言中写道，1959 年与北京科技大学同事们合编《金相学》上册（即《金属学原理》），初稿几近完成，但因故中辍。这本《金属学原理》大体仍按《金相学》上册的结构来安排，但进行改写及补充。刘国勋、宋维锡、宋沂生、柯俊、章守华先生还专门在《金属学报》上撰文评价这本教材[6]，如图 2 所示。《金属学报》这种以学术研究论文为主的期刊上能发表对国内教材评价的文章应该是很少见的，这充分说明老一辈的先生们对教材建设及课程教学非常重视。据老先生们回忆，徐先生给"相 54"（北京科技大学金相专业第一届）、"相 55""相 56""相 60"讲授过金属学课程，刘国勋先生给"相 57"讲授过金属学课程，宋沂

第 7 卷　第 3 期　　　　　金 属 学 报　　　　　Vol. 7, No. 3
1964 年 7 月　　　　ACTA METALLURGICA SINICA　　　　July, 1964

"金 属 学 原 理"

作　者：徐祖耀　　　　出 版 者：上海科学技术出版社
出版年月：1964 年 1 月　　　頁　　数：492頁

随着我国现代化工业的发展，从事金属材料的工作者的队伍迅速扩大，他們迫切需要较深入地掌握金属学及其近代发展。近年来，虽然出版了一些较深入的金属理論的譯著，但是适合于从事金属的生产和使用的一般工作者，使他們能正确系統地掌握現代金属学的基本概念和基本知識的参考书还是较少的。現代冶金丛书中徐著"金属学原理"的出版，可望滿足一部分这种迫切需要。

全书分八章。第一章金属的結构，介绍了固体金属的結构类型，金属原子大小的概念，晶体中的点、綫、面各种缺陷的基本概念，并且簡述了液态金属的結构。第二章簡述了相变的热力学和金属結晶时的

334　　　　　　　金　属　学　报　　　　　　　7 卷

本书图表清楚，編排醒目，印刷錯誤很少。复杂的三元相图使用了套色印刷，清晰易讀，这是国內外䏻述相图的书籍中少見的。作者和出版社在这方面的努力应該得到高的評价。

总的来看，徐著"金属学原理"是一本较好的、具有较高水平的参考书，可以向从事这方面工作的广大科学技术工作者推荐。

（刘国勋、宋维锡、宋沂生、柯俊、章守华）

图 2　北京科技大学教师 1964 年在《金属学报》发表的评论徐先生教材的文章[6]

生先生给"相 61"讲授过金属学，宋维锡先生给"相 66"讲授过金属学，国家教学名师余永宁先生给"相 62"及后几届"相班"学生讲授过金属学。图 3 为北京科技大学金属学课程授课元老宋维锡先生与刘国勋先生的照片。

图 3　2011 年庆祝宋维锡（中）先生 90 岁生日活动（刘国勋先生（右），关卓明老师（左））

在授课方法上，徐先生上课时可以非常熟练地在黑板上画出极复杂的有色合金青铜的相图[2]。谢锡善教授回忆当年[1]徐祖耀老师在帮助第二任金属学教师刘国勋教授讲三元相图时，为了更加形象和便于理解，他用铁丝编制了一个三元相图立体图来讲解。当时"全盘苏化"，而徐先生冒着风险介绍较难的欧美金属学理论——位错理论（当时苏联不认可）。笔者没有机会聆听徐先生讲课，不过作为 77 级金相专业学生，聆听过余永宁老师授课，在讲解三元相图时，他也是非常熟练自信地画出 3 种涉及 4 相反应的三元相图的立体图，从中可以看到老一代授课大师的授课基本功与传统传承。

三、早期与徐祖耀先生密切相关的一些学者

在国内，周志宏先生（见图 4）在徐先生职业生涯中起很大作用。周志宏先生在材料试验处及 28 厂时是徐先生的领导，推荐徐先生出国留学（虽然未能如愿），后周志宏先生又推荐徐先生从北京科技大学去上海交通大学工作。张文奇先生早在 1943 年就与在云南大学读书及留校工作的徐先生熟悉。1949 年唐山工学院时张文奇是教研室主任，徐先生是教师。周志宏、张文奇先生都对徐先生出版的《冶金原理》进行了审阅[4]。在 1957 年的反右派斗争中，张文奇先生及周

志宏先生都对徐先生从北京钢铁学院顺利调离到上海交通大学有所帮助。在北京科技大学建校 50 周年时，徐先生来到北京科技大学亲自为张文奇雕像献了花篮（见图 5）[1]。章守华先生作为 1952 年第一批建校元老，是北京科技大学材料系第一任系主任。图 6 是章先生 70 岁（1987 年）和 90 岁寿辰（2007 年）时材料系（院）举办庆祝活动期间徐先生与章先生的合影。方正知先生和肖纪美先生是金属物理"四大名旦"中的两位（另两位是柯俊院士、张兴钤院士），徐先生在其回忆录中称方正知是老友。方正知曾给"相 55"学生讲过金属学课程，但因要准备新设立的 X 射线课程授课，由徐先生接替其讲金属学[1]。很多资料中都可以看到徐先生与柯俊、章守华、方正知先生的照片（见图 7）。

图 4　周志宏先生　　　　图 5　2002 年北京科技大学建校 50 周年徐祖耀先生
（引自百度网站）　　　　参加校庆活动并向张文奇教授铜像敬献花篮[1]

(a)　　　　　　　　　　　　　　　(b)

图 6　章守华先生 70 寿辰（a）及 90 寿辰（b）期间与徐祖耀先生的合影
（章先生后面为国家教学名师余永宁先生）[7]

在国外专家中，徐先生常提到[1]的 3 位学者是扩散型相变专家、卡内基梅隆大学的 Aaronson 教授（他是 Mehl 教授的高徒，章守华先生曾在 Mehl 领导的系里

图 7　徐祖耀（左三）、方正知（左一）、柯俊（左二）、
章守华（右一）与苏联专家（右二）合影[1]（谢锡善老师提供）

留学，获得硕士学位），MIT 的马氏体相变专家 Cohen，以及材料科学方面"无所不能"的 J. W. Cahn。Aaronson 教授是材料科学基础课程中钢中相界面台阶模型的提出者，属贝氏体相变的扩散学派，徐先生则是贝氏体相变扩散学派的国内"领头羊"。柯俊先生和西北工业大学的康沫狂先生是贝氏体相变的切变学派。图 8 是 20 世纪 80 年代徐先生与 Cohen 教授、柯俊院士、李依依院士在国际相变

图 8　徐祖耀和国际著名马氏体相变专家 Cohen 合影
（左边为李依依院士，右边为柯俊院士[1]）

大会上交流的情景。Cohen 教授与其弟子 Olsen 教授的马氏体经典形核理论在材料科学基础课程中马氏体相变一节中有介绍。Cohen 的开门弟子和关门弟子都是中国人，都与徐祖耀先生认识，Cohen 教授去世后，徐祖耀先生在《热处理》期刊上发表了纪念 Cohen 教授的文章[8]。第 3 位是美国国家标准局的 J. W. Cahn，他的调幅分解、晶内-晶界面-晶棱-角隅形核率差异的定量关系及位错形核等理论都在材料科学基础课程中讲授过[9]。徐先生的弟子郭正洪教授介绍，徐先生在美国访问时，在 J. W. Cahn 家住过，J. W. Cahn 教授在 1999 年特地把出版的 *The Selected Works of John W. Cahn* 寄送给徐先生，可见两人关系的密切。徐先生要求作为博士生的郭正洪要多读 J. W. Cahn 的文章。

四、几点感想

徐先生作为北京科技大学第一任金属学课程任课教师，与后续任课教师刘国勋教授、宋维锡教授、余永宁教授等一起，建立了该课程的教学传统及风格。在徐先生首任此课程教学时就已形成了此课程学时多、内容深、要求高、考试难的课程特点。探寻徐先生的金相情结可知，他从大学时代的矿冶专业就最喜欢金相学，在唐山工学院任教时也讲授金相学，尽管那时金相学还不是一个专业，只是一门课。据刘国勋先生回忆，当时国内没有金属学教材，刘先生给"相57"讲金属学时，阅读了相当数量的英文、俄文教材及有关书籍，写成讲稿。后来，刘国勋先生主编的《金属学原理》教材（1980 年出版）[10]、余永宁先生 2000 年出版的《金属学原理》[11]都在国内产生重要的影响。徐祖耀先生、刘国勋先生、余永宁先生编写教材时都阅读了极其广泛的国外文献。这些教材都具有"难"的特点，需要教师花费很多的时间准备，学生学起来如果不够努力的话就会有挫败的感觉，甚至失去从事材料科学研究专业的信心。

笔者作为这门课程的教师也经历了"艰苦的磨难"，硕士研究生毕业留校后，先完成助课工作，跟主讲教师一起答疑，回答学生提出的各式各样的问题；批改作业，上习题课，给主讲老师放幻灯片，挂大幅的示意图；做金相实验课的助课、讲课、制备实验用样品、开设新实验等。在教研室试讲完成后，给学生讲课程中的某一章。从德国亚琛攻读完博士学位，回校后先给冶金专业讲授金属学课程，再给材料加工专业讲授金属学课程，最后才过渡到给材料专业讲授金属学课程。从中笔者深切体会到老先生们说的"金属学课程不是随便一个人就能讲的"的用意，讲不好要面临被学生"赶下台"的可能。

徐先生说他信奉"活到老、学到老"的理念，他认为教师离不开学习，教学可以相长。从 1949 年在唐山工学院执教到 1957 年，徐先生参照 MIT 对本科生和研究生修业的要求，基本自修、补习完作为物理冶金教师的专业知识[1]；上海交通大学任教期间自学统计物理，还到华东师范大学又像学生一样坐在教室里认真听课。

　　徐先生还有一种在逆境中从不放弃，寻找一切机会努力学习的精神。在 20 世纪 50 年代的反右派斗争及"文化大革命"时期，他从未中断看文献、写著作等学术追求。虽然被耽误了大量的科研时间，但他总是努力地去把丢失的时间追回来。在科研条件不利的环境下，他还孜孜以求，在马氏体/贝氏体热力学、群论、晶体学理论的研究上有很大创新，其提出的相变理论在国内处于领先，出版了很多书籍。

　　图 9 为笔者与徐祖耀先生的弟子上海交通大学郭正洪教授在系列教学研究会议上的合影。我们都将金属学（现在的材料科学基础）课程建成了国家级精品课程、国家级一流课程，都长期从事该课程的教学改革实践活动，这也算是给在两所院校都讲授过（或指导过）金属学课程的徐祖耀先生的一个告慰。

图 9　笔者（右二）与徐祖耀先生的弟子郭正洪教授（左一）在第十八届全国材料类基础课程教学研讨会（2021 年，北京科技大学主办）上的合影（左二为大连理工大学赵杰教授（第一届国家级一流课程（材料科学基础）负责人），右一为齐民教授（大连理工大学））

五、结语

　　（1）徐祖耀先生作为北京科技大学建校时创建的金相热处理专业主干课金属学的第一任教师，对这门课有很大贡献，体现在教材建设、授课方法、内容选取、培养青年教师上。特别是对这门课程教学传统的形成起到重要作用。这些都为今后的青年教师、学生打下北京科技大学金属学课程的"烙印"。

　　（2）徐祖耀先生对北京科技大学金属学课程以内容深、要求高、考试难来定位，这一特点追其根源有两方面原因：一方面钢铁是当时国家重点发展的领域，作为第一个金相专业，学科要求高；另一方面是在他大学时代的金相学课程任课教师的风格对其产生极大影响。

（3）经徐先生开创的与北京科技大学校龄相同（极具特色）的金属学课程中也包含一代又一代授课教师的辛苦与奉献，如刘国勋、宋维锡、余永宁先生等，从而传承了此课程的传统风格。他们各自出版了具有时代特色的《金属学》或《金属学原理》教材，特别是国家教学名师余永宁教授在讲授此课程具有最长的课程教学时间，并使该课程被评为国家级精品课，在学院范围的教学中成为最为厚重的一门课程，为教师们树立了教书育人的榜样，也为后来的国家精品资源共享课、国家级一流课程的获批奠定了基础。

（4）徐祖耀先生在马氏体/贝氏体相变热力学、晶体学中的点群、形状记忆合金的高水平科研能力，承载着其作为教师不断努力学习、及时更新自己知识结构的精神；他突破特定历史环境的局限，对自己工作做出理论创新，体现其不论遭受怎样的挫折，从不放弃学习新知识的品质。

参 考 文 献

［1］戎咏华，郭正洪．我们心目中的徐祖耀先生［M］．上海：上海交通大学出版社，2011.

［2］石新明．大学文化形成的"遗传因素"——院系调整与大学文化——以北京钢铁学院（1952—1966 年）为例［J］．北京科技大学学报（社会科学版），2014，30（2）：28-40.

［3］石新明．大学文化形成的外部因素（一）——国际影响与大学文化——以北京钢铁学院（1952—1966 年）为例［J］．北京科技大学学报（社会科学版），2014，30（3）：27.

［4］徐祖耀．冶金原理［M］．上海：龙门联合书局，1951.

［5］徐祖耀．金属学原理［M］．上海：上海科学技术出版社，1964.

［6］刘国勋，宋沂生，宋维锡，等．"金属学原理"［J］．金属学报，1964（3）：333-334.

［7］刘国权．章守华：正己守道风华百年［M］．北京：冶金工业出版社，2017.

［8］徐祖耀．悼念 Morris Cohen 教授［J］．热处理，2005（3）：5.

［9］杨平．与 J. Cahn 教授相关的材料学基本概念［J］．金属世界，2021（5）：7-15.

［10］刘国勋．金属学原理［M］．北京：冶金工业出版社，1980.

［11］余永宁．金属学原理［M］．北京：冶金工业出版社，2000.

本文原文发表于《金属世界》，2023 年，第 3 期，34-41 页。

马氏体相变大师 M. Cohen 教授与课程教学及我国材料学家的交往

内容导读：美国麻省理工学院（MIT）的 M. Cohen 教授以其马氏体相变理论闻名于世，他也是中国人民的老朋友，与我国著名的材料科学家们有着深厚的友谊，材料科学基础课程中的若干基本概念或知识点与他相关。本文将从课程教学的角度讨论 3 个方面的历史事件，希望能帮助相关专业授课教师和课程学习者更深层地理解相关知识点及其历史背景，将人文历史与专业理论有机结合，促进教学、科研及学习。

马氏体相变是各类固态相变中最具特色的一种，其相变机理与扩散型相变（脱溶、多型性转变/块形转变、共析转变、调幅分解）特点完全不同。这里首先要梳理一下马氏 Martens、马氏体 Martensite、马氏体之父 G. V. Kurdyumov、马氏体相变大师 M. Cohen 之间的联系和区别。法国金相学家 Osmond 为纪念德国材料检测专家 A. Martens，将钢中淬火组织命名为马氏体（这种马氏体使材料硬化、强度提高），但 Martens 并未研究过马氏体。随着研究的深入及拓宽，人们在钢以外的材料中也发现了马氏体，并注意到马氏体不但可以是非平衡态下无扩散、切变形成的转变产物，也可以是平衡态下可逆方式转变的产物，可以起到硬化，也可起到软化的作用。马氏体之父、苏联学者 G. V. Kurdyumov 是研究马氏体的大师，他发现了马氏体相变遵循 Kurdyumov-Sachs 取向关系，并确定了马氏体的体心四方晶体结构和其 c/a 轴比随碳含量的变化规律，以及热弹性马氏体[1]。本文的主人公 M. Cohen（以下简称 Cohen）是 MIT 的教授，以对马氏体相变理论作出的重要贡献而闻名。基于以下三个原因本文对他进行详细分析介绍：一是笔者讲授的材料科学基础课程中至少 3 个马氏体转变方面的知识点与他有关；二是他与中国材料科学家有着深厚的友谊；三是他早在 1980 年就被北京钢铁学院（现北京科技大学）及北京航空学院（现北京航空航天大学）聘为名誉教授，这也显示北京科技大学是改革开放后最早与国外学校及著名学者建立交流合作关系的学校之一。北京科技大学柯俊院士率先将 Kurdyumov 的马氏体相变理论系统地介绍到中国[2]，并带领很多教师开展马氏体相变研究。图 1 给出本文介绍的与 Cohen 教授相关的若干方面关系图。

一、Cohen 教授简介[3]

Cohen 教授（1911—2005 年）本科及博士学位都在 MIT 获得。35 岁获得

与中国的友谊
第一个与最后一个中国弟子
师昌绪、黄培云、徐祖耀、柯俊
来华讲学

马氏体研究大师
材料科学与工程学科奠基人
总统奖

M.Cohen

材料科学基础 ⟷ 任课教师

马氏体转变与无扩散转变
形核机制
热力学驱动力示意图
马氏体等温转变

从历史角度拓展对马氏体的认识
与生命科学的联系
邓永瑞的《马氏体转变理论》一书
笔者对马氏体研究的点滴

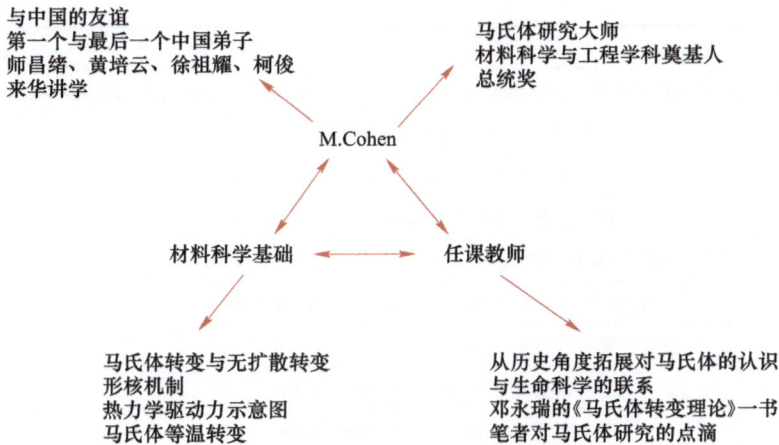

图 1　基于三者关系的讨论示意图

MIT 教授，1982 年荣誉退休。他是美国科学院院士、美国工程院院士、美国国家艺术和科学院院士，曾是曼哈顿计划的副主任，获得过 Howe 奖、Sauveur 奖、Mehl 奖、Acta Metallurgica 金奖等。

　　首先，Cohen 教授是国际材料科学与工程学科的创始人，20 世纪 50 年代末 60 年代初，他任美国国家科学院材料科学与工程调研委员会主席，并于 1974 年提出著名的总结报告："材料和人类的需求，材料科学与工程"[4]。他最先在 MIT 等校创立了材料科学与工程学科，是由"冶金与材料科学系"（合并化工系的陶瓷和高分子材料）过渡到"材料科学与工程系"，在国际上为此学科的开创做出了伟大贡献。

　　其次，他是国际相变研究的前驱者。他的弟子马氏体相变研究大师 G. B. Olson 教授（2007 年受北京科技大学邀请，在中国材料名师讲坛上做过报告）总结了 Cohen 教授研究内容的宽广性，见表 1。Cohen 发表了 280 多篇文章，内容涉及广泛，其中马氏体相变领域包括马氏体相变热力学、动力学、晶体学等方面。此外还研究很多其他领域的材料科学问题，以及高等专业和学科教育。

表 1　Cohen 教授发表文章类型分析

类　别	数量
相及相关系（Phases and phase relationships）	13
热力学（Thermodynamics）	10
扩散（Diffusion）	20
相变（综述）（Phase transformations；general）	12
形核与长大（Nucleation and crowth）	22

续表1

类 别	数量
奥氏体分解，马氏体及位移相变（Austenite decomposition，martensitic and displacive transformations）	53
时效与回火（Aging and tempering）	32
快速凝固（Rapid solidification）	17
界面与晶界（Interfaces and grain boundaries）	8
范性流变，强度与断裂（Plastic flow，strength，and fracture）	32
结构/性能关系（Structure/property relationships）	29
教育，职业，政策（Educational，professional，policy）	30
实验技术（Experimental techniques）	8
合计（Total papers and edited books）	286

当然，他最具特色的还是对马氏体相变的研究。基于他对马氏体相变研究的贡献，1977 年他获得了美国国家科学奖（即总统奖），由卡特总统为其颁发了奖章，如图 2 所示。在 1986 年美国 ASM 会议上，还举办了纪念 Cohen 教授 75 岁生日马氏体研讨会，很多著名材料学家都贡献了研究论文，如 R. Maddin、C. Smith，J. Cahn、C. Wayman、J. W. Christian、W. S. Owen、I. Tamura 等。随后在 Cohen 教授 80 岁生日之际（1991 年），Olson 教授和 Owen 教授编辑出版了纪念专辑[3]，书名为 Martensite（《马氏体》），如图 3 所示。另外，Cohen 教授还培养了一大批国际著名的材料专家，如 Olson、Hillert、Kaufmann 等。

图 2　1977 年美国总统卡特授予 Cohen 美国国家科学奖[5]

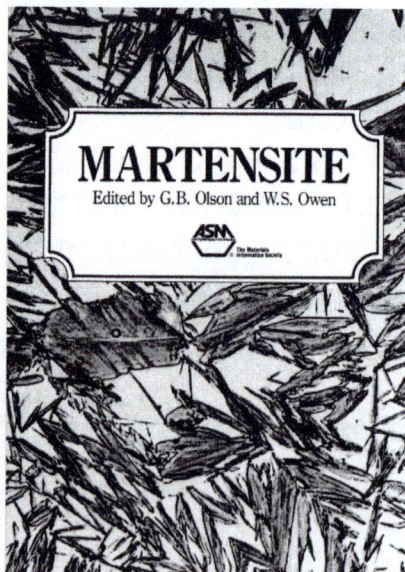

图 3　纪念 Cohen 教授 80 岁生日研讨会文集封面[3]

二、Cohen 与中国材料学家的友谊

　　徐祖耀先生于 2005 年 Cohen 教授去世时在热处理期刊上发表了纪念 Cohen 教授的文章[4]，文章介绍，Cohen 的开门弟子郭本基博士（1935 年博士毕业回国）和关门弟子林明发博士（1992 年）都是中国人，且都与徐祖耀认识。我国中南大学的粉末冶金专家黄培云院士也是 Cohen 的博士研究生，如图 4（a）所示。另外，2011 年国家最高科学技术奖的获得者、国家自然科学基金委员会原主任、中国科学院金属所师昌绪院士也是在 Cohen 指导下完成博士后工作的，如图 4（b）所示。

图 4　Cohen 教授与黄培云教授、师昌绪教授合影
（a）20 世纪 80 年代陈新民（左）、黄培云（右）与 Cohen 教授（中）合影[6]；
（b）Cohen 教授与师昌绪教授 1985 年在北京[5]

　　徐祖耀先生与 Cohen 的学术交流时间可能是中国学者中最长的。早在 1940 年徐先生认识郭本基博士时，就关注到 Cohen 教授的研究方向。1965 年徐祖耀在《中国科学》上以同题（郭本基和 Cohen 合作发表的某一文章）发表了高速钢马氏体回火的文章，以介绍 Cohen 的工作。1980 年，徐先生与 Cohen 教授在北京见面，徐先生赠送给 Cohen 教授自己编写的《马氏体相变与马氏体》专著[7]，得到 Cohen 教授的好评。在 1981 年中美双边交流报告中，Cohen 还专门提及徐祖耀的《马氏体相变与马氏体》一书。在以后多次相变国际会议、马氏体相变国际会议、贝氏体相变国际会议上，徐先生都与 Cohen 教授有交流。图 5 为两人 1980 年在上海的交流情景。徐先生于 1983 年访问了 MIT，与 Cohen 和 Owen 教授进行了交流。徐祖耀先生回忆[4]，Cohen 教授在 20 世纪 80 年代建议国际马氏体相变

会议在中国召开，但直到 2005 年才得以实现。作为大会主席的徐祖耀先生在 2005 年 6 月 14 日在中国召开的国际马氏体相变会议（ICOMAT）的开幕式上对 Cohen 的逝世表示了哀悼。随后在大会特邀报告中，临时增加由 Olson 教授做了一个"Morris Cohen：A Memorial Tribute"的纪念报告[5]。

柯俊院士被以 Cohen 教授为首的许多国外同行称为贝茵先生（Mr Bain），以体现柯先生对贝氏体相变研究的贡献。北京科技大学邓永瑞教授撰写了《马氏体转变理论》专著[8]（英文版、中文版分别于 1991 年和 1993 年出版），在前言中专门对给予该书评价的 Cohen 教授表示致谢。

图 5　1980 年 Cohen 和徐祖耀合影[5]

三、Cohen 先生与材料科学基础课程的联系

马氏体相变在材料科学基础课程讲授的各类相变中独树一帜，以无扩散型相变区别于其他各类扩散型相变，如脱溶转变、共析相变、块形转变、调幅分解等。然而马氏体相变与无扩散型相变却不等价，前者只是后者中的一类。无扩散型相变分为点阵畸变位移式和原子位置调整位移式（Shuffle）两类，点阵畸变位移式相变中以切应变为主要相变阻力时对应的相变才是马氏体相变。图 6（a）（b）分别为 Cohen 等对这些相变的划分图和微观原子迁移方式的差异[9]。

图 7 为马氏体相变驱动力的热力学分析示意图[10]，这也是笔者所讲授课本上引用的图。虽然这只是个示意图，但它明确指出驱动力对应的过冷度参照点是相同成分的母相-新相自由能相等的 T_0 点。

马氏体的形核机制很复杂，有很多不同的形核模型。其形核理论最早是按经典的均匀形核理论展开的，设想马氏体的核是如图 8 所示的圆盘状或双球冠状。

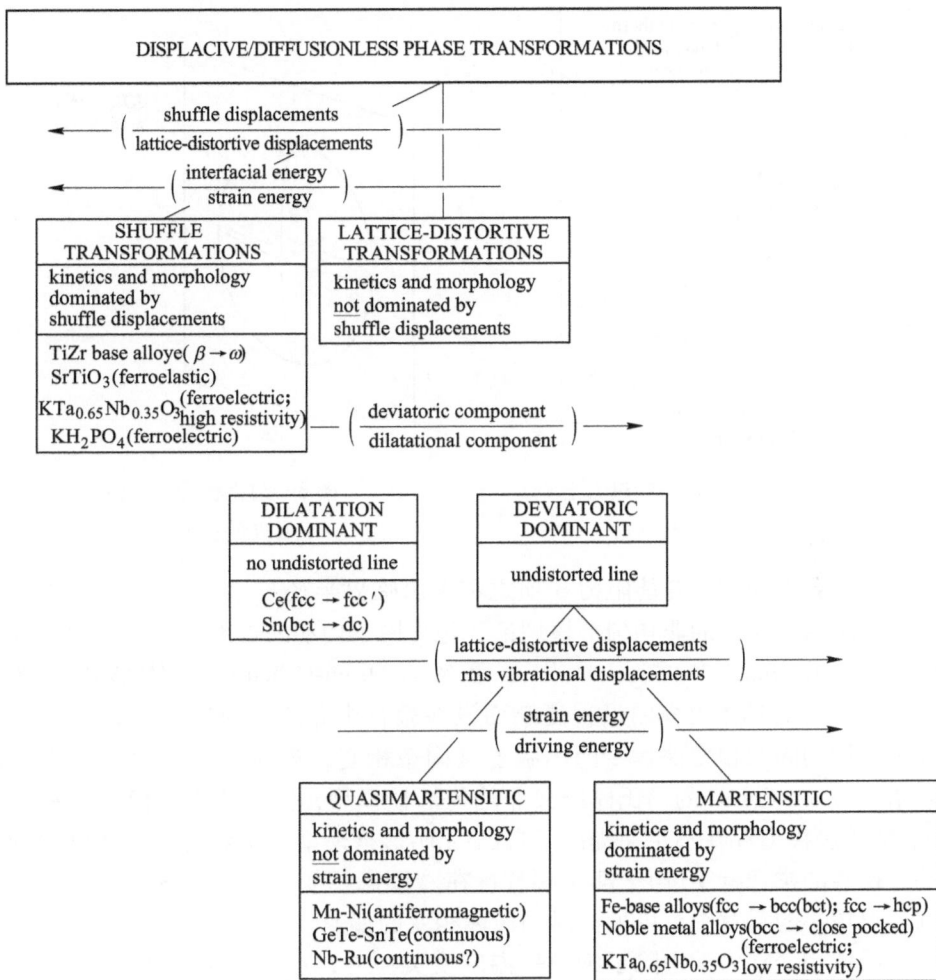

DISPLACIVE/DIFFUSIONLESS PHASE TRANSFORMATIONS

$\left(\dfrac{\text{shuffle displacements}}{\text{lattice-distortive displacements}}\right)$

$\left(\dfrac{\text{interfacial energy}}{\text{strain energy}}\right)$

SHUFFLE TRANSFORMATIONS
kinetics and morphology dominated by shuffle displacements

TiZr base alloye($\beta \rightarrow \omega$)
SrTiO$_3$(ferroelastic)
KTa$_{0.65}$Nb$_{0.35}$O$_3$(ferroelectric; high resistivity)
KH$_2$PO$_4$(ferroelectric)

LATTICE-DISTORTIVE TRANSFORMATIONS
kinetics and morphology not dominated by shuffle displacements

$\left(\dfrac{\text{deviatoric component}}{\text{dilatational component}}\right)$

DILATATION DOMINANT
no undistorted line

Ce(fcc $\rightarrow$ fcc$'$)
Sn(bct $\rightarrow$ dc)

DEVIATORIC DOMINANT
undistorted line

$\left(\dfrac{\text{lattice-distortive displacements}}{\text{rms vibrational displacements}}\right)$

$\left(\dfrac{\text{strain energy}}{\text{driving energy}}\right)$

QUASIMARTENSITIC
kinetics and morphology not dominated by strain energy

Mn-Ni(antiferromagnetic)
GeTe-SnTe(continuous)
Nb-Ru(continuous?)

MARTENSITIC
kinetice and morphology dominated by strain energy

Fe-base alloys(fcc $\rightarrow$ bcc(bct); fcc $\rightarrow$ hcp)
Noble metal alloys(bcc $\rightarrow$ close pocked)
KTa$_{0.65}$Nb$_{0.35}$O$_3$(ferroelectric; low resistivity)

(a)

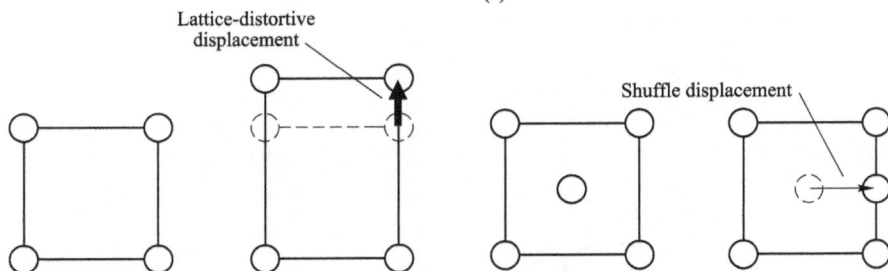

Lattice-distortive displacement

Shuffle displacement

(b)

图 6　Cohen 等对马氏体相变在无扩散型相变中的划分示意图（a）和
两类位移式相变中原子微观迁移的差异示意图（b）[9]

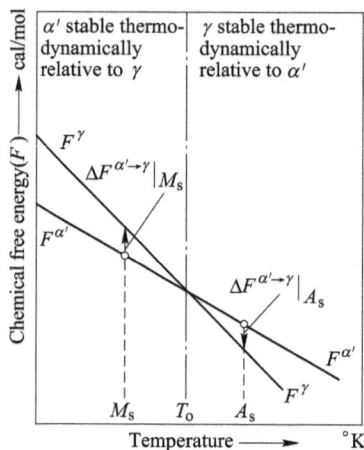

图 7　马氏体相变驱动力的热力学
分析示意图原图[10]

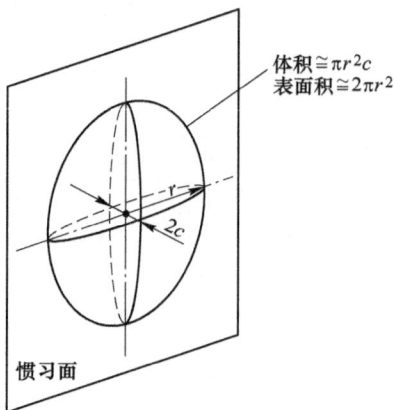

图 8　圆盘状马氏体核
形成示意图[11]

按驱动力、界面能和应变能阻力 3 项之和求出临界半径 r^* 和 c^*。随后又进一步设想基于位错及层错的非均匀形核理论，包含原子切动的若干步骤，由此出现了 K-C 模型（Kaufman 和 Cohen）[7-11] 及著名的 Olsen-Cohen 马氏体形核机制模型[12-14]，相关的具体内容因过程复杂而没在教材中介绍。1991 年邓永瑞教授为研究生开设的固态相变课程专门出版了《固态相变》教材[15]。在这本教材中详细介绍了 Olsen-Cohen 的马氏体经典非均匀形核模型，同时认为该模型与另一个 Clapp 的软膜模型存在不足，提出了自己的 D-形核模型（笔者推测，D 可能指邓永瑞教授姓的拼音首字母）。邓永瑞教授在《固态相变》封面上选用图 8 的马氏体圆盘形核心的示意图，可见其对马氏体相变的偏爱。

马氏体相变动力学中除了绝热变温转变类型外，也有等温转变动力学过程，图 9（a）所展示的 Fe-Ni-Mn 体系等温转变动力学曲线就是师昌绪先生与 Cohen

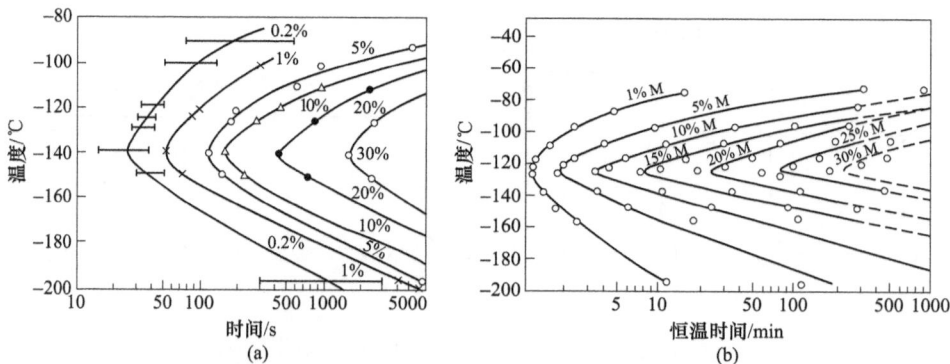

图 9　Fe-Ni-Mn 合金等温马氏体形成动力学曲线
（a）师昌绪的结果[16]；（b）Cech 和 Hollomon 的结果（M 为马氏体 martensite 的缩写）[17]

教授共同发表文章中的图[16]。刘国勋教授主编的《金属学原理》（1980 年出版）
教材中使用的是与这个结果非常相近的 Cech 和 Hollomon 的结果[17]，如图 9（b）
所示。两张图都是同一合金，但"鼻子尖"最短孕育期对应的温度有些差异。

四、Cohen 先生对任课教师的一些影响

徐祖耀先生于 1953—1961 年在北京科技大学工作，是材料科学基础（原金属学）课程第一位授课教师，他对北京科技大学这门课程的影响笔者已进行过详细讨论[18]。徐先生从大学期间就关注 MIT 和 Cohen 先生，1965 年在《中国科学》期刊上发表与郭本基和 Cohen 联名文章同题的文章，后来多次与 Cohen 先生相见、研讨，是国内与 Cohen 先生交往最长或最频繁的学者。他在《热处理》期刊发表的悼念 Cohen 教授的文章可能是他唯一一篇纪念文章，充满了对两人深厚友谊的怀念。

Cohen 教授使学生们对马氏体相变的认识不断深化。一般的顺序是：钢中马氏体→有色合金中的马氏体→形状记忆效应→陶瓷氧化锆的相变增韧→生命科学中的马氏体相变→Mardin 寻找最早的出土文物中存在的马氏体→Smith 从历史学中的材料科学角度分析马氏体相变。虽然在课堂上不要求讲授这些内容，但这些知识却提高了作为材料专业教师对人们是如何一步步研究材料微观机理的演进过程有了更深度的认识，也拓宽了视野，可以更深刻地看待自己从事的研究体系。

在 1986 年 Cohen 教授纪念研讨会上，美国哈佛大学的 R. Maddin 教授（柯俊的好友，一同研究冶金史[2]。同时他也与我国早期的金属物理学家、"两弹一星"元勋陈能宽院士共同工作过一段时间）从冶金史考古的角度，展示了公元前 1200 年在北加利利地区（Galilee，巴勒斯坦地区）出土的挖掘用的镐内部存在马氏体组织[19]，也就是说，人类很早就应用马氏体相变强化材料用于生活与劳动，只是人们没有能力从微观组织上研究其形成原理和组织形貌特征。C. Smith 教授[20]（也是柯俊的好友，冶金史研究者[2]）从钢的组织结构的角度分析马氏体的研究历史。他认为金相学者必然是历史学者，因为历史学者都在关注一个宏观体系内组织结构的形成、发展、相互间联系及影响过程，他从笛卡尔描述彗星撞击地球的示意图（见图 10（a））上想象到了位错穿过两相组织界面产生的形变痕迹。此外，他从数学上拼块的不同组合（见图 10（b））看到随机取向基体中形成的马氏体针。这两人的文章内容为任课教师讲授马氏体相变原理提供了很好的背景资料，拓宽了授课的视野和思路，也有助于提高学生的综合素质。

作为本科生"材料科学基础"和研究生"材料结构"课程授课教师，笔者一直尝试着将自己的科研结果与教学结合起来。以高锰钢的马氏体相变晶体学研

(a)　　　　　　　　　　　　　　　(b)

图 10　Smith 从历史学角度对不同学科图形的不同理解[20]

（a）Descartes 1644 年描述彗星穿过天体的示意图（原意表示运动传射结构边界过程，被 Smith
看作位错穿过两相区界面的路径）；（b）由黑白二色沿对角线平分的正方形拼块按不同取向可以
构成不同的大区域图案（这个图案表示小拼块随机取向放置，但形成了 3 个类似针状的长条马氏体）

究为例，用电子背散射衍射（EBSD）确定取向关系和变体类型非常方便。图 11
是高锰钢热致马氏体形成时取向关系存在的案例[21]。高锰钢中会发生 γ（奥氏
体）→ε(六方亚稳马氏体)→α′(体心马氏体) 相变，即先形成亚稳相或中间相马
氏体，然后形成体心立方（bcc）结构马氏体。3 个相之间依次出现 K-S 取向关
系、S-N 取向关系和 Burgers 取向关系。图 11 可以非常便利地显示出来 3 种取向
关系。图 11（a）是电子背散射衍射菊池带衬度图，就像一张光学镜组织照片，
虽然能辨认出 3 个相，但无法知道是否存在取向关系。图 11（b）为 3 个相的分
布图，其中灰色为奥氏体、红色为六方马氏体、蓝色为体心马氏体。软件中给出
满足 K-S、S-N、Burgers 关系的相界分别用白色、黄色、绿色表示，图 11（b）
中可直接观察到三相之间都存在这些关系。图 11（c）是从图 11（b）中提取出
来一个包含奥氏体的六方马氏体片，可看到一个 {111} 面可形成 6 个体心马氏
体变体，见图中数字 1~6 所示。6 个晶粒恰好是 3 对孪晶关系，这可通过它们
之间是 60°<111>的孪晶关系红色晶界线显示。也可通过 {111} 极图上存在
的共同 {111} 轴显示。最后，通过每个相的 2 个极图对比，可以看到 3 个相
之间存在的 3 种取向关系（通过不同极图、相同的投影位置来证明它们之间是
平行的，分别用红色线圈和绿色线圈标出）。最后推测一个 {111} 面上形成
的 3 对孪晶变体空间的排列顺序如示意图所示。这个例子虽然稍微复杂，但可
以方便地显示了很抽象的取向关系，而且训练了学生对极射投影图的学习和
使用。

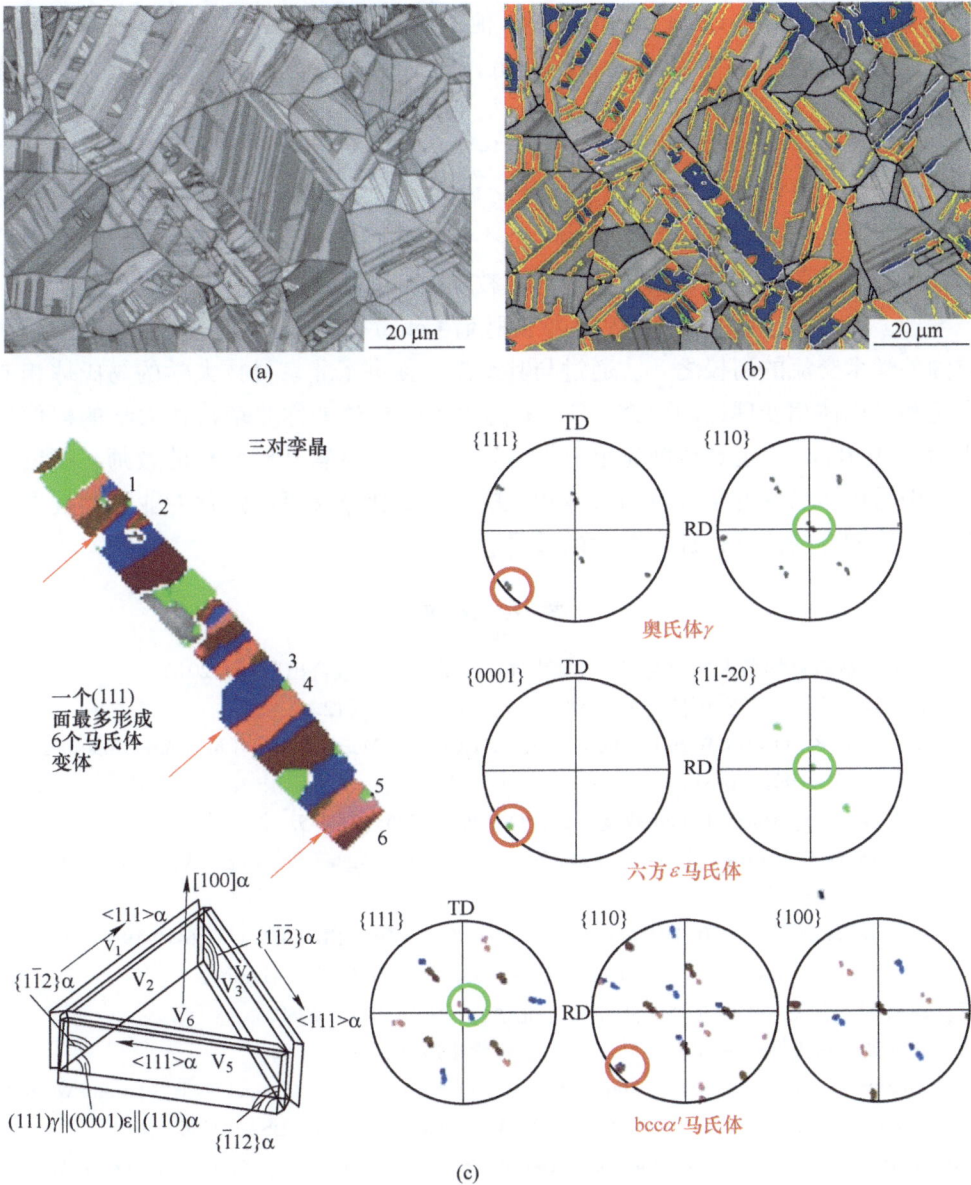

(a)

(b)

(c)

图 11　电子背散射衍射技术自动测量和识别 3 种取向关系的存在和变体间的关系及空间位置关系[21]

（a）菊池带衬度图；（b）三相分布图；（c）由图（b）中部取出一个从奥氏体 {111} 面上形成的一个六方马氏
体变体再转变为 6 种 bcc 马氏体变体的取向关系分析图，以及设想的 6 个 bcc 马氏体变体空间分布示意图

五、结束语

（1）美国 MIT 著名马氏体相变大师 Cohen 教授培养了很多大师级专家，如

G. B. Olson、M. Hillert、L. Kaufman 等；他的第一位和最后一位博士生都是中国人。他与中国材料科学家有深厚的友谊，如师昌绪院士、黄培云院士、徐祖耀院士。

（2）Cohen 教授创建了马氏体相变与无扩散型相变定义或关系理论，建立了经典形核理论及圆盘状马氏体晶核非均匀形核的 K-C 和 O-C 模型。Cohen 与其学生 Kaufman 和 Hillert 在纪念文章中的几个马氏体相变热力学示意图在教材中都有体现，马氏体等温转变动力学曲线也在教材中被引用。

（3）北京科技大学早在 1980 年就聘请 Cohen 教授为名誉教授，是国内早期与国外学术交流的高校之一。通过与其交流，促进了北京科技大学的马氏体相变理论和贝氏体相变理论的研究。Cohen 先生等国外学者称北京科技大学的柯俊先生为"Mr Bain"，也是对柯先生工作的认可。作为材料基础学科的教师，研读科学史中马氏体出现的年代及马氏体相变的历史文化意义可以强化专业教师授课时对马氏体相变的认识，提高教学的效果。

参 考 文 献

［1］杨平 . 材料科学名人典故与经典文献［M］. 北京：高等教育出版社，2012.

［2］韩汝玢，石新明 . 柯俊传［M］. 北京：科学出版社，2012.

［3］OLSEN G B，OWEN W S. In Martensite，A Tribute to Morris Cohen［M］. ASM International，OH，USA，1992：ix-xii.

［4］徐祖耀 . 悼念 Morris Cohen 教授［J］. 热处理，2005（3）：5.

［5］OLSON G B. Morris Cohen：A memorial tribute［J］. Mater Sci Eng：A，2006，438-440：2-11.

［6］中国科学家博物馆 . 80 年代黄培云与 Cohen 教授合影［EB/OL］.（2016-10-19）［2023-05-17］. http：//www. mmcs. org. cn/gz/1224/2682/2016-10/144181. shtml.

［7］徐祖耀 . 马氏体相变与马氏体［M］. 北京：科学出版社，1980.

［8］邓永瑞 . 马氏体转变理论［M］. 北京：科学出版社，1993.

［9］OLSON G. B. Introduction：Martensite in Perspective［M］//Olsen G B，Owen W S. In Martensite，A Tribute to Morris Cohen. ASM International，OH，USA，1992：1.

［10］KAUFMAN L. Thermodynamics of martensitic transformation［M］//Olsen G B，Owen W S. In Martensite，A Tribute to Morris Cohen. ASM International，OH，USA，1992：41.

［11］KAUFMAN L，COHEN M. Thermodynamics and kinetics of martensitic transformations［J］. Prog Met Phys，1958，7：165-246.

［12］OLSON G B，COHEN M. A general mechanism of martensitic nucleation：Part Ⅰ. general concepts and the FCC→HCP transformation［J］. Metall Mater Trans A，1976，7（12）：1897-1904.

［13］OLSON G B，COHEN M. A general mechanism of martensitic nucleation：Part Ⅱ. FCC→BCC and other martensitic transformations［J］. Metall Mater Trans A，1976，7（12）：1905-1914.

［14］ OLSON G B, COHEN M. A general mechanism of martensitic nucleation：part Ⅲ. kinetics of martensitic nucleation ［J］. Metall Mater Trans A, 1976, 7 (12)：1915-1923.

［15］ 邓永瑞, 许洋, 赵青. 固态相变 ［M］. 北京：冶金工业出版社, 1991.

［16］ SHIH C H, AVERBACH B L, COHEN M. Some characteristics of the isothermal martensitic transformation ［J］. JOM, 1955, 7 (1)：183-187.

［17］ CECH R E, HOLLOMON J H. Rate of formation of isothermal martensite in Fe-Ni-Mn alloy ［J］. Trans Amer Inst Min (Metall) Engrs, 1953, 197：685.

［18］ 杨平. 徐祖耀先生早期在北京科技大学金属学教学及课程传承的一点感想 ［J］. 金属世界, 2023 (3)：34-41.

［19］ MADDIN R. A history of martensite：Some thoughts on the early hardening of iron ［M］//Olsen G B, Owen W S. In Martensite, A Tribute to Morris Cohen. ASM International, OH, USA, 1992：11.

［20］ SMITH C S. A history of martensite：Early ideas on the structure of steel ［M］//Olsen G B, Owen W S. In Martensite, A Tribute to Morris Cohen. ASM International, OH, USA, 1992：21.

［21］ 杨平, 毛卫民. 工程材料结构原理 ［M］. 北京：高等教育出版社, 2016.

本文原文发表于《金属世界》, 2023 年, 第 4 期, 33-40 页。

课程知识应用、古代钢制兵器检测与北京科技大学冶金史学科建设

内容导读：北京科技大学材料科学与工程和科学技术史是学校 4 个国家一流学科中的 2 个。科学技术史学科创始人柯俊院士等早年来自金相或金属物理专业，因此两个学科有着特殊而密切的历史渊源。出土的金属文物是两个学科共同交流研究的载体，也是跨学科思想火花碰撞的交汇点。本文以检测西汉出土钢制兵器为聚焦点，通过带领授课学生以材料科学基础课程知识为出发点，与考古学学者一同开展检测、分析、研讨，感受由文物展现出的有趣的考古学人文历史故事。同时，重温柯先生等老一代材料学家、科技考古学家的经典文献、经典金相法鉴别案例，以及学科建设等活动的轨迹，总结相关活动经验，整理典型的课程思政教学案例，以丰富材料科学基础课程教学资源。

北京科技大学金相专业设立于建校时的 1952 年，是紧跟国家优先发展重工业步伐的要求而设立的，其专业主干课金相学即为现在的材料科学基础课程。柯俊先生是 1953 年从英国回国参加新中国建设的，1954 年进入北京钢铁工业学院金相教研室，1956 年他转而创建了金属物理专业。1972—1974 年间，柯俊先生、邱亮辉老师、韩汝玢老师、孙淑云老师这些来自金相或金属物理教研室或专业的学者，一同创建了冶金史组，即随后的冶金史研究室、冶金史研究所、冶金与材料史研究所。科技史研究所不断发展壮大，并与国外冶金考古学者（如 C. Smith，R. Maddin 等）进行了广泛的交流[1-4]，现在发展成为北京科技大学科学技术史与文化遗产研究院，曾被称为是世界上规模最大的冶金史研究的专门机构。柯俊院士主持的"中国古代钢铁技术的发展历程"研究项目，获得 1987 年国家自然科学三等奖、教育部科技进步二等奖。因此，金相专业与冶金史研究有着密切的联系。现在科技史学科与从金相专业发展而来的材料科学与工程学科同时都是北京科技大学的国家级一流专业，教育部专业评估都是 A+。

柯先生、Smith 教授在材料领域和科技考古领域的贡献在笔者前期的文章中曾提及[5]，但远不够具体。近期，笔者有幸结识了北京科技大学科技史与文化遗产研究院从事考古学研究的在职博士生梁斌先生，同时他也是中国社会经济文化交流协会文博专业委员会副理事长，他有着非常丰富的古代兵器史研究经验，提出希望材料专业人员协助检测汉代出土钢制兵器的表面强化工艺及表面防腐工艺。具体讲就是钢制兵器是否经过渗碳或渗氮之类的强化处理，附在兵器表面起着很好防腐作用的黑漆层结构是什么？是自然形成的还是人为特殊方法制备的？

早期冶金史研究室人员多来自金相教研室，在冶金史研究中，金相法是"看家"本领，梁斌先生是柯先生、韩汝玢教授之后的研究梯队成员，这些都拉近了彼此的距离。此外，其丰富的考古学背景知识（古代器物、古代史）及对大量相关古文文献的阅读理解力令人佩服不已。笔者作为材料科学基础（以下简称材科基）任课教师，课上曾告诉学生，利用显微镜观察组织，可以从事很多领域的研究或职业工作，其中之一就是对出土文物组织的观察、检测和鉴别。因此，笔者不但愿意尝试对约 2000 年前的汉代钢制兵器进行检测，而且还动员 4 名正在上材科基课程且学习感到较困难的学生，一起与梁斌先生进行跨学科的检测、交流、研讨，看看大家到底能走多远。为便于读者理解，图 1 给出材科基课程、汉代钢制兵器、科技史研究院三者之间关系及活动的意义示意图，笔者把这项活动视为由教师学生组成的学习共同体，尝试着跨学科式的交流，通过运用专业基础知识解决实际问题的方式，以期提高学生对本专业课程学习的兴趣，以及提升教学效果。

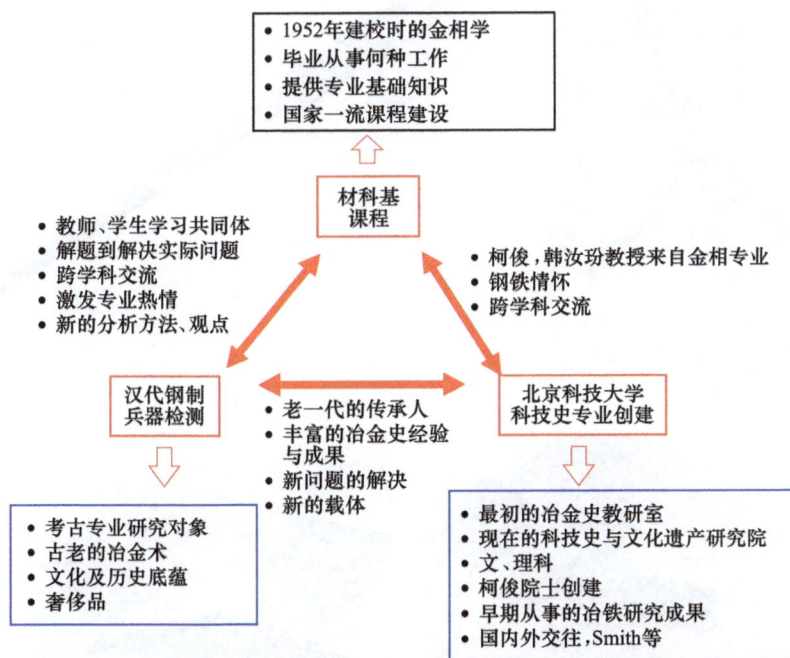

图 1　材科基课程-出土钢制兵器与科技史关系示意图

一、对出土钢制兵器的检测及分析

图 2 为用于检测的 2 件样品，分别是汉代高等级兵器中的钢戟与钢剑。图 2（a）为钢戟实物，是中国战汉时期所特有的兵器，箭头所指为其胡部取样

位置。图2（b）为残断钢剑的实物，现存剑茎及部分剑身，于剑体做全截面取样。钢戟和钢剑分别出自山东和湖北地区的西汉早期墓葬内。两者都来自水坑环境，即埋藏于地下水浸泡的墓室中，因此得到很好的密封保护，虽然经过了2000余年，表面有不少铁锈，但仍基本保存完好，特别是表层有一黑漆层，起到很好的防腐保护作用。对这两件兵器，考古学者希望解决的问题是：（1）表层锋锐的刃部是经过渗碳、渗氮处理，还是经过了普通的淬火处理？（2）表面黑漆层是什么结构？是自然产物还是特殊制成的？（3）两件兵器制作工艺是目前已知的块炼钢、铸铁脱碳钢还是炒钢？关于第3个问题，早年柯先生、韩汝玢教授，以及北京科技大学科技史的一系列学者都进行过广泛成熟的研究，形成了相应的理论[6-9]，提供了很好的参照。因此本项检测又分3个研究方向：（1）兵器表层与次表层组织结构；（2）兵器中夹杂物类型及对应的冶炼工艺；（3）检测组织确定热处理工艺。

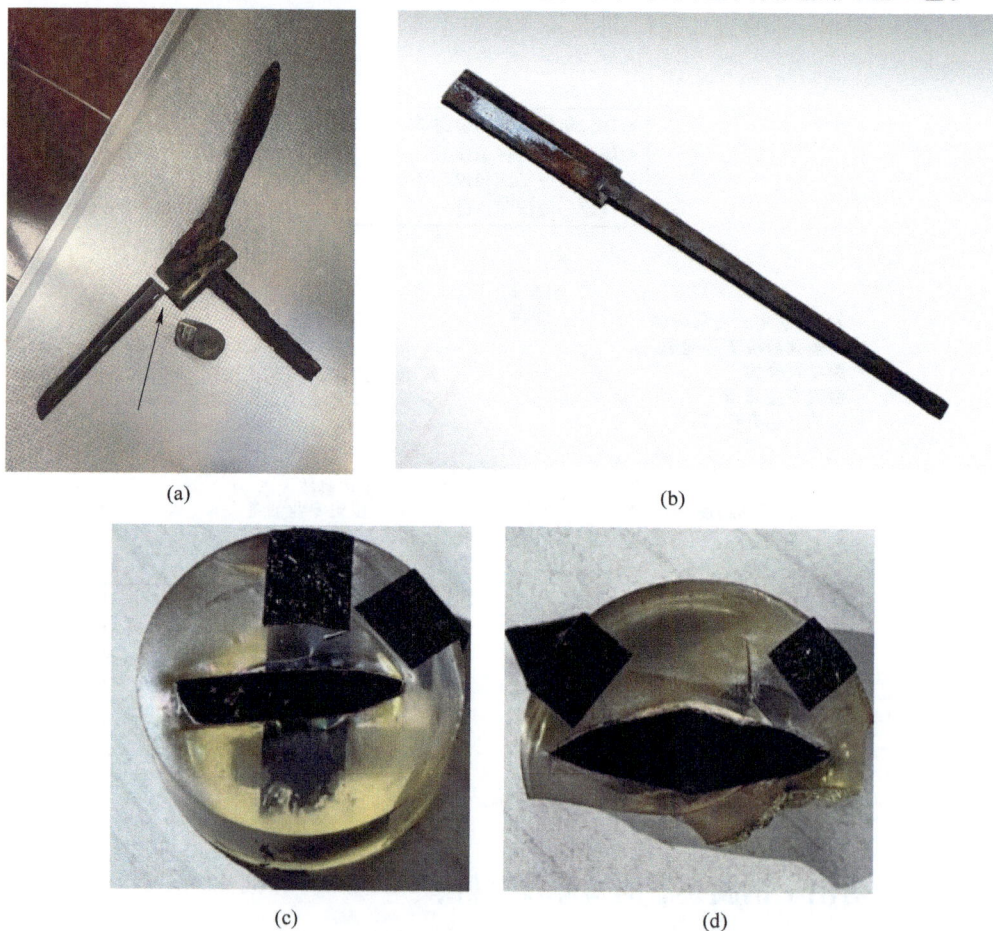

(a)　　　　　　　　　　　　　　　(b)

(c)　　　　　　　　　　　　　　　(d)

图2　汉代高等级兵器样品

（a）钢戟；（b）钢剑及样品；（c）钢戟镶嵌后；（d）钢剑镶嵌后

经检测分析（见图 3 和图 4），初步确定最表层黑漆层是制造钢戟、钢剑时通过高温碱浴特殊处理形成的，其厚度 10 μm 左右（经查证，一般发蓝处理的

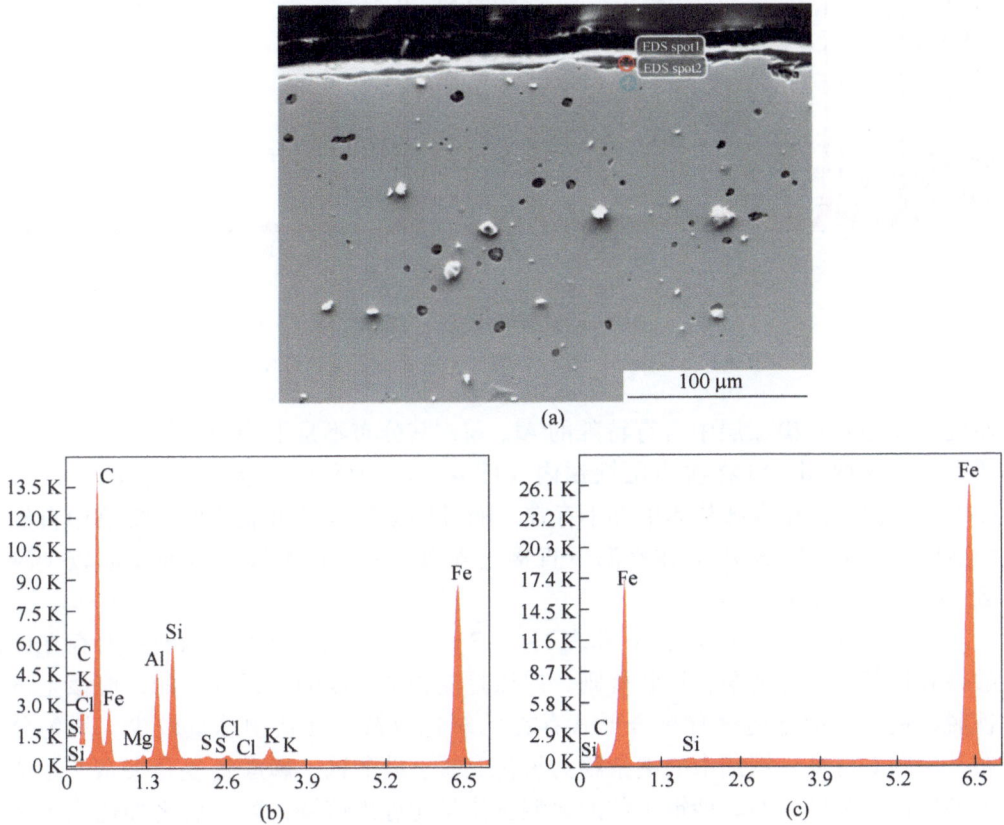

(a)

图 3　钢戟表面黑漆层形貌及能谱分析

（a）微观形貌；（b）黑漆层能谱；（c）基体能谱

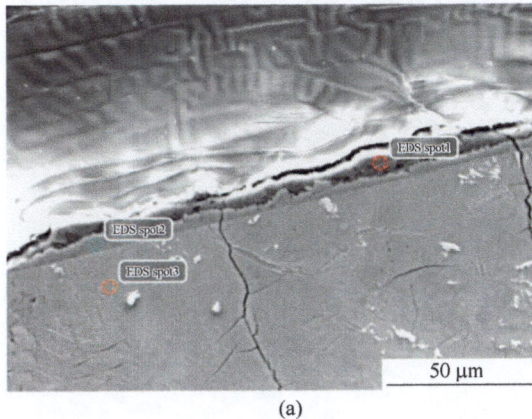

50 μm

(a)

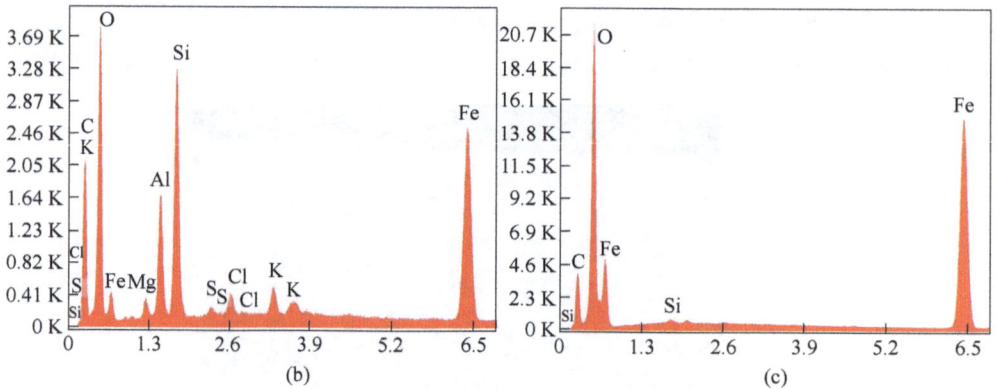

图4　钢剑表面黑漆层形貌及能谱分析

（a）微观形貌；（b）黑漆层能谱；（c）黑漆层下铁锈的能谱

厚度约2 μm）；黑漆层中含有特殊的 Al、Si，其分布不是很均匀，但可以固溶形式存在。这种 Al、Si 在次表层铁锈内（图4（a）形貌图中次表层 spot2 及内层 spot3 是铁锈），在内部基体中都不存在。而且黑漆层也不可能是埋在棺墓中自然形成的，因为 Al、Si 不会在室温下直接进入黑漆层，且黑漆层表面反而较少测到 Al、Si 显著存在。

　　对夹杂物测定如图5~图6和表1~表2所示。由图5可见，钢戟主要存在硅酸铁和磷酸钙复合夹杂，形状规则，应该是液相中形成的，即内生的，应该是铸铁脱碳钢。其特点是没有复合形式存在的氧化亚铁，夹杂物总量较少，均匀分布。由图6可见，钢剑中的夹杂物为氧化亚铁、硅酸铁、磷酸钙复合夹杂，是典型的炒钢工艺形成的。炒钢工艺的典型操作是先炼出铸铁，凝固后再加热到半熔化态，在氧化气氛中搅拌，边脱碳，边氧化，形成的氧化亚铁成球状，被随后

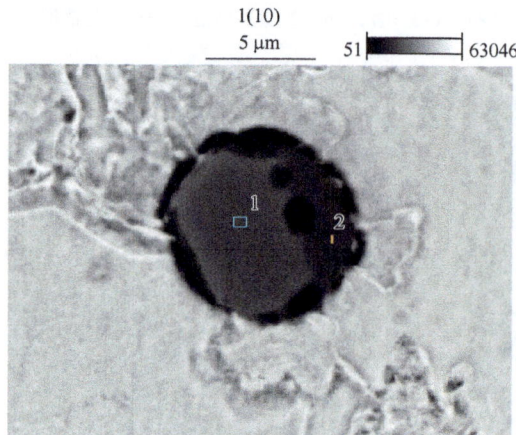

（a）

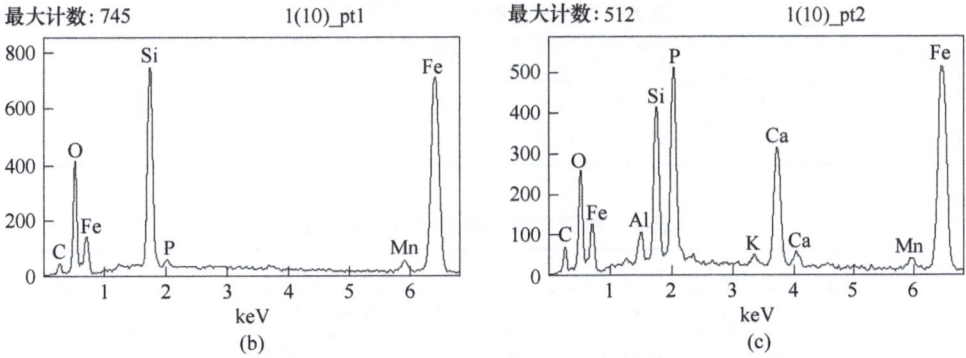

(b)　　　　　　　　　　　　　　(c)

图5　钢戟基体中的夹杂物形貌及能谱

（a）微观形貌；（b）图（a）中点1能谱，硅酸铁；（c）图（a）中点2能谱，磷酸钙

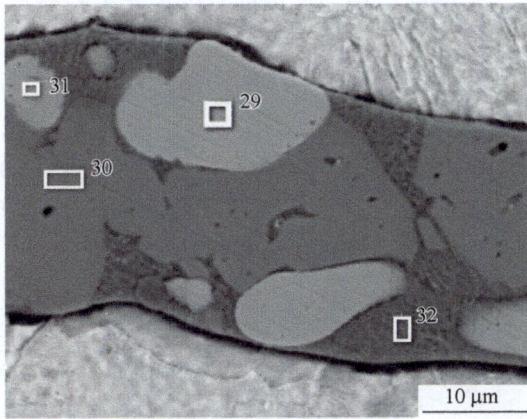

(a)

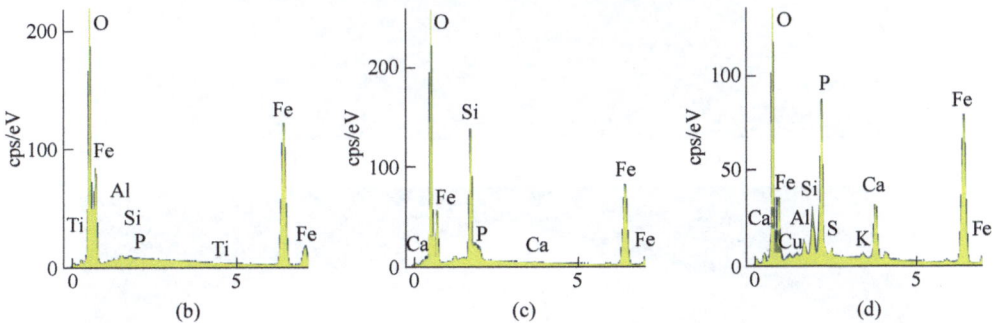

(b)　　　　　　　　(c)　　　　　　　　(d)

图6　钢剑基体中的夹杂物形貌及能谱

（a）微观形貌；（b）图（a）中点29能谱，氧化亚铁；

（c）图（a）中点30能谱，硅酸铁；（d）图（a）中点32能谱，磷酸钙

的硅酸铁液体包裹。磷酸钙熔点较低，也是液态，最后形成。两个样品都经过锻打，部分硅酸铁变形，氧化亚铁也变形，但也有些夹杂物没有明显变形。

表 1　钢戟夹杂物成分（原子数分数）　　　　　　　　（%）

点编号	O	Al	Si	P	K	Ca	Mn	Fe
1	33.1		21.8	0.9			1.9	42.4
2	32.2	2.1	10.6	12.4	0.6	8.8	1.6	31.5

表 2　钢剑夹杂物成分（原子数分数）　　　　　　　　（%）

点编号	O	Al	Si	P	Ti	Fe	Ca	S	K	Cu
29	48.18	0.50	0.19	0.11	0.10	50.92				
30	55.57		13.69	1.26		29.32	0.16			
32	45.44	1.11	2.93	10.68		33.81	5.05	0.70	0.27	0.01

　　从浸蚀的组织看，钢戟组织均匀，刃部有少量介于隐晶马氏体或贝氏体的组织，其他区域为珠光体型的细屈氏体和铁素体组织，屈氏体稍多，整体为亚共析钢，如图 7（a）和（b）所示。钢剑的两个刃部为马氏体组织，如图 7（d）所示；随着向内部过渡出现珠光体团，如图 7（e）所示。此外，钢剑存在明显的含碳不均匀性，中心层含碳少，铁素体是多数相，如图 7（c）所示。中心主要为珠光体型的屈氏体加少量晶界铁素体或魏氏体组织，如图 7（e）所示。显微硬度测定表明，不同位置的组织与硬度值有很好的对应性。

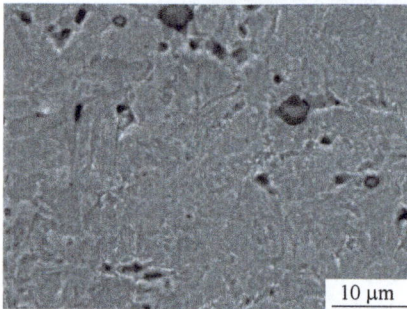

(a)

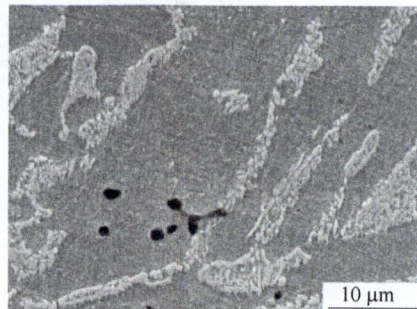

(b)

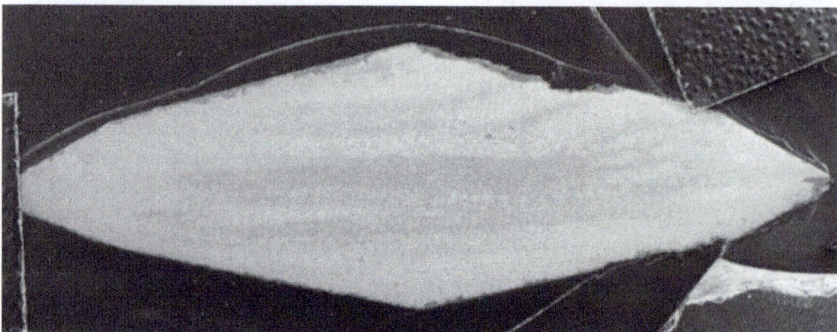

(c)

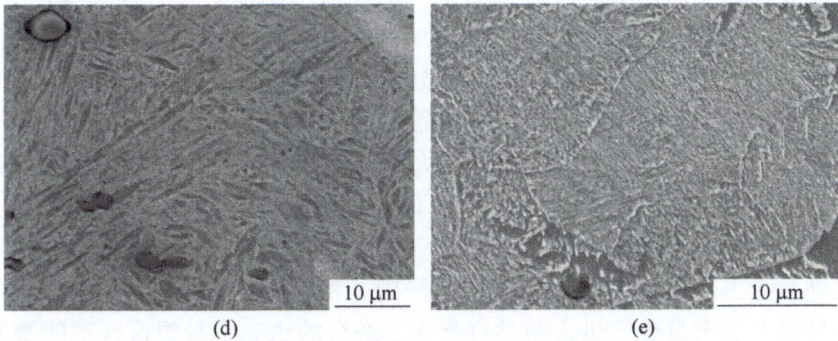

图 7　钢戟钢剑不同位置的组织

（a）钢戟刃部组织；（b）钢戟中心组织；（c）钢剑低倍照片；（d）钢剑刃部组织；（e）钢剑近中心组织

基于对不同表面层位置的氧化层组织分析，提出了表面黑漆层腐蚀风化过程的设想，如图 8 所示。钢戟钢剑表面黑漆层的演化过程是，由于黑漆层不是完全致密的，存在夹杂物空洞（见图 8（a）），这样氧进入后在次表层就形成 Fe_2O_3，基体内部大量夹杂物都成为优先的腐蚀地点（见图 8（b））。随着时间推移，Fe_2O_3 主要向内层基体中不均匀生长，同时也向表层的黑漆层内生长，并逐渐替代掉黑漆层，最终黑漆层还被分解成多相夹杂物进而导致钢戟或钢剑的基体疏松。此外，潮湿环境下的水与钢中 S 作用，形成氢气，产生应力，加速表层黑漆层脱落，露出 Fe_2O_3。进一步检测表明表层还存在 $FeCO_3$。

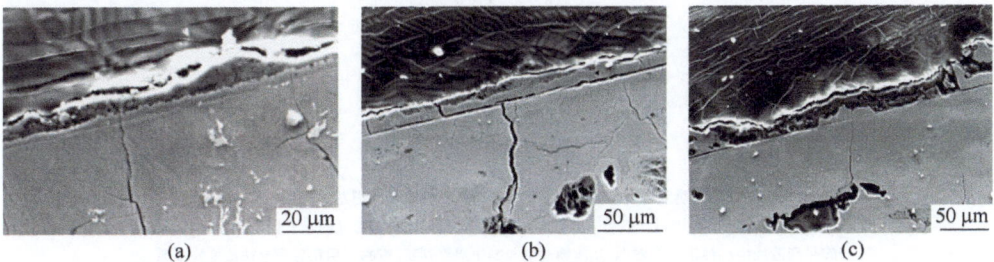

图 8　钢剑表面层腐蚀程度差异的组织

（a）黑漆层相对完好的组织；（b）黑漆层被铁锈层逐渐替代的组织；（c）黑漆层疑似发生分解的组织

二、重温北京科技大学科技史学科创建路程

在原来初步了解 Smith 教授、"铸铁中国"展览、《柯俊传》[1-5] 中读到的事件的基础上，进一步阅读柯先生、韩汝玢教授的经典文献[6-8]，品味"李众"笔名下的金相法考古及分析推理过程（见图 9）。从中体会柯先生总结提出的中国钢铁 10 大创新事件（见表 3），感受到了中华文化的自信。在此基础上，对比实测

数据，探究他们如何用金相法以金属学知识分析出制备工艺，以及他们的思路、逻辑关系、判断法等。在钢铁制造技术方面，汉代是一个巅峰时期，钢制兵器又是古代铁器中的高科技产品，技术含量更高。古代工具与工艺条件下打造一口钢制宝剑可能需要数年时间，百炼钢的确需要经过千锤百炼（见图 10），从中也能体会到成语千锤百炼的含义。北京科技大学的科技史专业发展经历了由冶金史研究室、冶金史研究所、科技史研究所、科技史与文化遗产研究院的发展壮大过程。新成立的“材料考古与保护教育部重点实验室”，以及筹划中的考古博物馆都是促进冶金史研究进一步发展的重大举措。相信随着科技史专业方向的发展，更多的材料专业人员也将进入跨学科合作、融合的状态。希望这些都能激发材料专业学生对本专业热情及兴趣。临近退休之际，笔者与一些从事其他专业研究且已退休但对考古感兴趣的同学交流，感到他们对考古的兴趣只能通过看电视，到博物馆参观来表现，如果自己还可以“真刀真枪”地“下场”干一番，那不是很励志吗？经过检测汉代钢制兵器，以及与考古学者的讨论，再来阅读老一代我国冶金史考古学家的经典文献，自然体会与感受就完全不同了。

中国封建社会前期钢铁冶炼技术发展的探讨

李　众

（北京钢铁学院）

目　次

一　钢铁冶炼技术的发展历程
二　生铁的发展
三　块炼铁及渗碳钢
四　从块炼渗碳钢到百炼钢
五　炒钢与百炼钢的发展
六　生铁脱碳成钢
七　杂炼生鍒的灌钢工艺

“中国是世界文明发达最早的国家之一”、早在公元前十七世纪左右，黄河上游的甘肃齐家文化的人们，就已经懂得冷锻和铸造红铜技术了[1]。稍后、约当公元前十五世纪，黄河中游的早商遗址中出现了青铜器[2]。从器物造型与制作水平判断，铜的使用和青铜冶铸技术的掌握

图 9　柯俊院士于考古学报 1975 年第 2 期以李众署名发表文章的首页，奠定了金相法研究炼钢冶金史分析方法的基础[6]

表 3　中国钢铁技术的十大发明[7]

发明内容	时间（公元世纪）	
	中国	欧洲
生产出白口铁铸成实用器物	前 6	14
用退火生产韧性铸铁农具	前 5	18
用铸铁模成批生产农具、工具	前 4～前 3	19

续表3

发明内容	时间（公元世纪）	
	中国	欧洲
用生铁炒炼熟铁	前2	18
生铁固体脱碳成钢：铸铁板脱碳，叠锻成型	前5	
百炼钢法制造名刀剑	1~2	6
水排鼓风用于冶铸	1	16
发明"灌钢法"——用液态生铁对熟铁渗碳成钢	4	
用煤/焦作为炼铁燃料	10/16	17
活塞式木风箱鼓风用于冶铸	17	18

《自然科学史研究》 第3卷 第4期（1984年）：316—320
Studies in the History of Natural Sciences Vol. 3, No. 4 (1984)

中 国 古 代 的 百 炼 钢*

韩 汝 玢 柯 俊
（北京钢铁学院冶金史研究室）

我国古代使用过多种以生铁炼钢的方法，计有铸铁脱碳成钢法、炒钢法、百炼成钢法、灌钢法、坩埚炼钢法等。古代多用百炼成钢法制造名刀宝剑。

古代文献中，"百炼"一词始见于东汉末年。东汉建安年间（公元196—220年），曹操命有司制作五把"百辟"宝刀①，"百辟"又称"百炼利器"②。其子曹植写有《宝刀赋》："炽火炎炉，融铁挺英，乌获奋椎，欧冶是营。"这些诗句对炼制宝刀的场面作了生动的描述③。三国时期，孙权有一把宝刀名叫"百炼"③。《晋书》记载着一种名叫"大夏龙雀"的"百炼钢刀"，此刀被誉为"名冠神都"、"威服九区"的利器④。 北宋沈括在《梦溪笔谈》中曾形象地描述了他认为是百炼钢的生产过程。他说："予……至磁州锻坊，观炼铁，方识真钢。凡

图10 韩汝玢教授、柯俊院士于1984年发表的百炼钢的经典文献[8]

此外，笔者通过阅读文献还被我国更早一代冶金学家周志宏先生（1955年当选中国科学院院士，在文献[10]中有介绍）研究炼钢冶金史的文章所触动。以前，仅了解他与美国材料学家 R. Mehl、A. Sauveur 教授对钢中魏氏组织的研究。现在了解到他早在新中国成立前就开始研究灌钢工艺在近代冶炼工艺中的延续——苏钢工艺，并在重庆北碚金刚碑考察了苏钢工艺[11]。周先生的研究填补了近代灌钢工艺认识的空白，如图11所示。

三、以学习共同体方式与学生一同参与跨学科研究时的考虑

为了在跨学科研究中能对学生起到专业教育及应用训练的作用，不能直接检测样品和讨论数据，要同时考虑循序诱导的方式带动学生，尽量让学生从旁观者

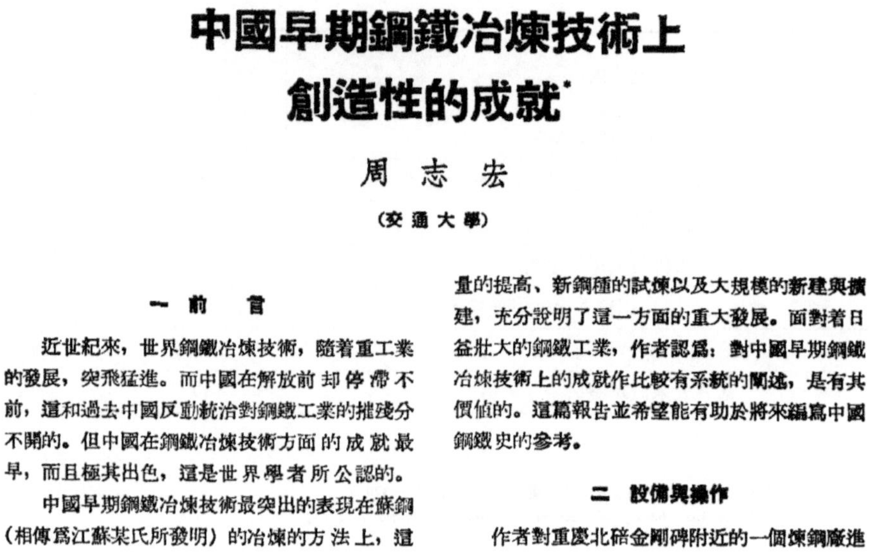

中國早期鋼鐵冶煉技術上
創造性的成就*

周　志　宏

（交通大學）

一　前　言

近世紀來，世界鋼鐵冶煉技術，隨着重工業的發展，突飛猛進。而中國在解放前卻停滯不前，這和過去中國反動統治對鋼鐵工業的摧殘分不開的。但中國在鋼鐵冶煉技術方面的成就最早，而且極其出色，這是世界學者所公認的。

中國早期鋼鐵冶煉技術最突出的表現在蘇鋼（相傳爲江蘇某氏所發明）的冶煉的方法上，這量的提高、新鋼種的試煉以及大規模的新建與擴建，充分說明了這一方面的重大發展。面對着日益壯大的鋼鐵工業，作者認爲：對中國早期鋼鐵冶煉技術上的成就作比較有系統的闡述，是有其價值的。這篇報告並希望能有助於將來編寫中國鋼鐵史的參考。

二　設備與操作

作者對重慶北碚金剛碑附近的一個煉鋼廠進

图 11　　周志宏先生 1955 年发表的我国早期炼钢技术文章[11]

过渡到参与者。要照顾到学生的现状（特别是对那些学习比较吃力、缺乏专业兴趣的学生），引导他们逐渐了解与解决实际材料学各个阶段的问题，基本步骤是：

（1）明确活动目的。首先讲述本次活动的背景；从上材科基第一节引言课展示的题目入手，如图 12 所示。谈及材科基知识与毕业后从事职业的关系，强调学好材料组织分析这个基本的"看家"本领，将来可能从事各式各样的工作，可能是考古中的组织鉴定，也可能对天体物质的检测分析（比如陨石，现在已不用等待外星球碎片坠落到地球上，而是可以到天体上取回物质进行检测分析，从而了解星球上物质的演变）。图 12（b）还在凝固一章中给出过简单的例子，是柯先生等组织的中国古代铸造技术发明创造展[1,5]。

笔者借助检测出土西汉钢戟、钢剑的机会，练习应用课程知识，与考古学学者研讨，重温冶金史研究所创建及柯先生在冶金史考古发明的贡献，期望学生在课堂上放松心情，敢于提问，不怕说错。

（2）巩固基本概念。选出相关的基本概念，如扩散原理（表层氧化层的形成分析）、相图原理（铁碳相图、铁氧相图、铁氮相图、氧化物夹杂相图等）、凝固原理（白口铁凝固，共晶夹杂物凝固、先共晶、共晶凝固形貌特点等）、固态相变（奥氏体转变为铁素体、珠光体、魏氏体、马氏体，以及不同氧化物之间的相变等）、热变形（回复、再结晶及对相变的影响等）等书本上的知识，在研究小组的实践中一边分析一边讲解，使学生对这些概念能通过实际案例分析来帮助理解学习。

（3）注重案例教学。给学生转发中央电视台采编制作的以梁斌先生为主人

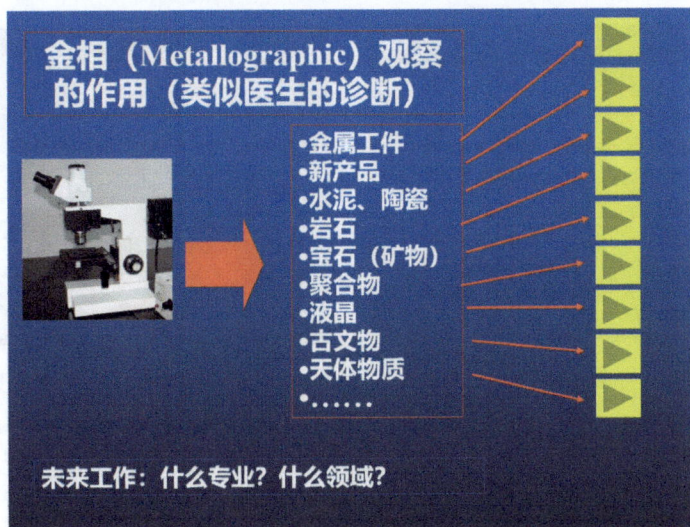

(a)

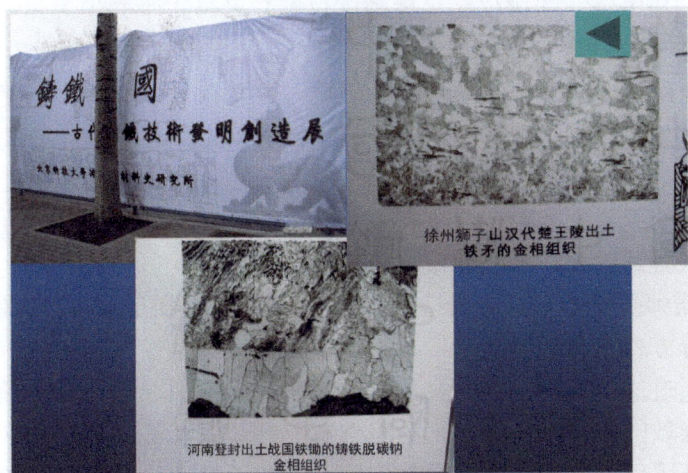

(b)

图 12　材科基课程引言中提到的专业应用案例[5]

（a）利用显微镜可以从事多个领域的研究；

（b）在古文物领域研究的案例中，北科大"铸铁中国"展览横幅及 2 个文物组织照片

公的《铭文断剑》节目（见图 13），提高他们学习的兴趣，在看金相样品的同时，尽可能使学生看到实际出土物件，手握古代钢剑，就像与古人握手，体会"冥冥之中"与古人"对话"的情景，从而增加基础知识与观察紧密结合的体验感。

（4）加强综合能力提升。进一步分类各种知识，如热处理课程知识（淬火、正火、渗氮、渗碳、马氏体组织）和冶金生产知识（炼铁与炼钢、氧化、还原、

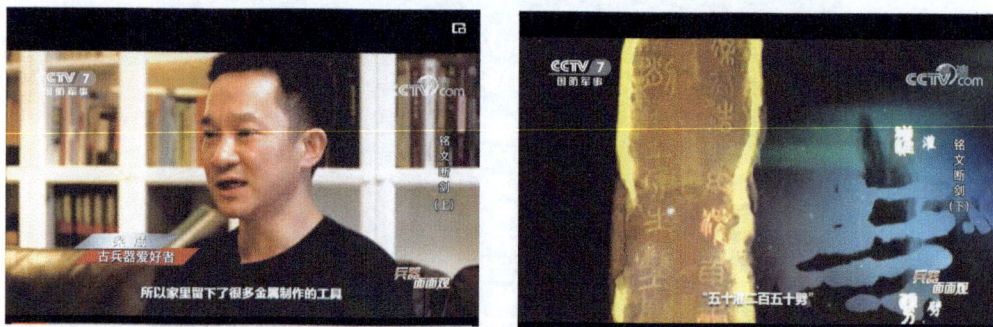

图 13　中央电视台国防军事频道 2020 年播出《铭文断剑》节目截图

造渣），告诉学生实际材料问题是个综合问题，会涉及多门课程内容，不可能单靠材科基一门课程知识就能解决，要注意分辨出不同课程的内容与实际应用领域，以及运用各门课程知识培养自己综合应用的能力。此外，还有材料分析方法课程知识（扫描电镜、能谱仪、显微硬度仪等）及考古学知识等。

（5）培养专业自信。介绍北京科技大学柯先生创建的冶金史专业及其艰辛发展历程。介绍柯先生、韩汝玢教授的经典考古文章、中国钢铁十大发明等。

（6）统筹时间安排。集中活动时间要考虑到学生临近期末考试，集中复习的现状，避开学生的其他选修课时间。这里的确在时间安排上不易处理好合作研究和带动学生的关系。因为合作研究不能单方面等学生有时间再去进行，还需满足合作方尽快得到检测结果的期望。

（7）承诺师生互动。将全部检测报告发给学生，告诉他们遇到任何难题时，可通过微信等方式向教师提问。

总之，通过这项有趣、有意义的活动，师生与合作方都有不同程度的收获，笔者感觉作为教师的收获最大，因为将书本上的知识真正运用到对汉代钢制兵器的研究，验证了理论知识在实践中的应用，检验了自己的能力，还学习了很多科技考古学的知识和文化，重温了柯先生、韩汝玢老师等老一代考古学者的研究之路，以及金相与冶金考古学科的联系，总结了与学生共同开展跨专业交流的经验，这些都为今后进一步拓展合作及教研打下了良好的基础。

四、结束语

探索由教师、学生组成学习共同体，基于材科基课程知识，针对汉代出土钢制兵器与考古学人士开展跨学科合作研究，合作中重温了柯俊院士创建的冶金史专业发展历程、研究了考古金相法鉴定过程与加强了课程专业知识的学习与实践应用，得到多重收获。

（1）体会了检测汉代钢制兵器的考古研究过程，与考古学人士交流，碰撞许多思想的火花，学到了很多考古学知识，也分享了自己材料学分析的特长。

（2）在与学生共同开展出土钢制兵器检测分析的过程中，总结出了课程知识与实际应用有效衔接的方法，既要充分考虑学生个体的基础条件，将课程基本知识逐渐拓展到分析应用的阶段式方法中，同时要更加注重学生运用知识等综合能力的培养，即养成其大胆提问，敢于主动动手做些力所能及的工作，能分辨出不同课程中学到的知识的能力，注重与考古学人士的交往，了解其他领域知识及工作方法。

（3）重温了柯先生等老一代金属物理学家、考古学者对古代钢制兵器的研究过程，"重新踏上了"他们走过的"道路"，从他们的经典文献中读出了考古知识、方法，也读懂了历史和他们的开拓精神。

（4）总结了一个专业基础课程知识的应用案例，也成为这一个课程的教学资源，丰富了材科基课程教学改革的历史，为所讲授的国家级一流课程再塑一个精彩的课程思政案例。一门课程不单是一本教材、一组课件、一个试题库或一本学习指导书，还包含着课程文化、课程历史等丰富资源，这些课程资源还更好地展示着课程的厚重。目前高校优质课程的特点是拥有课堂教学外的巨大网络资源，这些资源不但要从国内外收集，更要教师去创造。

参 考 文 献

[1] 韩汝玢，石新明. 柯俊传［M］. 北京：科学出版社，2012.
[2] 韩汝玢，宋琳. 中国冶金史研究的前行者（二）：1974—2004 年北京科技大学冶金与材料史研究所的创建与发展［J］. 北京科技大学学报（社会科学版），2011，27（4）：1.
[3] 孙淑云，宋琳. 中国冶金史研究的前行者（一）：1974—2004 年北京科技大学冶金与材料史研究所的创建与发展［J］. 北京科技大学学报（社会科学版），2011，27（2）：1.
[4] 宋琳，丘亮辉. 中国冶金史研究的前行者（三）：1974—2004 年北京科技大学冶金与材料史研究所的创建与发展［J］. 北京科技大学学报（社会科学版），2012，28（2）：1.
[5] 杨平. 我校国际交流中 C. S. Smith 教授与柯俊先生的交往：材科基教师的一些感想［J］. 金属世界，2023（2）：20.
[6] 李众. 中国封建社会前期钢铁冶炼技术发展的探讨［J］. 考古学报，1975（2）：1.
[7] 韩汝玢. 中国早期铁器（公元前 5 世纪以前）的金相学研究［J］. 文物，1998（2）：87.
[8] 韩汝玢，柯俊. 中国古代的百炼钢［J］. 自然科学史研究，1984（4）：316.
[9] 张周瑜. 炒钢工艺研究［D］. 北京：北京科技大学，2023.
[10] 杨平. 徐祖耀先生早期在北京科技大学金属学教学及课程传承的一点感想［J］. 金属世界，2023（3）：34.
[11] 周志宏. 中国早期钢铁冶炼技术上创造性的成就［J］. 科学通报，1955（2）：25.

本文原文发表于《金属世界》，2023 年，第 5 期，21-28 页。

陨铁知识在材料科学基础课程教学中作用的分析

内容导读： 陨铁知识涉及天文学、地质学、考古学和材料科学。陨铁特有的美丽的维斯台登纹蕴含了丰富的信息，陨铁也是一些天文等爱好者的收藏品。本文分析了将陨铁作为材料科学基础课程教具所起的多方面作用，比如维斯台登纹与金相学的关系、其所包含的相变取向关系信息、与钢和钛中魏氏组织的关系以及与老一代冶金学家的联系，重温了柯俊先生早年研究分析商代兵器铜钺铁刃中使用陨铁的经典鉴定案例，希望学生或读者从中获取丰富的专业知识，提高学生综合运用专业知识的能力，培养专业兴趣，热爱材料专业。

材料科学基础（简称材科基）课程讲授了材料的基本结构、结构缺陷、材料制备或材料使用中发生的组织结构变化的基本规律及对性能的影响，涉及学生未来可能从事的材料生产、使用、研发工作所需要的各类基础知识。课程内容包含了材料的成分、工艺、组织、性能四要素之间关系的核心特点。学生刚刚接触这些知识，会感到内容多、涉及面广，概念抽象，缺乏实际体会，从而认为该门课程很难，部分同学会失去专业兴趣。因课程学时有限，如何有效提升学生对这些专业基础知识的理解能力和专业兴趣，让学生热爱材料专业，是教师应该重点关注的问题。作为授课多年且长期从事相关材料基础研究的教师，笔者完全理解并体会到课程的重要性，也热爱材料科学专业。然而，教师内心的感受未必能体现在课程的讲授中，学生也未必能感受到教师的用意。因此，教师优化讲授课程的方式、方法、内容，与学生之间"擦出火花"，是专业基础课程改革长期的任务和目标。

陨石是天外来客，是地球以外宇宙流星脱离原有运行轨道或是由于星球爆炸、碰撞产生的碎块穿过大气层散落到地球表面的物质。陨石在遥远的外太空经过漫长的飘行，又经过急速的坠落、与地球大气层高温的摩擦降临到地球，它们含有地球上不常见的矿物组合，具有极高的科研价值并一直受到天文学家、地质学家、矿物学家、考古学家、材料科学家的热捧，形成了陨石学这门独立的课程。通过陨石研究，人们可以获得对太阳系的物质起源、组成和演化的认识。在提到的几门关注陨石的学科中，多数学科都首先关注陨石的基本结构与形成机制，然后是其在太空中运动、撞击、爆炸的问题，以及如何被人类所利用的考古学价值。

如图1（a）所示，陨铁是含铁镍为主的陨石，陨铁的特点是经过磨光浸蚀后，在肉眼下可直接看到典型维斯台登纹（Widmanstätten，魏氏人名，也有译为魏德曼的，不同领域译法不同），即规则的、相互交叉的纹理，很是漂亮，有人用陨铁制作美丽的装饰物，如图1（b）和（c）所示。维斯台登纹也被称为陨铁的身份证。由于天体的多样性，陨铁也是种类繁多，地质学上对陨铁进行了结构分类或化学分类，这里仅以展示典型维斯台登纹的陨铁进行讨论。作为材料科学学科讲授材料科学基础课程的教师，承担着国家级一流课程建设的任务，能在多大程度上挖掘出陨铁作为这门课程教学的一个典型教具案例的价值，是本文探索陨铁的目的。

图1　陨铁实物照片

（a）1898 年在新疆北部阿勒泰地区的青河县银牛沟发现的中国最大铁陨石：新疆铁陨石，重 28 t；

（b）（c）陨铁制作的装饰物（https：//zhuanlan. Zhihu. com/p/388184311）

　　图 2 给出了笔者总结的陨铁所涉及的不同专业领域的信息对材料科学基础课程作用的关系示意图，并讨论了陨铁与金相学起源和陨铁中魏氏组织原理，陨铁在天文学、地质学、考古学课程中的应用，为什么陨铁非常适合作为材料科学基础课程的教具，以及培养学生运用知识解决实际问题的综合能力及拓展专业领域的作用，为便于读者理解，笔者从以下几方面展开分析。

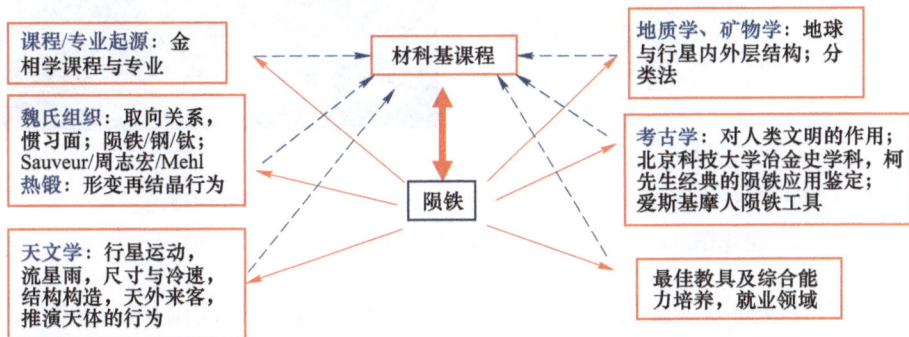

图2　陨铁所涉及的不同专业领域的信息对材料科学基础课程作用的关系示意图

一、陨铁相关知识在材料科学基础教学中的作用

（一）维斯台登纹的发现与金相学诞生

陨铁的维斯台登纹是其特有的、用肉眼可直接观察到的组织，以奥地利维也纳印刷技工及科学家魏氏（Count Alois von Beckh Widmanstätten，1753—1849 年）的名字命名。1808 年魏氏用火焰加热陨石时，发现陨石出现了令人震惊的花样。这是因为体心立方（bcc）结构的铁纹石和面心立方（fcc）结构的镍纹石有不同的氧化速度，当它们被同时加热氧化时，产生不同颜色和光泽，当时他并未发表他的这个发现，只是口头上进行了交流，但他的朋友，维也纳矿业与动物学陈列所所长 Carl von Schreibers 先生认可他的发现，以他的名字命名了这种花样。有文献认为[1]，最早发现魏氏组织的是英国人 Guglielmo Thomson（也称 William Thomson，1760—1806 年），他为清除灰尘或去除铁锈而将陨铁在硝酸中浸泡，从而发现了魏氏组织。1804 年，他用法语通过大英博物馆发表了这个发现，因此，维斯台登纹也称为汤姆森结构。图 3 给出 Widmansättten 和 Schreibers 两位老友制作的 Elbogen 陨铁的魏氏组织（见图 3（a））以及一张从<111>晶体学方向观察到的典型魏氏组织（见图 3（b））。由图 3（b）可见，其组织由 3 组互成 60°和 1 组平行于观察面的铁纹石变体组成。图 3（a）在北京科技大学刘国勋先生主编《金属学原理》教材（1980 年出版）中采用过，由此引出了魏氏组织概念。

(a)　　　　　　　　　　　　　　　(b)

图 3　Widmansättten 和 Schreibers 制作的 Elbogen 陨铁的魏氏
组织图（a)[1] 及典型的<111>方向观察的魏氏组织（b)[2]

维斯台登纹的发现被认为是金相学诞生的启蒙阶段，而英国矿物学家、金属学家 H. Sorby 用光学显微镜观察抛光浸蚀后的金属组织是金相学诞生的标志[3]。

材料科学的前身是物理冶金，它与金相学并存，虽然两者的含义还是有本质差异，但两者关系密切。笔者本科专业就是金相及热处理专业，材料科学基础课程以前也称金属学，更早被称为金相学。因此，这些金相方面的历史与陨铁魏氏组织的发现分不开，这些在材料科学基础课程中都应当被提到。

（二）陨铁维斯台登纹的相变晶体学概念展示

规则的相互交叉的维斯台登纹显示了典型的材料学取向关系理论，常见的是 K-S（Kurdjumow-Sachs）取向关系，即 $\{111\}_{fcc} \parallel \{110\}_{bcc}$，$<110>_{fcc} \parallel <111>_{bcc}$。说明 bcc 结构的新相（铁纹石或锥纹石）从 fcc 结构的母相（镍纹石）的 $\{111\}$ 晶面析出，成片状。4 个 $\{111\}$ 面都析出新相时，可形成空间上的八面体结构（实际是 2 组由 4 个 $\{111\}$ 面围成的结构），从不同的截面切开观察，就形成了不同的维斯台登纹。这些概念在材料科学基础中"界面"一章，"马氏体相变"一节都有介绍。图 4 是从考古学者梁斌先生处获得的 6 种不同地区出现的陨

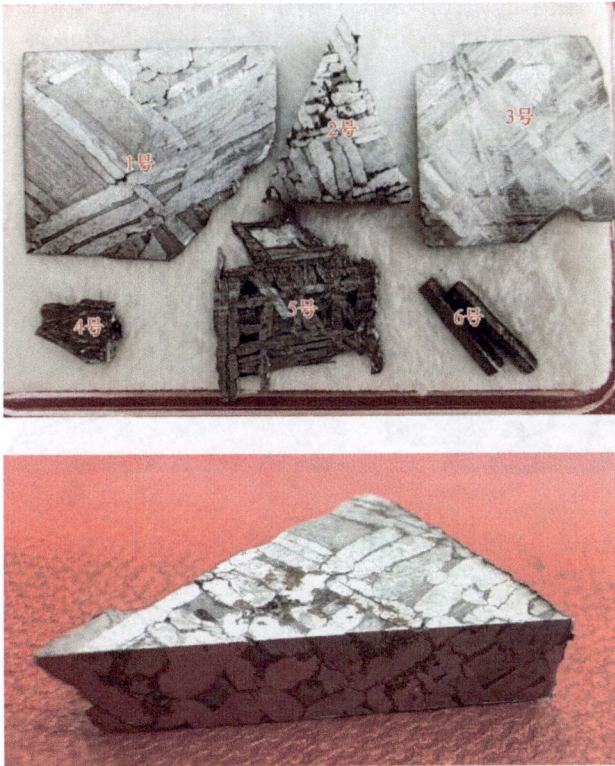

图 4　6 种陨铁

1 号为俄罗斯的随城陨铁（1967 年）；2 号为格林兰约克角陨铁（1818 年）；
3 号为瑞典曼德拉 M 铁陨石（1906 年）；4 号为陨磷铁；5 号为新疆阿勒泰陨铁（1898 年）；
6 号为摩洛哥的塔扎陨铁（2001 年）。下图为 2 号样品侧面照片，显示 2 个截面上的组织

铁的维斯台登纹照片，供笔者组织的兴趣小组活动使用，图片展示了丰富的材料学信息，为兴趣小组后期进一步开展陨铁微观组织研究打下一些基础。

在材料科学基础课程讲授中，由对 Fe-Ni 合金的陨铁魏氏组织的分析就可以自然而然地延伸出对钢中与钛中的魏氏组织的讲解。钢在快冷时会出现魏氏铁素体组织，如图 5（a）所示。这种组织的特征是其呈羽毛状。通常人们不希望钢中出现这种组织，因为它会对力学性能产生不利影响。钢中的魏氏组织是 Sorby 教授于 1864 年金相学诞生时首先观察到的[3]。六方结构的钛中也会出现魏氏组织，类似钢中的魏氏组织，它也是先形成晶界网状析出相，然后由晶界长入晶内，呈羽毛状。虽然陨铁与钢中都会出现魏氏组织，但它们的形成机制有差异。作为 Fe-Ni 合金的陨铁是天外来客，其冷却相变时的冷速非常缓慢，大约为每百万年 1~100 ℃，是扩散型相变。钢中的魏氏组织是较快冷速下的中温转变产物，形成时从奥氏体晶界长入晶内，常是一束平行的铁素体针，或羽毛状组织，而不单单是贯穿晶内的相互穿插的均匀组织，如图 5（a）所示，有时被认为是切变型相变产生的[4]。钛中的魏氏组织虽与钢中的魏氏组织形貌相似，但却是扩散型转变形成的，只是晶粒尺寸太小，只能在显微镜下看到，如图 5（b）所示。

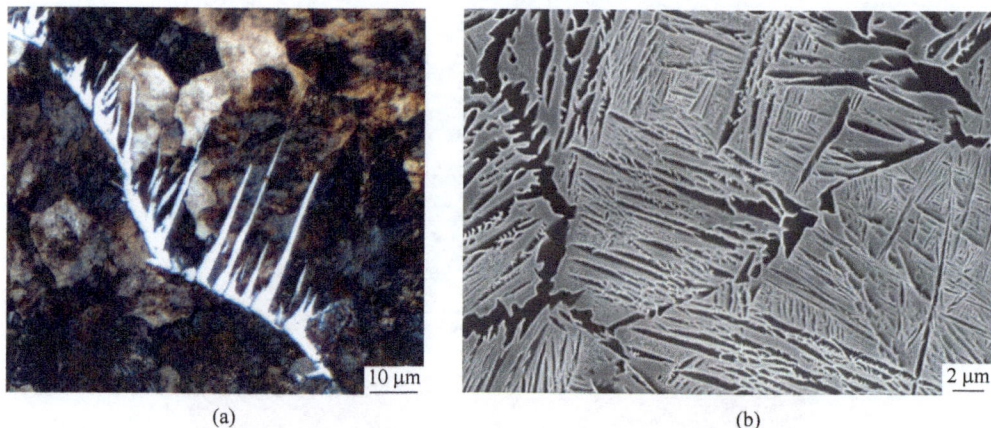

(a)　　　　　　　　　　　　　　　　　　　(b)

图 5　钢合金中的魏氏铁素体组织[4]（a）和钛合金中的魏氏铁素体（b）

我国第一代冶金学家周志宏院士早在 20 世纪 20 年代就在美国哈佛大学金相学家 A. Sauveur 教授指导下开展对钢中魏氏组织的研究[5]，闻名国际。同样，美国著名的冶金学家 R. F. Mehl、C. Barrett 教授最早也是跟随 A. Sauveur 教授通过研究镍陨铁的取向关系而成名的[6]。

（三）陨铁在天文学领域的研究内容在课程中体现的意义

中国月球探测工程首席科学家（也被称为嫦娥之父、探月之父）、天体化学及地球化学家欧阳自远院士早在 1964 年在对陨铁研究中就指出[7]：对陨石从太空高速坠落穿过大气层的速度、温度、压力、动能和轨迹进行研究，有助于了解宇宙飞船返回地球时的温度、压力、状态、运动轨迹、着陆条件、飞船外壳热的扩散及合金的机械强度等；陨石坠落后，表面会形成薄层状熔壳，对熔壳的矿物成分、结构构造进行研究，有助于了解陨石穿过大气圈时的热扩散速度和大气的削裂作用；对陨石的矿物与化学成分及结构构造进行研究，有助于了解陨石的形成条件与过程、天体演化的特征和地球内部的状态；对陨石中微量元素及稳定同位素丰度变异的研究，表明陨石与地球成因的一致性；对陨石中约有 50 种宇宙成因核的研究，能了解高能核反应的某些特点、宇宙线的成分、通量、能谱、时间及空间上的分布；对陨石的绝对年龄、宇宙年龄及降落年龄的研究，不仅能阐明地球年龄，而且能恢复陨石体的原始形状，了解大气削裂及宇宙辐射的影响深度。

　　一般认为，大多数陨石来自火星和木星间的小行星带，小部分来自月球和火星。太空飞行的天体，应该是受到了碰撞，才会脱离自己的轨道，进入地球的引力场，从而坠落到地球上，同时，陨石在进入地球大气层内还会出现爆炸。因此陨石内部既经过了非常缓慢的天体运行时的变化，也经历过碰撞、爆炸过程的剧烈变化，没有人看到过这种变化，只能按照基本原理进行推测、模拟。我国新疆阿勒泰地区发生过世界上覆盖区域最长的陨石雨，分布在 425 km 长的东南—西北走向的带状区域[8]，陨石雨来自同一个行星体，因进入大气层发生爆炸形成陨石雨。天体内部不同深度位置的成分组成可能不同，完全熔化与不完全熔化的小星体会呈现不同的组织结构。但穿过大气层进入地球表面时的表层熔化影响区只是表层几个毫米，其中心区域则反映原始天体活动中演变的组织结构。北京科技大学罗海文教授等人[9]与中国科学院天文学研究人员研究了新疆阿勒泰陨铁的微观组织结构，通过铁纹石片、镍纹石片厚度及镍纹石中 Ni 的浓度梯度测定值计算了陨石内部组织相变的冷却速度，大约是每百万年 49 ℃，非常缓慢。

（四）陨铁在地质学、矿物学中的价值以及给材料科学基础课程教学的启示

　　虽然陨铁是天外来客，但陨铁却很早被地质学家或矿物学家进行了研究并做了分类，其中既有按照其维斯台登纹或八面体结构分类法，也有化学分类法。由于地质学、矿物学诞生的时间都比材料科学早得多，所以这些分类法自然没有按照材料科学界的习惯。最早文献报道（1804 年）魏氏组织的英国学者 Guglielmo Thomson 就是地质学家、矿物学家，他用酸浸蚀陨铁显示出魏氏组织纹理。不同地区发现的陨铁虽然都有维斯台登纹的共同特性，但还是存在一些组织结构差异，甚至有"无结构"的陨铁（不是典型的条纹结构被认为是无结构）。地质学家、矿物学家认为，地球是星球，地球以外的天体也是星球，它们结构上都可以有球内层或核，存在着液态镍、铁等重金属，而星球的外表层充满着固态硅酸盐

类的较轻物质，呈现出"核幔壳圈层"结构，因此地球与其他天体会有类似之处。材料科学基础课程也讲授了很多无机非金属材料，如陶瓷、氧化物、硅酸盐结构等。岩石学中的3种典型类型（火成岩、变质岩、沉积岩）中火成岩和变质岩的形成过程基本属于自然环境下的无机非金属材料的凝固过程和热变形过程，因此掌握好材料科学基本原理，就能较快地熟悉地质学、矿物学中的物质结构形成原理。国际上有陨铁爱好者协会及网站，这里汇聚着天文学、地质学、矿物学、材料科学、考古学等领域的专业人员进行跨学科交流，因此对以金属学为主的材料科学专业的学生讲授陨铁相关知识，也可使学生得以了解地质学、矿物学的相关术语与知识，这也是材料专业学生所必要了解的知识。欧阳自远院士就是一个典型的跨专业学科知识丰富的科学家代表。他本科与研究生学的是地质勘探与地质化学专业，而他却在月球探测的天体化学方面的研究最突出，由此可见专业教学中跨学科交流的重要性。

（五）陨铁的考古学意义及在课程讲授中的作用

陨铁作为天外来客，是一种自然材料，但其在人类文明发展中也起到重要作用，并显示了地球上不同地区的文化、技术发展进程的差异。在古代先人发明钢铁冶炼技术前，一些地区出现过用陨铁制作生活工具及兵器的实例。一个经典案例就是北京科技大学柯俊院士20世纪70年代对出土的商代铜钺铁刃的鉴定[10]，如图6所示。鉴定研究主要的关注点是浇铸在斧钺刃部的铁器是人工制造的铁器还是天然的铁器。由于时代久远，距今3300多年，该铜钺铁刃兵器已完全锈透，已没有原始组织，这给鉴定带来巨大困难。然而柯先生却抓住两个关键点，这也是其鉴定的高明之处，一是检测到该铁刃样品中存在Ni元素，而Ni元素却极少存在于出土铁器中。二是Ni是以带状形式分布的（见图6（c））；已知陨铁的特点是其组织具有维斯台登纹，由相间分布的fcc结构镍纹石和bcc结构的铁纹石组成，其中Ni主要分布在fcc结构的镍纹石中，虽然铁器已彻底氧化了，氧化镍也有一定消失，但Ni并未完全消失，并仍以带状方式存在。因此柯先生凭借其丰富的知识确定该铁质器物来自陨铁，是自然的，并非人工冶炼制造的。应当提及的是，此陨铁经过了锻打，组织发生了变化，Ni的周期分布应明显不如原始陨铁中那么典型，这给分析鉴别造成困难。据北京科技大学科学技术史学科创建人之一的丘亮辉教授介绍[11]，这样的判断与当时个别领导的期望不一致，但柯先生坚持以科学的态度，以事实为依据，不改变其所作的结论，这为我们树立了科学家坚持真理的典范。同时丘教授还介绍道，考古研究有两类方法，一类是从文科的角度，通过研究大量历史文献，从古人的文章中找到相关的信息，得出考古结论，也就是从文献中获取数据；另一类是工科方法，通过对出土文物的检测分析，再结合文献信息进行鉴定判断。

关于藁城商代铜钺铁刃的分析

李　众

（北京钢铁学院）

　　1972 年 10 月，河北省博物馆及文物管理处在群众协助下，于河北藁城台西村商代遗址发现一件铁刃铜钺[1]，铜外刃部断失，残存刃部包入铜内约 10 毫米，全钺残长 111 毫米，阑宽 85 毫米（图版壹）。铜钺的年代约当公元前十四世纪前后，即殷商安阳小屯早期。

　　铁刃铜钺的发现具有重要意义。它表明在三千三百年前商代劳动人民已经认识了铁，熟悉了铁的热加工性能，并识别铁与青铜在性质上的差别。对于铁刃的原材料的了解，将有助于阐明我国古代冶铁技术的发明和发展过程。但是由于铁刃已经全部氧化，没有保存金属铁，给鉴定工作带来较大困难。从铁刃的断口表面部分取样观察，铁锈有分层现象，在表层曾发现有

(a)

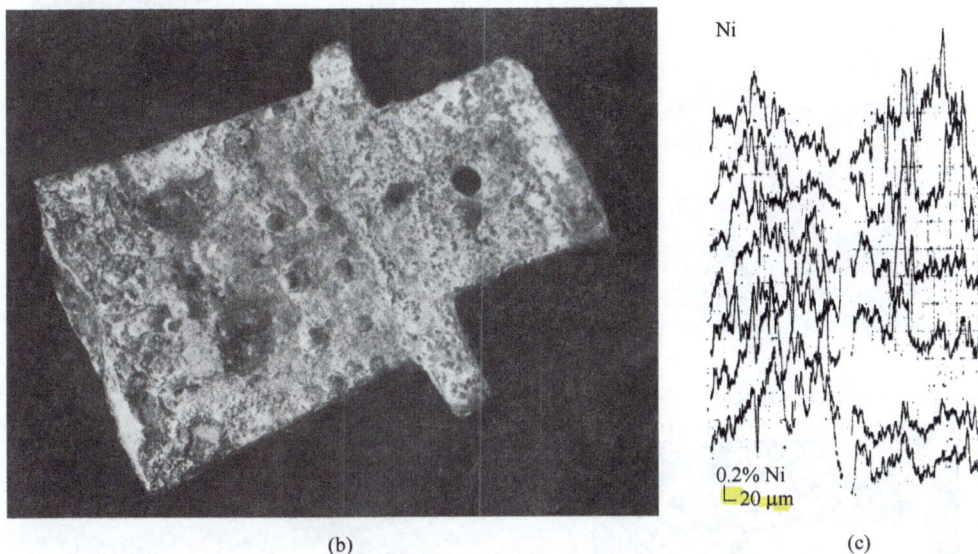

(b)

(c)

图 6　1976 年柯先生以笔名李众在考古学报上发表的经典陨铁作为兵器刃部材料的
文章首页（a）、铜钺铁刃实物图（b）及 Ni 元素的周期分布（c）[10]

　　如果简单将陨铁锻打，虽然可以细化组织，提高陨铁韧性，但陨铁的硬度并不高，因为没有间隙碳原子，单单靠扩散相变转变产物，材料的强度、硬度指标并不高，所以这种兵器量很少，很快被人工冶炼的高硬度钢所替代。公元后只有比较落后的北极格陵兰人较多地使用陨铁制作工具和兵器。丹麦著名金属考古学家 V. F. Buchwald 教授（见图 7（a））对格陵兰爱斯基摩人使用的陨铁兵器进行了长期细致的研究[12-13]，他于 1963 年发现了重达 20 t 的大陨铁，称为阿格帕里

利克陨石，是格陵兰约克角大陨石的第 4 个主要碎片，现保存于哥本哈根地质博物馆（见图 7（b））。约克角大陨石碎片共有两个上榜世界七大陨石，另一个便是跻身第 3 位的阿尼希托陨石，重 31 t。约克角大陨石在大约 1 万年前撞向地球，是坠落于地球的最大铁陨石之一。几个世纪以来，生活在陨石碎片附近的因纽特人（即爱斯基摩人）便将其用作制造工具和武器。图 7（c）为格陵兰（属于丹麦）1978 年发行的纪念格陵兰科学委员会成立 100 周年首日封邮票，邮票图案为陨铁维斯台登纹，上面两组相互垂直的条纹组织说明样品截面是 {100} 晶面；邮票左侧是爱斯基摩人用约克角陨铁制作的剥皮刀，0.6 mm 厚，该刀也是 V. F. Buckwald 研究的样品[13]。图 7（d）给出该陨铁的组织，显示经过了冷变形，铁纹石（右下角）相已显著形变，镍纹石（中部）相也已变形弯曲。这些由陨铁制作的工具是人类文明发展历史的见证。

(a)

(b)

(c)

(d)

图 7　V. F. Buckwald 教授照片（a）、约克角大陨石碎片——阿格帕里利克陨石（b）、约克角陨铁纪念邮票（c），以及爱斯基摩人的剥皮刀上陨铁冷变形后的组织（d）[13]

二、陨铁作为材料科学基础课程教具的多重作用

作为材料科学基础课程的教具，陨铁是非常合适的。讲课时，图像、视频可通过视觉和听觉使学生更具象化地了解相关知识；而实物教具可使每个学生通过触摸进一步加深所学基础知识在现实应用的印象和体会。材料科学基础课程使用过多种教具，例如，（1）单晶或多晶组织的矿物与岩石：它们可以帮助学生理解晶体学、晶体结构、晶体缺陷等相关概念，岩石标本也支撑凝固、热冷形变、相变有关概念的讲解；（2）由铁丝编制的三元相图立体模型：用于学生对相图几何空间的拓扑关系的有效理解；（3）取向硅钢二次再结晶成品板，其厘米尺寸级的粗大晶粒组织可以形象、有效地提升学生对再结晶及晶粒长大过程相关概念的理解；（4）含不同比例柱状晶、等轴晶的铝块或钢铸锭：用于讲授学习凝固一章相关概念。这些都是典型的教具，因为材料的内部组织很粗大，学生可肉眼直接观察。

相比之下，由于陨铁分析出的多方面、多学科的知识，相互间有广泛联系，从一块陨铁上讲出的相关概念越多，其示范效果就越显著，它培养学生综合能力的价值就越高；引申到的学科越多，学生就越会感觉自己学习的专业及课程知识越有用，从而增强对专业认可与热爱。

按照如下讲课顺序，依次提及下列陨铁相关知识：

（1）讲授课程引言时，可介绍毕业后可能的就业领域，提及天体物质（陨铁是其中之一）；出土文物的检测，如古人用陨铁做的生活用具或兵器，以及柯俊院士经典的利用陨铁知识进行的商代兵器鉴定工作。

（2）讲授引言中金相学启蒙阶段涉及的金相学专业、金相学课程、魏氏组织的发现。

（3）讲授晶体学晶面、晶向指数时，可从不同角度观察维斯台登纹，如相互垂直的，相互成60°的。

（4）讲授界面一章时的 K-S 取向关系、惯习面，界面原子匹配理论，Mehl、周志宏的成名之作。

（5）讲授形变一章时的 bcc 金属形变孪晶，即纽曼带（陨铁的特征组织之一）；古人作的工具中的形变组织，Buchwald 的实验数据。

（6）讲授固态相变一章时，相变阻力导致取向关系的出现，扩散型及切变型相变导致取向关系的存在；钢与钛中的魏氏组织；维斯台登纹形成过程；取向关系在极图中的展示。

（7）讲授凝固及相图分析时，展示前人利用 Fe-Ni 相图、结合组织，分析冷却过程中的相变，由镍纹石相转变为锥纹石，分析镍纹石与锥纹石的共析过程（称为合文石）、镍纹石中析出马氏体及脱溶出球状 γ'' 相过程。

当然还可利用陨铁开展更深一步研究，如 6 种不同地区出现的陨铁（见图 4）相互间存在着组织及微结构的差异，虽然陨铁可以直接观察组织，不需要显微镜，但每一块陨铁远不是仅仅由肉眼可见的维斯台登纹组成，还有很多细节没有被揭示出来。因此任课教师可以组织学生开始更进一步检测分析，也可进行形变、退火研究。还可以设计一些实验，从而提高授课效果和专业兴趣，例如：（1）固态相变行为研究，加热到一定温度保温不同时间，观察组织的变化；（2）通过打硬度方式进行变形，再退火诱发再结晶，研究形变再结晶行为；（3）用背散射电子衍射（EBSD）检测不同相之间的取向关系，因为陨铁并非只有 K-S 取向关系。

三、结束语

（1）陨铁作为研究载体显示了其在天文学、考古学、地质学、矿物学、材料科学等学科的重要内涵，基于这一点，初步总结出了陨铁在材料科学基础课程授课中作为有效教具所起的作用。

（2）重温柯俊先生对商代铜钺铁刃兵器鉴定的经典案例，结合丹麦陨铁考古学家 V. F. Buchwald 教授对陨铁在人类文明发展中作用的经典研究，讨论了陨铁与古代兵器的密切联系；引用我国探月工程首席科学家欧阳自远院士早年对陨铁研究的经历及其科学推论，构成一个生动鲜活的跨专业交流学习的课程思政案例，使其成为国家级一流课程（材料科学基础）教学资源的一个有力的补充。

（3）提出了可对收集的各种陨铁进一步开展研究的思路，为研究型教学、第二课堂建设、学生综合能力的培养提出了方案。

参 考 文 献

［1］PANETH F A. The discovery and earliest reproductions of the Widmanstätten figures ［J］. Geochim Cosmochim Ac，1960，18（3/4）：176.

［2］RAABE D. Morde，Macht，Moneten：Metalle zwischen mythos und hoch-tech ［M］. Berlin：Wiley-VCH Verlag，2001.

［3］郭可信. 金相学史话（1）：金相学的兴起 ［J］. 材料科学与工程，2000（4）：2.

［4］BHADESHIA H K D H. Theory of transformations in steels ［M］. Boca Raton：CRC Press，2021.

［5］SAUVEUR A，CHOU C H. The Gamma-Alpha transformation in pure iron ［J］. Trans Amer Inst Min Met Eng，1929，84：350.

［6］杨平. 材料科学名人典故与经典文献［M］. 北京：高等教育出版社，2012.

［7］欧阳自远，佟武，周景良. 三块铁陨石的矿物成分及形成条件的研究 ［J］. 地质科学，1964（3）：241.

［8］王科超，徐伟彪. 新疆发现世界最长陨石雨：阿勒泰陨石雨 ［J］. 科学通报，2016，61（25）：2834.

［9］周扬扬，徐伟彪，胡斌，等．乌希里克铁陨石的组织结构、冷却历史和定量预测模型［J］．天文学报，2021，62（6）：18.

［10］李众．关于藁城商代铜钺铁刃的分析［J］．考古学报，1976（2）：17.

［11］宋琳，丘亮辉．中国冶金史研究的前行者（三）：1974—2004 年北京科技大学冶金与材料史研究所的创建与发展［J］．北京科技大学学报（社会科学版），2012，28（2）：1.

［12］SEARS D W G. Oral histories in meteoritics and planetary science—XXV：Vagn F Buchwald［J］．Meteorit Planet Sci，2014，49（7）：1271.

［13］BUCHWALD V F. On the use of iron by the Eskimos in Greenland［J］．Mater Charact，1992，29（2）：139.

本文原文发表于《金属世界》，2023 年，第 6 期，39-46 页。

材料科学基础课程与 Hillert 教授有关的知识点及他与北京科技大学的科研交流

内容导读：瑞典皇家工学院的 Mats Hillert 教授是北京科技大学最早聘请的名誉教授之一，他的研究领域很宽，材料科学基础（以下简称材科基）课程的一些知识点与他有关，如扩散控制的新相长大速度公式、晶粒长大原理、调幅分解及计算相图等。早在 1980 年他就来北京科技大学（以下简称北科大）讲学，基于其讲稿翻译的《合金扩散和热力学》一书对我国材料工作者及学生产生了重要影响。他在热力学计算相图方面的原创工作对北科大相关领域产生了重要影响，在计算相图方面还亲自培养了北科大青年教师。本文基于材科基课程的学习及北科大的国际交往方面分析讨论了 Hillert 教授的一些贡献，希望对这门课程建设、青年教师对相关领域背景的了解有所帮助。

一、引言

瑞典皇家工学院的 Mats Hillert（以下简称 Hillert）教授的研究方向很多，比如材料的相变、扩散、热力学、计算相图、调幅分解、晶粒长大等。材料科学基础（以下简称材科基）课程中至少 4 个知识点与他的学术贡献有关，但并未都冠以他的名字，因为这些知识点不一定都是他一个人的研究成果，而是多个学者共同的成就，很难界定谁是最先发现者。此外，Hillert 教授是北京科技大学 1980 年最早聘任的名誉教授之一，他多次来北京科技大学访问。北京科技大学于 1984 年与他所在的瑞典皇家工学院建立了合作关系，一些青年教师、研究生被学校派往这个大学进修或攻读学位。因此，Hillert 教授在北京科技大学的教学和人才培养上也做出了重要贡献。本文讨论了材科基课程中一些与他相关的知识点，分析了他与北京科技大学科研、教学及人才培养方面的一些贡献，希望对学生、任课教师夯实专业基础知识、拓展科研思路、了解课程历史背景等能有所帮助。图 1 给出了本文讨论的思路示意图。

二、Hillert 教授的研究生涯简介

Hillert 教授（1924—2022 年）于 1947 年在瑞典歌德堡（Gothenburg）市的查尔姆斯理工大学（Chalmers University of Technology）获化学工程专业学士学位，1948 年在皇家工学院做研究人员，1956 年在美国麻省理工学院（MIT）获得博士学位，导师是马氏体相变大师 M. Cohen 教授，博士期间跟随 Carl Wagner 教授学习热力学。1961 年 Hillert 成为瑞典皇家工学院教授，1973 年当选瑞典皇

扩散控制的新相长大公式；
晶粒长大原理；
调幅分解理论；
相图计算/规则溶液、亚点阵模型等

材料科学基础课程

Hillert教授　　　　北科大
　　　　　　　　　材料学科

研究领域：
相变与热力学；
获奖；
扩散学派代表；
与我国大量学者的学术联系

名誉教授；
1980年系列讲座；
人才培养；
相图计算；
张维敬、周国治

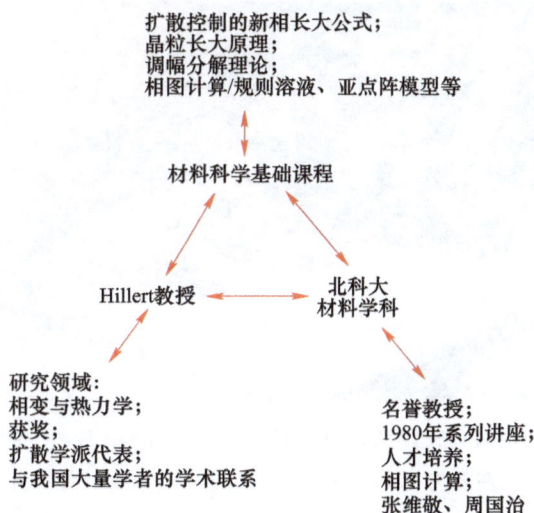

图 1　材料科学基础课程教学、Hillert 教授与北科大材料学科发展三者关系示意图

家工程院院士，1982 年当选瑞典皇家科学院院士，1991 年荣誉退休，退休后依然从事研究。2022 年 12 月他的接任者、学生 J. Ägren 教授在一个研讨会上对 Hillert 教授的科学及教学上的贡献进行了专门的介绍。Hillert 教授的研究方向主要集中在相变和热力学两个大方向上，两个方面相互融合。相变方面，他研究了扩散型相变、不连续脱溶及扩散诱导晶界迁移、块形转变、马氏体相变、晶粒长大、调幅分解、迁移界面的局部状态，溶质对迁移晶界的拖曳力等；热力学方面，他除了将经典热力学理论应用在各种相变过程外，还研究了磁效应对自由能贡献的热力学计算方法，提出计算单相自由能的亚点阵模型，也称化合物-能量模型；另外在相图计算（Calphad）方法及理论，SGTE（欧洲热力学数据库科学组织）相关活动中也起领导作用。

　　第一届 Calphad 会议于 1973 年在美国波士顿举行，由 L. Kaufman 主持，包括 H. Ansara、P. Spencer、Hillert、J. Cahn 等 13 人参加，以后每年举行。这 13 人被称为 CALPHADIANS[1]，L. Kaufman 和 Hillert 是主要领导者（见图 2）。Calphad 组织在 Gibbs 诞生 150 年（1989 年）设立了 Gibbs Triangle 奖，每 4~5 年颁发一次，Hillert 教授于 2000 年获得此奖。2022 年，98 岁高龄 Hillert 教授还参加了在瑞典皇家工学院召开的国际 Calphad 会议，足见他对相图计算这个他亲自参与创建的组织活动的热爱，令人敬佩。

　　Hillert 教授在 1974 年就获得 Mehl 奖（见图 3），他是 Mehl 奖设立后的第二位获奖者。在其获奖报告中，Hillert 教授分别以 Fe-C 体系相变、纯铁相变、低碳铁合金相变、无扩散型相变为例，介绍了扩散过程控制相变和界面过程控制相变，定量表述了局部平衡问题、溶质对界面迁移的拖曳作用和交互作用，给出相

图 2　一些早期的 CALPHADIANS 13 人成员（后排左二为 Hillert 教授，前排左二为 B. Sundman，左三为 H. Ansara，左五为 B. Janssen，左六为 A. Dinsdale，右一为 H-L. Lukas[1]）

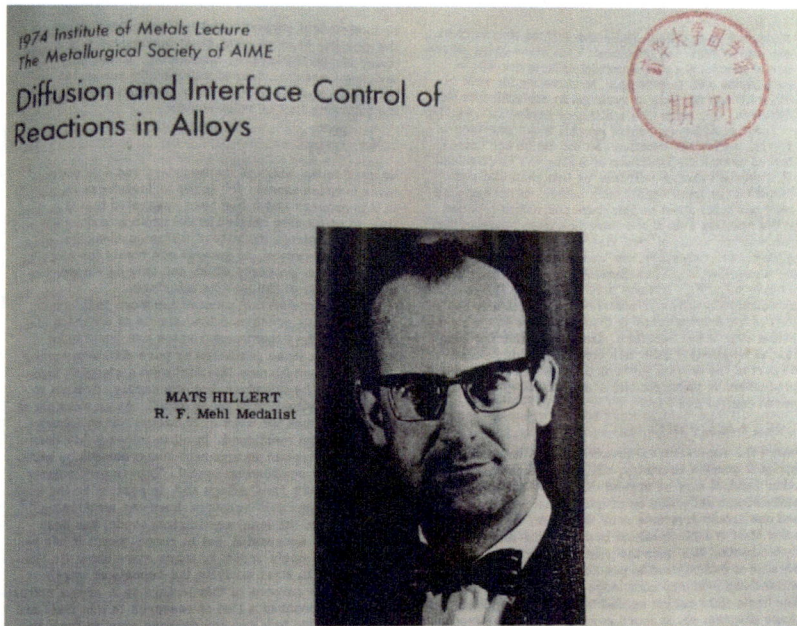

图 3　Hillert 教授 1974 年获 Mehl 奖的文章首页

变速度表达式。他在 1999 年获 W. Hume-Rothery 奖，获奖题目是"合金中溶质对界面迁移的作用"，这个内容及 Mehl 讲座报告都与笔者前文提到的 J. Cahn 和 K. Lücke 的工作相似[2]。2004 年他在法国 Annecy 召开的第二届再结晶及晶粒长大国际会议上获得 Smith 奖，他在晶粒长大定量规律上的贡献对笔者长期从事取向硅钢晶粒长大过程的研究有着重要影响，这在笔者前期文献[3]已做介绍。Hillert 教授是查尔姆斯理工大学、Grenoble 技术研究所、挪威科技大学

（Norwegian University of Science and Technology）、北京科技大学和东北大学的名
誉教授。国际固态相变系列会议于 2010 年设立了 Hillert-Cahn 讲座奖，以表彰两
位学者对金属和合金相变科学发展所做出的杰出贡献。2014 年北京大学出版社
出版 Hillert 教授的著作《相平衡、相图和相变——其热力学基础》（第二
版）（英文影印版），原书是剑桥大学出版社于 2008 年出版，如图 4 所示。该书
为专业人员和高年级学生的科研与教学重要参考书，体现了 Hillert 教授在教学和
人才培养方面的重要贡献。

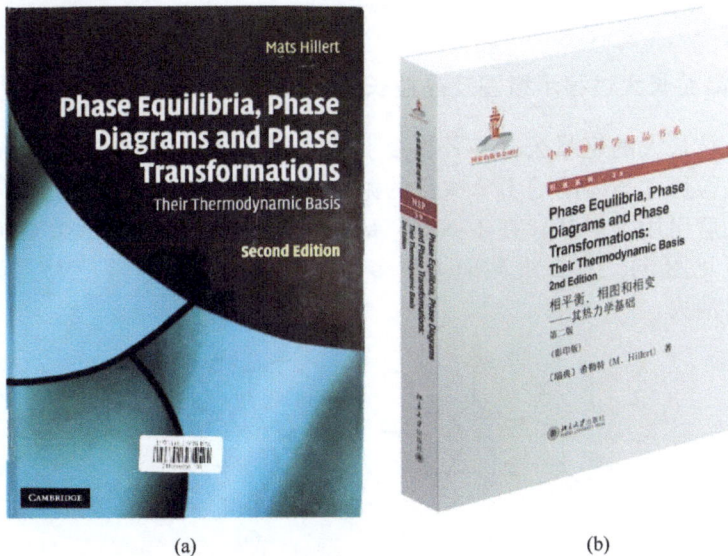

图 4　Hillert 教授的专著原版（a）及影印版封面（b）

三、材科基课程中与 Hillert 教授相关的一些知识点

在材科基课程中至少有 4 个知识点与 Hillert 教授有关，主要是：（1）扩散型
相变新相长大公式，即 Zener-Hillert 方程；（2）再结晶后的晶粒长大原理；（3）调
幅分解理论；（4）热力学相图计算模型（规则溶液的亚点阵模型）。

（一）扩散型相变新相长大的 Zener-Hillert 方程

美国物理学家 Zener 于 1949 年[4]和瑞典材料学家 Hillert 于 1957 年[5]推导了
扩散过程控制时新相的长大速度方程，称为 Zener-Hillert 模型。材科基课程及教
材中只给出 Zener 推导出的片状新相侧向增厚变宽时长大速度公式，见式（1），
其中 v 为长大速度，D 为扩散系数，y_d 为浓度变化区域长度，C_0、C_α、C_β 分别
为合金原始浓度、母相、新相平衡浓度。如果考虑侧向尖端生长，就要考虑界面
曲率的影响，Hillert 对该过程进行了修正，见式（2）及最大长大速度式（3），
其中 C 为常数，r 为新相曲率半径；但相关公式并未在材科基教材中给出。不过

它类似于共析分解时片层间距变小，考虑相界面阻力项时的表达式，这个式子在课程中进行了推导。在相变研究领域，人们一直提及 Zener-Hillert 方程。

$$v = \frac{D(C_0 - C_\alpha)}{y_d(C_\beta - C_\alpha)} \tag{1}$$

$$v = \frac{D(C_0 - C_\alpha)}{C \cdot r(C_\beta - C_\alpha)}\left(1 - \frac{r_c}{r}\right) \tag{2}$$

$$v_{max} = \frac{D(C_0 - C_\alpha)}{2Cr_c(C_\beta - C_\alpha)} \tag{3}$$

（二）晶粒长大过程示意图及晶粒长大速度公式

描述晶粒长大的定量公式有不少，课堂上为简化，仅推导了最简单的 Beck 方程，即晶粒尺寸与时间的 1/2 次方的抛物线关系，和原子扩散距离与时间的关系相同。随后引用了 Hillert 在 1965 年 *Acta Metall* 上发表的表示微观机制的长大示意图[6]（见图 5）。在二维截面上，多于六条边的晶粒通常长大，而少于六条边的晶粒将消失。

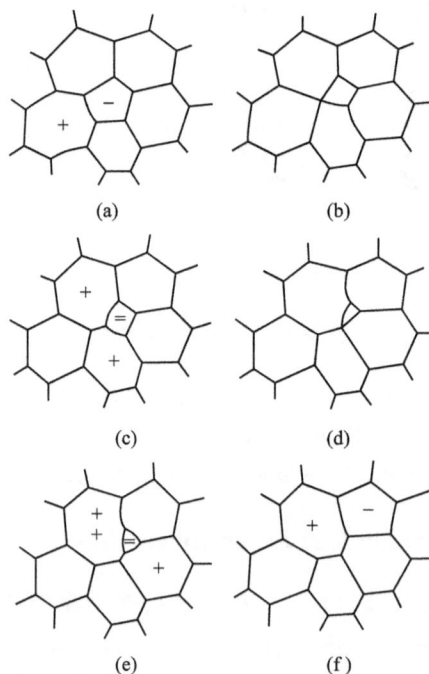

(a)   (b)

(c)   (d)

(e)   (f)

图 5　课程上介绍的 Hillert 晶粒长大微观机制的示意图[6]

Hillert 推导出的定量公式很好地说明了存在一个晶粒尺寸临界值 R_{cr}。

$$\frac{dR}{dt} = \alpha M\sigma\left(\frac{1}{R_{cr}} - \frac{1}{R}\right) \tag{4}$$

式中，α 为晶界常数；M、σ 为晶界迁移率和比晶界能；R 为晶粒尺寸。

可见，小于临界尺寸的晶粒的长大速度是负值，即消失。同时，公式（3）还显示比界面能及晶界迁移率影响长大速度。此外，课程讲授时还可提到 von Neumann 的晶粒长大公式，它也与晶粒的边数相关，多于 6 条边的晶粒长大，少于 6 条边的晶粒缩小。同样，教材中并未给出 Hillert 的晶粒长大速度公式，但其意义及对笔者科研的影响在文献[3]中有详细介绍。

（三）调幅分解理论

调幅分解理论的主要贡献者是 J. Cahn 和 J. E. Hilliard，两人在 1958 年创立了调幅分解的现代理论[7-8]，这是材科基课程所介绍的内容，笔者在文献[2]中也做了进一步讨论。其实诺贝尔奖得主、荷兰科学家 Johannes van der Waals 早在其做博士时就研究了液-气相变，并首次提出了其形核方式为调幅（spinodal）相变。1943 年 V. Daniel 和 H. Lipson 在英国剑桥大学的卡文迪许（Cavendish）实验室也研究过 Cu-Ni-Fe 中的调幅分解过程[9]，但都未建立系统的理论。Ägren 教授在 2022 年 12 月的一个研讨会上指出，Hillert 教授 1956 年完成的博士论文题目——金属固溶体中形核理论，就是对 W 形的自由能曲线取二阶导数，找到拐点，其对应的就是失稳分解/调幅分解过程。1956 年，与 Hillert 在同一个办公室的 J. Hilliard 在 GE（通用电气）公司与 J. Cahn 见面时将 Hillert 的博士论文推荐给 Cahn。两人受启发，随后以连续函数形式表达了分解的数学关系，于 1958 年发表了文章，并在文章中提到 Hillert 的论文并对其进行了致谢，确认其想法是受 Hillert 论文的启发。其实 Hillert 也在 Cahn 投稿前半年就投出了自己的稿件，但在 1961 年才发表[10]。Cahn 也提及他有 Hillert 文章发表前的文稿。由于 Hillert 的贡献，现在调幅分解理论也被称为 Hillert-Cahn-Hilliard 理论。

（四）相图计算中的规则溶液表达式及亚点阵模型

材科基课程中相图一章是由相图的几何构造及相图的热力学基础两部分构成。在相图的热力学基础上先以二元合金为例介绍了单相自由能的计算方法，介绍了由规则溶液模型计算原子间的交互作用参数，确定超额自由能，这是单相自由能的关键组成部分，有了各相的自由能与温度的关系曲线，通过公切线法就能确定相图了。J. H. Hildebrand 于 20 世纪 20 年代最先提出规则溶液的定义[11]，将满足 $\Delta^E G = x_A \cdot x_B \cdot I_{AB}$（且 I_{AB} 为常数，称为相互作用系数，x_A、x_B 为 A、B 组元原子百分数）的溶液称为规则溶液，也有教材认为这个表达式是 Hillert 提出的[12]。1970 年 Hillert 提出规则溶液的双亚点阵模型[13-14]，其大致含义是：将 AB 型中间相或离子熔体看成由 A、B 离子组成的两个亚点阵，既考虑了置换式溶质原子，又考虑了间隙式溶质原子，也考虑了空位，这样再按规则溶液模型计算出各相自由能。1979—1981 年，Hillert 发表多元复杂系统的相平衡计算方法，B. Jansson 采用这个方法编制了第一版 Thermo-Calc 软件，这个商用软件应该是我国使用最多的热力学相图计算软件，由此可见 Hillert 是最早的计算相图推动者之一，是这一领域的领军人物。

　　此外，笔者认为 Hillert 教授在以下几个方面的成果也值得在课程上简单介绍：（1）局部平衡与仲平衡概念。这个概念早期是由瑞典材料学家 Hultgren 提出的，这是相图、相平衡与相变研究者常用的概念，对于总结区分各类相变（如珠光体、铁素体、魏氏铁素体、贝氏体、马氏体）很方便。所谓局部平衡是相变时在界面处两相的代位合金元素和间隙原子都对应平衡关系（但远离界面处不是平衡关系），仲平衡是界面上代位原子成分不是平衡关系，而间隙原子成分对应平衡关系。（2）一次渗碳体三维形貌的手绘图。Hillert 早年也研究了白口铁凝固时莱氏体形成的三维组织形貌[15]，通过不同成分，不同样品截面的组织观察，他手绘了一次渗碳体及共晶奥氏体的三维空间形貌示意图（见图 6）。可见该示意

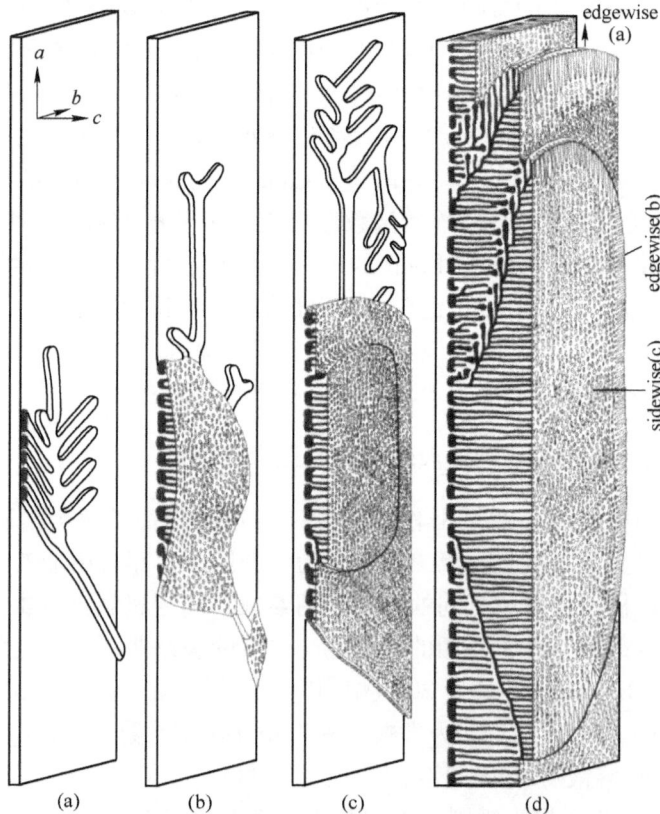

图 6　Hillert 教授绘制的一次渗碳体片上形成共晶莱氏体的模型
（黑色为奥氏体）的手绘图（1960 年[15]）

图非常精致、细腻，这是材科基实验课学生应该学习的，虽然通过拍照可以很快、很轻松地得到组织照片，但手绘这种示意图能给绘制者留下更深刻的印象，如先画哪些、后画哪些也是有讲究的（应按照生长顺序画图，而不是相反）。（3）魏氏铁素体片扩散控制的长大公式。（4）胞状脱溶与共析分解的差异。Hillert 在 20 世纪 60—70 年代研究胞状脱溶时，非常强调它与共析分解的差异，因为早期不少学者认为两者相似。

四、Hillert 教授对北京科技大学的科研、教学与人才培养方面的贡献

在 1980 年 5 月 26 日、29 日，经当时的教育部、冶金工业部批准，北京科技大学分别授予 Morris Cohen、Mats Hillert 为学校的名誉教授。Cohen 教授为世界著名金属学家、美国科学院院士、麻省理工学院（MIT）终身教授，也是 Hillert 在 MIT 读博的导师，这些在文献[2]中进行了介绍。图 7 是《合金扩散和热力学》一书的封面，由赖和怡、刘国勋两位先生根据 Hillert 教授于 1980 年 3—5 月在北京科技大学讲学时所使用的两份讲义进行翻译，并于 1984 年由冶金工业出版社出版。这本专著是高校物理冶金专业研究生和本科高年级学生很好的参考教材，笔者硕士研究生阶段的扩散课程由赖和怡先生讲授，他就是以 Hillert 的讲稿为主要授课内容，并称 Hillert 教授是自己的老师（赖先生也在瑞典皇家工学院 Hillert 教授研究组进修过）。这本译著对我国材料专业教学与人才培养做出了很大贡献。

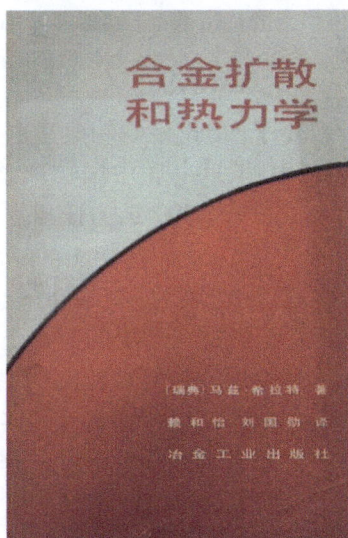

图 7　《合金扩散和热力学》一书封面

1984 年 12 月 4 日，北京科技大学与瑞典斯德哥尔摩皇家工学院（KTH Royal Institute of Technology）签订两校合作与交流协议书。青年教师黄伟明（相 77 级）

跟随 Hillert 教授攻读博士学位。图 8 为黄伟明老师在读博期间与 Hillert 教授讨论学术问题时的照片及她的博士论文首页，显示 Hillert 教授众多研究领域中的一个——热力学相图计算方向。黄伟明的先生刘梓葵教授也是国际著名相图计算领域期刊 *Calphad* 的主编。她们一家与 Hillert 一家有非常深厚的友谊。Hillert 教授主要参加的国际学术交流是在扩散型相变领域，笔者收集到不少国内学者与他的合影，显示其与我国广大学者有着深厚的友谊。

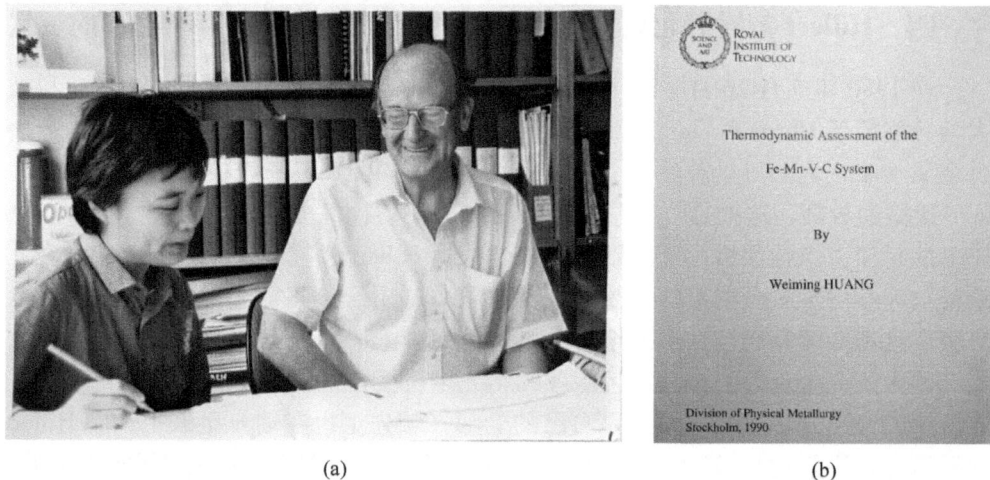

(a)　　　　　　　　　　　　　　　　　　(b)

图 8　北京科技大学相 77 级的黄伟明女士在瑞典与 Hillert 教授一起研讨的
情景（a）及博士论文首页（b）（照片及论文首页由黄伟明博士提供）

北京科技大学的张维敬教授于 1993 年到瑞典皇家工学院 Hillert 教授组内进行合作研究。张维敬教授从 1981 年第一届中国物理学会相图专业委员会开始，就一直担任副主任工作，并于 1996—1999 年担任相图专业委员会主任。20 世纪 80 年代初，他开始自学计算机，并进入计算相图的领域。1998 年 5 月，张维敬教授及其研究组主办了第 27 届国际相图计算 Calphad 会议（见图 9（a）的论文集首页），这是该会议第一次进入我国。会议期间，受到师昌绪、柯俊等前辈们的大力支持与积极肯定，标志着我国改革开放程度的提高，也标志着计算相图事业在我国的发展。张维敬先生的弟子们已经遍及世界各地并成为相图计算领域的学术骨干或权威。在北京科技大学，由杜振民教授、李长荣教授领导的相图计算研究室继承并发展了张维敬教授的相图计算研究领域，成为特色鲜明的研究室，在国内外具有较高的学术影响力，图 9（b）为张维敬教授、李长荣教授等北京科技大学学者与 Hillert 教授于 1993 年在北科大的合影。

冶金材料物理化学家周国治院士[16-18]（见图 10）1994 年受好友张永山（Y. Austin Chang，美国工程院院士，中国科学院外籍院士，北科大名誉教授）邀请，参加了在美国威斯康星州举行的第 23 届国际相图会议，并在会议上作了

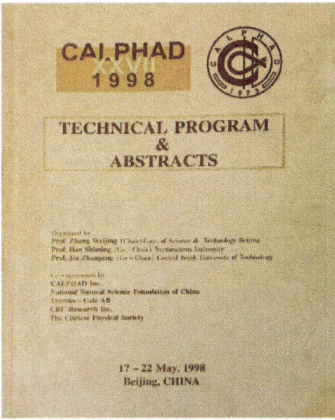

图 9　张维敬教授等 1998 年组织举办的国际相图计算会议（Calphad）论文集首页（a）及
1993 年 Hillert 教授与北科大教授合照（b）（从左到右：刘国权教授、张维敬教授、
李长荣教授、Hillert 教授、顾正秋教授和谢锡善教授（照片为李长荣教授提供））

图 10　周国治院士[17]

题为《一种用二元系统预测多组分系统热力学性质的新求解模型》的报告。该
报告中发表的新理论模型解决了金银铁、金银铜、铁铜铝等多个体系的多元系计
算难题，赢得国际冶金物理化学界权威 M. Hillert 教授的高度赞扬[16]。周国治院
士于 1995 年在国际相图会议上发表了"新一代溶液几何模型"，该模型不含任何
需要使用者去确定的"待定参数"，解决了国际上 30 多年来几何模型存在的固有
缺陷，同时为实现模型选择和计算的完全计算机化开辟了道路。其理论模型被命
名为"周模型"（Chou Model），至今仍被广泛应用。他的研究成果已被同行系统

编入多部高校教科书中。

五、结束语

（1）Hillert 教授的科研贡献中至少有 4 个方面在材科基课程中出现过，也对笔者的科研有直接帮助。

（2）Hillert 教授与北京科技大学有密切的交往，是北京科技大学名誉教授，他对北京科技大学材料专业教学的贡献体现在系列学术讲座、赖和怡和刘国勋老师编译出版了他的专著《合金扩散和热力学》一书以及对校内外教师及研究生的影响，也直接为北京科技大学培养了博士生或青年教师。

（3）在相图计算领域，北京科技大学金相教研室的张维敬教授、冶金物理化学专业的周国治院士都与 Hillert 有密切的学术交流，推动了北京科技大学相关相图计算研究的国际化。

参 考 文 献

[1] SPENCER P J. The origins, growth and current industrial impact of Calphad [J]. Calphad. 2022. 79：Art NO. 102489.

[2] 杨平. 与 J. Cahn 教授相关的材料学基本概念 [J]. 金属世界，2021（5）：7.

[3] 杨平. 再结晶及晶粒长大国际会议的 Smith 奖及其获奖者——《材料科学基础》课程中的基本概念与名人典故 [J]. 金属世界，2013（5）：77.

[4] ZENER C. Theory of growth of aspherical precipitates from solid solution [J]. J Appl Phys，1949，20（10）：950.

[5] HILLERT M. Role of interfacial energy during solid-state phase transformations [J]. Jernkontorets Annaler，1957，141：757.

[6] HILLERT M. On the theory of normal and abnormal grain growth [J]. Acta Metall，1965，13（3）：227.

[7] CAHN J W，HILLIARD J E. Free energy of a nonuniform system. I. Interfacial free energy [J]. J Chem Phys，1958，28（2）：258.

[8] CAHN J W. On spinodal decomposition [J]. Acta Metall，1961，9（9）：795.

[9] CAHN R W. 走进材料科学 [M]. 杨柯，等译. 北京：化学工业出版社，2008.

[10] HILLERT M. A solid-solution model for inhomogeneous systems [J]. Acta Metall，1961. 9（6）：525.

[11] HILDEBRAND J H. The term "Regular Solution" [J]. Nature. 1951，168：868.

[12] 徐瑞，荆天辅. 材料热力学与动力学 [M]. 哈尔滨：哈尔滨工业大学出版社，2003.

[13] HILLERT M，STAFFANSSON L I. The regular solution model for stoichiometric phases and ionic melts [J]. Acta Chem Scand，1970，24：3618.

[14] HILLERT M，JANSSON B，SUNDMAN B. et al. A two-sublattice model for molten solutions with different tendency for ionization [J]. Metall Mater Trans A，1985. 16：261.

[15] HILLERT M，STEINHÄUSER H. The structure of white cast iron [J]. Jernkontorets

Annaler. 1960. 144：520.

［16］北京科技大学校友网．人生曲折路，不坠凌云志——记冶金物理化学专家、中国科学院院士周国治［EB/OL］．（2021-09-15）［2023-09-28］．https：//alumni. ustb. edu. cn/rw/dsfc/842501f3be474d0595e3a8b2d52d0100. htm.

［17］章梅芳，陈笑钰，张馨予．因为赌气，他从学渣变学霸，最终成长为院士［EB/OL］．（2023-01-16）［2023-09-28］．https：//www. toutiao. com/article/7189060381556408865/？wid=1692801812189.

［18］李凯，蔡毓生，孙欣欣．踏平坎坷始辉煌　千锤百炼终成钢　专访潮籍中科院院士、冶金材料物理化学家周国治［J］．潮商，2010（5）：48.

本文原文发表于《金属世界》，2024 年，第 1 期，37-44 页。

位错理论与加工硬化研究大师 Nabarro 教授和 Kuhlmann-Wilsdorf 教授

内容导读：位错研究大师 Nabarro 和 Kuhlmann-Wilsdorf 都曾到访北京科技大学进行学术交流。两人有着十分密切的关系，也有着学术上的不同观点。他们的学术成就不同程度地在材料科学基础课程中出现过。本文首先简单介绍两人的科学贡献，然后从课程教学的角度讨论了两人与课程中一些知识点的联系，希望能帮助相关专业课程学习者和授课教师从更深层理解相关知识点及背后的历史背景，将人文历史与专业理论有机结合，从而促进课程学习以及教学与科研活动。

一、引言

材料科学基础（以下简称材科基）课程中介绍的 Peierls-Nabarro 力（即 P-N 应力）是学生非常熟悉的知识点，所以 Nabarro 教授是学生熟知的位错大师。Kuhlmann-Wilsdorf 教授的位错引起加工硬化及与位错相关的形变组织研究成果虽也出现在材科基课程中，但没有以她的名字命名，所以学生不熟悉她的名字。前辈中与位错理论相关的主要研究者是 Mott、Nabarro、Frank、Friedel、Cottrell 等，将 Nabarro 与 Kuhlmann-Wilsdorf 联系在一起讨论，估计很多人难以理解。作为讲授材科基课程的教师，将二人在本文中一起讨论，原因是：（1）两位位错研究大师都到过北京科技大学进行学术交流。（2）两人有过很长的一段合作研究位错的经历，都在英国布里斯托大学（University of Bristol）、南非金山大学（University of the Witwatersrand）工作过。特别是 Nabarro 教授 2006 年去世后，Kuhlmann-Wilsdorf 于 2009 年在 *Progress in Materials Science*（《材料科学进展》）期刊上发表了纪念 Nabarro 的文章，不仅介绍了两人深厚的友谊，也介绍了两人在学术上的不同观点。（3）Nabarro 来自位错理论研究最深入的英国布里斯托大学、诺贝尔奖获得者 Mott 教授担任主任的物理研究所，而 Kuhlmann-Wilsdorf 最早来自同样有悠久位错研究历史的德国哥廷根大学，该大学与位错研究有关的大师有 Prandtl、Becker、Masing、Haasen 等，以及 Becker 的学生 Boas 和 Orowan。另外，R. Cahn 在其主编的物理冶金领域"圣经"——《物理冶金学》（第 2 版）一书中，位错一章是他邀请 Kuhlmann-Wilsdorf 撰写的，说明她在位错理论上的影响力是很大的。笔者撰写本文的核心目的是将材科基课程中与他们两人有关的概念整理出来介绍给材料专业的学生，希望能提升他们的学习效果和专业兴趣。同时了解两人的友谊和学术上的不同观点，这有助于培养读者批判思维能力和科研上质疑的态度。图 1 将本文讨论的几个方面的关系以线路图方式给出，以避免较多琐碎细节可能产生的理解混乱。

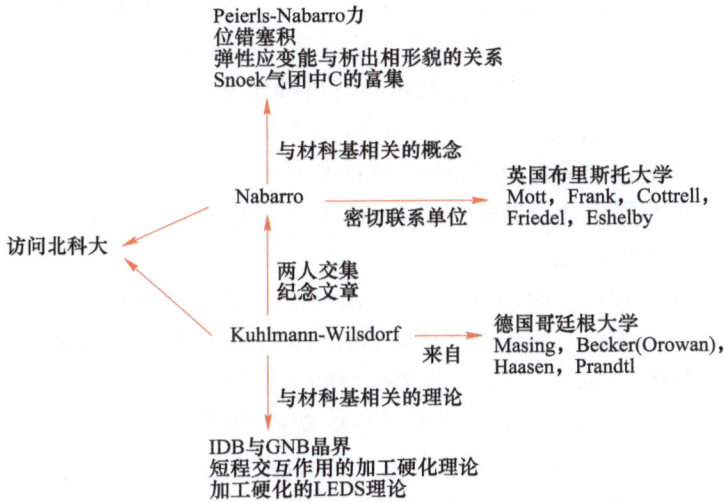

图 1　本文介绍两人相关方面的思维导图

二、Nabarro 教授与 Kuhlmann-Wilsdorf 教授生平简介及他们研究轨迹的交集

（一）Nabarro 简介[1]

Frank R. N. Nabarro 教授（1916—2006 年）是理论物理学家，固体物理学的先驱，也是位错及金属强度理论的奠基人。他还是教育家，反对种族隔离，提倡各种族都有平等受教育的机会。1940 年 Nabarro 获得牛津大学学士学位，1940 年他就发表了 4 篇文章，其中含有与 Mott 教授合作发表的文章。因第二次世界大战他中断学业，1941—1945 年服兵役，他的著作 *Theory of Crystal Dislocations*（《晶体位错理论》）[2]现在仍然是经典书籍，这本 1967 年出版的著作是基于他 1952 年发表的文章 *Mathematical theory of stationary dislocations*（《静态位错的数学理论》）所写[3]。

Nabarro 从事研究位错纯属偶然的事件，1945 年，Nabarro 去往布里斯托大学，在 Mott 教授指导下从事研究工作，最初 Mott 教授分配给他的研究课题是研究磁学中的矫顽力与磁畴壁移动问题，但几个月后他发现这个问题已被德国学者（R. Becker）解决，因此他改换课题方向，开始研究位错。Nabarro 的位错研究主要集中在两个方面：一是位错运动克服第二相粒子需要的应力（即析出强化），二是纯金属中位错运动需要克服的摩擦阻力（点阵阻力，P-N 应力）。他还预测了高温、低速应变时通过空位运动实现的"蠕变"现象，即 Nabarro-Herring

低温蠕变机制。

1945—1949 年，Nabarro 在英国布里斯托大学任研究员，与 J. D. Eshelby、F. C. Frank 两位英国皇家学院院士一起在诺贝尔奖得主 Mott 教授手下工作。1949 年，Nabarro 成为英国伯明翰大学的冶金系讲师，与 A. Cottrell 一同工作（北京科技大学柯俊院士毕业于这个大学并获得终身讲师位置，与 A. Cottrell 是同事）。此时，Nabarro 已经是晶体位错和塑性方面的知名人士。1953 年，南非约翰内斯堡金山大学邀请 Nabarro 担任了该校物理系的教授和主任，以提高大学的冶金研究水平，帮助南非发展工业。后来 Nabarro 成为南非物理研究会副主席，并于 1971 年当选英国皇家学院院士。

1980 年，Nabarro 教授担任北荷兰出版公司的权威性著作 *Dislocations in Solids*（《固体中的位错》）五卷本的总编辑。该书由全球相关领域专家撰写的研究文章组成，其中 Nabarro 教授的论文每卷的入选量可达二三十篇。这套书中共发表了他 163 篇文章。1996 年，由于对晶体塑性的研究贡献，Nabarro 当选为美国工程院院士。在纪念 Nabarro 的报纸（见图 2）上，记者这样写道："From Locations to Dislocations：Frank Nabarro Turns Obstructions into Opportunities（从位置到位错，Nabarro 将障碍变成了机遇）。"

www.mrs.org/publications/bulletin
PROFILES & PERSPECTIVES

图 2　英国材料研究学会网站发布的报道 Nabarro 的文章

Nabarro 于 1995 年获美国的 Mehl 奖[4]。他报告的题目是 *Rafting in Superalloys*（《高温合金中的筏化》，见图 3），即高温合金 γ 相基体中 γ′有序相析出物形状在应力作用下的演变规律及驱动力，这是他在应变能影响析出相形貌工作的继续。

The 1995 Institute of Metals Lecture and Robert Franklin Mehl Award

Rafting in Superalloys

FRANK R.N. NABARRO

图 3　Nabarro 于 1995 年获美国 Mehl 奖报告题目及文章首页[4]

（二）Kuhlmann-Wilsdorf 简介[5]

20 世纪 20 年代欧洲的科学家们，如 G. Masing 从固体力学性质的观察和实验角度，而 M. Polanyi 从计算角度，来研究实际晶体力学强度为什么远低于完整晶体理论强度的问题。这些都为 1934 年 G. I. Taylor、M. Polanyi、E. Orowan 三人提出位错模型打下了基础，而这些人都出自哥廷根大学。

Doris Kuhlmann-Wilsdorf（1922—2010 年）女士在德国哥廷根大学获得博士学位，师从 G. Masing 教授。Kuhlmann-Wilsdorf 是哥廷根大学物理所所长 R. Becker 教授[6]（提出著名的 Becker-Doering 形核理论）的养女。哥廷根大学有着研究位错的悠久历史，如 L. Prandtl（空气动力学专家）、R. Becker（理论物理学家）、G. Masing 和 P. Haasen（金属物理学家，R. Becker 教授的养子）。另外，E. Orowan、W. Boas 也是 Becker 在柏林技术大学的学生。

1949 年 Kuhlmann-Wilsdorf 在 Nabarro 的推荐下来到英国布里斯托大学 Mott 教授的物理实验室做博士后研究，与 Nabarro 一同工作并研究位错。随后 Kuhlmann-

Wilsdorf 与丈夫 Wilsdorf（具有出色的电镜使用及管理能力）一同去了南非金山大学工作，与在该大学担任物理系主任的 Nabarro 有密切联系，Nabarro 也得到了 Wilsdorf 夫妇的帮助[1]。因不满南非当时的政治环境，反对种族隔离，1956 年 Wilsdorf 夫妇离开了南非到美国宾夕法尼亚大学工作，1963 年又分别转到美国弗吉尼亚大学工程物理系任教授（Kuhlmann-Wilsdorf）和材料系任主任（Wilsdorf）。Kuhlmann-Wilsdorf 的研究领域是塑性变形、晶体缺陷、金属表面和力学性能，并且集中在加工硬化、摩擦学、熔化和电气接触方面。1984 年美国 TMS-AIME 秋季年会在底特律举办，在"位错理论 50 年"研讨会上 Kuhlmann-Wilsdorf 做了《1934—1984 年间的加工硬化理论》总结报告，也介绍了自己的不同加工硬化理论[7]。她还提出了相似性原理（principle of similitude），指出形变量不同时，形变胞状组织形状不变，只是尺寸在均匀变小这一研究结论。

1947—2000 年，Kuhlmann-Wilsdorf 发表了近 300 篇文章。2001 年因对工业机械的改进，包括与电动刷有关的 6 项发明专利被提名为 Christopher J. Henderson 发明奖。她发明的金属纤维小刷子对单极电器的成功研究很关键，她成为美国工程院院士。1988 年因其金属塑性变形理论而获得德国材料学会最高奖 Heyn Medal，2002 年获美国 Campbell 奖[8]，如图 4 所示。她获奖时做的报告的中文题目是《通过低能位错结构理论 LEDS 构建本构方程从而推动金属工业》。

图 4　Kuhlmann-Wilsdorf 于 2002 年获美国 Campbell 奖报告首页[8]

Kuhlmann-Wilsdorf 去世后，美国弗吉尼亚大学材料科学与工程系在院刊上发布纪念她的文章，如图 5 所示。该校的一座咖啡厅大楼以他们夫妇名字命名，大楼内有他们夫妇的大幅油画[6]。

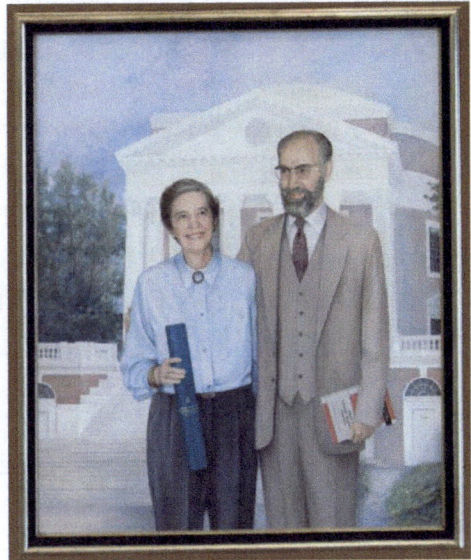

(a)   (b)

图 5 Kuhlmann-Wilsdorf 去世时系刊纪念她的画册封面（a）及
以他们夫妇命名的咖啡厅大楼中他们夫妇的肖像画（b）[6]

三、材科基课程中与两位大师相关的一些知识点

（一）与 Nabarro 相关的知识点

（1）Peierls-Nabarro 点阵应力：R. Peierls 于 1940 年[9] 提出简单立方晶体中刃型位错的点阵模型，计算了应力场和位错能量，Nabarro[10] 于 1947 年又修正了 Peierls 的结果，完成了著名的 Peierls-Nabarro 位错点阵模型。1997 年在 Peierls-Nabarro 点阵应力理论提出的 50 周年时，Nabarro 专门撰文回顾了这段历史[11]。

（2）位错塞积公式及塞积群中位错的分布。塞积现象是位错与障碍（晶界与相界）的交互作用产物。由于位错源产生的同号位错不能跨过界面而堆积在障碍物附近，从而产生应力集中，可以诱发其他位置新的位错源，也阻碍其他位错的运动，或诱发微裂纹。一同在 Mott 教授领导下的布里斯托实验室的 J. D. Eshelby、F. C. Frank 和 Nabarro 三人于 1951 年定量解出塞积位错群中各位错的位置[12]。Nabarro 虽然在文章中排名第三，但是他最先计算出塞积群中的位错总数目，只是 Eshelby 推导出更完善、更普适的表达[1]。

（3）Nabarro 于 1950 年首先预测了晶界对流变应力的贡献反比于晶粒直径平方根[1,13] 的结论（即 Hall-Petch 关系），后被 Hall（1951 年）、Petch（1953 年）用实验证实。Nabarro 认为位错塞积群分布在取向不利的晶粒中，位错运动克服障碍有两类模型，一类是靠热激活可以克服的弱障碍，另一类是只能靠外力克服的障碍（如晶界），以塞积群为例就可建立晶界强化模型和对应的反比关系。但由于 Nabarro 的这篇文章是在 1949 年一个英国流变学领域的学术会议上发表的，因而较少受到物理冶金方面学者的注意[1]。

（4）固态转变时析出第二相形态与弹性应力场的关系式：这是在材科基教材第 10 章相变原理中介绍的内容。Nabarro 于 1940 年分析了固态相变时非共格核心形成时的弹性应变能阻力[14-15]，定量求出圆盘状、球状、针状第二相对弹性应变能的不同贡献，推导出教材中引用的弹性应变量关系式：结果表明，圆盘状析出物弹性应变能最低，球状的最高，如图 6 所示。

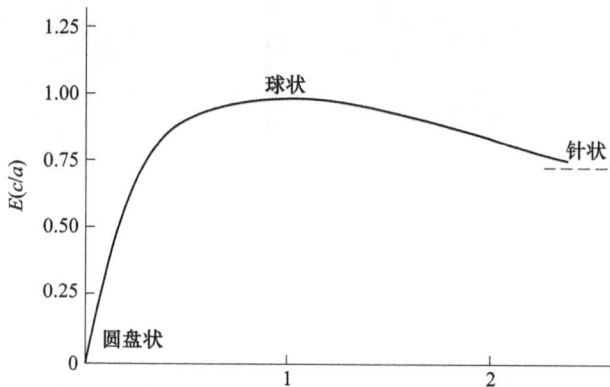

图 6　Nabarro 推导的弹性应变能形状影响因子 $E(c/a)$ 随椭球长短轴比值 c/a 的变化关系[14]

（5）碳在铁中产生的 Snoek 气团现象。Snoek 效应指溶质原子的扩散运动引起内耗峰，由内耗峰可计算出这个过程的激活能。这与位错不一定相关。Snoek 气团是指间隙原子与应力场的交互作用而择优分布在顺着拉应力轴方向分布的间隙位置，这个应力场可以不是位错产生。课程中特指螺位错的切应力场导致的溶质原子在位错线上择优分布及富集现象。直接观察其存在是很难的，但用内耗法可以间接地测出。针对螺位错上富集的溶质原子进行理论分析（Snoek 钉扎），计算出螺位错摆脱气团钉扎所需的外应力应该是多少。Nabarro 于 1948 年计算了在位错线择优富集溶质原子的 Snoek 气团[16]。

（6）在晶体中，柏氏回路用以定出位错的特征量——柏氏矢量 **b**；而在液晶中，则用 Frank-Nabarro 回路来定出向错的特征量 s[17]。液晶也是 Nabarro 在 20 世纪 70—80 年代研究的一个兴趣点。

（二）材科基课程中与 Kuhlmann-Wilsdorf 有关的知识点

Kuhlmann-Wilsdorf 教授比 Nabarro 小 6 岁，开始研究位错晚于 Nabarro。她于1948 年在哥廷根大学博士毕业后，位错理论已初步形成，因此她主要研究位错对加工硬化及对应的形变组织变化的影响，从 1947 年的第一篇文章到 2009 年去世的前一年，她持续一生研究加工硬化理论。虽然在材科基课程中很少有与她名字直接相关的知识点，但这不能磨灭她为材料科学基础理论研究所做出的贡献。笔者归纳了以下 5 个方面材料基础研究都与她的研究有关。

（1）伴生位错边界 IDB（incidental dislocation boundaries）与几何必需边界 GNB（geometrical necessary boundaries）。如图 7 所示，基于位错滑移产生的形变组织涉及一系列术语，如位错缠结、胞块 CB、稠密位错墙、伴生位错界面、几何必需界面和显微带等，这些都在课程中进行了系统介绍，其中伴生位错界面 IDB 与几何必需界面 GNB 两个术语是 Kuhlmann-Wilsdorf 和 N. Hansen 教授提出的[18]，N. Hansen 将其系统总结成形变组织的形成规律，并编入最新出版的第 5 版《物理冶金学》中。

9.6.4 形变过程的微观应变协调与微观组织变化

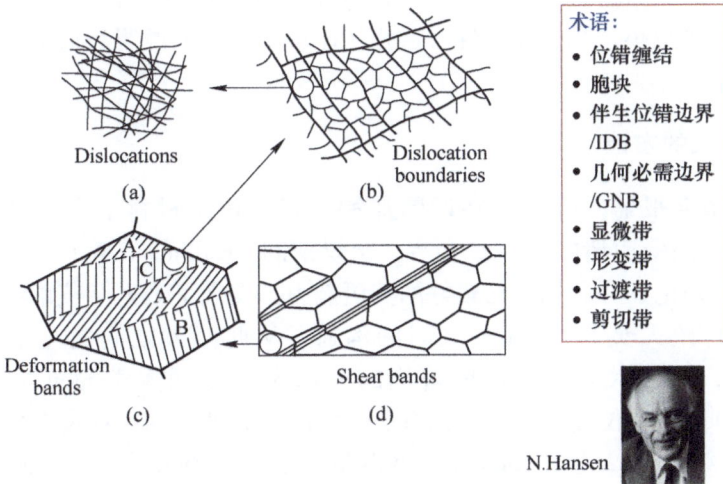

图 7　材科基课程上介绍的由 Mehl 奖获得者 N. Hansen 提出的形变组织相关术语及演变过程

（2）在 Eshelby、Nabarro 计算的塞积位错分布位置基础上，Kuhlmann-Wilsdorf 与其丈夫合作在 1958 年借助计算机计算了 80 个位错塞积时位错的分布，并在实验上加以证实[19]。

（3）Kuhlmann-Wilsdorf[20] 于 1962 年提出形变产生新位错的不均匀分布（位错缠结）可以造成短程交互作用而产生加工硬化的结论，这是材科基教材中介绍的 4 种加工硬化机制中的最后一个，前三个加工硬化机制都属于长程交互作用，而 Kuhlmann-Wilsdorf 提出的这个是局部应力场引起的硬化，属于短程交互作用机制之一。短程交互作用机制还有 Mott 提出的带割阶位错运动提高阻力的加工硬化机制。

（4）确定运动中的位错能更有效地吸收空位[19]的结论：位错与点缺陷的交互作用中，除了与溶质原子的交互作用（Cottrell 气团等）外，也与空位点缺陷发生交互作用。她提出运动中的或刚停止运动的位错因摆脱了溶质或杂质的吸附，更容易吸收周围的空位。

（5）在加工硬化的低能位错结构 LEDS（low energy dislocation structure）理论[6,8,20]方面。1962 年有人提出了可以全面表述应力-应变曲线上各阶段的加工硬化理论，这个理论也称 mesh-length 理论（网格长度理论），是后面 LEDS 理论最初的名字。Kuhlmann-Wilsdorf 于 1987 年又提出更为系统的 LEDS 理论。LEDS 理论是普适的低能结构 LES 理论中适合于位错结构的一种特殊情况，普适的低能结构理论适用于各种不同形变机制，包括塑料在内的各种材料的形变。LEDS 理论认为，随形变量的加大，形变过程中要开动不同滑移系，位错交互作用、增殖等会演变成各种组织，如位错缠结、稠密位错墙、小角度晶界、显微带等，位错之间总是发生强烈的交互作用，但这些过程总是伴随系统能量降低的过程。随着位错密度增加，高位错密度区和低位错密度区组成的类似等轴亚晶组织特点不变，只是平均尺度在减小，具有相似性，这是从能量学的角度说明为何会出现这样的组织演变。

（三）　两人的友谊

Nabarro 成名很早，1948 年在斯图加特市召开德国材料学会 DGM 年会时，Nabarro 就是专门受邀请的国外参会者。会议期间，Kuhlmann-Wilsdorf 向 Nabarro 介绍了自己的理论，并利用自己较好的英语能力，实现了不太会英语参会的德国著名学者或行政人员与 Nabarro 之间的沟通，从此两人之间建立了友谊。经 Nabarro 介绍，她进入以位错研究著称的英国布里斯托大学 Mott 实验室，对 Kuhlmann-Wilsdorf 在位错领域的研究有引领作用。此外，两人在南非的金山大学共同工作数年。1962 年，Kuhlmann-Wilsdorf 提出"网格长度"加工硬化理论（mesh-length theory），后来演变为低能位错结构的加工硬化理论。由于当时这个理论没能很好地被加工硬化理论主流派接受（如 Mott、Nabarro、Seeger、Frank、Cottrell、Basinski 等），因此她在多篇文章中为自己的理论特色及其他理论的不足之处进行过论证[6-8,21]，如在 2009 年材料类权威期刊 *Progress in materials science* 中发表的纪念 Nabarro 的文章[6]（见图 8）。这篇文章的第一部分是回忆两人的友谊，然而文章的第二部分则介绍了她与 Nabarro 在学术上的分歧，她认为 Nabarro 对加工硬化理论影响很大，但后者反对自己提出的低能位错结构理论。这种理论基于 Taylor 早在 1934 年就提出的加工硬化理论，认为所有固体的塑性形变，不论是否以位错机制进行，都会按牛顿第三定律那样保持力的平衡，逐渐向自由能最低状态转变。这种理论会取代 Nabarro 支持的位错自组织 SODS（"self-organizing dislocation structures" approach）理论，然而 Nabarro 认为低能位错结构理论难以理解。

Progress in Materials Science 54 (2009) 707–739

Contents lists available at ScienceDirect

Progress in Materials Science

journal homepage: www.elsevier.com/locate/pmatsci

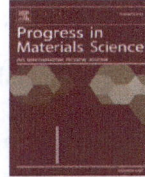

The impact of F.R.N. Nabarro on the LEDS theory of workhardening

Doris Kuhlmann-Wilsdorf *

Applied Science Emerita, Department of Materials Science and Engineering, University of Virginia, Charlottesville, VA 22904, United States

Contents

图 8　Kuhlmann-Wilsdorf 在 *Progress in Materials Science*
上发表纪念 Nabarro 的文章封面及目录[6]

四、两位大师到北京科技大学的访问

北京科技大学金属物理专业的柯俊院士从改革开放的一开始就与国际各领域的专家保持密切联系，先后邀请了 Kuhlmann-Wilsdorf 和 Nabarro 来北京科技大学访问，但两人来北京科技大学的时间相差近 20 年。

（一）Nabarro 于 2006 年登上了北京科技大学的材料名师讲坛

2006 年 6 月 Nabarro 到中国西安参加第 14 届国际材料强度大会时，柯俊院士邀请其来北京科技大学访问。在由北京科技大学主办的中国材料名师讲坛上 Nabarro 做了题为《高强度金属化合物的位错运动——碳化钨的滑移研究》的报告，时任校长徐金梧向其赠送了纪念品，当时的万发荣教授、王戈教授、谢建新院士、柯俊院士参加了报告会（见图 9）。

(a)　　　　　　　　　　　　(b)

图 9　中国材料名师讲坛报告时的合影（a）（前排 Nabarro 先生，后排从左起：万发荣教授、王戈教授、徐金梧校长、柯俊院士、谢建新院士）和徐金梧校长向 Nabarro 教授赠送纪念品（b）

图 10 是我国金属物理学家、内耗研究大师葛庭燧先生于 1985 年在日本的国际位错大会上与 Nabarro 的合照[22]，这是我国科学家与国际位错研究大师 Nabarro 交流的见证。葛庭燧先生研究了各种晶体缺陷，自然也研究位错。而由他首先提出的内耗法可以研究并区分点缺陷、线缺陷、面缺陷本身的动力学行为及它们间交互作用行为。

（二）Kuhlmann-Wilsdorf 于 20 世纪 80 年代来北京科技大学访问

图 11（a）为北京科技大学金属物理专业柳得橹教授 1981 年夏季在北京作

YAMADA CONFERENCE IX ON DISLOCATIONS IN SOLIDS
August 27~31, 1984 Tokyo, Japan
1984 年 8 月 27 日，葛庭燧（中）在日本东京参加学术会议

图 10　1984 年在日本召开的固体中位错的国际会议上 Nabarro（左）与
我国金属物理学家葛庭燧先生（中）的合照[22]

为柯俊院士研究组成员，接待 Wilsdorf 夫妇时的合影，表明北京科技大学金属物理专业很早就与国外金属材料基础研究领域有了密切合作。柳教授回忆说，Kuhlmann-Wilsdorf 教授参观北京科技大学实验室时，对各种先进的进口仪器，并不怎么觉得特殊，相反对金属物理专业研究生自己制作的透射电镜样品制备双喷仪很感兴趣，并大加赞赏。随后，柳得橹教授于 1983 年去美国弗吉尼亚大学回访了 Kuhlmann-Wilsdorf 教授，参观了大学校园，如图 11（b）所示，并在她家做客。柳得橹教授还回忆说，Kuhlmann-Wilsdorf 教授非常刻苦，实验能力很强。虽然当时北京科技大学还没有设立中国材料名师讲坛，也未能找到相关的学术报告记录，似乎有些遗憾，但这些点滴的记载也构成了"材科基课程—北京科技大学材料人物历史—国际位错/形变领域大师"密切关联的一个历史事件，值得保留下来。

五、结束语

（1）位错理论研究大师 Nabarro 和加工硬化的位错结构理论研究大师 Kuhlmann-Wilsdorf 都是材科基课程一些知识点的发现者，都来过北京科技大学访问交流，与北京科技大学教师（特别是柯俊院士）、学生有着许多交流互动，显示了北京科技大学国际交往起步早、国际影响力高的特点，相关历史又是一个"材科基知识点—北京科技大学材料学者—国际材料大师"相互关联的课程思政案例。

(a)　　　　　　　　　　　　　　　(b)

图 11　1981 年夏季 Wilsdorf 教授夫妇访问北京科技大学期间参观十三陵合影（a）
（左起依次为：柳得橹、Wilsdorf 教授、高佩钰（北京科技大学外事处领导）、
Kuhlman-Wilsdorf 教授）和柳得橹（右一）教授 1983 年应邀到
Kuhlmann-Wilsdorf 教授工作的美国弗吉尼亚大学访问（b）

（2）经过进一步查阅资料，可以归纳出材科基课程的很多知识点都与 Nabarro 先生的研究成果相关，经过总结可更有效地理解他的成果和贡献，提升教学效果。同样，Kuhlmann-Wilsdorf 教授在 R. Cahn 主编的不朽之作 *Physical Metallurgy* 一书中作为位错一章的主笔撰写者以及其持续一生对加工硬化理论的追求同样为学生、青年学者及教材编写人员在材料科学基础知识学习与研究方面提供了一个很好的参照。

（3）从材料领域顶级刊物的综述文献中领略了两人深厚的友谊，也了解到两人在加工硬化理论上的不同观点及处理方式；同时也了解了两人背后的在位错研究历史上最著名的两所学术机构（即英国的布里斯托大学和德国的哥廷根大学），这些都会加深对不同加工硬化理论来龙去脉的深入了解以及再认识。

参 考 文 献

[1] BROWN L M. Frank Reginald Nunes Nabarro MBE. 7 March 1916—20 July 2006 [J]. Biogr Mems Fell R Soc. , 2010, 56：273.

[2] NABARRO F R N. Theory of crystal dislocations [M]. London：Oxford at the Clarendon press, 1967.

[3] NABARRO F R N. Mathematical theory of stationary dislocations [J]. Adv Phys, 1952,

1 (3)：269.

[4] NABARRO F R N. Rafting in superalloys [J]. Metall Mater Trans A. 1996, 27：513.

[5] Material Matters. Department of Materials Science and Engineering [Z]. 2010. summer. 1, Issue 2. University of Virginia.

[6] KUHLMANN-WILSDORF D. The impact of F. R. N. Nabarro on the LEDS theory of work hardening [J]. Prog Mater Sci., 2009, 54 (6)：707.

[7] KUHLMANN-WILSDORF D. Theory of Workhardening 1934—1984 [J]. Metall Mater Trans A. 1985, 16：2091.

[8] KUHLMANN-WILSDORF D. Advancing towards constitutive equations for the metal industry via the LEDS theory [J]. Metall Mater Trans A, 2004, 35：369.

[9] PEIERLS R. The size of a dislocation [J]. Proc Phys Soc, 1940, 52 (1)：34.

[10] NABARRO F R N. Dislocations in a simple cubic lattice [J]. Proc Phys Soc, 1947, 59 (2)：256.

[11] NABARRO F R N. Fifty-year study of the Peierls-Nabarro stress [J]. Metall Mater Trans A. 1997, 234/236：67.

[12] ESHELBY J D, FRANK F C, NABARRO F R N. XLI. The equilibrium of linear arrays of dislocations [J]. Philosophical Magazine, 1951, 42 (327)：351.

[13] NABARRO F R N. Influence of grain boundaries on the plastic properties of metals [C]// Harrison V G W. Recent Developments in Rheology. London：United Trade Press Ltd, 1950.

[14] NABARRO F R N. The strains produced by precipitation in alloys [J]. Proc R Soc Lond A, 1940, 175 (963)：519.

[15] NABARRO F R N. The influence of elastic strain on the shape of particles segregating in an alloy [J]. Proc Phys Soc., 1940, 52 (1)：90.

[16] NABARRO F R N. Mechanical effects of carbon in iron [C]//The Physical Society Bristol Conference Report, 1948：38.

[17] ALLEN S M, THOMAS E L. The Structure of Materials [M]. New York：John Wiley, 1999.

[18] KUHLMANN-WILSDORF D, HANSEN N. Geometrically necessary, incidental and subgrain boundaries [J]. Scripta Metal Mater, 1991, 25 (7)：1557.

[19] KUHLMANN-WILSDORF D. Dislocations [M]//R. W. Cahn. Physical Metallurgy, 2nd ed, 1970.

[20] KUHLMANN-WILSDORF D. A new theory of workhardening [J]. Trans. Met. Soc AIME, 1962, 224, 1047.

[21] KUHLMANN-WILSDORF D. Energy minimization of dislocations in low-energy dislocation structures [J]. Phys Status Solidi A, 1987, 104 (1)：121.

[22] 刘深. 中国科学院院士传记：葛庭燧传 [M]. 北京：科学出版社, 2010.

本文原文发表于《金属世界》，2024 年，第 2 期，33-41 页。

后　记

——20 篇人物历史教改文章的总结

本书所收录的 20 篇人物历史文章是 20 个独立的教学案例，这些案例系统展示了一个或几个与材料科学基础课程相关知识点的历史出处。如果没有去专门地收集整理并加以归纳梳理，这些零散于各种刊物或图书中的原始资料，可能会使读者在这些分散的文章中只能了解或获取作者当时撰写文章的用意，而缺少对文章作者整体理论框架建立的了解或理解，或产生某些片面的认识。现在将 20 篇文章放在一起并加以整理、总结，这样读者就能看到这些文章记录下来的某一人物从事教研的历史轨迹，从而可能凝练出更高层次的教学研究的价值，甚至教学成果，也能起到更好的抛砖引玉的效果。从某种意义上看，整理、总结这 20 篇文章的作用也是提炼教学改革成果的过程，这可能更可以体现出本书的出版目的和意义。系统来看，这些文章的形成过程在教学方面可以总结出如下的经验或规律：

（1）完善或续写了课程知识点与历史人物关系的教研经验并延伸了人物历史方面教改的轨迹。笔者早期只收集了有关人物零散的照片、生平简介等，用于课堂教学展示，这是 2003 年开始申报北京市及国家精品课程前所做的工作。随着教改的深入与课堂显示出的师生互动与教学效果，笔者开始注重系统整理与课程及教材各章节相匹配的知识点对应的人物生平、经典文献等，以及整理了各章节知识点的创建历史顺序及进程，这是到 2012 年出版《材料科学名人典故与经典文献》一书前所做的工作。之后再到注意收集整理不同章节知识点涉及的相关人物的历史、经典文献中的原始图，并开始撰写与教师科研、国内材料大师研究方法、课程历史、学科发展史以及与课程思政相结合的经验体会。这是在获得国家级一流课程前后笔者所做的人物历史研究工作。这些工作前后持续了至少 20 年。早期定位于如何提高学生听课效果，然后定位在如何建立系统的教学资源，努力将课程涉及的绝大多数知识点的相关人物历史和对应的经典文献整理出来，为有兴趣的学生、热爱材料专业的学生及各高校从事本课程授课的教师提供有价值的信息。本书这 20 篇文章是笔者以自己 30 多年的授课经验、科研经历、同行交流等方面为基础，从自己个人视角进一步挖掘课程相关人物历史的教研过程。这需要进一步阅读经典文献，尝试将笔者自己融入这些人物历史的故事中，通过挖掘与探索，实现教学的传承与创新。这些内容可能对学生的理解存在较大的难度，因此笔者认为这些内容更适合从事材料基础课程及相关课程授课教师阅读，或者可视为一种教师间为了提高教学效果进行的一种教学经验的研讨。因此，本书与笔者前一本书《材料科学名人典故与经典文献》自然而然地形成了"上、下集"关系。用现在的眼光看待早期的论文，又会有新的认识，这也是编撰本书的价值之一。

（2）本书涉及的人物数目、知识点数目及在授课中的使用方法。本书从内容上看，可以通过以下两个表对前10篇和后10篇文章做些内容上的总结。表1给出文章发表的第一阶段（2011—2021年）的10篇人物历史文章的标题涉及的人名、文中进一步提及的人物名称、涉及的知识点、涉及笔者本人的科研内容及涉及的历史事件。可见，这10篇文章的题目中有8篇直接给出了要介绍的人物，2篇没有直接给出人物名字中的一篇（序号3）取向硅钢的副标题也使用了"经典人物"一词，显然也是主要写人物的，这从其文中涉及6位人物足以看出（表1中序号3）。因此只有一篇是以写图形表示方法（极射投影）为主的文章，但内容上也涉及4个历史人物（表1中序号9）。总结后，10篇文章中涉及的人物约89个（不同文章中有重复的人名）。涉及的知识点约58个，主要集中在位错、形变、再结晶理论上，也是笔者的主要研究方向，即形变、再结晶及相变中的晶体学行为的研究。另外，J. Cahn的研究涉及的领域相对最多，介绍他的文章中提及的其他历史人物也最多，有15个。

表1　第一阶段的10篇人物历史文章（2011—2021年）中涉及的人物与知识点汇总

序号	题目中的人物	文中主要提及的人物	文章涉及的主要知识点	笔者的科研内容	涉及的历史
1	胡郇	Beck, Burgers, Lücke, Bunge, 茅以升	亚晶合并形核机制，立方织构	再结晶机制、织构	唐山工程学院，茅以升，国际织构会议
2	Smith	Mullins, Lücke, Hillert, Humphreys, Doherty, Gottstein, 柯俊	再结晶形核与长大、晶粒正常与异常长大、择优形核、择优长大；晶界拓扑关系，晶粒长大模型	再结晶织构、晶粒长大	定量金相，冶金考古，国际再结晶与晶粒长大会议
3	—	Hadfield, Honda, Goss, Bozorth, Turnbull, Lücke	晶粒异常长大，织构，bcc金属晶体学方向与磁性能关系，粒子钉扎	硅钢，织构，再结晶，形变	取向硅钢的诞生，经典的择优长大试验；磁各向异性的发现
4	Laves	Shechtman, Mügge, Niggli, Goldschmidt, Ewald, Laue, Penrose	Laves相，Frank-Kasper多面体，准晶结构，硅酸盐结构分类，矿物孪晶，长石	孪晶，晶体学	Laue发现晶体的X射线衍射；硅酸盐结构分类；国际晶体学联合会

序号	题目中的人物	文中主要提及的人物	文章涉及的主要知识点	笔者的科研内容	涉及的历史
5	Zener	Smith，葛庭燧，Hillert，Hollomon，Mott，Seitz	扩散机理，A 参数，长大速度方程，粒子钉扎，Z-H 参数，马氏体形核机制，绝热剪切带	A 参数，粒子钉扎，Z-H 参数，绝热剪切带	与葛庭燧一家的友谊；《金属的弹性与滞弹性》经典书籍
6	Frank	Bilby，Kasper，Nabarro，Burten，Cabriel，Read，Taylor，Mott，Burgers，Shockley，Eshelby，郭可信	Frank 位错，F-R 位错源，Frank-Kasper 多面体，向错中的 Frank-Nabarro 回路，液晶，Frank 能量判据，位错小角晶界模型，螺位错生长台阶	取向差，取向成像	英国 Bristol 大学 Mott 组对位错研究历史
7	J. Friedel	G. Friedel，Seeger，Reintzer，Leihnman，Cottrell，Orowan，Mott，Eshelby	位错对粒子的切割作用，交滑移，加工硬化，孪生，塞积，液晶，向错，CSL	形变、孪生相变孪晶	科学家族与《文华种子》一书，《晶体学教程》、《位错》经典教科书
8	Cottrell	Lomer，Hirsch，Nabarro，Orowan，Bilby，Frank，柯俊，Friedel，Cahn，Lücke，Mott	加工硬化，位错，上下屈服点，多边形化	形变，回复，亚晶生长	Cottrell 与柯俊共事；经典教材；北科大-亚琛合作
9	—	Wullf，Schmidt，Lambert，Federov	极射投影法，晶面晶向关系表达，晶带轴，极图，取向，织构，晶体学关系	织构，极图，晶体学	在天体学、天文学、矿物学、地质学、数学、测绘学、晶体学中应用史
10	J. Cahn	Turnbull，Hollomon，Ehrenfest，Frank，Gibbs，Shechtman，Allen，Hilliard，Christian，Mehl，Purdy，Lücke，Pauling，Hillert，Aaronson	相变分类，调幅分解，位错形核，晶界形核，准晶，扩散相变速度	相变，非均匀形核	准晶的发现；调幅分解理论的诞生

　　表 2 给出第二阶段（2022—2024 年）的 10 篇人物历史文章中题目出现的人名、文中涉及的人物、相关知识点、涉及笔者自己的科研内容及涉及的历史。这 10 篇文章中也有 8 篇的题目直接涉及人物，2 篇（序号 17、18）主要以探索将材料学知识应用在出土文物鉴别、天体陨铁鉴别活动为主（其目的是向学生展示，有了材料学基础知识，也可以从事一些考古、天体材料方面的职业工作），但同样关注了历史人物，见表 2。这 10 篇文章中涉及 93 位材料人物（不同文章人名也有重复），其中国内材料界人物有 22 人（独立的有 14 人），涉及的知识点

有 49 个，且有很多知识点以外的内容，如教材建设、国外留学、爱国奉献、课程历史、冶金科技史、出土金属文物、金相史等更宽的关键词，显示在撰写文章时对课程思政理念的引入。由此可见，这 20 篇人物历史文章的风格并不是完全一致的，仅限于以知识点与相关人物和作者科研的方式引入这个模式，拓宽了讨论面，但又未完全偏离基于课程的人物历史与知识点关系的定位。按作者的经验，在课上使用这些人物历史素材时，为不影响大纲规定介绍的知识点内容，课上仅用几张最具特色或吸引力的照片，或点出主要的人物即可。全文可在课堂学生微信群中或课程网站给出，并引导学生如何有效地阅读。当然，任课教师在保持原文的历史史实基础上，也可对各文章进行适当加工，编写成新的、格式不同的案例介绍给学生。笔者更希望能有年轻的任课教师在此方向进行更深度考证与资源挖掘，或从另外一个新的视角来丰富材料基础课程的改革创新，实现对内容相对枯燥的基础课程教授效果的最优化。

表 2　第二阶段的 10 篇人物历史文章（2022—2024 年）中涉及的人物与知识点汇总

序号	题目中的人物	文中提及的人物	文章涉及的知识点	笔者的科研内容	涉及的历史
11	Haasen	柯俊, R. Cahn, Lücke, Gottstein, Masing, Tammann, Mehl, Suzuki, Hansen	相变形核与长大, 扩散的抛物线关系, 熔点与原子扩散能力的关系, 单晶生长法, 晶界迁移, 气团	相变	教材建设, 哥廷根学派, 培养中国学生, 金属物理专业史
12	冯端	Hollomon, Turnbull, Cahn, Fisher, Langmuir, Amelingcks, Frank, Burgers, 柯俊, 师昌绪	位错伯氏矢量, 浸蚀坑, 小角晶界定量分析, 单晶生长	位错、晶界迁移	教材建设, 教学方法, 金属物理专业史
13	葛庭燧	Zener, Mehl, Seeger, Nabarro, Snoeck, 钱学森, 钱临照, 冯·卡门	晶界结构, 滞弹性, Snoek 气团, J-M 方程	—	位错译法, 葛氏摆/葛氏峰, 科学家的祖国信念, 与 Zener 的友谊, 教材建设
14	Smith	柯俊, Tammann, Masing, Massalski, Barrett, Maddin	晶界拓扑关系, 第二相晶界分布, 欧拉方程	早期在体视学会的工作	柯俊回国, 北京科技大学冶金史学科建立, 体视学会
15	徐祖耀	Sauveur, 周志宏, 张文奇, 章守华, 柯俊, Cahn, Cohen	马氏体相变, 三元相图立体解析	马氏体相变	重庆材料试验处, 课程第一任教师, 唐山工学院, 课程历史
16	Cohen	徐祖耀, Martens, Kurdjumov, Sachs, Osmond, Olsen, Maddin, Cahn, Smith, Wayman, Hillert, Kaufman	无扩散型相变分类, 马氏体转变热力学, 马氏体形核机制, 马氏体等温转变动力学	马氏体相变, 界面, 变体选择规律	培养中国学生, 北京科技大学最早聘任的名誉教授之一

续表2

序号	题目中的人物	文中提及的人物	文章涉及的知识点	笔者的科研内容	涉及的历史
17	—	柯俊，韩汝玢，周志宏，Smith, Maddin, Mehl, Sauveur	铁碳相图，铁氧相图，凝固组织、热变形组织、珠光体、马氏体、魏氏组织、氧化铁夹杂物；氧化扩散	亲自测定、分析	汉代出土钢制兵器，北京科技大学冶金史学科
18	—	Widmanstätten, Sorby, 柯俊，周志宏，Buchwald	晶体学指数、相变 K-S 取向关系、相变阻力，魏氏组织，形变	相变晶体学	金相史，冶金史，柯俊考古经典案例，爱斯基摩人使用陨铁的历史；流星雨
19	Hillert	Cohen, Zener, Kaufman, J. Cahn, 赖和怡，张维敬，周国治，Y. Austin Chang	Z-H 方程，H-C-H 方程，相图计算，亚点阵模型，晶粒长大理论	相图热力学，计算相图，调幅分解，晶粒长大	北京科技大学最早名誉教授之一、培养中国学生，Calphad 组织
20	Nabarro, Wilsdorf	柯俊，Mott, Becker, Haasen, Masing, Eshelby, Frank, Cottrell, Orowan, Polanyi, Peierls, Snoek	P-N 力，塞积群，第二相形态与弹性应力场关系，Hall-Petch 关系，Snoek 气团，低能位错结构，加工硬化	形变组织；加工硬化	2 人访问北京科技大学，Bristol 与 Göttingen 学者对位错的研究史

（3）从这些文章完成的不同时间看这些文章风格及内容上的变化。这些文章撰写的初期或者起点都是从收集的几张照片或图表开始，先经过课上展示、研讨，再经过课外与同行交流，以及进一步查阅文献，不断扩充及完善，逐渐总结出的一个个比较完整的小故事。这就要求教师不能满足于只收集零散照片的课堂展示，而是应尽量努力去寻找一个完整的、鲜活的、生动的人物故事素材，继续收集、研讨、撰写，脑子中一直想着这件事，持之以恒，才会得到一个比较系统的数据或资源。从某种意义上说，这些文章也是在与学生课上互动、在学生上课的教学过程中产生的，或是在学生的见证下完成的。每整理出一个小故事，发表后就是一次经验的积累，长期坚持，就会有个更大的"成果"。在 20 篇文章中的后 7 篇，都是先勾勒出一个中心线索框架图，将材科基课程和人物作为中心点，周围关联几个要讨论的方向，这类似于教学中使用的思维导图或知识图谱，让读者一目了然地看懂文章要探讨的几个核心内容。而前 10 篇就没有这种明显的逻辑框架，第 11 篇在尝试按照几条线索来撰写。这也是笔者针对学生或读者时间有限，为提高教学或阅读效果而逐渐摸索优化出来的方法。用这个图在课上介绍历史人物，就可有效节省时间。这些写作经验的形成也彰显作为教师终身学习的

必要性。笔者早期对人物历史的研究除了为提高学生听课效率外，也是为配合完成教研项目，如研究型教学示范课建设等。而现在则是作为一名教师自觉的教研探索过程，在没有任何教研项目的资助下也会自觉地进行的。日积月累的结果是每篇文章的信息量上也在逐渐增加，这从上面提到的文章中使用的线路框架图中就可看到。

（4）课程思政作用不断强化与凸显的过程。课程思政的含义、目标、内容、原则、要求和方法已有不少文献专门介绍。不同教师会从不同角度理解、诠释及实践课程思政理念，也在不断体会、理解、优化课程思政在专业课教学中的应用。有些教师在授课中是通过展示我国当前日新月异的科技成就、大国工匠精神、我国老一代材料科学家事迹来展示课程思政的，从而激励学生热爱祖国、热爱自己的专业，立志将自己的所学奉献给养育自己成长的祖国。本书中20篇文章虽然都体现了课程思政理念，从一些知识点引出了著名的科学家，崇尚了科学家精神，但前期的文章主要是从国际上著名科学家的科学家精神、科学态度、历史事件及笔者教学科研体会中"朦胧地"体现课程思政的（那个时间段还缺少明确的课程思政理念的理论指导）。而后期文章，尤其是后10篇文章是在国家级一流课程建设指导思想的指导下完成的，这些文章更明显地突出了国内材料科学家与国外材料科学家共事过程、新中国成立时留学生冲破种种阻碍而回国建设祖国、建设学校及奉献专业的过程。此外，笔者试图通过自己的科研经历、留学经历，以及与国内科学家和课程相关的一些经历，拉近这些案例与学生或读者间的距离，这个过程还需要不断地完善。因此，从这些文章的先后顺序及内容上可以看出，课程思政元素的融入经历着一个不断深入挖掘，涵盖面不断拓展及增强的过程。学校专业发展史、材料学科与冶金科技史的关联、课程历史、出土钢制兵器文物成分分析及陨铁组织分析等都凸显了以柯俊院士为代表的老一辈科学家对国家、对学校建设做出的突出贡献，这些都使得课程中课程思政元素作用显得更加鲜明、更有特色。

（5）关于这些课程知识点与人物历史的小故事或案例的应用场合。图1给出笔者经历过的课程建设或教学研究过程中课程教学方式发生的一些变化，也给出了所进行的收集历史人物素材可能在现在课程教学及人才培养中的应用的可能性。在笔者眼中，早期课程教学主要由教材、课件、习题（集）、考试、答疑等环节组成。（应当注意的是，老一代任课教师都进行了大量的教研工作，写下了大量的课堂教学心得体会，都有完整的、不断改进的教案或其他教学资源，但由于历史的原因，这些教学资源未能有效地传递给新的、年轻的授课者。比如，早期很少进行国家级课程的评比，学校也很少能提供比较充足的教研经费，甚至更早期的教研文章发表会被认为是"个人主义"的表现。这可能导致课程教研工作新、老交接不很流畅，教研经验传承做的不够理想，年轻人可能需要"从头"

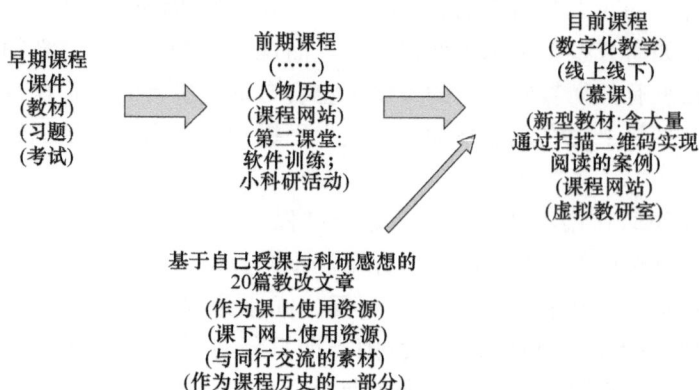

图 1　课程建设中环境的变化、教学形式的不断更新及人物历史素材使用的途径

开始摸索）笔者作为课堂主讲教师经历的前期课程阶段是课程网站建设、教学资源库软件建设及使用、第二课堂兴趣小组活动、人物历史的收集整理（见引言中的图1）。而目前课程教学方式或理念是教育部大力提倡的数字化教学，即课堂授课与慕课、线上线下混合式教学、翻转课堂、虚拟课堂等多途径教学，这就需要教师能灵活应用新的教学手段。这些人物历史素材或案例也可以以不同方式为教学服务，而不是都拿到课堂上介绍。比如，1）课上只用几张照片，将知识点与历史人物关联；2）课程资源库中提供全部的人物历史信息；有兴趣的学生可去访问网站并下载，更好地体会教师撰写文章的感受与用心；3）教授材料科学专业课的教师也可访问交流，互通有无，组建更丰富、更全面的材料科学人物历史资源库。另外，在近几年新兴起的国家级虚拟教研室活动中也可交流使用。4）这些挖掘的素材还可以在新编教材中以二维码扫码阅读方式提供给读者，现在纸质教材可以很好地与数字化教学素材结合，以融媒体教材形式更多维地展示课程基本知识理论的主体内容，从而提升教学效果。

　　人生之快在于当自己转眼就要进入退休教师行列之际，回首往日自己作为一名青涩的青年教师授课的场景还历历在目，在教书育人的这条道路并一路为之努力、付出乃至收获一点点成绩的成就感而自感欣慰。超过30年的课程教学工作，以及时紧时松、但从未间断的教学研究，不论是作为课程负责人，还是作为普通任课教师，出于对材料科学人物历史的爱好和尊敬，笔者坚持着完成了本书的撰写，将它作为笔者之前已出版的《材料科学名人典故与经典文献》一书的"伴侣"，感觉自己基本做到了用于律己的"善始善终"为人做事原则。而同样出于个人爱好的第二课堂兴趣小组的研究，具体讲就是对一些矿物、岩石、宝石的研究，却未能坚持下来。与人物历史撰写不同，对矿物、岩石、宝石的研究不但需要光学镜、宝石显微镜，甚至扫描电镜、EBSD（电子背散射衍射）分析系统、EDX（能谱仪）设备的投入，虽然目前笔者也具备这些设备，但还需要与上材料科学基础课程的本科生共同研究，以及需要研究生的一定配合，而笔者个人的研究显得缺乏教研意义。因此，不得不放弃这类系列的研究。

　　笔者的另一个心愿是将本书献给多年来一同在材料科学基础课堂上经历过展示、讨论本书 20 篇文章相关内容的同学们，正是由于与这些学生一同研讨这些人物的现实作用与价值，促使笔者从最初只有几张照片到坚持完成一个完整人物故事的系列文章的撰写、发表及总结提升。

　　本书是笔者部分教研活动的记录和感想，是一个对专业课程教学内涵的探索过程，书中一定存在很多不成熟之处，恳请读者及同行不吝赐教，批评指正。